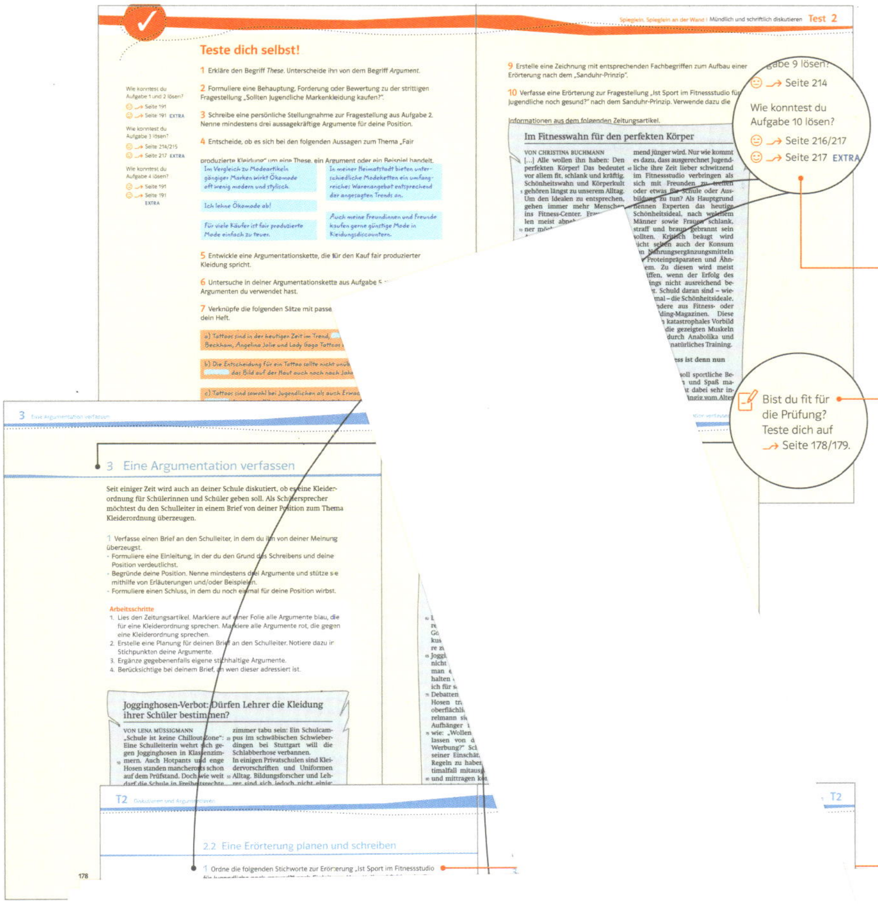

Teste-dich-selbst-Seiten

… diese Seiten findet ihr am Ende jedes Kapitels. Hier könnt ihr testen, was gelernt habt. Mithilfe der Lösungen im Anhang könnt ihr eure Ergebnisse überprüfen.

… die Verweise mit den Smileys zeigen euch, wo ihr in den Trainingsstationen weiterüben könnt.

… dieser Verweis zeigt euch, wo ihr für Klassenarbeiten und Abschlussprüfungen üben könnt.

Prüfungstraining

… mithilfe dieser Seiten könnt ihr euch auf Klassenarbeiten, aber vor allem auch auf die Abschlussprüfungen vorbereiten.

Trainingsstationen

… konntet ihr die Aufgaben im Kapitel oder auf der Teste-dich-selbst-Seite noch nicht so gut lösen, bearbeitet die hellblauen Aufgaben.

… konntet ihr die Aufgaben im Kapitel oder auf der Teste-dich-selbst-Seite gut lösen, bearbeitet die dunkelblauen Extra-Aufgaben.

Material
g68in2

Auf einigen Seiten im Buch findet ihr deutsch.punkt-Codes.
Diese führen euch zu Hörtexten, weiteren Informationen und Materialien im Internet.
Gebt dazu den Code einfach in das Suchfeld auf www.klett.de ein.

○ Diese Aufgaben wendet ihr bei gelerntem und bereits geübtem Wissen an. Dabei gebt ihr bekannte Begriffe und Sachverhalte wieder.

◒ Diese Aufgaben bearbeitet ihr selbstständig, indem ihr euer Wissen auf neue Themen und Fragestellungen übertragt.

● Diese Aufgaben bieten euch komplexere Themen. Ihr erarbeitet dafür selbstständig Lösungen, Begründungen, Folgerungen und Wertungen.

deutsch.punkt 5

Differenzierende Ausgabe für die 9. Klasse

Erarbeitet von

Corinna Franke
Jutta Kraushaar
Achim Oehm
Christian Porth
Christa Schürmann
Sarah Schweitzer
Lena Walter

Ernst Klett Verlag
Stuttgart · Leipzig

1. Auflage 1 6 5 4 3 2 | 21 20 19 18 17

Autorinnen und Autoren: Corinna Franke, Jutta Kraushaar, Achim Oehm, Christian Porth, Christa Schürmann, Sarah Schweitzer, Lena Walter

Redaktion: Wiebke Behrbohm
Herstellung: Krystyna Schütze

Gestaltung: Jens-Peter Becker, normaldesign, Schwäbisch Gmünd
Umschlaggestaltung: Jens-Peter Becker, normaldesign, Schwäbisch Gmünd
Illustrationen: Heinrich Drescher, Münster; Katja Leuschner, Halle (Saale); Jörg Mühle, Frankfurt am Main; Jan Suski, Berlin; Tobias Wieland, Leipzig
Satz: Kristin Drechsler, Leipzig
Aufnahme der Hörtexte: Buchfunk Verlag GbR, Leipzig
Reproduktion: Druckmedienzentrum Gotha GmbH, Gotha
Druck: Mohn Media Mohndruck GmbH, Gütersloh

Printed in Germany
ISBN 978-3-12-313815-7

9 783123 138157

Kapitel

Trainingsstationen: T1 Sprechen und Zuhören → S. 188 · T2 Schreiben → S. 198 · T3 Umgang mit Texten/Medien → S. 228 · T4 Reflexion über Sprache → S. 252 · T5 Lern- und Arbeitstechniken → S. 277

Kapitel 1:

mündlicher Aufgabentyp 1b sachgerecht und folgerichtig vortragen (Arbeitsergebnisse)

mündlicher Aufgabentyp 3 Sprechakte gestalten und reflektieren, z. B. in Bewerbungsgesprächen

schriftlicher Aufgabentyp 2 einen informativen Text verfassen

schriftlicher Aufgabentyp 5 einen vorgegebenen Text überarbeiten

Kapitel 2:

mündlicher Aufgabentyp 3 Sprechakte gestalten und reflektieren, z. B. in der Diskussion

schriftlicher Aufgabentyp 3 eine Argumentation zu einem Sachverhalt erstellen

Kapitel 3:

mündlicher Aufgabentyp 2a
gestaltend vortragen, z. B. Gedichte

schriftlicher Aufgabentyp 6
produktionsorientiert zu Texten schreiben (mit Reflexionsaufgabe)

Kapitel 4:

schriftlicher Aufgabentyp 4a
einen literarischen Text analysieren und interpretieren

schriftlicher Aufgabentyp 5
einen vorgegebenen Text sprachlich analysieren

mündlicher Aufgabentyp 1b
sachgerecht und folgerichtig vortragen

schriftlicher Aufgabentyp 2
einen informativen Text verfassen

schriftlicher Aufgabentyp 4a
einen Sachtext analysieren und interpretieren

Kapitel 6: schriftlicher Aufgabentyp 4b aus kontinuierlichen und diskontinuierlichen Texten Informationen ermitteln und vergleichen, Textaussagen deuten und abschließend reflektieren und bewerten

Kapitel 7:
- Fehleranalyse und Lösungsstrategien
- Richtig schreiben
- Sprachliche Formen und Strukturen in ihrer Funktion beschreiben und anwenden

1

Willkommen im Beruf

Vom Praktikum bis zur Ausbildung

pünktlich

kreativ

teamfähig

zuverlässig

ausdauernd

verantwortungsbewusst

...

1 Beschreibt, was ihr mithilfe der Bilder und Adjektive für Informationen erhaltet.

2 Überlegt, welche Aufgaben als Koch/Köchin und Bankkaufmann/Bankkauffrau wichtig sind. Ergänzt die Stellenanzeigen.

3 Benennt, welche Qualifikationen, Stärken und Kompetenzen man für die beiden Berufe benötigt.

Koch/Köchin

Ihre Aufgaben:
- Speisepläne erstellen
- Einkauf, Verarbeitung von Waren und Lebensmitteln
- Sicherung des Hygienestandards
- Management in der Küche
- Kommunikation mit Personal, Gästen
- ...

kommunikativ

sorgfältig

lernbereit

problemlösefähig

selbstständig

...

Bankkaufmann/Bankkauffrau

Ihre Aufgaben:
- Betreuung von Kunden
- Ausbau des Kundenbestandes
- Beratung und Verkauf von Produkten
- ...

4 Welchen Wunschberuf habt ihr? Benennt, welche Qualifikationen, Stärken und Kompetenzen ihr dafür benötigt.

5 Erstellt zu eurem Wunschberuf ein Profil. Notiert, welche Eigenschaften man haben sollte und welche Aufgaben mit dem Beruf verbunden sind.

Jetzt lernt ihr, ...

... eine Praktikumsmappe zu erstellen.

... einen Praktikumsbericht zu verfassen.

... einen berufstypischen Arbeitsablauf zu beschreiben.

... Praktikumserfahrungen auszuwerten.

... einen Lebenslauf zu verfassen und ein Bewerbungsanschreiben zu überarbeiten.

... wie eine Online-Bewerbung aussehen kann.

... ein Vorstellungsgespräch zu planen und durchzuführen.

Erste Schritte

T2 Schreiben
Seite 199–202

Eine Praktikumsmappe erstellen

1 Seht euch das Inhaltsverzeichnis der Praktikumsmappe an. Ordnet die Stichpunkte auf den gelben Karten den fünf Oberbegriffen zu.

- Meine Erfahrungen
- Entscheidungsgründe für das Praktikum
- Abschlussbericht
- Allgemeine Informationen
- Ein typischer Tag
- Konsequenzen
- Suche des Praktikumsplatzes
- geforderte Eigenschaften und Fähigkeiten (Kompetenzen)
- Mein erster Praktikumstag
- Ein außergewöhnlicher Tag
- Erwartungen und Befürchtungen

Praktikumsmappe

Inhaltsverzeichnis

1. Vorbereitung des Praktikums
   1.1 ___
   1.2 ___
   ___
2. Mein Praktikumsbetrieb
   ___
3. Meine Tagesberichte
   ___
4. Ein berufstypischer Arbeitsvorgang
   ___
5. Reflexion
   ___
6. Anhang

2 Sammelt Gründe, warum eine Praktikumsmappe sinnvoll ist.

3 Informiert euch, wie Praktikumsmappen an eurer Schule gestaltet werden sollen. Ergänzt und überarbeitet das Inhaltsverzeichnis aus Aufgabe 1.

4 Erstellt für eure Praktikumsmappe ein passendes Deckblatt. Orientiert euch an den folgenden Beispielen.

Mein Betriebspraktikum

Isabel Schellin
bei Herrn Dr.
Wolfgang Mahlmann
Zahnarzt

Vom 16.05.2016
bis 27.05.2016

Meine Praktikumsmappe

Simon Adak
als Tischler
im Meisterbetrieb

16.05.2016 bis 27.05.2016

5 Lest euch die folgende Tabelle durch. Klärt unbekannte Begriffe.
- Wählt anschließend den Beruf der Köchin/des Kochs oder der Bankkauffrau/des Bankkaufmanns aus.
- Ordnet dem Beruf fünf Eigenschaften und Fähigkeiten (Kompetenzen) zu, die dafür besonders wichtig sind.

Anforderungen von Ausbildungsbetrieben an Praktikanten und Auszubildende	
• Zuverlässigkeit	• Anpassungsfähigkeit
• Lernbereitschaft	• Problemlösefähigkeit
• Bereitschaft Leistung zu zeigen	• Bereitschaft, sich in die betriebliche Hierarchie einzuordnen
• Verantwortungsbewusstsein	• Flexibilität
• Konzentrationsfähigkeit	• Kenntnis der eigenen Fähig- und Fertigkeiten
• Durchhaltevermögen	• Prozentrechnung
• Beherrschung der Grundrechenarten	• Dreisatzrechnung
• Einfaches Kopfrechnen	• Psychische Belastbarkeit
• Sorgfalt	• Kommunikationsfähigkeit
• Rücksichtnahme	• Selbstständigkeit
• Höflichkeit	• Teamfähigkeit
• Toleranz	• Beherrschung der deutschen Rechtschreibung
• Fähigkeit zur Selbstkritik	• Kreativität
• Konfliktfähigkeit	• …

6 Begründet eure Zuordnungen aus Aufgabe 5, z. B.:
Köchin/Koch: Sorgfalt → Sie/Er arbeitet in der Küche mit genauen Mengenangaben.
Bankkauffrau/Bankkaufmann: Prozentrechnung/Dreisatzrechnung → Sie/Er arbeitet in der Bank mit Zahlen und Geld.

7 Welche Eigenschaften und Fähigkeiten (Kompetenzen) werden für euren Praktikumsberuf besonders benötigt?
- Wählt mindestens fünf aus der Tabelle in Aufgabe 5 aus oder ergänzt eigene.
- Beschreibt, in welchen Situationen diese wichtig sind, z. B.: *Anpassungsfähigkeit wird in meinem Praktikum wichtig sein, wenn/weil …*

8 Überlegt, ob ihr über die Eigenschaften und Fähigkeiten (Kompetenzen), die ihr in Aufgabe 7 gewählt habt, verfügt. Begründet eure Annahme.

Befragt dazu auch eure Familie oder Freunde.

9 Formuliert einen zusammenhängenden Text über die benötigten Eigenschaften und Fähigkeiten (Kompetenzen) zu eurem Praktikumsberuf. Ergänzt damit eure Praktikumsmappe.

○ Aufgabe 1 ◒ Aufgabe 2, 3, 4, 5, 8 ● Aufgabe 6, 7, 9

Das war mein Tag

T2 Schreiben
Seite 199/200

Einen Praktikumsbericht verfassen

1 Arbeitsabläufe während des Praktikums werden anschließend in Praktikumsberichten festgehalten. Seht euch die Beispiele an. In welchem Beruf haben die beiden Schüler wohl ihr Praktikum absolviert? Tauscht euch aus.

Tagesbericht		Dienstag, den 06.03.2016
Zeit/Ort	**Tätigkeiten/Arbeitsablauf**	**Arbeitsmittel**
5:30–6:00 Friedeburg–Emden	Fahrt zur Arbeitsstätte	
6:30–10:00 Firma Windkraft Emden, Fertigungshalle für Schaltanlagen	1. Kabelschutzschlauch in den vorgesehenen Löchern des Verteilerkastens verschrauben 2. mit der Rohrzange festziehen	Verteilerkasten der Heizung, Kabel, Schutzschlauch, Rohrzange
10:00–10:15 Aufenthaltsraum	Frühstückspause	
10:15–12:30 Firma Windkraft Emden, Fertigungshalle für Schaltanlagen	1. Schutzschlauch zurechtschneiden (Maße: 150 cm) 2. Schrumpfschlauch über den Schutzschlauch schieben 3. mit einem Heißluftföhn bei 400 Grad verschrumpfen	Verteilerkasten, Spiralrohre, Schutzschlauch, Kabel (3 × 1,5 Nym, 2 × 1,0 Nym), Heißluftföhn
12:30–13:00	…	…

Der dritte Tag 07.03.2016

Heute begann mein Arbeitstag erst um 12.00 Uhr.

Zu Anfang kontrollierte ich gemeinsam mit Herrn Genske alle Umkleideschränke.
Dabei achteten wir besonders auf Folgendes: Die Verankerung der Schränke, die Schlösser und die Schlüsselbänder.
Um 13.00 Uhr ging ich in die Schwimmhalle; ich führte dort gemeinsam mit dem Schwimmmeister die Aufsicht. Eine Gruppe von kleinen Kindern wollte ihr Schwimmabzeichen ablegen. Zuerst schrieb ich alle Namen und das Geburtsjahr auf. Dann begannen die Kinder mit der ersten Übung, dem Zeitschwimmen. Ich stoppte die Zeit. Nach der ersten Übung und einer kleinen Pause warf ich für jedes Kind einen Ring ins Wasser, den es anschließend heraufholte. Alle Kinder erhielten ihr „Seepferdchen“. Dies alles dauerte bis 15.30 Uhr.
Danach hatte ich eine kleine Pause, bevor ich weiter die Aufsicht führte.
Meine Arbeitszeit endete um 18.30 Uhr.

2 Benennt die Unterschiede in Form, Sprache und Inhalt der Praktikumsberichte.

3 Erstellt mithilfe der folgenden Stichpunkte einen tabellarischen Tagesbericht.

Orientiere dich dazu am Beispiel aus Aufgabe 1.

14–15 Uhr Herrn Peter in seinem Büro Fragen über den Betrieb stellen

T-Shirt des Kunden ist fertig

spezielle T-Shirt-Folie einscannen und zuschneiden

17 Uhr Laden schließen

10–13 Uhr T-Shirts bedrucken

18 Uhr nach Hause

Vorlage in den Arbeitscomputer einscannen und bearbeiten

13–14 Uhr Pause

8.30–9 Uhr Zugfahrt zur Arbeit

überflüssige Folie vom Folientransparent abziehen

Presse auf 180 Grad Celsius einstellen

aufräumen und staubsaugen im Geschäft

das Motiv auf das T-Shirt pressen

Druckerei Maier: Arbeitsbeginn 9 Uhr

nach 12 Sekunden das abgekühlte Folientransparent abziehen

Vorbereitung

4 Wählt Aufgabe A oder B aus.
A Verfasst einen tabellarischen Tagesbericht zu eurem ersten Praktikumstag.
B Verfasst einen ausführlichen Tagesbericht zu eurem ersten Praktikumstag.
Nutzt dazu die Formulierungshilfen.

Formulierungshilfen für Berichte

Um … Uhr, danach, dort, gegen … Uhr, nun, während, von … bis, als, nach dem Essen, bevor, am Mittag, schließlich, heute, bald, endlich

Merke

Ein **Bericht** informiert über den Ablauf von Ereignissen.
Er beantwortet die **W-Fragen**: Wer? Was? Wo? Wann? Wie? Warum?
Die Ereignisse werden in **zeitlicher Reihenfolge** geordnet und nur das **Wichtigste** kurz, präzise und sachlich (keine Gefühle, persönlichen Eindrücke oder Wertungen) genannt. Dabei werden detaillierte Angaben, Fachausdrücke sowie abwechslungsreiche Satzanfänge und Satzverknüpfungen verwendet.
Der Bericht wird im Präteritum verfasst.

5 Erstellt für einen typischen oder besonderen Tag einen ausführlichen Bericht.

6 Tauscht eure Praktikumsberichte mit einer Partnerin oder einem Partner aus. Überprüft sie mithilfe des Merke-Kastens. Überarbeitet eure Berichte gegebenenfalls.

○ Aufgabe 1 ◒ Aufgabe 2, 3 ● Aufgabe 4, 5, 6

So wird's gemacht

T2 Schreiben
Seite 201

Einen Arbeitsablauf beschreiben

1 Lest euch den Arbeitsablauf einer medizinischen Fachangestellten durch. Beschreibt den Aufbau.

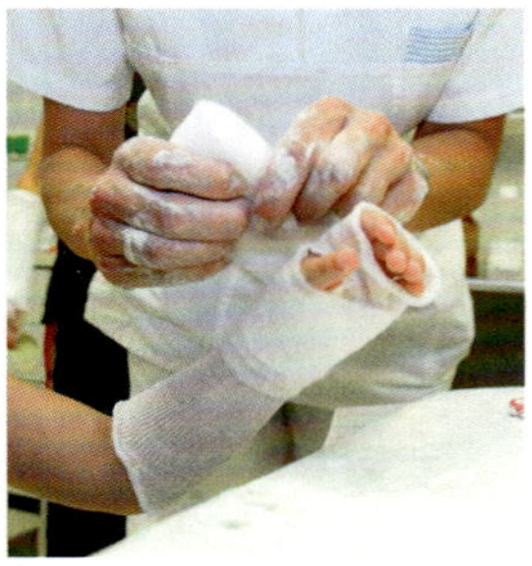

Berufstypischer Arbeitsvorgang

Thema: Das Anlegen einer Schiene

Material:
- eine Gipsschiene (groß oder klein, je nach Verletzung verschieden)
- etwas Wasser
- Verband
- Papiertücher

Arbeitsschritte:
1. Gipsschiene auspacken und anfeuchten
2. Gipsschiene mit Papiertüchern trocknen, etwas Nässe in der Schiene lassen
3. Gipsschiene unter den verletzten Bereich legen
4. Verband nicht zu stramm von unten nach oben wickeln
5. Wenn die Schiene zu lang ist, zurechtschneiden/umknicken
6. Verband vorsichtig andrücken

Beschreibung:
Zuerst muss man die für den Patienten passende Gipsschiene heraussuchen und sie anschließend auspacken. Danach wird die Schiene kurz in ein Wasserbecken gelegt, um sie zu durchfeuchten

Unfallgefahren/Besonderheiten:
Der Verband darf auf keinen Fall zu stramm gezogen werden, da sonst die Gefahr besteht, dass die Blutversorgung gestört wird.

2 Führt mithilfe der sechs Arbeitsschritte, die in dem Arbeitsvorgang aufgezählt werden, die vollständige Beschreibung fort, z. B.: *Zuerst muss man die passende Gipsschiene heraussuchen und sie anschließend auspacken. Danach …*

Formulierungshilfen für Arbeitsabläufe

- Man braucht/benötigt …
- Zuerst …
- Als Erstes …
- Anschließend …
- Als Nächstes …
- Dann …
- Danach …
- Jetzt …
- Nun …
- Schließlich …
- Am Ende …
- Als Letztes …
- Man muss darauf achten, dass …

3 Seht euch die Bilder zur Tätigkeit eines Physiotherapeuten an. Ordnet sie in der richtigen Reihenfolge.

1
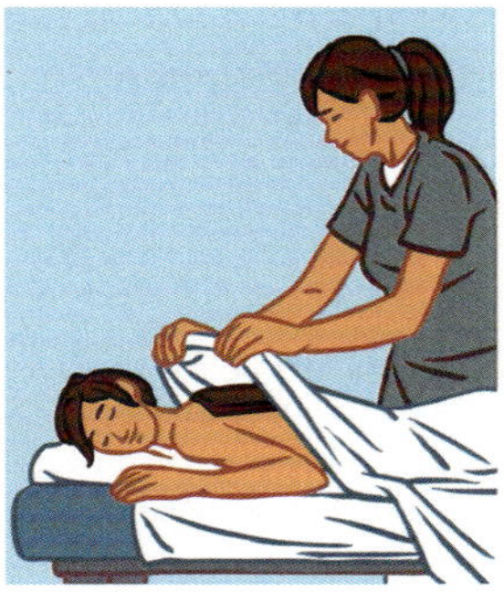

2
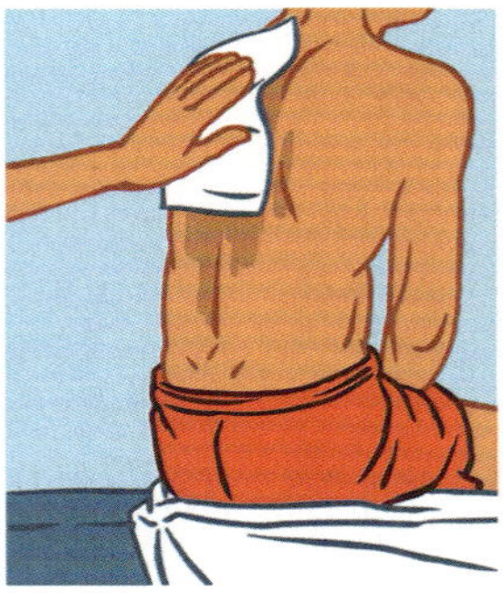

3
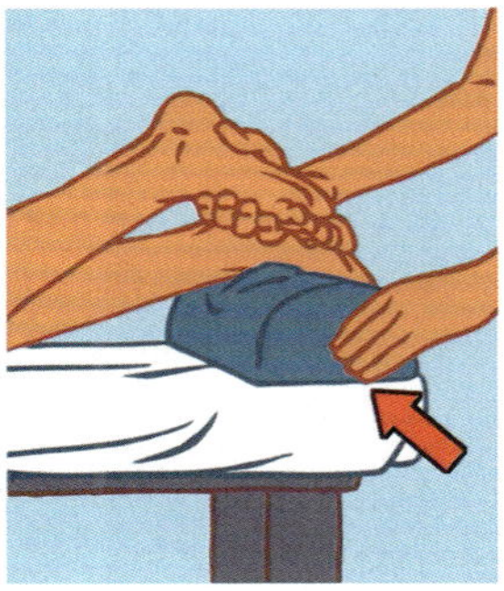

4
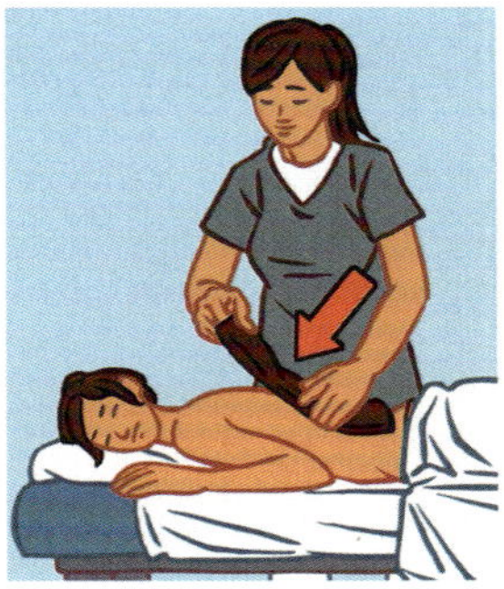

5
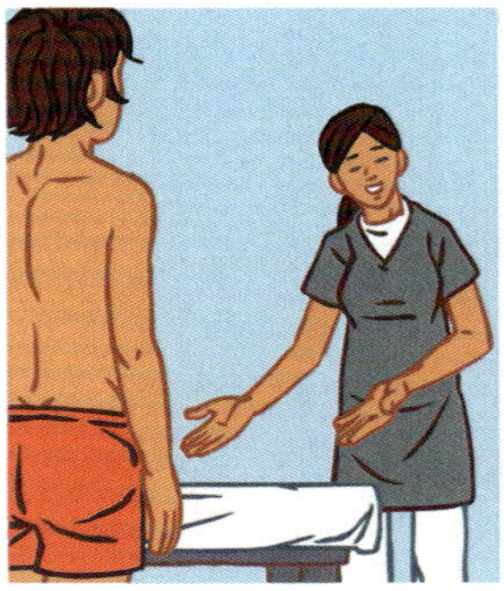

6
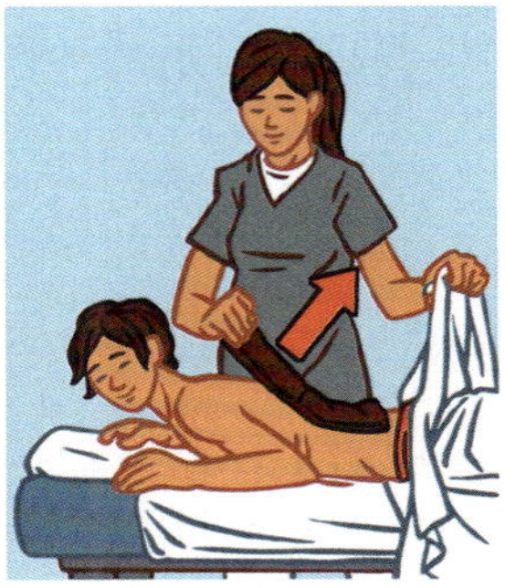

Achtung: Die Packung darf nicht zu heiß sein, sonst kann es zu Verbrennungen auf der Haut kommen. Immer in Rufnähe bleiben.

4 Notiert in Stichworten die auf den Bildern gezeigten Arbeitsschritte. Orientiert euch am Beispiel auf der linken Seite. Nutzt auch die folgenden Begriffe.

Decke | Tuch | Lagerungsrolle | Moorpackung | Liege | Patient

5 Verfasst nun mithilfe eurer Ergebnisse aus Aufgabe 4 einen ausführlichen Arbeitsablauf. Nutzt dazu die Formulierungshilfen aus Aufgabe 2.

Merke

Bei einer **Vorgangsbeschreibung** nennt man alle **Materialien**, die für die jeweilige Tätigkeit benötigt werden. Die **Arbeitsschritte** werden stichwortartig in **zeitlicher Reihenfolge** geordnet. Bei der Beschreibung wird nur das **Wichtigste** kurz, präzise und sachlich genannt. Dabei werden Fachbegriffe sowie abwechslungsreiche Satzanfänge und Satzverknüpfungen verwendet.
Die Vorgangsbeschreibung wird im **Präsens** verfasst. Häufig wird das Passiv oder die man-Form verwendet.

6 Fertigt einen berufstypischen Arbeitsvorgang zu eurem Praktikum an. Notiert die Arbeitsschritte in Stichpunkten und formuliert die Beschreibung dann aus.

Nutzt die Formulierungshilfen aus Aufgabe 2.

7 EXTRA Überprüft eure Texte aus Aufgabe 6 mithilfe des Merke-Kastens.

○ Aufgabe 1, 2 ◒ Aufgabe 3, 4, 5, 7 EXTRA ● Aufgabe 6

→ **T2** Schreiben
Seite 202

Und nun . . . ?

Erfahrungen auswerten und Konsequenzen ziehen

1 Arif hat vor seinem Praktikum seine Erwartungen und Befürchtungen notiert. Vergleicht sie mit den Erfahrungen, die Arif anschließend aufgeschrieben hat.

	an meinen Praktikumsbetrieb	an mich selbst
Erwartungen	• Hoffentlich darf ich mal selbstständig Kunden bedienen. • Ich möchte erfahren, wie die Ausbildung zum Buchhändler eigentlich abläuft.	• Ich denke, dass ich gut mit Kunden umgehen kann. • Ich lese gerne Krimis. Vielleicht kann ich das einbringen?
Befürchtungen	• Bestimmt darf ich nur Kaffee kochen und Regale abwischen. • Was mache ich, wenn mich die Mitarbeiter nicht mögen?	• Ich befürchte, dass ich mich nicht traue nachzufragen, wenn ich etwas nicht verstehe. • Über Politik und Wirtschaft weiß ich nicht viel. Was ist, wenn mich jemand nach einem Buch dazu fragt?

Erfahrungen während des Praktikums

- anfangs Hemmungen, wenn ein Kunde kam, später Spaß
- Mitarbeiter nahmen sich Zeit für meine Fragen, waren meist sehr freundlich
- mehr Arbeit am Computer als gedacht, z. B. Bestellungen, Recherche für Kunden
- Regale mit Büchern einzuräumen, ist anstrengend
- tolle Erfahrung: durfte das Schaufenster für Jugendbücher dekorieren
- ungünstige Arbeitszeiten: abends lange, auch am Samstag
- es bleibt wenig Zeit, um selbst noch zu lesen

2 Arif hat bereits begonnen eine Abschlussreflexion zu schreiben. Vervollständigt diese mithilfe der Informationen aus Aufgabe 1.

Abschlussreflexion
Vor meinem Praktikum kannte ich den Beruf des Buchhändlers nur aus der Sicht des Kunden. Bücher zu lesen und Kunden dann zu beraten, habe ich mir interessant vorgestellt. Gleichzeitig hatte ich ein wenig Angst davor, von Kunden nach Büchern zu Sachgebieten befragt zu werden, bei denen ich mich nicht auskenne. Im Verlauf meines Praktikums habe ich dann gemerkt, dass ____.
Bisher habe ich mir keine Gedanken darüber gemacht, aber ____.
____ hat mir besonders gefallen, weil ____.
Insgesamt hat sich das Praktikum für mich gelohnt, da ____.
Es gab jedoch auch Punkte, die mir nicht gefallen haben, z.B. ____.

3 Ergänzt mithilfe von Arifs Reflexion die folgenden Formulierungshilfen für eine Reflexion.

Orientiert euch an den Satzanfängen.

Formulierungshilfen für eine Reflexion

Erwartungen:
- Bevor ich mein Praktikum begonnen habe, …
- Vorher habe ich mir überlegt, …
- …

Befürchtungen:
- Vor meinem Praktikum hatte ich Angst, …
- …

Erfahrungen:
- Eine tolle Erfahrung war, …
- Leider habe ich wenig über … gelernt.
- …

4 Wertet nun euer eigenes Praktikum aus.
- Notiert dazu in Stichpunkten, welche Erwartungen und Befürchtungen ihr vor eurem Praktikum hattet.
- Fasst dann eure Erfahrungen während des Praktikums kurz zusammen.

5 Welche Konsequenzen könnt ihr aus eurem Praktikum ziehen? Seht euch das folgende Schaubild für eine Reflexion an. Notiert, welches Ergebnis euer Praktikum brachte.

Mein Praktikumsberuf – Konsequenzen ziehen

→ möchte ich ergreifen → sich über den Ausbildungsweg informieren → • benötigten Schulabschluss machen • Ausbildungsbetriebe und -stellen recherchieren → Bewerbung schreiben

→ möchte ich nicht ergreifen → • Alternativen bestimmen • mit Eltern, Freunden, Berufsberatung sprechen • ggf. weiteres Praktikum machen … → erneut Konsequenzen formulieren

6 Schreibt nun eine ausführliche Reflexion zu eurem Praktikum. Nutzt dazu eure Ergebnisse aus Aufgabe 3 bis 5.

○ Aufgabe 1 ◒ Aufgabe 2, 3 ● Aufgabe 4, 5, 6

Ich über mich

Einen Lebenslauf verfassen

T2 Schreiben
Seite 203

1 Beschreibt den Aufbau des folgenden Lebenslaufes. Geht dabei auf den Inhalt, die Form und den Aufbau ein.

Lebenslauf

Persönliche Angaben		
Name	Müller	Foto
Vorname	Selin	
Anschrift	Hauptstraße 3 76143 Karlsruhe	
Telefon	0721-876554321	
E-Mail	selin.mueller@ma.il	
Geburtsdatum	5. Mai 1999	
Geburtsort	Karlsruhe	
Staatsangehörigkeit	deutsch	
Schulbildung		
voraussichtlicher Abschluss	Mittlerer Abschluss, Juni 2016	
August 2010 bis heute	Schiller-Realschule Karlsruhe	
August 2006 bis Juli 2010	Schiller-Grundschule Karlsruhe	
Lieblingsfächer	Biologie, Englisch, Sport	
Praktikum		
August 2014	Wildpark, Karlsbad	
Sprachen		
Türkisch	Erstsprache	
Deutsch	Zweitsprache	
Englisch	gute Kenntnisse	
Französisch	Grundkenntnisse	
Besondere Kenntnisse und Interessen		
Vereine	Hundesportverein Karlsruhe	
Hobbys	Tiere, Lesen, Reisen	
Selin Müller	Karlsruhe, 16. Januar 2016	

Nutzt ein Textverarbeitungsprogramm.

2 Verfasst einen eigenen Lebenslauf. Geht darin auch auf Schlüsselqualifikationen ein, die zu eurem gewählten Beruf passen. Orientiert euch an den Expertenkarten in Aufgabe 3.

3 Überarbeitet eure Lebensläufe mithilfe der Expertenkarten in einer Schreibkonferenz.

→ T5 Schreibkonferenz Seite 288

Expertenkarte: Form
- Tabelle zweispaltig anlegen oder TAB-Taste verwenden
- **Schriftart**, z. B. Arial
- **Schriftgröße**, z. B. 14 pt bei Hauptüberschrift, 12 pt bei Gliederungspunkten, 11 pt bei restlichen Angaben
- **Zeilenabstand**, z. B. einfach oder 6 pt
- **Seitenränder**, z. B. 2,5 cm

Tipp: Achtet auf die Rechtschreibung und Einheitlichkeit im ganzen Lebenslauf.

Expertenkarte: Aufbau
- Persönliche Angaben
  Tipp: seriöse E-Mail-Adresse verwenden
- Schulbildung
- Praktika
- Sprachen
- Besondere Kenntnisse und Interessen
- Datum und Unterschrift

Tipp: Achtet auf die richtige Reihenfolge und Vollständigkeit der Angaben.

Expertenkarte: Inhalt
- **Bild**: seriös und passend zum Berufswunsch
- **Schulbildung**: Schulabschluss, besuchte Schulen und Lieblingsfächer
- **Besondere Kenntnisse und Interessen (Schlüsselqualifikationen)**: Tätigkeiten in Schule und Verein, Hobbys möglichst vielseitig, passend zum Berufswunsch

Tipp: Achtet darauf, dass ihr nur richtige Angaben macht.

4 Notiert, was euch beim Schreiben des Lebenslaufes unklar war. Klärt mit einer Partnerin oder einem Partner, welche Lösungen es jeweils gibt.

Tipps für einen Lebenslauf

Deutsch ist meine Zweitsprache. Schreibe ich das auf? → Tipp: Ja, z. B. Türkisch – Erstsprache, Deutsch – Zweitsprache, …
Was mache ich, wenn ich keine E-Mail-Adresse habe? → Tipp: …
…

5 Seht euch die drei Bilder von Selin an. Entscheidet, welches Bild sich für einen Lebenslauf eignet. Begründet eure Entscheidung.

6 EXTRA Seht euch im Internet die Homepage eines für euch interessanten Ausbildungsbetriebes an. Ergänzt euren Lebenslauf mit passenden Informationen.

Da will ich hin

Ein Bewerbungsanschreiben überarbeiten

T2 Schreiben
Seite 203

1 Lest die folgende Stellenanzeige. Recherchiert unbekannte Begriffe. Beschreibt in eigenen Worten, was der Betrieb bietet und was er von den Bewerbern erwartet.

Der Tierpark Ettlingen sucht zum 1. September 2017

**eine/n Auszubildende/n
zum Zootierpfleger oder zur Zootierpflegerin**

Ihr Aufgabenbereich umfasst:
- Arbeiten in der Tierpflege, z. B. Fütterung, Reinigung
- Kleinere Reparatur- und Instandhaltungsarbeiten, Grünanlagenpflege
- Organisation und Durchführung von Führungen

Sie bringen mit:
- Flexibilität, Zuverlässigkeit, Belastbarkeit und Leistungsbereitschaft
- Bereitschaft zur Wochenend- und Feiertagsarbeit
- Sicheres und freundliches Auftreten in der Öffentlichkeit

Bitte richten Sie Ihre Bewerbung bis spätestens 1. März 2017 an:
Tierpark Ettlingen, Lessingweg 119, 76275 Ettlingen

2 Selin hat sich beim Tierpark für die Ausbildungsstelle als Zootierpflegerin beworben. Lest Selins Bewerbung sowie das folgende Gespräch der Personalabteilung. Notiert, welche Angaben in Selins Bewerbung fehlen.

Tierpark Ettlingen
Lessingweg 119
76575 Ettlingen

Karlsruhe, 16. Januar 2017

Bewerbung als Zootierpflegerin
Ihre Anzeige auf www.zootierpflege.de vom 10. Januar 2017

Sehr geehrte Damen und Herren,

Ihr Ausbildungsangebot im Internet hat mich aufgrund der interessanten Stellenbeschreibung sehr angesprochen.
Ich habe mich gut über diesen Beruf informiert und gemerkt, dass ich mir die Ausbildung mit meinen Interessen und Fähigkeiten gut vorstellen kann.
Über eine Einladung zu einem persönlichen Vorstellungsgespräch würde ich mich sehr freuen.

Mit freundlichen Grüßen

Selin Müller

Anlagen

Person A: Der Lebenslauf von Selin Müller hat mir gut gefallen. Das Bewerbungsanschreiben ist leider sehr lückenhaft. Am Anfang hat sie sogar ihren Namen mit Anschrift, Telefonnummer und E-Mail-Adresse vergessen.
Person B: Ja, das stimmt. Mir ist auch aufgefallen, dass sie zwar ein Betreff und einen Bezug der Bewerbung nennt, aber nicht sagt, ob Sie ein Praktikum oder eine Ausbildung machen will.
Person A: Die Anrede hat sie richtig gemacht, da sie keinen bestimmten Ansprechpartner hat.
Person B: Im ersten Satz nennt sie zwar den Fundort der Stellenanzeige, es fehlt jedoch, dass sie sich für einen Ausbildungsplatz bewerben möchte.
Person A: Ich finde gut, dass sie sich informiert hat und sagt, dass sie sich die Arbeit mit ihren Interessen und Fähigkeiten vorstellen kann.
Person B: Ja, das stimmt. Aber welche das sind, erzählt sie in ihrem Bewerbungsanschreiben leider nicht.
Person A: Sie hat doch auch ein Praktikum im Tierpark Karlsbad gemacht. Das könnte sie auch als Begründung für ihr Interesse anführen und zum Beispiel von ihrer Tätigkeit dort berichten.
Person B: Ja, sie hat gute Voraussetzungen, nennt diese aber gar nicht. Ich weiß zum Beispiel auch nichts über ihre derzeitige Situation. Welche Schule besucht sie? Wann macht sie ihren Abschluss?
Person A: Schade. Aber so können wir die Bewerbung nicht berücksichtigen.

3 Überarbeitet Selins Bewerbungsanschreiben. Ergänzt die fehlenden Informationen mithilfe von Selins Lebenslauf auf Seite 20. Nutzt auch die folgenden Formulierungshilfen.

Nutzt ein Textverarbeitungsprogramm.

Formulierungshilfen für ein Bewerbungsanschreiben

- Da Ihr/e Betrieb/Firma … und vielfältige Ausbildungsmöglichkeiten bietet, bewerbe ich mich …
- Zurzeit besuche ich die …, die ich voraussichtlich im … mit dem Mittleren Abschluss verlassen werde.
- Durch … in meiner Freizeit und der Teilnahme … habe ich gemerkt, dass …
- Das Praktikum … hat mir Einblicke in das Tätigkeitsfeld … gegeben und so habe ich einige Arbeitsbereiche kennengelernt.
- Besonders gut hat mir … gefallen.
- Über eine Einladung zu einem persönlichen Vorstellungsgespräch …

4 EXTRA Lest euch in Gruppen eure Bewerbungsanschreiben vor und wählt das beste aus. Begründet eure Entscheidung.

Schnell und einfach?

Online-Bewerbungen kennenlernen

→ **T2** Schreiben
Seite 203

Beachtet, dass ihr für Online-Bewerbungen alle Materialien, z. B. Anschreiben und Foto (am besten als PDF bzw. jpg), benötigt.

1 Manche Unternehmen fordern Bewerbungen per E-Mail oder bieten Online-Formulare an. Die Bewerber sollten sich auf jeden Fall an den gewünschten Bewerbungsweg halten. Seht euch die beiden Formen von Online-Bewerbungen an. Benennt Gemeinsamkeiten und Unterschiede.

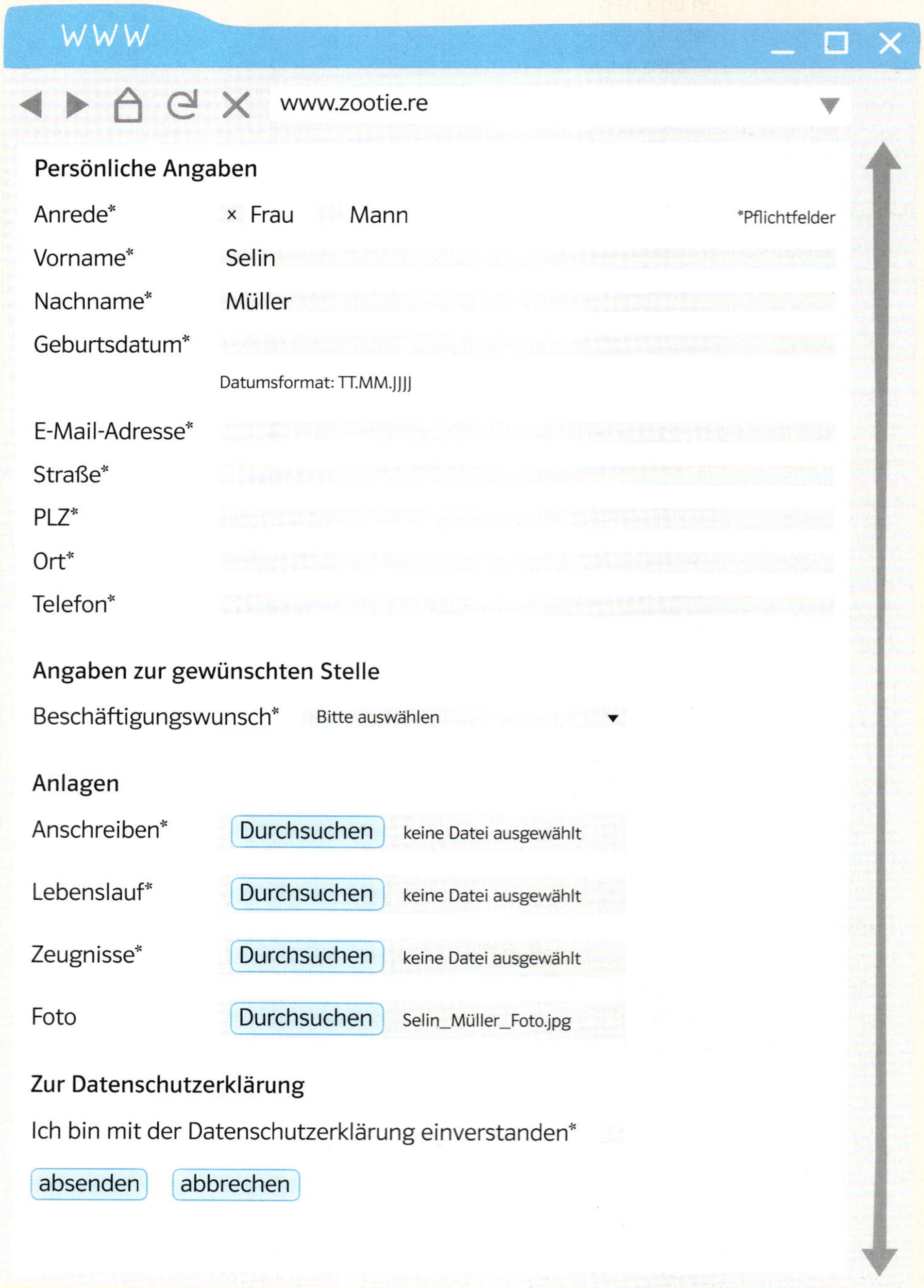

WWW

www.zootie.re

Persönliche Angaben

*Pflichtfelder

Anrede* × Frau Mann

Vorname* Selin

Nachname* Müller

Geburtsdatum*

Datumsformat: TT.MM.JJJJ

E-Mail-Adresse*

Straße*

PLZ*

Ort*

Telefon*

Angaben zur gewünschten Stelle

Beschäftigungswunsch* Bitte auswählen

Anlagen

Anschreiben* Durchsuchen keine Datei ausgewählt

Lebenslauf* Durchsuchen keine Datei ausgewählt

Zeugnisse* Durchsuchen keine Datei ausgewählt

Foto Durchsuchen Selin_Müller_Foto.jpg

Zur Datenschutzerklärung

Ich bin mit der Datenschutzerklärung einverstanden*

absenden abbrechen

E-Mail

An: info@tierpark-badpyrmont.de
Von: selin.mueller@ma.il
Betreff: Bewerbung Selin Müller für die Ausbildung zur Zootierpflegerin
Anhang: Lebenslauf.pdf, Zeugnisse.pdf, Praktikumsnachweise.pdf

Senden

Sehr geehrte Damen und Herren,
Ihr Ausbildungsangebot im Internet hat mich aufgrund der interessanten Stellenbeschreibung sehr angesprochen. Deshalb bewerbe ich mich …

Mit freundlichen Grüßen
Selin Müller

Selin Müller
Hauptstraße 3
…

2 Bereitet euch auf eine der beiden Online-Bewerbungen vor.

Arbeitstechnik

Online-Bewerbungen verfassen

1. Vorbereitung
Für beide Formen werden folgende Unterlagen benötigt: aktueller Lebenslauf, Bewerbungsanschreiben, aktuelles Zeugnis, ggf. Praktikumsbescheinigung, …
Alle Unterlagen sollten digital, also eingescannt, vorliegen.

2. Durchführung
Online-Formular
1. das Online-Formular auf der Unternehmensseite aufrufen
2. ein Benutzerkonto mit Passwort einrichten
3. Angaben zur eigenen Person in die Felder eintragen
4. alle Bewerbungsunterlagen als PDF hochladen
5. vor dem Absenden die Eingaben prüfen

E-Mail
1. Absender, Empfänger und Betreff in die E-Mail eintragen
2. den Text des Anschreibens in die E-Mail kopieren
3. unter dem Namen die Adresse mit Telefonnummer und E-Mail-Adresse angeben
4. die Bewerbungsunterlagen als PDF in der Anlage hochladen

Achtung: Wenn ihr lange inaktiv seid, werden eure Daten gelöscht.

3 Notiert die Vor- und Nachteile von Bewerbungen per Brief, E-Mail und Online-Formular für die Bewerber und die Betriebe.

4 EXTRA Erkundigt euch, welche Form der Bewerbung die Firmen, Betriebe oder Einrichtungen eures Wunschberufs anbieten oder bevorzugen.

Das bin ich!

Ein Vorstellungsgespräch planen und durchführen

T1 Sprechen und Zuhören
Seite 189/190

1 Überlegt, was mit der folgenden Aussage gemeint sein könnte. Diskutiert darüber, was das für ein Vorstellungsgespräch bedeutet.

Für den ersten Eindruck gibt es keine zweite Chance.

2 Besprecht, welche Situationen hier dargestellt sind. Welchen Eindruck machen die abgebildeten Personen auf euch?

3 Lest euch die folgende Tabelle durch. Plant in Vierergruppen ein Vorstellungsgespräch. Bearbeitet dazu die folgenden Aufgaben.

Material
g68in2

Ein Vorstellungsgespräch planen und durchführen	Planungsnotizen
Vorbereitung • Informationen über die Firma einholen • Stärken bewusst machen • pünktlich sein, bei Verspätung anrufen • Adresse, Bewerbungsmappe, Block und Stift mitnehmen • saubere und gebügelte Kleidung, gepflegte Haare und Nägel, frischer Atem und angenehmer Körpergeruch	...
Durchführung • Vorstellung mit vollständigem Namen, kräftiger Händedruck • Platzangebot des Gesprächspartners abwarten • auf Fragen des Gesprächspartners warten und darauf antworten • aufmerksam, freundlich und höflich sein • aufrecht sitzen, Arme nicht verschränken, Blickkontakt halten	...
Verabschiedung • mit Händedruck verabschieden	...

4 Sammelt Fragen und Antworten für die Rollen eines Bewerbers und eines Ausbildungsleiters. Nutzt dazu eure eigenen Bewerbungsunterlagen. Orientiert euch an den Fragen auf den Rollenkarten auf der rechten Seite.

Rollenkarte Ausbildungsleiter
- Was wissen Sie über die Firma?
- Wie/wo haben Sie sich über uns informiert?
- Warum möchten Sie diesen Beruf erlernen?
- Was sind Ihre Stärken?
- Was sind Ihre Lieblingsfächer und warum?
- Welches Praktikum hat Ihnen gut gefallen und warum?

Rollenkarte Bewerber
- Mit wem arbeite ich zusammen?
- Wie sieht mein Arbeitsplatz aus?
- Wie sind die Übernahmechancen?
- Welche Ziele hat die Firma in Zukunft?
- Wann darf ich mit einer Entscheidung rechnen?

Tipp: Vermeidet Fragen zu Fehl- oder Urlaubstagen!

5 Gestaltet ein Rollenspiel zu dem Vorstellungsgespräch. Legt fest, wer welche Rolle übernimmt. Die restlichen Gruppenmitglieder sind Beobachter.

Arbeitstechnik

Rollenspiele gestalten

In einem **Rollenspiel** handeln die Spieler in einer konkreten Situation und Rolle.

1. Vorbereitung
- Zuerst werden die Rollen verteilt. Jeder Spieler macht sich mit seiner Rolle vertraut, indem er sich die Situationen, Handlungen, Figuren und ihre Beziehung zueinander klar macht.
- Vorab werden Handlungsort, Gegenstände (Requisiten) und Kleidungsstücke, die für die Umsetzung benötigt werden, besprochen.
- Die Spieler erarbeiten ihre Rolle und die Szene mithilfe der vorbereiteten Fragen und Antworten.

2. Durchführen
- Die Szene wird mehrmals mit Text geübt. Die Beobachter unterbrechen, wenn Handlungen oberflächlich oder nur undeutlich ausgeführt werden.
- Die Szene wird in der Klasse möglichst frei vorgetragen.
- Anschließend wird gemeinsam über die vorgetragene Szene gesprochen.

6 Tauscht euch nach dem Vorstellungsgespräch über eure Beobachtungen der Rollen aus. Gebt den Spielenden anschließend mithilfe der folgenden Fragen ein Feedback.
- Was war gut?
- Was muss verbessert werden?

→ **T5** Feedback geben Seite 279

7 Bereitet euch auf ein eigenes Vorstellungsgespräch vor. Notiert dabei alle wichtigen Informationen in Stichworten auf Karteikarten. Übt das Gespräch mit einer Partnerin oder einem Partner.

8 EXTRA Informiert euch im Internet über Regeln und Tipps zu Vorstellungsgesprächen.

Surftipp n5fd62

○ Aufgabe 8 EXTRA ◒ Aufgabe 1, 3, 4, 5, 7 ● Aufgabe 2, 6

Teste dich selbst!

1 Paul hat ein Praktikum in einer Autowerkstatt absolviert. Wähle Eigenschaften und Fähigkeiten aus, die in seinem Praktikum wichtig waren. Begründe deine Entscheidung.

Problemlösefähigkeit | Selbstständigkeit | Teamfähigkeit | Sorgfalt | schriftliche Ausdrucksfähigkeit | Grundkenntnisse der englischen Sprache | Durchhaltevermögen | handwerkliches Geschick | Konzentrationsfähigkeit

Wie konntest du Aufgabe 1 und 2 lösen?

😐 → Seite 199/200

🙂 → Seite 200 EXTRA

2 Verfasse mithilfe der folgenden Stichpunkte einen Tagesbericht für Paul.

Erster Tag des Praktikums

8 Uhr Ankunft in der Werkstatt
durch Praktikumsbetreuer Herrn Bauer begrüßt
8–10 Uhr Werkstatt gezeigt, Aufgaben beschrieben
10–12 Uhr und 13–15 Uhr den Arbeitern zugesehen und bei kleineren Reparaturen geholfen
12–13 Uhr Mittagspause
15–16 Uhr Werkstatt aufgeräumt und geputzt

Wie konntest du Aufgabe 3 lösen?

😐 → Seite 201

🙂 → Seite 201 EXTRA

3 Beschreibe mithilfe der folgenden Bilder stichwortartig den Arbeitsablauf des Reifenwechsels.

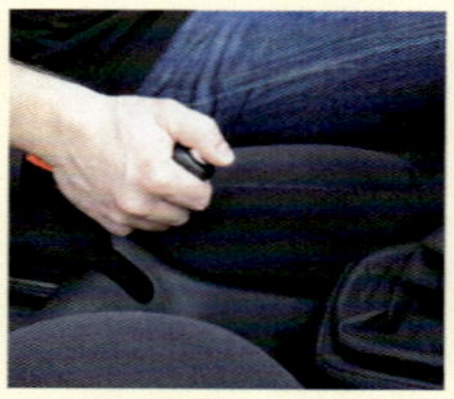

Wie konntest du Aufgabe 4 lösen?

😐 → Seite 202

🙂 → Seite 202 EXTRA

4 Paul hat seine Erfahrungen während des Praktikums notiert. Verfasse zu seinen Angaben eine kurze Reflexion.

Erfahrungen	
🙂	• Die Mitarbeiter waren lustig und hilfsbereit. • Ich habe viel über die Ausbildung erfahren. • Ich durfte an Kundengesprächen teilnehmen und Testfahrten mitmachen. • Die Arbeit hat mir sehr gefallen, ich möchte gerne eine Ausbildung zum Kfz-Mechaniker machen.
☹	• Ich hatte anfangs Hemmungen, Fragen zu stellen. • Am Anfang musste ich noch viel zuhören und zuschauen.

5 Sieh dir Pauls Lebenslauf an. Nenne mindestens fünf Kriterien, die Paul ergänzen sollte.

Persönliche Angaben

Vorname	Paul
Anschrift	Hauptstraße 5 76143 Karlsruhe
Telefon	0721-5543781
E-Mail	paul.richter@ma.il
Geburtsdatum	9. Mai 1999
Geburtsort	Karlsruhe

Schulbildung

August 2010 bis heute	Goethe-Realschule Karlsruhe
August 2006 bis Juli 2010	Goethe-Grundschule Karlsruhe

Praktikum

August 2014	Reifen Klaus, Karlsruhe

Besondere Kenntnisse und Interessen

Vereine	Schwimmverein Karlsruhe
Hobbys	Sport, Autos reparieren

6 Paul bewirbt sich nach seinem Praktikum in einer Autowerkstatt als Kfz-Mechaniker. Verfasse zur folgenden Stellenanzeige ein Bewerbungsanschreiben.

Wie konntest du Aufgabe 5 und 6 lösen?

😐 → Seite 203
😊 → Seite 203 EXTRA

Das Autohaus Winter sucht zum 1. September

eine/n Auszubildende/n zum Kfz-Mechaniker (m/w)

Ihr Aufgabenbereich umfasst:
- Instandsetzung von Fahrzeugen
- Durchführung von Diagnosen, Prüfungen und Untersuchungen
- Einbau technischer Zusatzausstattung und Zubehör

Sie bringen mit:
- Sorgfältige und professionelle Arbeitsweise sowie positive Arbeitseinstellung
- Teamfähigkeit und ausgeprägte Kommunikationsfähigkeit
- Eigeninitiative und Flexibilität

Bitte richten Sie Ihre Bewerbung an:
Autohaus Winter, Lessingweg 15, 76275 Ettlingen

7 Formuliere für Paul drei Tipps für ein Bewerbungsgespräch.

Wie konntest du Aufgabe 7 lösen?

😐 → Seite 189
😊 → Seite 190 EXTRA

2

Spieglein, Spieglein an der Wand

Mündlich und schriftlich diskutieren

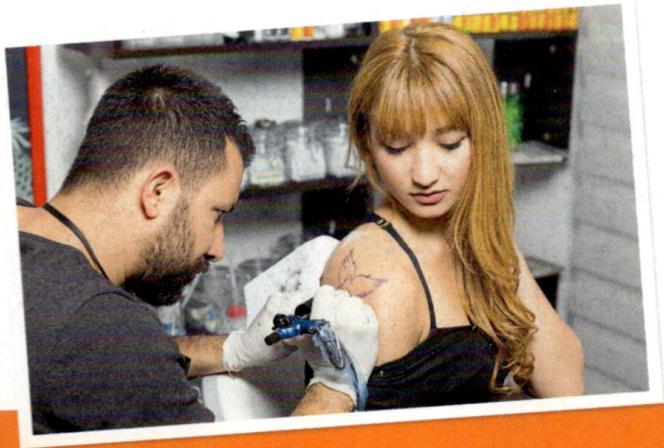

1 Beschreibt, welche Modestile und Modetrends auf den Bildern zu sehen sind.

2 Besprecht, wie der Stil oder Trend jeweils auf andere Leute wirken könnte.

3 Schreibt eine kurze Stellungnahme zu einem der beiden Satzanfänge.

a) Mode ist mir wichtig, weil …

b) Mode interessiert mich nicht, weil …

4 Erstellt eine Collage, die euren Modestil zeigt. Nutzt dafür Bilder aus Zeitschriften und eigene Fotos.

5 Gebt in eigenen Worten wieder, was die folgenden Zitate über das Wesen der Schönheit aussagen.

„Schönheit liegt im Auge des Betrachters."
Thukydides (um 455–396 v. Chr.), griechischer Flottenkommandant im Peloponnesischen Krieg und Historiker

„Schönheit bändigt allen Zorn."
Johann Wolfgang von Goethe (1749–1832), deutscher Dichter der Klassik, Naturwissenschaftler und Staatsmann

„Schön ist eigentlich alles, was man mit Liebe betrachtet."

Christian Morgenstern (1871–1914), deutscher Schriftsteller, Dramaturg, Journalist und Übersetzer

„Auch du entscheidest, ob du schön bist."

Manfred Hinrich (*1926), deutscher Philosoph, Philologe, Lehrer, Journalist, Kinderliederautor, Aphoristiker und Schriftsteller

6 Welches der Zitate spricht euch am meisten an? Begründet eure Auswahl.

Ich habe mich für das Zitat von … entschieden, da …

Jetzt lernt ihr, …

- … einen eigenen Standpunkt mündlich vorzutragen.
- … These, Argument und Beispiel zu unterscheiden.
- … eine lineare Erörterung zu schreiben.
- … sprachliche Besonderheiten eines argumentativen Textes herauszuarbeiten.
- … wie eine Pro- und Kontra-Erörterung geplant, geschrieben und überarbeitet wird.
- … wie eine Pro- und Kontra-Debatte über ein strittiges Thema geführt wird.

T1 Sprechen und Zuhören
Seite 192/193

T5 Positionslinie
Seite 285

Markenklamotten oder No-Name-Mode?!

Einen eigenen Standpunkt mündlich vertreten

1 Nehmt zu den folgenden Aussagen Stellung. Verdeutlicht eure Meinung mithilfe einer Positionslinie. Notiert die Ergebnisse eurer Abfrage.

Markenklamotten haben eine bessere Qualität als No-Name-Produkte.

Jugendliche, die Markenkleidung anhaben, wirken attraktiver und moderner.

Wer billige No-Name-Kleidung trägt, ist nicht angesagt.

Ich kaufe gerne günstige Klamotten, anstatt teure Marken zu shoppen.

Mode sollte mir gefallen und nicht ein bestimmtes Modelabel tragen.

2 Besprecht, wie sich eure Klasse bei den verschiedenen Aussagen zum Thema „Markenklamotten oder No-Name-Mode?" positioniert hat.

3 Wählt eine der folgenden Aussagen aus, die euch am meisten zusagt. Begründet eure Wahl.

Wer angesagte Markenmode kauft, ist trendbewusst.

Markenklamotten haben eine bessere Qualität.

Jugendliche sollten sich vom Markenwahn lossagen.

4 Bestimmt, ob es sich bei den aufgestellten Aussagen aus Aufgabe 3 um Behauptungen, Forderungen oder Bewertungen handelt.

Merke

Eine **These** (Aussage) verdeutlicht die Position, die eine Person zu einer strittigen Frage hat. Sie kann als **Behauptung**, **Forderung** oder **Bewertung** (Meinung, Urteil) formuliert werden.
Markenkleidung ist überteuert. (Behauptung)
Jugendliche sollten Kleidung unabhängig von der Marke kaufen. (Forderung)
Markenbewusste Menschen reduzieren sich auf ihr Äußeres. (Bewertung)

Mit überzeugenden **Argumenten** kann man die eigene These stützen.

5 Formuliert nun eine eigene These zum Thema „Markenklamotten oder No-Name-Mode?".

6 Entwickelt eine mündliche Stellungnahme zur Fragestellung „Sind Kleidungsstücke von Markenherstellern qualitativ besser?".

- Lest dazu den folgenden Text. Legt eine Folie auf oder nutzt den Online-Code. Unterstreicht alle Argumente, die eure Position unterstützen.
- Notiert Stichpunkte zu eurer These und euren Argumenten für eine mündliche Stellungnahme.

Material
ty55zr

Kleider machen Leute. Bessere Qualität oder alles nur Image und Oberfläche?

Annegret: Pro

„Wer billig kauft, kauft zweimal." Diese alte Weisheit meiner Oma hat sich bewahrheitet. Warum sollte ich mir das fünfte [Billig]-Oberteil kaufen – wenn ich die vier davor aussortieren musste, weil sich Nähte lösten, Schnitte verzogen oder Farben auswuschen?

Keine Frage, Schnäppchen sind super. Doch manche Preise erscheinen mir fast zu niedrig, um wahr zu sein. So sehr die Tatsache mein schmales Studentenbudget schmerzt: Ein schönes, qualitativ hochwertiges Kleidungsstück unter guten Bedingungen zu produzieren hat seinen Preis. Faire Hersteller machen es vor: Man kann Kleidung unter guten Arbeitsbedingungen herstellen. […]

Dennoch mache ich mir nichts vor. Markenklamotten werden natürlich auch wegen des mit ihnen verbundenen Images gekauft. […] Teuer heißt zwar nicht automatisch gut, aber ich habe die Erfahrung gemacht, dass Qualität ihren Preis hat. Lieber ein zeitloses Paar Stiefel, die wärmen, wasserdicht sind und 150 Euro kosten, oder doch drei verschiedene Modelle für 49,95 Euro, in denen man nasskalte Füße, gestauchte Zehen und Rückenschmerzen bekommt? Ich weiß, wofür ich mich entscheiden würde. Meine Oma wäre stolz auf mich.

Enya: Kontra

Beliebte Marken sind Beispiele dafür, wie Namen zu Geld werden. […] Was unterscheidet eine Hose von einer bekannten Marke von einer aus der Kleidersammlung oder einem No-Name-Produkt vom Supermarkt? Das Logo. Und das Logo bestimmt den Preis. […] Nicht selten lässt dieselbe Firma in derselben Fabrik gleichzeitig Kleidungsstücke mit und ohne Label herstellen, die sich interessanterweise überhaupt nicht in ihrer Qualität unterscheiden. Daraus schlagen die Unternehmen Profit[1] und verwenden ihn für massenhaft Werbung mit Kosten in Multimillionenhöhe, um ihr Prestige[2] zu verbessern. Eine Marke ist keineswegs ein Qualitätsmerkmal. Ein Markenlogo bewegt gutgläubige Menschen, viel mehr Geld für Kleidungsstücke auszugeben, als sie wirklich wert sind. Für mich ist es einfach unglaublich und unverständlich, wie viele Leute sich so sehr von den Trends, also dem Stil anderer Menschen, beeinflussen lassen: Kleidung kauft man sich doch, weil sie einem gefällt! Sie ist eine Ausdrucksmöglichkeit der Persönlichkeit. […] Kleider machen vielleicht Leute. Aber dass Markenklamotten jemanden zu einem anderen Menschen machen, halte ich für ein Märchen.

1 Gewinn
2 Ansehen

7 Tragt euch gegenseitig eure Stellungnahmen vor. Prüft, ob die jeweilige These und die Argumente sinnvoll vorgebracht werden.

8 EXTRA Wie steht ihr zu dem Thema „Markenkleidung"? Macht dazu den Test, den ihr unter dem Surftipp findet.

Surftipp ti6wu7

○ Aufgabe 1, 2, 3 ◒ Aufgabe 4, 5, 7 ● Aufgabe 6, 8 EXTRA

Faire Mode?!

These, Argument und Beispiel unterscheiden

→ **T1** Sprechen und Zuhören Seite 191

Klassengespräch zum Thema „Sollte mehr fair produzierte Mode gekauft werden?"

Serap: Ich bin für fair produzierte Kleidung, weil nur dann menschenwürdige Arbeitsbedingungen geschaffen und faire Löhne für die Arbeiter gezahlt werden. Was passiert, wenn die Sicherheit der Arbeiter vernachlässigt wird, hat doch das schwere Unglück in Bangladesch gezeigt. Dort sind im Jahr 2013 beim Einsturz einer Textilfabrik 1127 Menschen gestorben und 2438 verletzt worden. Zum einen müssen Hersteller und Firmen mehr zur Verantwortung gezogen werden, zum anderen sollten aber auch wir als Verbraucher unser Kaufverhalten verändern.
Lars: Sicherlich will jeder von uns, dass Kleidung fair produziert wird, um das eigene Gewissen zu beruhigen. Eine Umfrage des Instituts YouGov zeigt aber auch, wie wichtig beim Kauf von Kleidung der geringe Preis für Klamotten ist. 29% der Befragten gaben an, dass der Preis für Kleidung „sehr wichtig" sei, für 57% ist der Preis immer noch „eher wichtig" und nur für 14% spielt der Preis kaum eine Rolle. Es ist also fraglich, ob man wirklich ein fair produziertes T-Shirt kauft, wenn dies anstatt 3€ 30 bis 40€ kostet.
Jennifer: Das stimmt. Vor allem für Jugendliche ist der niedrige Preis sehr wichtig, da die meisten von ihnen nur wenig Geld zur Verfügung haben. Außerdem besteht das Problem, dass es in den meisten Einkaufsstraßen nur wenige Geschäfte mit fair produzierter Kleidung gibt. Viele kaufen diese auch nicht, da die Kleidung nicht modern wirkt, sondern typisch „öko" aussieht.
Milan: In einem aktuellen Zeitungsartikel habe ich gelesen, dass ökologische Kleidung zeitgemäß und erschwinglich sein kann. Beispielsweise zahlt man für einen unter fairen Produktionsbedingungen entstandenen Kapuzenpulli unter 30€. Anhand zahlreicher fairer Modefirmen wird in dem Artikel aufgezeigt, dass von Ökodesignern moderne Produkte wie T-Shirt, Jeans und Hemd mit modischen Schnitten und guter Passform angeboten werden.
Serap: Dem kann ich nur zustimmen, denn es gibt inzwischen auch viele Angebote für moderne und zugleich faire Kleidung online zu kaufen. Jeder von uns kann schließlich irgendwie ins Internet.

1 Notiert die Pro- und Kontra-Argumente des Klassengesprächs in Stichpunkten in einer Tabelle.

Merke

Ein **Argument** (lat. erhellen, beweisen) ist eine Begründung für eine aufgestellte **These** (Behauptung, Forderung oder Bewertung).
These und Argument bilden häufig ein Satzgefüge. Die Argumente sind an den Begründungswörtern zu erkennen: *denn, weil, daher, deshalb, also, folglich, …*
Ein einzelnes Argument kann mit einem **Beispiel** noch unterstützt werden.

2 Erklärt mithilfe des Schaubildes, welche Funktionen These, Argument und Beispiel in einer Argumentation haben.

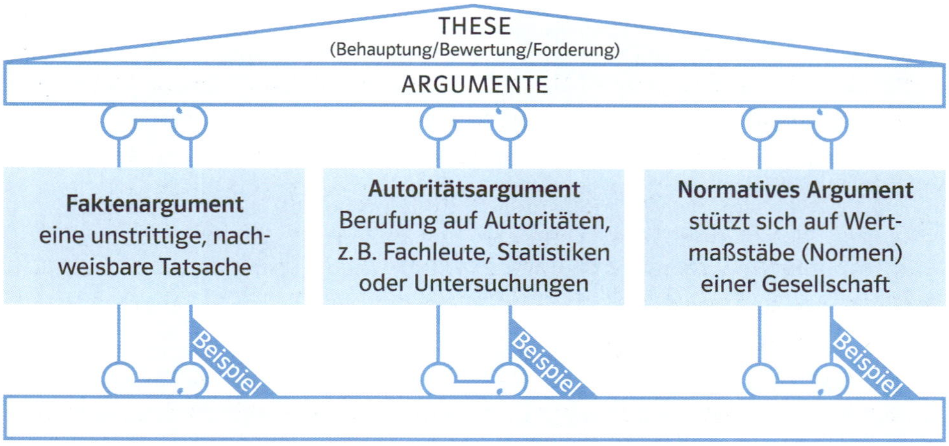

3 Ordnet die folgenden Textbausteine nach These, Argument und Beispiel für bzw. gegen fair produzierte Mode.

In allen Einkaufszentren und -straßen besteht ein vielfältiges Angebot an Kleidung durch große Modeketten.

Arbeiter in der Textilindustrie können unter menschenwürdigen Bedingungen arbeiten und sie erhalten einen angemessenen Lohn.

Der Kauf von fair produzierter Kleidung ist sinnvoll.

In meiner Heimatstadt gibt es kein Geschäft, das fair produzierte Kleidung anbietet.

Es gibt Unternehmen, die ihre Mitglieder verpflichten, für menschenwürdige Arbeitsbedingungen in der Produktion zu sorgen.

Viele Konsumenten kaufen ihre Kleidung lieber bei den gängigen Modeketten.

4 Untersucht, welche unterschiedlichen Arten von Argumenten (Faktenargument, Autoritätsargument, normatives Argument) im Klassengespräch verwendet werden. Ergänzt die Informationen in eurer Tabelle in Aufgabe 1.

○ Aufgabe 1 ◒ Aufgabe 3 ● Aufgabe 2, 4

Ist fair schwer?

Eine lineare Erörterung schreiben

→ **T2** Schreiben
Seite 214–217

1 Lest den Zeitungsartikel. Besprecht, welche Problematik in dem Text aufgezeigt wird.

Fair ist schwer

Als Konsumenten stecken die Bundesbürger in einem sich verschärfenden Zielkonflikt: Viele wollen nachhaltig einkaufen, aber billig soll es auch sein. Was darf gutes Gewissen kosten?

Die deutsche Konsumforschung kann ihre Arbeit einstellen. Ein Besuch in Klasse 10c der Pinneberger Johann-Comenius-Schule genügt, um die Zerrissenheit des hiesigen[1] Verbrauchers zu verstehen.

Die Mädchen und Jungs waren tief erschüttert, als ihnen vor einiger Zeit zwei Näherinnen aus Bangladesh live in ihrer Klasse von den furchtbaren Arbeitsbedingungen zu Hause erzählten, dem Druck und dem Dreck und den miesen Löhnen. Diese beiden Frauen also hatten den Preis dafür gezahlt, dass die Klamotten für ihre deutschen Kunden dann so günstig in den Boutiquen hängen konnten!

Klassenlehrerin Anette Fiedler freute sich über das geschärfte Bewusstsein ihrer Schützlinge, die beim Shoppen zunächst alles wieder auf den Bügel hängten, was aus Bangladesh kam, die Preise gewannen für ihr multikulturelles Engagement[2]. Die auch den Fair-Trade-Stand an ihrer Schule organisierten.

Die Ernüchterung kam bei der Klassenfahrt nach Essen, als ihre Kids sich mit Tüten voller Billigklamotten […] eindeckten. „Ich konnte es kaum fassen", sagt Fiedler.

Dabei stellten ihre Schüler damit nur jenen Zwiespalt unter Beweis, in dem auch all die Erwachsenen um sie herum stecken, mit ähnlichen Erklärungsmustern und Entschuldigungen zwischen hehrem[3] Moralanspruch und Ego-Realität. „Wir wollen nicht viel Geld für modische Kleidung investieren[4], aber trotzdem im Trend sein", sagt Sofia. „Teure Markenklamotten werden ja auch in Bangladesh hergestellt", sagt Robin. „Die multinationalen[5] Unternehmen können wir sowieso nicht ändern", sagt Kristin. Und Rosa resümiert: „Wir sind alle zu egoistisch. Wenn man ein Kleidungsstück haben will, achtet man nicht unbedingt auf die Produktionsbedingungen." […]

1 hier: einheimischen
2 persönlicher Einsatz
3 gehoben, hoher
4 ausgeben
5 weltweit

→ **T5** Internetrecherche
Seite 282

2 Recherchiert im Internet nach weiteren Texten zum Thema „Fair produzierte Mode". Nutzt dazu die folgenden Suchbegriffe.

faire Mode | Ökomode | Fairtrade Kleidung | Fast Fashion

3 Tragt aus euren recherchierten Beiträgen aus Aufgabe 2 alle Argumente und Beispiele in Form einer Pro- und Kontra-Tabelle zusammen.

4 Untersucht die folgende Argumentationskette. Welcher Standpunkt wird hier vertreten? Ist die Argumentation steigend angeordnet, d.h. vom schwächsten zum stärksten Argument, oder fallend?

Immer mehr Ökodesigner entwerfen moderne Kleidung mit modischen Schnitten und guter Passform. → Online oder in Geschäften vieler größerer Städte können fair produzierte Kleidungsstücke problemlos erworben werden. → Mode mit dem Fairtrade-Siegel garantiert, dass die Kleidung umweltschonend hergestellt wird und keine giftigen Inhaltsstoffe enthält. → Fair produzierte Kleidung unterstützt menschenwürdige und sichere Arbeitsbedingungen sowie gerechte Löhne für die Arbeiter in der Textilindustrie.

5 Erstellt zu euren Argumenten aus Aufgabe 3 eine Argumentationskette.
- Nummeriert dazu die Argumente vom schwächsten zum stärksten Argument.
- Überlegt, wie ihr mithilfe von Satzanfänge und Verknüpfungen eine Steigerung signalisieren könnt, z.B.: *ein erstes Argument besteht darin, noch gewichtiger/bedeutsamer ist, von außerordentlicher Wichtigkeit ist aber, am deutlichsten, …*

6 Entscheidet, wie ihr zu der strittigen Frage „Sollte mehr fair produzierte Kleidung gekauft werden?" steht. Verfasst mithilfe eurer Vorarbeit sowie der im Merke-Kasten vorgegebenen Gliederung eine lineare Erörterung.

Merke

Bei der schriftlichen **Erörterung** (Argumentation) wird zu einer strittigen Frage begründet Stellung genommen. Die **lineare** (geradlinige) **Erörterung** beinhaltet die **Begründung des eigenen Standpunktes (Pro- oder Kontra-Position).**

Einleitung
- Hinführung zum Thema und Nennen der Problemfrage
- Wecken des Leserinteresses, z.B. durch aktuellen Bezug oder Wiedergabe eigener Erlebnisse
- Überleitung zum Hauptteil

Hauptteil
- Darstellung der eigenen These zum Thema
  steigende Anordnung: vom schwächsten zum stärksten Argument
- Stützung der Argumente durch Beispiele

Argument 1 (weniger wichtig) → Argument 2 (wichtig) → Argument 3 (sehr wichtig) → …

Schluss
- abschließende Stellungnahme: Abwägen der Argumente, Aufgreifen des stärksten Argumentes zur Bekräftigung der eigenen Position

7 Tragt euch eure Erörterungen in der Klasse vor. Gebt euch dazu ein Feedback.

→ T5 Feedback geben
Seite 279

○ Aufgabe 1 ◒ Aufgabe 2, 3, 4, 5 ● Aufgabe 6, 7

T2 Schreiben
Seite 215

Körperbilder

Argumente sprachlich verknüpfen

1 Beschreibt die Bilder. Stellt Vermutungen an, welche Bedeutung die Körperbilder für die jeweilige Person haben könnten.

2 Wie steht ihr zu dem Thema Tattoos? Notiert in Stichpunkten einige Argumente, die eurer Meinung nach für oder gegen eine Tätowierung sprechen.

3 Diskutiert mit einer Partnerin oder einem Partner, ob ihr euch ein Tattoo stechen lassen würdet. Nutzt dazu eure Ergebnisse aus Aufgabe 1 und 2.

4 Vergleicht die beiden argumentativen Schülertexte zum Thema „Sollte man sich im jungen Erwachsenenalter tätowieren lassen?" miteinander.

A Zunächst einmal ist anzumerken, dass es Körperbilder seit Menschengedenken in den unterschiedlichsten Kulturen gibt. In der heutigen Zeit lassen sich immer mehr junge Menschen tätowieren, weil sie ihren Körper als Kunstwerk betrachten und mit einem Tattoo verschönern wollen. Ein Argument für Tattoos ist, dass diese immer größere Akzeptanz in der Öffentlichkeit finden, da z. B. Popstars wie Rihanna oder Sportler wie Mesut Özil tätowiert sind. Zudem lassen sich viele jüngere Menschen ein Tattoo stechen, damit sie ihre Persönlichkeit und ihre eigenen Werte zum Ausdruck bringen können. Deshalb kann ein Tattoo auch nach Jahren noch gefallen, wenn das Motiv gut überlegt und individuell gestaltet ist.

B Nicht jeder sollte dem Modetrend der Popstars und Schauspieler blind folgen. Die eigene Persönlichkeit und der Geschmack verändern sich im Laufe der Jahre. Nach einiger Zeit kann einem das Tattoo nicht mehr gefallen, dann müsste es mit einem Laser schmerzhaft entfernt werden.
Tätowierungen sind gesundheitsgefährdend. Sie enthalten giftige Farbstoffe. Diese lagern sich in der Haut und im gesamten Körper ab und können sogar Allergien auslösen.
Entzündungen und durch Blut übertragene Krankheiten können beim Tätowieren entstehen. Unseriöse Tätowierer arbeiten nicht immer unter den geforderten Hygienebedingungen.

5 Untersucht, welche Formen der Satzverknüpfung in Schülertext A verwendet wurden. Schreibt dazu die Konjunktionen in euer Heft. Ergänzt mithilfe des Merke-Kastens, um welche Art der Konjunktion es sich jeweils handelt.

Merke

Beim Verfassen des **Hauptteils** einer **Erörterung** sollten These, Argument und/oder Beispiel geschickt sprachlich **verknüpft** werden. Häufig verwendete **Konjunktionen (Bindewörter)** für eine Satzverknüpfung sind:

- **Grund** (kausal): *weil, da, denn, …*
- **Bedingung** (konditional): *wenn, falls, sofern, …*
- **Folge** (konsekutiv): *dass, so dass, …*
- **Absicht, Zweck** (final): *damit, dass, um … zu, …*

6 Überarbeitet nun den Schülertext B, indem ihr die Sätze mit passenden Konjunktionen miteinander verknüpft.

7 Verwendet die folgenden Formulierungen, um eure Argumente aus Aufgabe 2 zu reihen und zu gewichten. Verfasst einen zusammenhängenden Text.

Orientiert euch am Merke-Kasten auf Seite 37.

Formulierungshilfen: Gewichtung und Reihung von Argumenten

- zunächst einmal/zuerst ist darauf hinzuweisen, dass …/an erster Stelle wäre zu nennen …
- von noch größerer Bedeutung ist …/noch wichtiger aber ist/besonders wichtig erscheint mir …
- Ein weiteres wichtiges Argument für/gegen … ist …/zusätzlich kann angeführt werden, dass …/ein nicht minder zu beachtender Grund ist …/nicht weniger wichtig ist …
- darüber hinaus bleibt auch zu bedenken …/ein weiterer Gesichtspunkt ist …
- außerdem, weiterhin, zudem, ebenfalls, ebenso, …

8 EXTRA Zwischen Einleitung und Hauptteil, Pro- und Kontra-Positionen sowie Hauptteil und Schluss sollten Satzverknüpfungen verwendet werden. Ergänzt die folgenden Beispiele. Stellt sie anschließend der Klasse vor.

Satzverknüpfungen

Einleitung – Hauptteil:	Im Folgenden soll der strittigen Frage „…“ nachgegangen werden …
Pro- und Kontra-Seite:	Es gibt aber genauso zahlreiche Argumente, die für/gegen … sprechen …
Hauptteil – Schluss:	Wägt man alle Argumente ab, so wird deutlich …

Bilder, die unter die Haut gehen I

Eine Erörterung planen

T2 Schreiben
Seite 216/217

1 Beschreibt die Abbildung zum „Sanduhr-Prinzip“ in der Randspalte. Beachtet auch die Informationen im Merke-Kasten.

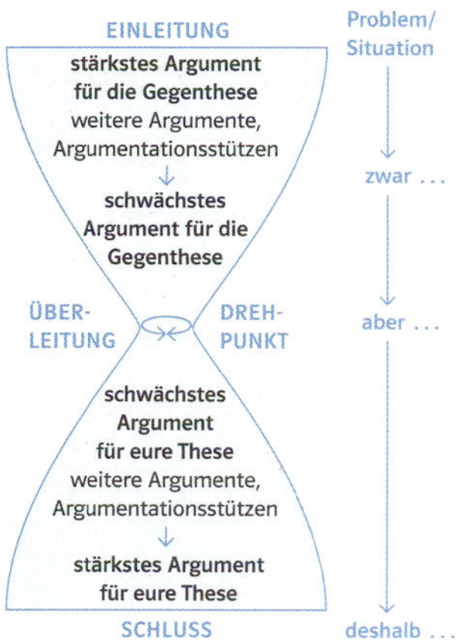

Merke

In einer **Pro- und Kontra-Erörterung** werden Argumente für und gegen eine strittige Frage **sachlich** gegenübergestellt, um zu einer eigenen begründeten Position zu gelangen.
Eine Form dieser **kontroversen Argumentation** ist das **„Sanduhr-Prinzip“**.
Nach der Einleitung werden im Hauptteil zunächst alle Argumente und Beispiele aufgeführt, die gegen die eigene Position sprechen. Die Argumente werden vom stärksten zum schwächsten Argument hin angeordnet.
Nach einer Überleitung werden alle Argumente mit Beispielen aufgeführt, die der eigenen Position entsprechen. Die Argumente werden vom schwächsten zum stärksten Argument hin angeordnet. Zum Schluss wird die kontroverse Argumentation reflektiert.

T5 Partnerpuzzle
Seite 284

2 Bearbeitet die beiden Sachtexte auf Seite 40 bis 43 mit der Arbeitstechnik „Partnerpuzzle“ zu der Frage „Sollte man sich im jungen Erwachsenenalter tätowieren lassen?“.
- Entscheidet in eurer Gruppe, wer welchen Text bearbeitet. Legt eine Folie über die Texte oder nutzt die Online-Codes.
- Markiert alle Informationen, die für oder gegen Tätowierungen sprechen. Erstellt auch Randnotizen.

Orientiert euch an den vorgegebenen Beispielen.

3 Formuliert Argumente und Beispiele für und gegen Tattoos. Notiert sie in Stichpunkten in einer Tabelle.

Für Tattoos im jungen Erwachsenenalter spricht … (Pro-Seite)		Gegen Tattoos im jungen Erwachsenenalter spricht … (Kontra-Seite)	
Argumente	Beispiele	Argumente	Beispiele
…	…	…	…

Material
mz76nk

Beispiele für Tattoos: Mesut Özil und andere Fußballer aus Europa und Nord- und Südamerika

Marcel Kleifeld

Körperkunst – Generation Tattoo

Düsseldorf […] Mesut Özil läuft mit freiem Oberkörper über den Rasen des Maracana-Stadions in Rio de Janeiro. Um seinen Hals hängt eine Goldmedaille, in der linken Hand hält er den WM-Pokal. Nicht minder auffällig ist die große Tätowierung, die seinen linken Oberarm und Teile der Schulter ziert. Das Motiv: Ein schreiender Löwe auf orange-rotem Hintergrund.

Darunter stehen die Zeilen: „Only God Can Judge Me" („Nur Gott kann mich richten"). Der deutsche Nationalspieler war bei der jüngst beendeten Fußball-Weltmeisterschaft mit seinem Körperschmuck in bester Gesellschaft. Vor allem die Fußballer aus Europa sowie Nord- und Südamerika trugen Tattoos am Körper.

Die Nationalspieler liegen in ihrer Altersklasse mit den Tattoos absolut im Trend. Auch Prominente aus anderen Branchen wie die Sänger Justin Bieber, Miley Cyrus, Sarah Connor, Rihanna und Casper sowie die Schauspieler Scarlett Johansson und Megan Fox mögen die Körperkunst.

In Deutschland sind die Tattoos sehr populär. Laut einer repräsentativen Studie der Gesellschaft für Konsumforschung (GfK) im Auftrag der Ruhr-Universität Bochum sind insgesamt 6,3 Millionen Menschen in Deutschland tätowiert (in anderen Studien werden sogar mehr als zehn Millionen genannt). 9 Prozent der Befragten ab 16 Jahren trägt demnach den dauerhaften Körperschmuck. Besonders beliebt sind die Tattoos bei den jungen Erwachsenen. In der Kategorie der 25- bis 34-Jährigen trägt mehr als jeder Fünfte (22 Prozent) Farbe unter der Haut. Der Studie zufolge ist der soziale Status[1] unabhängig vom Wunsch nach einem Tattoo.

Der Diplom-Psychologe Dirk Hofmeister, ein Tattoo-Experte, geht sogar davon aus, dass bei den jungen Erwachsenen jeder Vierte sich hat Farbe unter die Haut stechen lassen. Er führt drei Gründe für die Beliebtheit in dieser Altersklasse an. Erstens: die Identitätsbildung[2]. Junge Menschen sind neuem Terrain gegenüber sehr aufgeschlossen und experimentierfreudig. Zweitens: äußere Einflüsse. Sie orientieren sich eher an Vorbildern und Zielgruppen. Drittens: die Selbstständigkeit. Tattoos können helfen, einen Konflikt zwischen Autonomie[3] und elterlicher Abhängigkeit zu lösen.

Generell gehe es beim Tätowieren heute vor allem um ein modisches Statement, sagt Hofmeister: „Das Tätowieren passiert eher gedankenlos. Man möchte sich verschönern und mag ein bestimmtes Motiv." Ein anderer, aber in seiner Wichtigkeit abnehmender Grund sei die Botschaft, zu zeigen, dass man besser oder ausgefallener als der Nachbar ist. Manche wollen auch zeigen, dass ein bestimmter Abschnitt oder ein Ereignis überwunden ist. [...]

Die gestochenen Motive haben sich innerhalb der vergangenen zwei Jahrzehnte verändert. Vor 20 Jahren noch dominierten meist Anker, vor 15 Jahren waren es Muster am Steißbein, vor zehn Jahren Sterne. „Heute ist alles bunter, greller und großflächiger. Die Motive entwickeln sich eher in Richtung Kunst", sagt Hofmeister.

Die Tattoos haben an gesellschaftlicher Akzeptanz gewonnen. Sie erzeugen deutlich weniger Aufregung als noch vor 20 Jahren. „Sie sind in die Mitte der Gesellschaft vorgerückt", sagt Hofmeister. Stars haben als Vorbilder einen großen Anteil daran, vor allem für die jüngere Generation.

Pro-Argument Tattoos: Trend

Beispiele für Tattoos: Popsänger und bekannte Sportler wie ...

Autoritätsargument: Studie belegt Popularität ...

1 Stand, Stellung in der Gesellschaft
2 Entwicklung der eigenen Persönlichkeit
3 Unabhängigkeit

Bilder, die unter die Haut gehen II

Eine Erörterung schreiben und überarbeiten

T2 Schreiben
Seite 216/217

Material
cm9m49

Kontra-Argument Tattoos: Gefährlicher Hautschmuck, krebserregende Inhaltsstoffe

Untersuchung Mediziner der Universität Regensburg weisen Gifte nach

Kirsten Milhahn

Tätowierung – Farbspritze kann Allergien auslösen

Tattoos sind weit verbreitet. Ungefährlich ist der bleibende Hautschmuck trotzdem nicht. Denn die für Tätowierungen verwendeten Farben enthalten zum Teil krebserregende Substanzen[1].

[…] Mediziner der Universität Regensburg haben die Farben einmal untersucht – mit alarmierenden Ergebnissen: In den bis zu 300 verschiedenen Mischungen, die zum Tätowieren benutzt werden, stecken zum Teil abenteuerliche Substanzen. Zwar besteht die blauschwarze Standardverzierung oft nur aus gewöhnlicher Tusche. Viele andere Farben enthalten aber Stoffe, die auch zur Herstellung von Autolacken, zum Einfärben von Kunststoffen oder für Druckerpatronen verwendet werden. Sie können unter Umständen Kontaktallergien auslösen.

Auch sonst sollten Sie vielleicht ein paar Tage länger überlegen, ob Sie sich fürs Leben zeichnen lassen. Generell gilt: Wer sich ein Tattoo stechen lässt, trifft eine Entscheidung, die kaum mehr rückgängig zu machen ist.

Denn der Tätowierer schießt die Farbe regelrecht in die Haut. Dabei feuert die Nadel seiner Tätowierpistole bis zu 3500 winzige Stiche pro Minute ab. Auf diese Weise werden ein bis zwei Milligramm Farbstoff pro Quadratzentimeter in die mittlere Hautschicht, die sogenannte Dermis gespritzt. Immunzellen[2] des Körpers sorgen dann dafür, dass das Motiv erhalten bleibt – sie kapseln die Farbpigmente regelrecht ein. Das heißt, der Körper kann sie nicht mehr abbauen. […]

Eine Institution[3], die Tattoofarben auf Reinheit und Verträglichkeit testet, existiert nicht. Und die Hersteller dieser Farben halten sich bedeckt. Ihr Argument: Schließlich seien die verwendeten Farben normalerweise nicht zum Tätowieren gedacht. Bei falscher Anwendung sind sie folglich nicht haftbar. Unglaublich, aber wahr: Auch hinsichtlich der Hygiene gibt es hierzulande gar keine Vorgaben. Mit anderen Worten: Jeder Tätowierer könnte seinen Klienten jede x-beliebige Farbe in die Haut spritzen und müsste sich dafür noch nicht mal die Hände waschen. Theoretisch darf er die Nadeln so oft benutzen, wie ihm beliebt, und braucht sie nicht mal zu sterilisieren. Glücklicherweise ist das nicht üblich. Profistudios, in denen derartige Zustände herrschen, sind nicht konkurrenzfähig. […]

Im Prinzip ist es möglich, Körperkunst loszuwerden. Bis vor ein paar Jahren war das allerdings noch eine ziemlich rabiate[4] Prozedur: Ärzte schnitten missliebige Tattoos einfach großflächig heraus oder schliffen bemalte Hautstellen regelrecht runter. Beides hinterließ hässliche Narben. Mittlerweile

1 Inhaltsstoffe
2 Abwehrzellen
3 Einrichtung
4 brutal, hart

geht es auch sanfter, dem Laser sei Dank. Wobei leider gilt: Je professioneller eine Tätowierung gemacht wurde, desto schwieriger lässt sie sich entfernen. Bis zu zehn Behandlungen im Abstand von vier bis sechs Wochen sind fällig. […]

4 Entscheidet mithilfe eurer Tabelle von Seite 40 Aufgabe 3, welche Position ihr zum Thema „Tätowierungen" vertretet.

5 Ordnet die Argumente in eurer Tabelle nach dem Sanduhr-Prinzip.

6 EXTRA Ergänzt gegebenenfalls eigene Pro- und Kontra-Argumente sowie passende Beispiele in eurer Tabelle.

7 Notiert euch Stichpunkte zur Einleitung und zum Schluss eurer Erörterung.

8 Verfasst nun mithilfe eurer Ergebnisse aus den vorherigen Aufgaben eine vollständige Pro- und Kontra-Erörterung nach dem Sanduhr-Prinzip.

Ihr könnt die Formulierungshilfen auf Seite 39 nutzen.

9 Überprüft und überarbeitet eure Erörterung mithilfe der folgenden Checkliste.

Checkliste: Eine kontroverse Erörterung überarbeiten	☺	☹	Verbesserungsvorschläge
Inhalt und Aufbau • Gliederung in Einleitung, Hauptteil und Schluss • Einleitung: führt zum Thema hin, nennt Problemfrage und weckt Interesse • Hauptteil: – Argumentationsketten für Pro- und Kontraseite aufgebaut – Argumente logisch und entsprechend gewichtet (fallend und steigend) aufgebaut – Argumente überzeugend formuliert und in einer sinnvollen Reihenfolge angeordnet – passende Beispiele genannt • Schlussteil: Argumente abgewogen, eine Stellungnahme, Ausblick, Wunsch oder Hoffnung formuliert	…	…	…
Sprache • Präsens verwendet • deutlich und sachlich formuliert • Argumente und Beispiele miteinander verknüpft (Konjunktionen, Satzbau) • unterschiedliche Satzanfänge verwendet	…	…	…

Schönheitsoperationen bei Jugendlichen?!

Eine Erörterung nach dem Sanduhr-Prinzip schreiben

→ T2 Schreiben
Seite 216/217

1 Sammelt gemeinsam Argumente, die für und gegen ein Verbot von Schönheitsoperationen bei Jugendlichen sprechen.

2 Lest den folgenden Text. Legt eine Argumentsammlung für und gegen ein Verbot von Schönheitsoperationen bei Jugendlichen an.

Schönheitsoperationen

Wann darf ein Kind unters Messer?

Jedes fünfte Kind in Deutschland zwischen 9 und 14 Jahren wünscht sich eine kosmetische Korrektur. Bisher genügte die Erlaubnis der Eltern, SPD und Union wollen das per Gesetz ändern. Ein Vertreter des Kinderschutzbundes befürwortet dies, eine Sexualtherapeutin hält den Plan für sinnlos – ein Pro und Kontra.

Friedhelm Güthoff vom Kinderschutzbund ist ausdrücklich für ein Gesetz, das Schönheitsoperationen bei Minderjährigen verbietet. Er hält kosmetische Eingriffe bei Kindern für Körperverletzung. Die Ärztin und Sexualtherapeutin Ursel Bucher spricht sich indes gegen eine gesetzliche Regelung aus. Ihr Argument: Ein Verbot per Gesetz sei sinnlos, weil praktisch nicht umsetzbar. Die Grenzziehung zwischen Schönheit und Seelenpein sei kaum möglich.

Pro

Schönheitsoperationen bei Kindern sind Körperverletzung, deshalb gehören sie verboten. Denn die Risiken für Kinder sind noch größer als jene für Erwachsene. Keiner kann beispielsweise abschätzen, was eine Brustoperation langfristig bei einem Mädchen anrichtet, dessen Körper ja noch wächst. Natürlich muss es Ausnahmen geben, aber nur, wenn zuvor ein Gutachter entschieden hat, dass diese Operation sinnvoll und unumgänglich ist. Wenn ein Kind beispielsweise nach einem Unfall schwere Brandverletzungen im Gesicht hat, muss es operiert werden. Wenn es eine krumme Nase hat, muss zunächst der Gutachter entscheiden. Ohne Gutachten darf es keine Schönheitsoperation bei Kindern geben. Das Gros[1] der Jugendlichen will einfach nur besser aussehen. Laut dem LBS-Kinderbarometer wünschen sich schon zehn Prozent der 9- bis 14-jährigen Mädchen eine Brustoperation. Durch Superstarshows im Fernsehen wird enormer Druck aufgebaut. Freundinnen verstärken diesen Druck. Dann reicht schon ein kleiner Huckel auf der Nase, damit sich Kinder unters Messer legen wollen.
Ein Verbot würde die Rechte von Eltern beschneiden. Aber was ist wichtiger? Elternrecht oder die Unversehrtheit[2] des Kindes? Manche Eltern sind

1 überwiegender Teil einer Gruppe
2 nicht verletzt, heile

zu schwach, um ihrem Kind Grenzen zu setzen, sie haben vielleicht sogar ähnliche Schönheitsideale. Wenn eine Gesellschaft aber keine verbindlichen sozialen Normen mehr hat, dann braucht es den Staat, der Partei für die Kinder ergreift und bei Schönheitsoperationen ohne medizinisches Gutachten ein Ermittlungsverfahren einleitet. Ein verantwortungsvoller Arzt wird Eltern davon überzeugen, dass ihr Kind keine Schönheitsoperation braucht, sondern jemanden, der ihm hilft, selbstbewusster zu werden. Ein Arzt, der aus Geldgier operiert, hat Strafe verdient.

Kontra

Ein solches Gesetz wäre sinnlos, weil es praktisch nicht anwendbar wäre. Es würde nur für eine Flut von Klagen sorgen. Was genau wäre denn strafbar? Die abstehenden Ohren eines Kindes zu korrigieren? Ein Muttermal auf der Nase zu entfernen? Eine Brust zu verkleinern? Es gibt tatsächlich junge Mädchen, bei denen eine Brustverkleinerung sinnvoll ist, weil ihr Busen eine Fehlhaltung der Wirbelsäule verursacht. Es gibt Muttermale, die das halbe Gesicht bedecken. Das sind Fälle, die zeigen, dass die Grenzziehung zwischen Schönheit und Seelenpein nicht leicht ist. Auch Leiden ist subjektiv[3]. Der eine Jugendliche findet seine schiefe Nase in Ordnung, der andere furchtbar, besonders dann, wenn er von seinen Klassenkameraden gehänselt wird. Wenn sich ein Mädchen Fett absaugen lassen will, um einen schlanken Bauch zu haben, liegt das an einem verqueren Schönheitsbild unserer Gesellschaft. Staatliche Reglementierung[4] kann so etwas nicht korrigieren.
Der Staat kann aber aufklären. Lehrer können solche Schönheitsbilder mit ihren Klassen diskutieren, dann wird deutlich, wie willkürlich die sind. Die einen Kulturen finden lange Ohren und breite Hüften schön, die anderen eine schmale Figur und kleine Brüste. Der Staat darf sich nur einmischen, wenn es keine andere Möglichkeit mehr gibt. Die gibt es aber. Bei jeder Schönheitsoperation, die von der Kasse bezahlt werden soll, wird schon jetzt eine Meinung eines Gutachters eingeholt. Nur wenn der Eingriff aus medizinischen Gründen notwendig ist, zahlen die Kassen. Ein verantwortungsvoller Gutachter wird dem Kind erklären, welche Gefahr es mit einer Operation auf sich nimmt und ihm Auswege zeigen, beispielsweise einen Schulwechsel, wenn es gemobbt wird. Die Entscheidung über eine Schönheitsoperation kann die Justiz[5] nicht lösen. Sie muss bei Eltern und Ärzten bleiben.

3 persönliches Gefühl
4 Regelung durch Gesetze
5 Entscheidungen durch Gerichte

3 Plant und schreibt eine Erörterung nach dem Sandhur-Prinzip zur Fragestellung „Sollte es ein Verbot von Schönheitsoperationen für Jugendliche geben?".

4 Überarbeitet eure Erörterungen in einer Schreibkonferenz. Verwendet dazu die Informationen aus der Checkliste auf Seite 43.

→ **T5** Schreibkonferenz Seite 288

Schönheitswahn bei Jugendlichen

Eine Erörterung nach dem Pingpong-Prinzip schreiben

→ **T2** Schreiben
Seite 214–217

1 Lest den folgenden Ausschnitt aus der Erörterung eines Schülers.
- Untersucht den Aufbau der Argumentation.
- Notiert dazu die Pro- und Kontra-Argumente in Stichpunkten in einer Tabelle.

... Ein Argument für ein Verbot von Schönheitsoperationen bei Jugendlichen ist, dass Jugendliche immer stärker einem übersteigerten Schönheitsideal entsprechen möchten und sich schon in jungen Jahren operieren lassen wollen. In Amerika z. B. ist es inzwischen üblich, eine neue Nase oder einen größeren Busen zum Schulabschluss geschenkt zu bekommen. Dem gegenüber steht die Tatsache, dass sich hierzulande laut einer Studie aus dem Jahr 2011 insgesamt nur 3 bis 4 % aller Jugendlichen unter 18 auch wirklich einer Schönheitsoperation unterziehen. Diese Minderjährigen werden operiert, weil sie seelisch unter einer extrem unschönen Nase, einem fliehenden Kinn oder ihren abstehenden Ohren leiden.

Dennoch muss bedacht werden, dass sich viele Jugendliche eine Schönheitsoperation aus ästhetischen Gründen wünschen, da vor allem in den Medien schöne Menschen in der Werbung, auf Fotos oder in Castingshows gezeigt werden. Es wird ein enormer Druck durch die Mediengesellschaft auf Jugendliche ausgeübt, so dass viele Jugendliche ein unrealistisches Körperbild entwickeln. Gegen eine gesetzliche Regelung spricht jedoch die große Gefahr, dass Jugendliche, wenn sie sich nicht mehr in Deutschland operieren lassen können, ins Ausland ausweichen und evtl. an unseriöse Ärzte geraten. Ein verantwortungsvoller Umgang mit den Wünschen und Vorstellungen Jugendlicher erscheint vielen Schönheitschirurgen sinnvoller, anstatt ein Verbot auszusprechen ...

2 Erklärt, warum diese Art der Pro- und Kontra-Erörterung als „Pingpong-Prinzip" bezeichnet wird.

Merke

Bei einer **Erörterung** nach dem **„Pingpong-Prinzip"** werden **Pro- und Kontra-Argumente abwechselnd** genannt. Einem Pro-Argument wird ein entkräftendes Kontra-Argument gegenübergestellt.

1. Einleitung

2. Hauptteil

Pro-Argument 1 → Kontra-Argument 1
Pro-Argument 2 → Kontra-Argument 2
Pro-Argument 3 → Kontra-Argument 3

3. Schlussteil

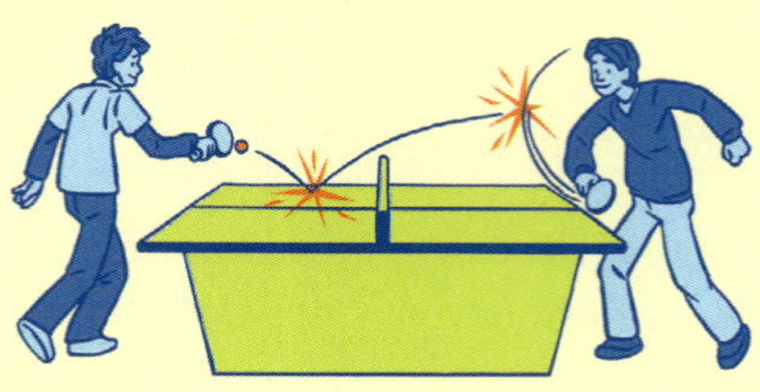

3 Ordnet die folgenden Pro- und Kontra-Argumente so, dass jeweils einem Pro-Argument ein entkräftendes Kontra-Argument gegenübergestellt ist. Legt dafür einen Schreibplan an, in dem ihr eure Ergebnisse notiert.

Schreibplan
„Sollte es ein Verbot von Schönheitsoperationen für Jugendliche geben?"

Pro-Argumente	Kontra-Argumente
...	...

hohe Kosten für eine Operation, deshalb OP im Ausland; evtl. Komplikationen durch „Pfuscherei"

Nebenwirkungen und Risiken eines Eingriffs nicht zu unterschätzen; Schmerzen, Gewebeverhärtungen, Taubheitsgefühl, schlechte Wundheilung

Gefahr: Schönheitsindustrie definiert Menschenbild; Entwicklung eines irrealen Körperbildes; Wertediskussion über Schönheitswahn in Öffentlichkeit, Elternhaus und Schule notwendig; Akzeptanz des eigenen Körpers

Eltern und Kinder nicht entscheidungsfähig; stehen unter großem Druck; Staat muss für Kinder Partei ergreifen; Verbot notwendig

schöne Menschen genießen größere Akzeptanz in der Gesellschaft; höhere Chance auf Erfolg im Alltag und Berufsleben

Schönheitsoperationen durch professionelle Ärzte, z. B. bei abstehenden Ohren oder krummer Nase, sind unbedenkliche medizinische Eingriffe; Verbesserung eines geringen Selbstbewusstseins

nicht Politiker sollten entscheiden, sondern Eltern und Chirurgen; Aufklärungsgespräche müssen stattfinden; nicht alles muss vom Staat geregelt werden

Kosten trägt die Krankenkasse, wenn bei seelischen Problemen Operation notwendig ist

4 Ergänzt den Schreibplan aus Aufgabe 3 mit eigenen Pro- und Kontra-Argumenten und passenden Beispielen.

5 Verfasst mithilfe eures Schreibplans und den Formulierungshilfen den Hauptteil einer Erörterung nach dem Ping-Pong-Prinzip.

Formulierungshilfen für das Aufzeigen von Gegensätzen

- Einerseits ..., andererseits ...
- Auf der einen Seite ..., auf der anderen Seite ...
- Dafür spricht ..., dagegen spricht ...
- Aber auch ...
- Es ist aber auch zu bedenken, dass ...
- Dem entgegen steht allerdings ...
- Es sollte auch bedacht werden, dass ...
- Es könnte eingewendet werden, dass ...

Castingshows

Eine Pro- und Kontra-Debatte durchführen

T1 Sprechen und Zuhören
Seite 192–195

Die Moderatorin mit Kandidatinnen aus der Castingshow *Germany's next Topmodel,* in der nur weibliche Models gesucht werden.

1 Tauscht euch über das Format von Castingshows aus. Nennt Beispiele.

2 Führt eine Pro- und Kontra-Debatte zu der Fragestellung „Sollten Castingshows wie z. B. *Germany's next Topmodel* abgesetzt werden?" durch.

- Orientiert euch an der folgenden Arbeitstechnik.
- Nutzt die Rollenkarten auf der rechten Seite zur Vorbereitung.
- Ergänzt als Zuhörer während der Debatte den Beobachtungsbogen auf Seite 195. Ihr könnt auch den Online-Code nutzen.

Material
tn69uq

Ihr könnt im Internet nach überzeugenden Argumenten und Beispielen recherchieren.

Arbeitstechnik

Pro- und Kontra-Debatte

Vorbereitung

Stimmt ab, wie ihr zu der kritischen Fragestellung steht. Schreibt das Ergebnis auf. Bildet Gruppen und legt fest, welche Position oder Rolle ihr in der Debatte einnehmen möchtet. Bereitet euch auf die Debatte vor:

1. Formuliert Argumente und Beispiele für euren Standpunkt. Ergänzt ebenfalls Kontra-Argumente und überlegt euch Formulierungen, um diese zu widerlegen.
2. Verfasst eine kurze Einleitung, in der ihr euren Standpunkt vorstellt.
3. Wählt einen Gruppensprecher, der an der Debatte teilnimmt.

Durchführung

Ein **Moderator** begrüßt die Teilnehmer, nennt das Thema und erklärt kurz den Ablauf und die Regeln der Debatte. Während der Diskussion achtet er auf die Einhaltung der Gesprächsregeln.

Die **Gruppensprecher** halten einen kurzen Eingangsvortrag, in dem sie ihre Position darlegen. Anschließend erfolgt in Rede und Gegenrede der Austausch der Argumente und Gegenargumente. Die Debatte wird durch ein kurzes Schlussplädoyer jeder Seite abgeschlossen.

Auswertung

In einem Auswertungsgespräch werden die Überzeugungskraft der Argumente und der Verlauf der Debatte reflektiert. Abschließend findet eine zweite Abstimmung zu der kritischen Fragestellung statt. Das Ergebnis wird mit dem ersten Abstimmungsergebnis verglichen. Mögliche Gemeinsamkeiten und Unterschiede werden diskutiert.

Rollenkarte: Mutter/Vater

Ihr sprecht euch für eine Abschaffung der Castingshow aus.

Diese Sendung vermittelt eurer Meinung nach ein Schönheits- und Körperideal, dem Jugendliche nicht entsprechen können. Außerdem kritisiert ihr, dass mit den in diesem Fall nur weiblichen Models menschenunwürdig umgegangen wird.

Rollenkarte: Ärztin/Arzt

Ihr seid Gegner der Castingshow und sprecht euch für eine Abschaffung der Sendung aus.

Die Models haben kein gesundes Körpergewicht mehr, da sie für ihr Idealgewicht oft hungern. Ihr seid der Meinung, dass Kinder und Jugendliche, die diese Sendung sehen, durch Diäten oder Extremsport diesem Bild entsprechen wollen.

Rollenkarte: Schülerin/Schüler

Ihr sprecht euch für die Absetzung der Show aus.

Ihr kritisiert, dass Jugendlichen vermittelt wird, auch sie könnten Model werden, wenn sie sich nur genügend anstrengen würden. Außerdem werden die Modelkandidatinnen von der Jury hart kritisiert und nicht altersgerecht und menschlich behandelt.

Rollenkarte: Jurymitglied

Ihr sprecht euch gegen eine Absetzung der Castingshow aus.

Die Show bietet vielen jungen Frauen die Chance, eine traumhafte Modelkarriere zu machen. Außerdem geht ihr fair und sensibel mit den jungen Menschen um, die in der Sendung auftreten.

Rollenkarte: Vertreter der Produktionsfirma

Ihr setzt euch für die Fortsetzung der Castingshow ein.

Das Sendeformat ist weltweit anerkannt und bietet jungen Talenten eine gute Möglichkeit, eine Karriere zu starten. Ihr verdient mit den Werbeaufträgen während der Sendung und an der Vermarktung der Models Geld, an dem auch die Gewinnerin beteiligt wird.

Rollenkarte: Model

Ihr seid Befürworter der Castingshow.

Schon immer wolltet ihr als Model Karriere machen und bei großen Modenschauen laufen. Besonders schätzt ihr das professionelle Training, das neue Styling und die tollen Orte, an denen Fotoshootings und Catwalks stattfinden.

3 EXTRA Sammelt weitere strittige Fragen zum Themenbereich „Mode und Schönheit", um diese in einer Debatte zu diskutieren.

Ein Thema könnte sein, dass es in Modelcastingshows häufig nur weibliche Kandidaten gibt.

Teste dich selbst!

1 Erkläre den Begriff *These*. Unterscheide ihn von dem Begriff *Argument*.

2 Formuliere eine Behauptung, Forderung oder Bewertung zu der strittigen Fragestellung „Sollten Jugendliche Markenkleidung kaufen?".

3 Schreibe eine persönliche Stellungnahme zur Fragestellung aus Aufgabe 2. Nenne mindestens drei aussagekräftige Argumente für deine Position.

4 Entscheide, ob es sich bei den folgenden Aussagen zum Thema „Fair produzierte Kleidung" um eine These, ein Argument oder ein Beispiel handelt.

Im Vergleich zu Modeartikeln gängiger Marken wirkt Ökomode oft wenig modern und stylisch.

Ich lehne Ökomode ab!

Für viele Käufer ist fair produzierte Mode einfach zu teuer.

In meiner Heimatstadt bieten unterschiedliche Modeketten ein umfangreiches Warenangebot entsprechend der angesagten Trends an.

Auch meine Freundinnen und Freunde kaufen gerne günstige Mode in Kleidungsdiscountern.

5 Entwickle eine Argumentationskette, die für den Kauf fair produzierter Kleidung spricht.

6 Untersuche in deiner Argumentationskette aus Aufgabe 5, welche Arten von Argumenten du verwendet hast.

7 Verknüpfe die folgenden Sätze mit passenden Konjunktionen. Schreibe sie in dein Heft.

a) Tattoos sind in der heutigen Zeit im Trend, ______ Prominente wie David Beckham, Angelina Jolie und Lady Gaga Tattoos haben.

b) Die Entscheidung für ein Tattoo sollte nicht unüberlegt getroffen werden, ______ das Bild auf der Haut auch noch nach Jahren gefallen sollte.

c) Tattoos sind sowohl bei Jugendlichen als auch Erwachsenen sehr beliebt, ______ der eigene Körper zum Kunstwerk wird.

d) Die Haut entzündet sich nicht, ______ professionelle Tätowierer alle Hygienevorschriften beachten.

8 Nenne je zwei Formulierungen, die eine Gewichtung und eine Reihung von Argumenten verdeutlichen.

Wie konntest du Aufgabe 1 und 2 lösen?
☹ → Seite 191
☺ → Seite 191 EXTRA

Wie konntest du Aufgabe 3 lösen?
☹ → Seite 214/215
☺ → Seite 217 EXTRA

Wie konntest du Aufgabe 4 lösen?
☹ → Seite 191
☺ → Seite 191 EXTRA

Wie konntest du Aufgabe 5 bis 8 lösen?
☹ → Seite 215
☺ → Seite 217 EXTRA

9 Erstelle eine Zeichnung mit entsprechenden Fachbegriffen zum Aufbau einer Erörterung nach dem „Sanduhr-Prinzip“.

10 Verfasse eine Erörterung zur Fragestellung „Ist Sport im Fitnessstudio für Jugendliche noch gesund?“ nach dem Sanduhr-Prinzip. Verwende dazu die Informationen aus dem folgenden Zeitungsartikel.

Im Fitnesswahn für den perfekten Körper

VON CHRISTINA BUCHMANN

[…] Alle wollen ihn haben: Den perfekten Körper! Das bedeutet vor allem fit, schlank und kräftig. Schönheitswahn und Körperkult gehören längst zu unserem Alltag. Um den Idealen zu entsprechen, gehen immer mehr Menschen ins Fitness-Center. Frauen wollen meist abnehmen und Männer möchten Muskeln aufbauen. Auch dem Sportriesen Adidas bleibt dies nicht verborgen: „Wir spüren, dass Fitness der große Trend ist, und zwar für alle Generationen“, meint die Zentrale. Prinzipiell kein schlechter Trend, denn Bewegung und Muskeltraining beugen Krankheiten vor und machen glücklicher.

Fitness besitzt Suchtpotential

Bei aller Begeisterung für Fitness sollte ein gewisses Maß dennoch eingehalten werden. Denn wer zu viel Sport ausübt, der kann seiner Gesundheit schaden. Auch das soziale Leben kann unter dem Fitnesswahn leiden. Immer mehr Menschen sind nicht mehr „alltagstauglich für Familie, gesundes Essen, Ausgehen, Freunde und einen freien Lebensstil“. Sie opfern ihrem Wahn zu viel und schränken sich in ihren Lebensgewohnheiten ein. […]

Immer jüngere Kundschaft

Auffällig ist zudem, dass die Kundschaft in Fitness-Centern zunehmend jünger wird. Nur wie kommt es dazu, dass ausgerechnet Jugendliche ihre Zeit lieber schwitzend im Fitnessstudio verbringen als sich mit Freunden zu treffen oder etwas für Schule oder Ausbildung zu tun? Als Hauptgrund nennen Experten das heutige Schönheitsideal, nach welchem Männer sowie Frauen schlank, straff und braun gebrannt sein sollten. Kritisch beäugt wird nicht selten auch der Konsum von Nahrungsergänzungsmitteln wie Proteinpräparaten und Ähnlichem. Zu diesen wird meist gegriffen, wenn der Erfolg des Trainings nicht ausreichend befriedigt. Schuld daran sind – wieder einmal – die Schönheitsideale, insbesondere aus Fitness- oder Bodybuilding-Magazinen. Diese stellen ein katastrophales Vorbild dar, denn die gezeigten Muskeln entstehen durch Anabolika und nicht durch natürliches Training.

Wie viel Fitness ist denn nun richtig?

In erster Linie soll sportliche Betätigung stärken und Spaß machen. Das Maß ist dabei sehr individuell und abhängig vom Alter und der eigenen Kondition. Wer auf die Signale des Körpers achtet, ist auf dem richtigen Weg. Außerdem ist es wichtig, eine gewisse Regelmäßigkeit in das Training einzubringen.

Wie konntest du Aufgabe 9 lösen?

😐 → Seite 214

Wie konntest du Aufgabe 10 lösen?

😐 → Seite 216/217
🙂 → Seite 217 EXTRA

Bist du fit für die Prüfung? Teste dich auf → Seite 178/179.

3

Großstadt und Natur

Lyrik gestaltend untersuchen

1 Beschreibt, was ihr auf den Bildern seht.

2 Lest die Ausschnitte aus den Songs über Berlin, Köln und Bochum. Beschreibt, wie die Städte jeweils dargestellt werden.

3 Wohnt ihr in einer Großstadt oder in einer ländlichen Gegend? Tauscht euch mithilfe der folgenden Fragen über eure Erfahrungen aus.
- Welche Vor- und Nachteile bietet das Leben in der Stadt bzw. auf dem Land?
- Wie fühlt ihr euch, wenn ihr von der Stadt aufs Land oder vom Land in die Stadt kommt?

Seeed

Dickes B

Dickes B, home an der Spree,
im Sommer tust du gut und im Winter tut's weh.
Mama Berlin – Backsteine und Benzin,
Wir lieben deinen Duft, wenn wir um die Häuser zieh'n.

Höhner

Hey Kölle, Do Bes E Jeföhl

Hey Kölle – do ming Stadt am Rhing,
he wo ich jroß jewode ben.
Do bes en Stadt met Hätz un Siel.
Hey Kölle, do bes e Jeföhl!

Herbert Grönemeyer

Bochum

Du bist keine Schönheit
vor Arbeit ganz grau
du liebst dich ohne Schminke
bist 'ne ehrliche Haut
leider total verbaut
aber g'rade das macht dich aus

Du hast 'n Pulsschlag aus Stahl
man hört ihn laut in der Nacht
du bist einfach zu bescheiden
dein Grubengold
hat uns wieder hochgeholt
du Blume im Revier
Bochum
ich komm' aus dir
Bochum
ich häng' an dir
Glück auf,
Bochum

4 Kennt ihr weitere Songs oder Gedichte über Städte – vielleicht sogar einen Song über eure Heimatstadt? Stellt diese im Unterricht vor.

Jetzt lernt ihr, . . .

- . . . Verse zu einem Gedicht zusammenzufügen.
- . . . die Situation des lyrischen Ichs in einem Gedicht zu erfassen.
- . . . ein Gedicht szenisch umzusetzen.
- . . . sprachliche Bilder in einem Gedicht zu erschließen.
- . . . Gedichte fortzuführen.
- . . . einen produktiven Schreibauftrag zu reflektieren.
- . . . Parallel- und Gegengedichte zu verfassen.
- . . . einen Klassengedichtband zu erstellen.

Zwei fremde Augen, ein kurzer Blick

Ein Gedicht (re-) konstruieren

T3 Umgang mit literarischen Texten Seite 229/230

T5 Ich – Du – Wir Seite 281

Material hj59gr

Ihr könnt die Gedichtvorlage im Internet nutzen.

1 Das Gedicht „Augen in der Großstadt“ von Kurt Tucholsky ist durcheinander geraten. Ordnet die Textbausteine in einer sinnvollen Reihenfolge. Arbeitet mit der Ich – Du – Wir-Arbeitstechnik.

Du mußt auf deinem Gang
durch Städte wandern;
siehst einen Pulsschlag lang
den fremden Andern.

Du gehst dein Leben lang
auf tausend Straßen;
du siehst auf deinem Gang, die
dich vergaßen.

Es kann ein Feind sein,
es kann ein Freund sein,
es kann im Kampfe dein
Genosse sein.
Er sieht hinüber
und zieht vorüber …

Zwei fremde Augen, ein kurzer Blick,
die Braue, Pupillen, die Lider.
Was war das?
Von der großen Menschheit ein Stück!
Vorbei, verweht, nie wieder.

Wenn du zur Arbeit gehst
am frühen Morgen,
wenn du am Bahnhof stehst
mit deinen Sorgen:

da zeigt die Stadt
dir asphaltglatt
im Menschentrichter
Millionen Gesichter:

Ein Auge winkt,
die Seele klingt;
du hast's gefunden,
nur für Sekunden …

Zwei fremde Augen, ein kurzer Blick,
die Braue, Pupillen, die Lider –
Was war das? vielleicht dein Lebensglück …
vorbei, verweht, nie wieder.

Zwei fremde Augen, ein kurzer Blick,
die Braue, Pupillen, die Lider;
Was war das? kein Mensch dreht die Zeit zurück …
Vorbei, verweht, nie wieder.

2 Vergleicht in der Klasse eure Ergebnisse. Begründet eure Anordnung.

3 Lest die Version von Kurt Tucholsky auf Seite 196/197. Fasst in eigenen Worten zusammen, wovon das Gedicht handelt.

4 Vergleicht nun das Originalgedicht mit euren eigenen Gedichtversionen.
- Welchen Eindruck vermitteln die Gedichte vom Leben in der Großstadt?
- Welche Wirkung wird durch die besondere Anordnung der Verse bei Kurt Tucholsky erzeugt?

Merke

Anders als epische Texte sind **Gedichte** in **Verse** gebunden. Diese können sich am Schluss reimen, müssen es aber nicht.
In einem Gedicht ist die **Anordnung** der Verse wichtig: Durch **Enjambements** (Zeilensprünge) kann der Dichter bestimmte Stellen besonders hervorheben:

da zeigt die Stadt
dir asphaltglatt
im Menschentrichter
Millionen Gesichter

Die Anordnung der Verse verleiht dem Gedicht einen **Rhythmus**. Die rhythmische Abfolge betonter und unbetonter Silben bezeichnet man als **Metrum**.

5 Lest den folgenden Text. Formt ihn in ein Gedicht um, indem ihr Verse bildet.

→ Klassen-Gedichtband

Eine Nichtperson richtet sich
in Wien ein.
Unpersönlich.
...

Zsuzsanna Gahse

Essig und Öl

Eine Nichtperson richtet sich in Wien ein. Unpersönlich. Unpersönlich richtet sich jemand in Wien ein, und Wien schaut zu, stumm, schaut, starrt in den Himmel, Wien starrt stumm nach oben. Und jemand oder nichtjemand richtet sich ein.
Nichtjemand. Nichtjemand richtet sich ein. Wer ist Nichtjemand. Nichtjemand ist nicht einmal jemand. Nicht einmal jemand in Wien. Nicht einmal jemand hier richtet sich ein, ein. Nichtjemand, nicht einmal jemand ist angekommen oder nicht angekommen, versucht anzukommen, versucht immer anzukommen, und er ist nicht einmal sicher, ob er das schafft. Anzukommen. [...]

6 Tragt euch eure Ergebnisse aus Aufgabe 5 gegenseitig vor. Diskutiert anschließend die folgenden Fragen.
- Welche Wirkung hat die unterschiedliche Anordnung der Verse?
- Welche Begriffe werden in euren Versionen jeweils hervorgehoben?
- Wie verändert sich der Rhythmus des Textes durch die Anordnungen der Verse?

7 Erarbeitet einen Vortrag des Gedichtes von Kurt Tucholsky. Gestaltet einen passenden Rhythmus. Markiert dazu das Metrum mithilfe von Betonungszeichen.

Wénn dú zúr Árbeit gehst
am frǘhen Mórgen

´ betont
· unbetont

Heraus aus der Stadt?

Die Situation des lyrischen Ichs erfassen

T3 Umgang mit literarischen Texten Seite 229/230

Surftipp
ir5r79

1 Lest den Songtext oder hört ihn euch an. Sammelt eure ersten Eindrücke.

Revolverheld

Lass uns gehen

Hallo, hallo
Bist du auch so gelangweilt,
Genervt und gestresst von der Enge der Stadt
Bist du nicht auch längst schon müde
der Straßen, der Menschen, der Massen
Hast du das nicht satt?

Ich kann nicht mehr atmen
Seh kaum noch den Himmel
Die Hochhäuser haben meine Seele verbaut
Bin immer erreichbar und erreiche doch gar nichts
Ich halte es hier nicht mehr aus.

Refrain:
Lass uns hier raus
Hinter Hamburg, Berlin oder Köln
Hört der Regen auf Straßen zu füllen
Hör'n wir endlich mal wieder
Das Meer und die Wellen
Lass uns gehen, lass uns gehen, lass uns gehen.

Hinter Hamburg, Berlin oder Köln
Hör'n die Menschen auf Fragen zu stellen
Hör'n wir endlich mal wieder
Das Meer und die Wellen
Lass uns gehen, lass uns gehen, lass uns gehen.

Die Stadt frisst die Ruhe
Mit flackernden Lichtern
Schluckt Tage und Nächte in sich hinein
Gehetzte Gesichter in der drängelnden Masse
Jeder muss überall schnell sein.

Zwischen den Zeilen hab ich gelesen
Dass wir beide weg von hier wollen
Wir stecken hier fest
Verschüttet im Regen
Und träumen vom Sommer in Schweden.

Refrain …

2 Wer wird in dem Songtext mit „du“ angesprochen? Belegt eure Vermutungen mit passenden Textstellen.

3 Beschreibt, in welcher Situation sich das lyrische Ich befindet. Beantwortet dazu die folgenden Fragen in eurem Heft.
- Welche Gedanken und Gefühle beschreibt das lyrische Ich?
- Womit ist das lyrische Ich unglücklich?
- Was wünscht sich das lyrische Ich und wonach sehnt es sich?

Merke

Das lyrische Ich ist die **Stimme** oder der **Sprecher** eines Gedichtes. Es ist nicht mit dem Autor des Gedichtes zu verwechseln, sondern ist in der Regel eine **fiktive** (erfundene, erdachte) **Figur**.
Häufig wird in Gedichten in der 1. Person Singular gesprochen. So werden die Gedanken und Gefühle des lyrischen Ichs dem Leser unmittelbar mitgeteilt.
Das lyrische Ich spricht zu einem **Adressaten**. Dieser/diese kann eine konkrete Person, eine bestimmte Gruppe oder auch alle Menschen sein. Dadurch wird auch verdeutlicht, in welchem Verhältnis Sprecher und Adressat zueinander stehen.

4 Legt ein Blatt neben den Text „Lass uns gehen". Notiert darauf möglichst viele Fragen, Kommentare und Anmerkungen zu den einzelnen Textstellen.

Bezieht euch dabei besonders auf die grünen Textstellen.

Hallo, hallo	*Wer wird hier angesprochen?*
Bist du auch so gelangweilt,	*Ich finde die Großstadt spannend –*
Genervt und gestresst von der Enge	*Wäre es auf dem Land nicht viel*
der Stadt	*langweiliger?*
Bist du nicht auch längst schon	*Vielleicht wird man erst genervt von*
müde	*der Großstadt, wenn man zu lange*
der Straßen, der Menschen, der	*dort lebt?*
Massen	
Hast du das nicht satt?	*Wirkt traurig, deprimiert, ziellos*
…	

5 Verfasst einen Brief an das lyrische Ich. Erzählt darin von euren Gedanken zu dem Song, stellt Fragen oder kommentiert einzelne Textstellen.

Liebes „Ich" des Songtextes,
dein Lied wirkt auf mich sehr … Ich hatte eigentlich immer das Gefühl, dass es spannend sein muss, in der Großstadt zu wohnen. Dort gibt es doch so viel zu sehen und zu erleben …

6 Tauscht eure Briefe mit einer Partnerin oder einem Partner. Schreibt einen Antwortbrief aus Sicht des lyrischen Ichs.

7 EXTRA Seht euch im Internet das Video zu dem Song an. Erklärt, welche Figuren und Szenen gewählt wurden, um den Song zu veranschaulichen.

Surftipp ir5r79

8 EXTRA Erarbeitet in Kleingruppen Ideen für ein eigenes Musikvideo zu dem Song. Stellt der Klasse eure Konzepte vor oder dreht ein eigenes Video.

○ Aufgabe 1, 2, 7 EXTRA ◒ Aufgabe 3, 4, 5, 6 ● Aufgabe 8 EXTRA

Großstadtgeflüster

Ein Gedicht szenisch umsetzen

T1 Sprechen und Zuhören Seite 196/197

1 Lest das Gedicht. Tauscht euch darüber aus, wie die Menschen in der Großstadt darin dargestellt werden.

Peter Schneider

Auf der Straße

Wenn ich auf die Straße hinaustrete,
sehe ich keinen Verkehr zwischen den Leuten,
keine Gruppen, die sich über die Zeitung unterhalten,
es liegt kein Gespräch in der Luft.
Ich sehe Leute, die so aussehen, als lebten sie
unter der Erde und als wären sie das letzte Mal
bei irgendeinem dritten oder vierten
Kindergeburtstag froh gewesen. Sie bewegen sich,
als wären sie von einem System elektrischer Drähte
umgeben, das ihnen Schläge austeilt, falls sie
einmal einen Arm ausstrecken oder mit dem Fuß
hin und her schlenkern.
Sie gehen aneinander vorbei und beobachten sich,
als wäre jeder der Feind des anderen.
Das ganze Leben hier macht den Eindruck,
als würde irgendwo ein großer Krieg geführt
und alle würden auf ein Zeichen warten,
dass die Gefahr vorüber ist und man sich
wieder bewegen kann.

2 Erarbeitet in Kleingruppen eine szenische Umsetzung des Gedichtes. Nutzt dazu die folgende Arbeitstechnik.

Arbeitstechnik

Szenisch spielen

1. Vorbereitung
- Die **Rollen** werden verteilt, ein Spielleiter wird festgelegt. Jeder macht sich die dargestellte **Situation** (Handlungen, Figuren, Beziehungen) klar.
- Der **Handlungsort** (Bühne) und die benötigten **Gegenstände** (Requisiten) werden besprochen.
- Die Szene wird mithilfe der im Text genannten Handlungen erarbeitet.

2. Durchführung
- Die Szene wird mehrfach geprobt. Ein Spielleiter achtet besonders auf **Gestik, Mimik und Körperhaltung** und unterbricht das Spiel gegebenenfalls, um diese zu verbessern.

3 Verfasst eine Begründung (Reflexion) für eure szenische Umsetzung.
- Erklärt mithilfe von Textbezügen, wie sich die Figuren bewegen und welche Gestik und Mimik zum Einsatz gekommen ist.
- Nutzt dazu die Formulierungshilfen.

Formulierungshilfen für eine schriftliche Reflexion

- In Vers … wird beschrieben, dass die Menschen in der Großstadt …
- Darum bewegen sich die Darsteller so, dass …
- In Vers … wird dargestellt, wie …
- Dies haben wir in unserem szenischen Spiel so umgesetzt, dass …
- In den Versen … wirken die Menschen …
- In unserer szenischen Umsetzung wird dies dadurch deutlich, dass …
- Die Arme der Darsteller sind …
- Die Beine bewegen sich …, so dass …
- Der Gesichtsausdruck wirkt …, weil …

4 Führt eure szenischen Umsetzungen aus Aufgabe 2 auf.
- Lasst die Szenen an unterschiedlichen Stellen „einfrieren".
- Tauscht euch darüber aus, wie die so entstandenen Standbilder auf euch wirken.

Fotografiert die Standbilder.

Arbeitstechnik

Szenen einfrieren lassen (Freeze)

Die Zuschauer geben während eines szenischen Spiels das Kommando „Freeze". Daraufhin verharren alle Darsteller sofort in ihrer aktuellen Position, als wären sie plötzlich eingefroren.
Die Zuschauer untersuchen und deuten Mimik, Gestik und Körperhaltung der Darsteller.

5 Stellt eines der Standbilder aus Aufgabe 4 noch einmal auf. Die Zuschauer überlegen, was die einzelnen Figuren sagen könnten.
- Stellt euch dabei hinter die Figur, die ihr reden lassen möchtet, und sprecht den Text.
- Probiert unterschiedliche Wörter, Sätze und Betonungen aus.

6 EXTRA Habt ihr die gleichen Eindrücke vom Großstadtleben wie der Autor? Schreibt eine Stellungnahme. Beschreibt, was ihr ähnlich seht oder wo ihr widersprechen würdet.

→ **Kapitel 2** Seite 32/33

7 EXTRA Wählt ein weiteres Gedicht aus diesem Kapitel aus und setzt es szenisch um. Verfasst anschließend eine schriftliche Reflexion.

Enge in der Großstadt

Sprachliche Bilder in einem Gedicht deuten

→ **T3** Umgang mit literarischen Texten Seite 230–232

1 Sammelt gemeinsam eure Eindrücke zu dem Bild „Die Straße dringt in das Haus“.

Umberto Boccioni:
Die Straße dringt in das Haus.
1911, Öl auf Leinwand

→ Klassen-Gedichtband

2 Lest das Gedicht. Ergänzt die Lücken mit euren eigenen Ideen. Die Verse müssen sich nicht unbedingt reimen. Schreibt eure Versionen in eure Hefte.

Alfred Wolfenstein

Städter

Dicht wie ______ stehn
Fenster beieinander, drängend fassen
Häuser sich so dicht an, dass ______
______

Ineinander dicht hineingehakt
Sitzen in den Trams[1] die ______
Leute, ihre nahen Blicke ______
______

Unsre Wände sind so dünn wie ______
Dass ein jeder teilnimmt, wenn ich weine.
Unser Flüstern, Denken … wird Gegröle[2] …

– Und wie ______
Ganz unangerührt und ungeschaut
Steht ein jeder fern und fühlt: alleine.

1 Straßenbahn
2 als unangenehm laut und störend empfundener Gesang

3 Notiert zu euren Ideen aus Aufgabe 2 in Stichpunkten eine kurze Begründung.

4 Präsentiert und vergleicht eure Ergebnisse aus Aufgabe 2 und 3.

5 Vergleicht nun eure Versionen mit dem Originalgedicht auf Seite 186. Benennt die sprachlichen Bilder, die Alfred Wolfenstein in seinem Gedicht verwendet hat.

Merke

Sprachliche Bilder

Gedichte wirken vor allem durch ihre **sprachlichen Bilder**, die **Empfindungen wecken** und die **Fantasie anregen**. Man erkennt sie daran, dass sie nicht wörtlich zu verstehen sind, sondern gedeutet werden müssen.

Die **Metapher** ist ein verkürzter Vergleich ohne „wie", bei dem die Bedeutung auf einen anderen Bereich übertragen wird: *die zwei Fassaden Leute*
Der **Vergleich** ist eine Veranschaulichung mithilfe der Verknüpfung „wie", „als ob" oder „so wie": *dünn wie Haut*
Die **Personifikation** stellt Dinge oder Erscheinungen wie Lebewesen dar: *drängend fassen Häuser sich […] an*

6 Beschreibt, welche Wirkung in dem Gedicht „Städter" durch die verwendeten sprachlichen Bilder erzielt wird.

Formulierungshilfen für sprachliche Bilder

- Die Fenster der Häuser werden mit … verglichen. Dadurch wird hervorgehoben … Die Menschen in der Großstadt …
- Die Straßen sehen aus wie … Dies betont …
- Durch den Vergleich mit …
- Der Autor verwendet die Metapher … für …, um zu zeigen …
- Durch die Personifikation der … wird die Wirkung verstärkt, dass …

7 Erklärt, was die folgenden sprachlichen Bilder bedeuten.

Häusermeer | Betonwüste | Wolkenkratzer | Warteschlange
Schilderwald | Straßenlabyrinth | Großstadtdschungel | Baumkrone

8 Verfasst ein eigenes Gedicht mit mindestens vier Versen. Verwendet darin mindestens ein sprachliches Bild aus Aufgabe 7.

9 EXTRA Wie würdet ihr das Großstadtleben beschreiben? Denkt euch eigene sprachliche Bilder aus.

○ Aufgabe 1 ◒ Aufgabe 2, 3, 4, 5, 6, 7 ● Aufgabe 8, 9 EXTRA

T2 Schreiben
Seite 218–221

T3 Umgang mit literarischen Texten
Seite 230–232

Allein und doch so viele!

Ein Gedicht weiterschreiben

1 Lest das Gedicht. Beschreibt, in welcher Situation sich die Figur befindet.

Erich Kästner

Sozusagen in der Fremde

Er saß in der großen Stadt Berlin
an einem kleinen Tisch.
Die Stadt war groß, auch ohne ihn.
Er war nicht nötig, wie es schien.
Und rund um ihn war Plüsch.

Die Leute saßen zum Greifen nah,
und er war doch allein.
Und in dem Spiegel, in den er sah,
saßen sie alle noch einmal da,
als müsse das so sein.

Der Saal war blass vor lauter Licht.
Es roch nach Parfüm und Gebäck.
Er blickte ernst von Gesicht zu Gesicht.
Was er da sah, gefiel ihm nicht.
Er schaute traurig weg.

Er strich das weiße Tischtuch glatt
Und blickte in das Glas.
Fast hatte er das Leben satt.
Was wollte er in dieser Stadt,
in der er einsam saß?

Da

2 Das Ende des Gedichtes fehlt. Überlegt, wie es weitergehen könnte.

3 Übertragt das Gedicht in euer Heft. Fertigt Markierungen und Randnotizen zu den folgenden Fragen an.
- Welche Formulierungen und Begriffe fallen besonders auf?
- Gibt es auffällige Adjektive, z. B. Gegensatzpaare?
- An welchen Stellen bleiben Fragen unbeantwortet?

Ein Gedicht mithilfe von Markierungen und Randnotizen erschließen

Er saß in der großen Stadt Berlin	a	Kontrast: groß – klein
an einem kleinen Tisch.	b	→ Fühlt sich klein in der großen Stadt
Die Stadt war groß, auch ohne ihn.	a	
Er war nicht nötig, wie es schien.	a	→ fühlt sich nicht gebraucht
Und rund um ihn war Plüsch.	b	→ Was ist damit gemeint? (Vermutung: Umgebung soll gemütlich wirken, ist aber künstlich)

4 Arbeitet das Reimschema des Gedichtes heraus. Markiert dazu die Reimwörter am Ende des Verses mit kleinen Buchstaben. Orientiert euch an der ersten Strophe in Aufgabe 3.

5 Notiert in Stichpunkten, welche Motive in dem Gedicht eine wichtige Rolle spielen. Nutzt dazu die Informationen aus dem Merke-Kasten.

Merke

Ein Motiv erkennen

In den meisten Gedichten gibt es **Motive**, d. h. thematische Elemente, die immer wiederkehren.
Diese Motive spielen für die Deutung des Gedichtes eine wichtige Rolle, z. B.:
bestimmte Farben: *weiß/blass*
auffällige Adjektive: *groß/klein*
Gefühle: *Einsamkeit, Fremdheit in der Großstadt*

6 Verfasst eine Fortsetzung des Gedichtes. Nutzt dafür eure Ergebnisse aus Aufgabe 3 bis 5.

→ Klassen-Gedichtband

Wenn euch die Übernahme des Reimschemas schwerfällt, könnt ihr das Gedicht auch mit einem eigenen Reimschema oder ohne Reime fortsetzen.

7 Vergleicht eure Schlussstrophen zunächst in kleinen Gruppen. Wählt pro Gruppe eine Version aus und präsentiert diese in der Klasse.

8 Lest die Schlussstrophen von Merve und Florian und vergleicht diese miteinander. Tauscht euch darüber aus, welche davon euch besser gefällt. Begründet eure Wahl.

Merve, 9B
...
Da kam eine junge Frau daher,
setzt' sich an seinen Tisch.
Er lächelte, erst fiel's ihm schwer,
doch freute er sich mehr und mehr,
„Wie heißt du?" fragte er frisch.

Florian, 9C
...
Da stand er leise vom Sessel auf,
ging traurig aus der Tür.
Die Menschen eilten vorbei zuhauf,
Alles nahm weiter seinen Lauf,
Was konnte er schon dafür?

9 Lest die letzte Strophe des Originalgedichtes. Vergleicht es mit euren Schlussstrophen. Welche Gemeinsamkeiten und Unterschiede stellt ihr fest? Erklärt, wie ihr den Schluss des Originalgedichtes versteht.

Da stand er, in der Stadt Berlin,
auf von dem kleinen Tisch.
Keiner der Menschen kannte ihn.
Da fing er an, den Hut zu ziehn!
Not macht erfinderisch.

10 EXTRA Erweitert das Gedicht an einer Stelle eurer Wahl um eigene Verse.

○ Aufgabe 1, 2, 4 ◒ Aufgabe 3, 5, 7, 8, 9 ● Aufgabe 6, 10 EXTRA

Ich in der Natur

Einen produktiven Schreibauftrag reflektieren

T2 Schreiben
Seite 218–221

1 Lest das Gedicht oder hört es euch an.

Das Gedicht ist Teil der Erzählung „Aus dem Leben eines Taugenichts". Sie handelt von einem jungen Mann, der auf eine lange Wanderschaft geht. Dieser singt das Gedicht bei seinem Aufbruch in die weite Welt.

Hörverstehen
j5c64j

Joseph von Eichendorff

Der frohe Wandersmann

Wem Gott will rechte Gunst erweisen
Den schickt er in die weite Welt,
Dem will er seine Wunder weisen
In Berg und Wald und Strom und Feld.

Die Trägen, die zu Hause liegen,
Erquicket nicht das Morgenrot,
Sie wissen nur vom Kinderwiegen[1],
Von Sorgen, List und Not um Brot.

Die Bächlein von den Bergen springen,
Die Lerchen schwirren hoch vor Lust,
Was sollt ich nicht mit ihnen singen
Aus voller Kehl und frischer Brust!

Den lieben Gott lass ich nur walten,
Der Bächlein, Lerchen, Wald und Feld
Und Erd und Himmel will erhalten,
Hat auch mein Sach aufs best bestellt!

1 Kinderschaukeln

2 Ordnet die folgenden Erklärungen den unterstrichenen Textstellen zu. Besprecht anschließend Textstellen, die euch noch unklar sind.

A Sie kennen nur die Nöte des alltäglichen Lebens.

B Wem Gott etwas Gutes tun möchte.

C Gott hat auch für mich bestens gesorgt.

D Dem möchte Gott zeigen, was er Schönes erschaffen hat.

3 Von welchen Naturerscheinungen erzählt das lyrische Ich in dem Gedicht? Welche Gefühle rufen diese in ihm hervor? Nennt Textstellen.

4 Fasst die einzelnen Strophen mit eigenen Worten zusammen.

5 Erklärt, warum das lyrische Ich in den Naturerscheinungen göttliche „Wunder" sieht. Lest dazu noch einmal die erste Strophe.

6 Stellt euch vor, das lyrische Ich befindet sich nun schon seit einiger Zeit auf Wanderschaft. Verfasst einen Tagebucheintrag, in dem es von seinen Erfahrungen, Gedanken und Gefühlen während der Reise durch die Natur berichtet.

Seht euch vorher die Checkliste in Aufgabe 7 an.

7 Tauscht eure Texte mit einer Partnerin oder einem Partner. Gebt euch mithilfe der Checkliste eine Rückmeldung.

Checkliste: Einen Tagebucheintrag verfassen	☺	☹	Verbesserungsvorschläge
Textbezug/Inhalt • Gedanken und Gefühle des lyrischen Ichs werden deutlich. • Von den Erlebnissen des lyrischen Ichs wird berichtet.	...	...	...
Aufbau • Die Ausgangssituation der Figur wird beschrieben. • Erfahrungen und Gefühle werden beschrieben. • Ängste, Sorgen und Hoffnungen werden benannt.	...	...	...
Sprache/Form: • Ich-Perspektive wird verwendet. • Der Sprachstil des Gedichtes wird übernommen.	...	...	...

8 Verfasst eine schriftliche Reflexion zu eurem Tagebucheintrag, in der ihr euren Text kommentiert. Begründet, wie ihr beim Schreiben vorgegangen seid. Nutzt dazu den folgenden Schreibplan.

Material wu6mm8

Schreibplan: Eine Reflexion verfassen

Abschnitt	Leitfragen für die Reflexion	Formulierungshilfen
Einleitung	Worum geht es in eurem Tagebucheintrag?	In meinem Tagebucheintrag geht es um ...
Hauptteil Kommentieren des eigenen Textes	Welche Gedanken und Wünsche hat das lyrische Ich in dem Gedicht? Inwiefern geht euer Tagebucheintrag darauf ein? Von welchen Erfahrungen in der Natur berichtet ihr in eurem Tagebucheintrag?	In dem Gedicht äußert das lyrische Ich, dass ... Dies wird in meinem Tagebucheintrag dadurch deutlich, dass ... In meinem Tagebucheintrag erzählt das lyrische Ich, dass ...
Sprache und formale Gestaltung	Welchen Sprachstil weist das Gedicht auf? Wie habt ihr diesen aufgegriffen?	Der Sprachstil des Gedichtes ist ... Daher habe ich im Tagebucheintrag ...
Schluss/Fazit	Worauf war beim Schreiben zu achten? Was ist gut gelungen, was war schwierig?	Eine Schwierigkeit beim Schreiben bestand darin, dass ... Insgesamt lässt sich sagen, dass ...

Großstadt-Dschungel

Parallel- und Gegengedichte verfassen

→ T2 Schreiben
Seite 218–221

1 Lest das Gedicht. Besprecht eure ersten Eindrücke.

Sarah Kirsch

Bäume

Früher sollen sie
Wälder gebildet haben und Vögel
Auch Libellen genannt kleine
Huhnähnliche Wesen die zu
Singen vermochten schauten herab.

2 Erklärt, wer im ersten Vers mit „sie" gemeint ist.

3 In Gedichten müssen keine Satzzeichen gesetzt werden. Schreibt den Text in euer Heft und ergänzt dabei die fehlenden Kommas.

4 Stellt Vermutungen darüber an, ob das Gedicht in der Vergangenheit, Gegenwart oder Zukunft spielt. Begründet eure Entscheidung.

5 Fasst in ein bis zwei Sätzen die Hauptaussage des Gedichtes zusammen. Vergleicht eure Lösungen miteinander.

→ Klassen-Gedichtband

6 Wählt einen der folgenden Titel oder überlegt euch einen eigenen. Verfasst ein Parallelgedicht zu dem Gedicht von Sarah Kirsch.

Wiesen | Seen | Blumen | ...

Merke

Parallelgedicht

Ein **Parallelgedicht** ist ein Gedicht zu einem schon vorhandenen. Dabei wird die Form (Reim, Strophenzahl und Aufbau) übernommen und mit einem eigenen Inhalt gefüllt. Das Parallelgedicht kann z. B. das Thema des Ausgangsgedichtes unter einem neuen Gesichtspunkt noch einmal aufgreifen:

Bäume	*Wiesen*
Früher sollen sie	*Früher sollen sie*
Wälder gebildet haben ...	*überall geblüht haben ...*

7 EXTRA Verfasst ein Parallelgedicht zu einem Gedicht aus diesem Kapitel. Tragt es in der Klasse vor.

8 Lest das Gedicht. Erklärt, wie ihr den Inhalt versteht.

Jürgen Becker

Natur-Gedicht

in der Nähe des Hauses,
der Kahlschlag, Kieshügel, Krater
erinnern mich daran –
nichts Neues; kaputte Natur,
aber ich vergesse das gern,
solange ein Strauch steht.

9 Schreibt das Gedicht ab. Markiert formale und inhaltliche Auffälligkeiten.

Denkt an die euch bekannten sprachlichen Mittel.

in der Nähe des Hauses,	*Beginn in Kleinschrift*
der Kahlschlag, Kieshügel, Krater	*Gleicher Anfangsbuchstabe (Alliteration)*

Merke

Alliteration

In Gedichten wird häufig das sprachliche Mittel der **Alliteration** verwendet. Dies liegt vor, wenn in einem Vers mehrere aufeinanderfolgende Wörter mit demselben Buchstaben beginnen: *Kahlschlag, Kieshügel, Krater*

10 Verfasst ein Gegengedicht zum Gedicht von Jürgen Becker. Notiert euch dazu zunächst, wie ihr die Aussagen des Gedichtes ins Gegenteil setzen könnt.

→ Klassen-Gedichtband

Natur-Gedicht	→	*Gegengedicht*
Die Natur ist kaputt, das lyrische Ich vermisst sie, hat sich aber daran gewöhnt.		*Die Natur ist idyllisch, das lyrische Ich liebt und genießt sie.*

Merke

Gegengedicht

Ein **Gegengedicht** greift ähnlich wie ein Parallelgedicht die Form des Ausgangsgedichtes auf und übernimmt den grundsätzlichen Aufbau des Gedichtes. Der Inhalt wird jedoch ins Gegenteil verkehrt.

11 EXTRA Schreibt eure Parallel- und Gegengedichte auf Plakate und hängt sie in der Klasse auf. Stellt euch eure Ergebnisse in einem Museumsrundgang vor.

→ **T5** Museumsrundgang Seite 283

Gedichte-Werkstatt

→ **T2** Schreiben
Seite 218–221

Gedichte verfassen und einen Gedichtband gestalten

1 Wählt eins der folgenden Bilder aus. Notiert dazu spontan eure Gedanken mithilfe der Arbeitstechnik „Freewriting“ auf der rechten Seite.

A

B

C

D

Arbeitstechnik

Freewriting

Auf ein Startzeichen hin schreibt jeder ohne zu sprechen **alle seine Gedanken** zu einem ausgewählten Bild oder Thema auf.
Dabei wird keine Pause gemacht. Es wird **alles** aufgeschrieben, was einem einfällt, egal, ob Wörter oder ganze Sätze.
Wenn einem nichts mehr einfällt, wiederholt man so lange das letzte Wort, bis einem etwas Neues einfällt:
Menschenmassen strömen durch die Innenstadt Läden Einkaufen Bummeln Samstag voll voll voll voll Werbung blinkt in den Schaufenstern

Legt vorher eine Zeitspanne fest.

2 Verfasst auf der Grundlage eurer Notizen aus Aufgabe 1 ein eigenes Stadt- oder Naturgedicht. Orientiert euch zur Vorbereitung an den folgenden Fragen.
- Aus wessen Sicht wird erzählt?
- In welcher Situation befindet sich das lyrische Ich, was erlebt es?
- Wie fühlt sich das lyrische Ich?
- Soll sich das Gedicht reimen?
- Wie viele Verse und Strophen soll es haben?
- Soll es einen bestimmten Rhythmus aufweisen?

3 Präsentiert eure Gedichte zunächst in kleinen Gruppen und dann in der Klasse.

4 In diesem Kapitel habt ihr bereits verschiedene eigene Texte verfasst. Wählt pro Person mindestens einen Text aus, den ihr in einem Klassen-Gedichtband veröffentlichen möchtet.

Achtet auf den Hinweis „Klassen-Gedichtband" auf den vorherigen Seiten.

5 Tauscht eure ausgewählten Texte in Kleingruppen aus. Erstellt Randnotizen mit Fragen und Verbesserungsvorschlägen für den Verfasser.

6 Überarbeitet eure Texte mithilfe der Randnotizen eurer Mitschüler.

Seht dazu gegebenenfalls noch einmal in den Merke-Kästen zur jeweiligen Gedichtsform nach.

7 Erstellt einen Gedichtband mit euren Texten. Besprecht dazu, wer welche der folgenden Aufgaben übernimmt.

Wer gestaltet das Titelblatt?
Wer sammelt die Gedichte?
Wer bestimmt die Anordnung im Gedichtband?
Wer erstellt ein Inhaltsverzeichnis?
Wer kümmert sich um das Layout?
...

Teste dich selbst!

1 Der Text von Josef Reding ist ein Gedicht. Forme ihn wieder in ein Gedicht um, indem du Verse und Strophen bildest. Begründe deine Entscheidung.

Wie konntest du Aufgabe 1 lösen?
→ Seite 229/230
→ Seite 233 EXTRA

Josef Reding

Meine Stadt

Meine Stadt ist oft schmutzig; aber mein kleiner Bruder ist es auch und ich mag ihn. Meine Stadt ist oft laut; aber meine große Schwester ist es auch und ich mag sie. Meine Stadt ist dunkel wie die Stimme meines Vaters und hell wie die Augen meiner Mutter. Meine Stadt und ich: wir sind Freunde, die sich kennen. Nicht flüchtig kennen wie die von fernher, die der Bürgermeister manchmal über die Hauptstraße führt. Er zeigt ihnen nicht die Schutthalden. Warum sollte er? Zuhause führen wir auch unseren Besuch in das Wohnzimmer und lassen ihn mit unserem Mülleimer in Ruhe. Aber manchmal, bevor ich zur Schule gehe

2 Der Schluss des Gedichtes „Meine Stadt" fehlt. Verfasse ein passendes Ende.

Wie konntest du Aufgabe 2 und 3 lösen?
→ Seite 218–221
→ Seite 221 EXTRA

3 Ergänze im folgenden Gedicht die Lücken mit eigenen sprachlichen Bildern.
- Vergleiche es anschließend mit dem Originalgedicht auf Seite 231.
- Erkläre die unterschiedliche Wirkung der sprachlichen Bilder.

Erich Kästner

Besuch vom Lande

Sie stehen verstört am Potsdamer Platz.
Und finden Berlin zu laut.
Die Nacht glüht
Ein Fräulein sagt heiser: „Komm mit, mein Schatz!"
Und zeigt entsetzlich viel Haut.

Sie wissen vor Staunen nicht aus und nicht ein.
Sie stehen und wundern sich bloß.
Die Bahnen rasseln. Die Autos
Sie möchten am liebsten zu Hause sein.
Und finden Berlin zu groß.

Es klingt, als ob die Großstadt
weil irgendwer sie schilt[1].
Die Häuser funkeln. Die U-Bahn dröhnt.
Sie sind das alles so gar nicht gewöhnt.
Und finden Berlin zu wild.

1 mit jemandem schimpfen

Sie machen vor Angst die Beine krumm.
Und machen alles verkehrt.
Sie lächeln bestürzt. Und sie warten dumm.
Und stehn auf dem Potsdamer Platz herum,
bis man sie überfährt.

4 Plane eine szenische Umsetzung des Gedichtes. Notiere, welche Figuren benötigt werden, wie diese handeln, wie sie sich bewegen und welche Gestik und Mimik zum Einsatz kommen soll. Begründe deine Entscheidungen.

Wie konntest du Aufgabe 4 lösen?
→ Seite 196/197
→ Seite 197 EXTRA

5 Schreibe zu dem Gedicht von Erich Kästner ein Gegengedicht, das davon handelt, wie jemand aus der Stadt zu Besuch aufs Land kommt.

Wie konntest du Aufgabe 5 lösen?
→ Seite 218–221
→ Seite 221 EXTRA

6 Lies das folgende Gedicht. Erkläre, in welcher Situation sich das lyrische Ich befindet.
- Welche Gedanken und Gefühle beschreibt das lyrische Ich?
- Was wünscht es sich und wonach sehnt es sich?

Joseph von Eichendorff

Sehnsucht

Es schienen so golden die Sterne,
Am Fenster ich einsam stand
Und hörte aus weiter Ferne
Ein Posthorn im stillen Land.
Das Herz mir im Leib entbrennte,
Da hab ich mir heimlich gedacht:
Ach wer da mitreisen könnte
In der prächtigen Sommernacht!

Zwei junge Gesellen gingen
Vorüber am Bergeshang,
Ich hörte im Wandern sie singen
Die stille Gegend entlang:
Von schwindenden Felsenschlüften,
Wo die Wälder rauschen so sacht,
Von Quellen, die von den Klüften
Sich stürzen in die Waldesnacht.

Sie sangen von Marmorbildern,
Von Gärten, die überm Gestein
In dämmernden Lauben verwildern,
Palästen im Mondenschein,
Wo die Mädchen am Fenster lauschen,
Wann der Lauten Klang erwacht
Und die Brunnen verschlafen rauschen
In der prächtigen Sommernacht. –

Wie konntest du Aufgabe 6 und 7 lösen?
→ Seite 230–232
→ Seite 232 EXTRA

7 Notiere, welche Motive in dem Gedicht „Sehnsucht" eine wichtige Rolle spielen.

Wie konntest du Aufgabe 8 und 9 lösen?
→ Seite 218–221
→ Seite 221 EXTRA

8 Verfasse einen Tagebucheintrag, in dem das lyrische Ich von dem Gesang der zwei Gesellen und seinen Gefühlen dabei berichtet.

9 Kommentiere deinen Tagebucheintrag, indem du dich auf die zentralen Aussagen des Gedichtes beziehst und deine Vorgehensweise beim Schreiben des Tagebucheintrags begründest.

Bist du fit für die Prüfung? Teste dich auf → Seite 186/187.

4

Starke Gefühle

Epische Texte analysieren und deuten

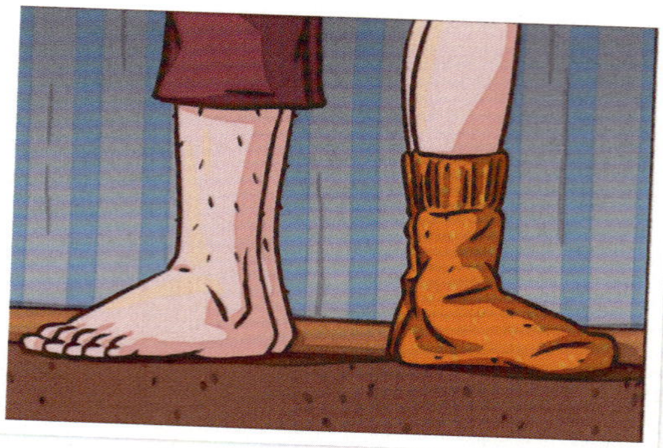

1 Seht euch die Bilder an. Tauscht euch darüber aus, welche Gefühle jeweils dargestellt werden. Benennt auch, welche Gefühle die Bilder bei euch auslösen.

2 Überlegt, wie es zu der auf den Bildern dargestellten Situation gekommen sein könnte. Besprecht eure Ideen mit einer Partnerin oder einem Partner.

3 Wählt eine Situation aus. Schreibt dazu entweder eine kurze Geschichte oder stellt sie als Szene dar. Präsentiert eure Ergebnisse in der Klasse.

4 Tauscht euch über eure Erfahrungen mit Büchern oder Filmen zum Thema „Gefühle“ aus.

Jetzt lernt ihr, ...

... wie man sich in einem Roman orientiert.

... wie Zeit und Räume in epischen Texten gestaltet sind.

... literarische Figuren und ihre Beziehungen zueinander zu bestimmen.

... Erzählsituationen zu unterscheiden.

... Sprache in literarischen Texten zu untersuchen.

... einen epischen Text zu analysieren und zu deuten.

... filmische Mittel zu nutzen.

Liebe des Lebens

Sich in einem Roman orientieren

→ **T3** Umgang mit literarischen Texten Seite 232–234

1 Lest den Einleitungstext und seht euch die Bilder an. Stellt Vermutungen über den Verlauf der Geschichte an.

Der Norweger Jostein Gaarder erzählt in seinem Roman „Das Orangenmädchen" von einer großen Liebe, die durch einen Schicksalsschlag früh endet. Ein Teil des Romans spielt in der Vergangenheit – darin steht die Figur Jan Olav im Mittelpunkt. Der andere Teil spielt in der Gegenwart – in diesem ist der 15-jährige Georg, der Sohn von Jan Olav, die Hauptfigur. Georg lebt mit seiner Mutter Veronika, dem Stiefvater Torben und seiner kleinen Schwester Miriam zusammen. Die beiden Teile werden durch eine Botschaft aus der Vergangenheit miteinander verbunden.

1

2

3
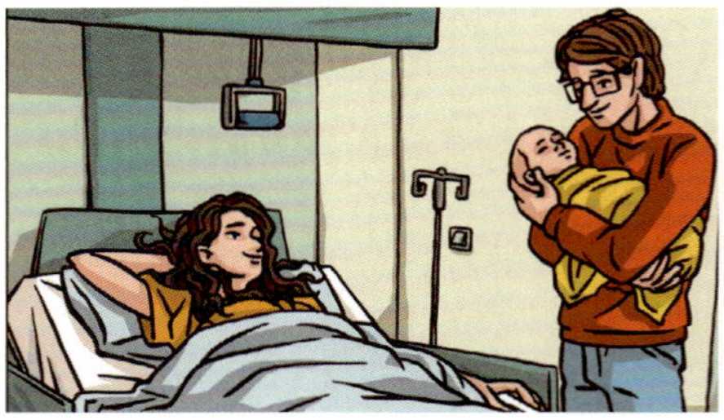

4

5

6

7

8

2 Ordnet die folgenden Textstellen den Bildern auf der linken Seite zu, z. B.:
Bild 1 → Text B, Bild 2 → …

Achtet auf die unterschiedlichen Schriftarten.

Jostein Gaarder

Das Orangenmädchen

A Du hast auf meinem Schoß gesessen und all die Geborgenheit in dich aufgenommen, von der du umgeben warst. Und ich trank von der Geborgenheit, die zart und leise von dir ausging. Dann zeigte ich auf alle Sterne und Planeten oben am Himmelsgewölbe […]

B Aber ich achtete nicht so sehr auf die Orangen, sondern auf die junge Dame selber. Ich wusste nämlich sofort, dass sie etwas ganz Besonderes an sich hatte. […] Sobald ich in der Bahn stand, fing sie mich mit einem festen Blick ein. […]

C *Es war ein so feierliches Gefühl, einen Brief von jemandem zu lesen, der nicht mehr lebt, dass ich die Vorstellung, dabei die ganze Verwandtschaft um mich herum zu haben, nicht ertragen konnte. Ich setzte mich aufs Bett und fing an zu lesen. […]*

D Ich lief an diesem Nachmittag noch stundenlang in Frogner[1] hin und her […] und immer, wenn ich etwas entdeckte, das einem orangefarbenen Anorak ähnlich sah, machte das Herz in meiner Brust einen Sprung, aber die, nach der ich suchte, war wie vom Erdboden verschluckt. […]

E *Gleich nach den Osterferien merkte mein Vater, dass mit ihm etwas nicht stimmte. Er war über ein halbes Jahr lang krank und hatte Angst, dass er bald sterben müsste. […] Mama hat mir oft erzählt, dass mein Vater besonders traurig war, weil er sterben musste, ehe er mich wirklich kennen gelernt hatte. […]*

F Und, Georg, als wir anderthalb Jahre im Humlevei[2] gewohnt hatten, wurdest du geboren. Ich war so stolz, als ich dich zum ersten Mal in den Armen hielt. […] Wir hätten nicht glücklicher sein können. […]

G *Die Geschichte des „Orangenmädchens" ist erst am Montag dieser Woche aufgetaucht. Oma wollte etwas aus dem Geräteschuppen holen und fand sie im Polster der roten Kinderkarre, in der ich als kleiner Junge gesessen hatte. […]*

H Dann bringe ich dich in den Kindergarten, und danach habe ich die Stunden für mich, in denen ich vor dem Computer sitze und dir diesen langen Brief schreibe. Oft muss ich wie ein Storch durchs Zimmer steigen, um nicht auf deine Eisenbahn zu treten. […]

1 Stadtteil von Oslo in Norwegen
2 weiterer Stadtteil von Oslo

3 Notiert, welche Figuren in der Geschichte vorkommen und in welcher Beziehung sie zueinander stehen. Nutzt dazu die Einleitung, Bilder und Textstellen.

Merke

Ein **Roman** ist ein umfangreicher epischer, also erzählender, Text. Meist kommen eine größere Anzahl von **Figuren**, verschiedene **Schauplätze** und **Handlungsstränge** darin vor. Die Handlungsstränge werden am Schluss zusammengeführt.

○ Aufgabe 2 ◒ Aufgabe 1, 3

T3 Umgang mit literarischen Texten Seite 234/235

Achtet auf die unterschiedlichen Schriftarten.

Ein unerwarteter Brief

Die Gestaltung von Zeit erschließen

1 Lest die Textausschnitte aus dem Roman „Das Orangenmädchen". Notiert anschließend in Stichpunkten, was ihr bis jetzt über Jan Olav und das Orangenmädchen erfahren habt.

Jostein Gaarder

Das Orangenmädchen

Mein Vater ist vor elf Jahren gestorben. Damals war ich erst vier. Ich hatte nie damit gerechnet, je wieder von ihm zu hören, aber jetzt schreiben wir zusammen ein Buch. Das hier sind die allerersten Zeilen in diesem Buch, und die schreibe ich, aber mein Vater wird auch noch zum Zug kommen. Er hat schließlich das Meiste zu erzählen. […]

[Ich sah], dass Oma einen dicken Umschlag in der Hand hielt; den reichte sie mir jetzt. Er war zugeklebt und darauf stand nur: „Für Georg". Es war nicht die Schrift meiner Großmutter, aber auch nicht die von Mama oder Jørgen. Ich riss den Umschlag auf und zog einen dicken Stapel Blätter heraus. Und fuhr heftig zusammen, denn oben auf dem ersten Blatt stand:

Sitzt du gut, Georg? Auf jeden Fall musst du fest sitzen, denn ich werde dir eine nervenaufreibende Geschichte erzählen. […]

In diesem Bericht gibt es nur einen roten Faden, Georg, nämlich die Male, in denen ich dem geheimnisvollen Orangenmädchen wirklich begegnet bin. Es bringt nichts, mich über die vielen Male zu verbreiten, bei denen mir das nicht gelang. […]

Es musste einen Grund dafür geben, dass er mir so unbedingt von ihr erzählen wollte. Ich sollte offenbar etwas erfahren, etwas, das mein Vater seinem Sohn vor seinem Tod unbedingt noch mitteilen wollte. […]

Ich will dir ein kleines Geheimnis anvertrauen. Auch als wir beide vor fast einem halben Jahr an diesem warmen Märztag auf dem Holmenkollen[1] waren, ertappte ich mich immer wieder dabei, wie ich nach dem Orangenmädchen Ausschau hielt. Mehr als zehn Jahre waren vergangen, aber die Enttäuschung steckte mir noch immer in den Knochen. […]

1 Berg in der Nähe von Oslo

2 Übertragt das Schaubild in euer Heft. Ergänzt mithilfe eurer Ergebnisse aus Aufgabe 1 die fehlenden Informationen in den blauen Lücken.

damals	jetzt
Briefe berichten vom ______	Briefe werden von ______ gefunden
Vater ______	Sohn ______

3 Ordnet die folgenden Bausteine in der richtigen zeitlichen Reihenfolge. Ergänzt sie anschließend in eurem Schaubild in Aufgabe 2.

Georg wird vier Jahre | Briefe werden gefunden | ergebnislose Suche | Georg liest Briefe | Tod des Vaters | ein Buch entsteht | Vater schreibt Briefe

4 Beschreibt mithilfe eurer Ergebnisse aus Aufgabe 1 bis 3, wie der Roman „Das Orangenmädchen" zeitlich aufgebaut ist.

Merke

Ein **Erzähler** kann die Geschehnisse in einem Text unterschiedlich anordnen.
Die einzelnen Handlungsschritte können **linear**, also zeitlich nacheinander, erzählt werden.
Die Handlung kann auch von unterschiedlichen Zeitpunkten aus **nicht-linear**, also mit Rückblenden und/oder Vorausdeutungen, erzählt werden.

5 Bestimmt mithilfe des folgenden Merke-Kastens die Zeitgestaltung der folgenden Textstellen. Begründet, warum die jeweilige Form gewählt wurde.

A „Du hast es nicht geschafft", sagt sie. „Du hast es nicht geschafft, auf mich zu warten." „Nein", gebe ich zu.

B Ich riss mich für einige Tage von meinen Studien los, lieh mir bei meinen Eltern tausend Kronen und buchte einen billigen Flug nach Madrid.

C Ich musste sie immer wieder ansehen. Ich fand ihr rotes Kleid so ungeheuer reizend und rührend. Ich konnte sehen, wie ihr Körper atmete [...]

Merke

Die **Erzählzeit** ist die Zeit, die ein Leser zum Lesen einer Geschichte benötigt.
Die **erzählte Zeit** umfasst die Dauer des Geschehens in einer Geschichte.
Das Verhältnis von Erzählzeit und erzählter Zeit kann unterschiedlich sein:
Zeitraffend: Die Erzählzeit ist kürzer als die erzählte Zeit, wenn ein längeres Geschehen zusammengefasst wird.
Zeitdehnend: Die Erzählzeit ist länger als die erzählte Zeit, wenn etwas ausführlich beschrieben oder Gedanken eingefügt werden.
Zeitdeckend: Bei Dialogen ist die Erzählzeit gleich der erzählten Zeit.

6 EXTRA Wählt eine der folgenden Situationen. Verfasst dazu einen kurzen Text, der entweder zeitraffend, zeitdehnend oder zeitdeckend ist.

Jan Olav ist auf der Suche nach dem Orangenmädchen.

Jan Olav und das Orangenmädchen sprechen miteinander.

→ T3 Umgang mit literarischen Texten Seite 236

Hörverstehen
4b82z5

Stimmungsvolle Begegnungen

Die Gestaltung von Räumen erschließen

1 Lasst euch die drei Textausschnitte aus dem Roman „Das Orangenmädchen“ vorlesen oder nutzt den Online-Code. Beschreibt, wie ihr euch die beschriebenen Räume vorstellt.

A Kaum hatte ich die Tür geöffnet und das Lokal betreten, hielt ich auch schon inne und wich einen halben Schritt zurück. Denn dort saß das Orangenmädchen! Sie war noch nie hier gewesen, jedenfalls nicht gleichzeitig mit mir, aber jetzt saß sie mit einer Teetasse im Café und blätterte in einem Buch mit bunten Bildern. […]

B Ich sehe sie nicht sofort, als ich den Dom betrete, aber dann entdecke ich sie plötzlich, während die Orgel ein Präludium[1] von Bach spielt. Ich erstarre zu Eis, mir wird heiß. […]

C Nachdem ich von einem Platz zum anderen gewandert war, ohne das Orangenmädchen zu finden, setzte ich mich schließlich in ein Café, wo ich einen freien Stuhl im Schatten eines üppigen Orangenbaumes fand. Ich hatte alle Plätze von Santa Cruz[2] besucht und dieser war einwandfrei der schönste. […]

1 einleitendes Musikstück
2 Stadtteil in Sevilla, Spanien

2 Nennt die Räume, in denen sich die Handlungen abspielen. Vergleicht anschließend eure Vorstellungen dieser Räume.

3 Versetzt euch in die Rollen von Jan Olav und dem Orangenmädchen. Beschreibt die Stimmungen in den drei Räumen mit Adjektiven, z. B.:
A → Jan Olav: aufgeregt, erfreut, …

4 Erklärt, warum der Autor diese Räume jeweils gewählt haben könnte.

Merke

Raumgestaltung

Handlungsräume bilden den Rahmen für die Handlungen der Figuren, z. B. *Orte wie ein Lokal*. Häufig werden nur wenige Dinge genannt und der Leser ergänzt den Raum nach seiner eigenen Vorstellung.

Der Autor kann die Räume auch als **Stimmungsräume** gestalten. Dann spiegeln sie die Stimmungen und Gefühle der Figuren wider, z. B. *kleine Räume → beengt fühlen, aufgeregt sein, …*

Hörverstehen
9ue4ys

5 Lasst euch die folgenden Textausschnitte vom Ende des Romans vorlesen oder nutzt den Online-Code. Beschreibt, welche Stimmung ihr bei diesen Textstellen empfindet.

D Ich wollte so gern über alles mit dir reden, aber ich wusste auch, dass das nicht möglich war, dazu warst du noch viel zu klein. Trotzdem warst du groß genug, um mich zu trösten. Wenn du es schafftest, wach zu bleiben, wollte ich in dieser Nacht gern ein paar Stunden mit dir zusammensitzen. Es war eine Nacht, in der ich Veronika vielleicht nicht zu wecken brauchte. Sie konnte schlafen.
Ich wusste, dass draußen eine wunderbar klare Nacht war, das hatte ich vom Wintergarten aus gesehen. Es ging auf Ende August zu, und vielleicht hattest du den Sternenhimmel noch nie gesehen, jedenfalls nicht im Laufe des hellen Sommerhalbjahres, das hinter uns lag, und im Vorjahr warst du noch zu klein gewesen. Ich zog dir einen warmen Pullover und eine Wollhose an, ich streifte mir die Windjacke über, dann setzten wir uns auf die Terrasse, du und ich. […]
Als wir dort draußen unter dem Sternenhimmel saßen, beschloss ich, dir diesen langen Brief zu schreiben. Und zwar in dem Moment, als ich plötzlich in Tränen ausbrach. […]

E *Ich schaute hinauf in einen Funken sprühenden Sternenhimmel und versuchte, die Stimmung von damals, als ich hier auf dem Schoß meines Vaters gesessen hatte, noch einmal zu erleben. Ich glaube, ich wusste noch, wie er mich an sich gepresst hatte. Ich glaubte mich zu erinnern, dass er das tat, weil ich nicht aus dem Raumschiff fallen wollte. Und dann war der große Mann mit der dröhnenden Stimme plötzlich in Tränen ausgebrochen. […]*

Nach langer Zeit hörte ich eine Tür. Mama kam auf die Terrasse. Es wurde gerade ein wenig heller. […] Ich fragte: „Siehst du den Planeten da oben? Das ist die Venus, sie wird auch Morgenstern genannt. Wenn mein Vater diesen Planeten gesehen hat, hat er immer an dich gedacht.“
Wenn der Kopf von gewaltigen Gedanken erfüllt ist, kann man entweder etwas sagen oder stumm bleiben. Mama blieb stumm.
Nach einer Weile sagte ich: „Hier habe ich mit meinem Vater eine ganze Nacht gesessen, ehe er ins Krankenhaus musste. Darüber kannst du in seinem Brief mehr lesen. Aber jetzt sitzen wir beide hier.“
„Georg“, sagte jetzt Mama, „ich freue mich auf diesen Brief und ich fürchte mich davor. Ich möchte, dass du zu Hause bist, wenn ich ihn lese. Kannst du mir das versprechen?“ […]

6 Wählt Text D oder E aus. Notiert alle Wörter, die Stimmungen auslösen. Fasst eure Ergebnisse in einem kurzen Text zusammen.

Formulierungshilfen

Mit den Wörtern … wird eine … Stimmung ausgedrückt. Entsprechend sind die Empfindungen der Figuren …

Ein erster Blick

Literarische Figuren charakterisieren

T3 Umgang mit literarischen Texten Seite 237/238

1 Lest die Textausschnitte, in denen Georgs Vater Jan Olav von der Liebe seines Lebens erzählt. Achtet auf die Markierungen.

A Jedenfalls stieg ich kurz darauf in eine leuchtend blaue Bahn, die zur Endstation Frogner fuhr und voller Menschen war. Als allererstes fiel mir ein witziges Mädchen auf, das mit einer riesigen, mit üppigen Orangen voll gestopften Tüte im Mittelgang stand. Sie trug einen alten, orangefarbenen Wanderanorak. […] Sie war einen halben Kopf kleiner als ich, hatte lange dunkle Haare, braune Augen, und ich schätzte sie auf ungefähr neunzehn, so alt wie ich also. Als sie aufschaute und mir sozusagen zunickte, lächelte sie frech und verschmitzt. […]

B Ich dachte, sie habe mich nicht bemerkt, aber plötzlich blickte sie von ihrem Buch auf und schaute mir voll in die Augen. Sie hatte mich auf frischer Tat ertappt, denn jetzt wusste sie, dass ich sie beobachtet hatte. Sie lächelte warm, und dieses Lächeln, Georg, hätte die ganze Welt zum Schmelzen bringen können. […] Ich hatte den linken Arm auf den Tisch gelegt und plötzlich schob sie ihre rechte Hand in meine. Ihr Buch hatte sie auf die Orangen gelegt und mit dem linken Arm hielt sie noch immer die riesige Tüte fest […] Dann ließ sie einfach los, erhob sich majestätisch, mit der großen Orangentüte im Arm, und ging hinaus auf die Straße. Ich sah, dass ihr Tränen in den Augen standen. […]

C Jetzt sah ihr Gesicht für einen Moment ernst aus. Sie sagte: „Ich glaube, ich habe schon damals in der Straßenbahn ein Auge auf dich geworfen. Aufs Neue, könntest du sagen, aber jetzt ganz anders als damals. Und dann haben wir uns wieder gesehen. Aber ich glaubte, wir könnten es ertragen, ein halbes Jahr voneinander getrennt zu sein. Ich dachte, dass wir das vielleicht brauchten. Wir haben uns als Kinder so nahe gestanden. Aber jetzt sind wir keine Kinder mehr. Jetzt könnte es uns vielleicht gut tun, ein wenig Sehnsucht nacheinander zu haben. Damit wir nicht einfach nur aus alter Gewohnheit wieder zusammen spielen, meine ich. Du solltest mich noch einmal entdecken. Du solltest mich erkennen, so wie ich dich erkannt hatte. Und deshalb wollte ich nicht verraten, wer ich war." […] Wir saßen noch lange dort, nachdem das Café Feierabend gemacht hatte. Als wir endlich aufstanden, zog sie mich an den Stamm des Orangenbaums, unter dem wir gesessen hatten, oder vielleicht schob ich sie dorthin, das weiß ich nicht mehr so genau. Aber dann sagte sie: „Jetzt kannst du mich küssen, Jan Olav. Denn jetzt habe ich dich endlich eingefangen." […]

D Es war in diesem Jahr kälter als im Vorjahr und Veronika fror. Ich nahm sie in den Arm und rieb ihr den Rücken. Dann erzählte ich, dass Gunnar nach Neujahr aus unserer kleinen Wohnung ausziehen würde. Er habe einen Studienplatz in Bergen gefunden. Ich sagte auch, dass ich mir nun einen neuen Mitbewohner suchen müsse.
Ich war so feige, Georg. Und das fand sie offenbar auch. Sie wurde fast ein wenig heftig. Gunnar wollte also ausziehen? Und ich wollte mir einen neuen Mitbewohner suchen? Und das hatte ich mir alles überlegt, ohne mit ihr darüber zu sprechen? Sie war fast böse. Ich hatte schon Angst, dass wir uns an diesem Heiligen Abend in Unfrieden trennen würden. Doch dann sagte sie: „Dann kann ich doch bei dir einziehen. Dann können wir zusammenziehen, meine ich. Können wir das nicht, Jan Olav?" […]

2 Fasst alle Informationen über das Orangenmädchen in einer Tabelle zusammen. Unterscheidet dabei ihre äußeren und inneren Merkmale sowie die indirekten Charaktereigenschaften.

äußere Merkmale	innere Merkmale	indirekte Charakterisierung
riesige Tüte mit Orangen	witziges Mädchen	lustig
…	…	…

Bei der indirekten Charakterisierung muss der Leser selbst Rückschlüsse ziehen.

Merke

Leser verstehen **literarische Figuren und ihr Handeln**, weil sie diese zu ihrem eigenen Leben in Beziehung setzen. Die Leser erkennen, dass sich literarische Figuren vergleichbar zu den Menschen aus der Alltagswelt verhalten.
Bei der indirekten Charakterisierung schließt der Leser aufgrund des Verhaltens einer literarischen Figur auf ihre Charaktereigenschaften.

3 Verfasst zu euren Ergebnissen aus Aufgabe 2 einen zusammenhängenden Text. Nutzt die Formulierungshilfen. Belegt eure Aussagen mit Textzitaten.

→ T2 Zitiertechniken Seite 226/227

Formulierungshilfen

Das Mädchen wirkt witzig, weil … Sie scheint hübsch zu sein mit … Das Zitat „…" belegt, dass sie überhaupt nicht schüchtern ist, sondern … Dem Leser wird vermittelt, … Indirekt wird das Mädchen charakterisiert durch … Das Zitat „…" zeigt ihre Reaktion … Durch … wird deutlich … Insgesamt erscheint die junge Frau … Sie wirkt auf mich …

4 EXTRA Wählt einen der Texte A bis D aus. Schreibt den Abschnitt aus der Sicht des Mädchens in der Ich-Form. Beachtet dabei ihre Charaktereigenschaften.

○ Aufgabe 1 ◒ Aufgabe 2, 3 ● Aufgabe 4 EXTRA

T3 Umgang mit Medien
Seite 250/251

Das Orangenmädchen sehen

Filmische Mittel verstehen und anwenden

1 Seht euch das Bild an. Tauscht euch darüber aus, welche Figuren darauf zu sehen sind. Stellt Vermutungen an, in welcher Situation sie sich befinden.

Der Roman „Das Orangenmädchen" wurde im Jahr 2008 verfilmt.

2 Lest den Dialog und den Ausschnitt aus dem Buch. Überlegt, wie man beide Texte in einer Filmszene umsetzen könnte.

Dialog für eine Filmszene

Georg: Mama, weißt du, wie der Stern heißt?
Mutter: Nein.
Georg: Venus. – Immer wenn Papa ihn sah, träumte er von dir.
Mutter: Woran denkst du gerade?
Georg: Dass wir nur einmal auf der Welt sind, und zwar jetzt.

Ausschnitt aus dem Buch

Ich legte den Kopf in den Nacken und schaute zu den vielen Sternen und Planeten hinauf. Ich versuchte mir vorzustellen, dass ich in einem Raumschiff saß. Mehrere Male entdeckte ich auch eine Sternschnuppe. Und ich blieb lange so sitzen.
Nach langer Zeit hörte ich eine Tür. Mama kam auf die Terrasse. Es wurde gerade ein wenig heller.
„Hier sitzt du", fragte sie. Das sah sie doch.
„Ich konnte nicht schlafen", sagte ich nur.
„Ich auch nicht", sagte sie.
Ich sah sie an und sagte: „Zieh dich einfach warm an und setzt dich zu mir, Mama."
Sie war bald wieder da. Sie trug den schwarzen Wintermantel, den sie schon mein Leben lang gehabt hatte. Trotzdem konnte ich nicht ganz sicher sein, dass sie ihn auch damals im Dom getragen hatte. Doch als sie dann auf der Bank saß, sagte ich: „Jetzt fehlt nur noch die große silberne Haarspange."
Sie schlug die Hand vor den Mund. Dann fragte sie: „Hat er darüber geschrieben?"

3 Plant die Filmszene genauer.
- Erweitert zunächst das Gespräch zwischen Mutter und Sohn.
- Ergänzt anschließend Regieanweisungen, aus denen die Handlung ersichtlich ist.

Ihr könnt auch einen anderen Anfang wählen.

Georg sitzt auf der Terrasse, schaut verträumt in den Himmel, die Terrassentür öffnet sich.
Mutter: Darf ich mich zu dir setzen?
Georg: …

4 Entwickelt zu eurer Filmszene ein Storyboard.
- Überlegt euch zu euren Dialogtexten und Regieanweisungen passende Kameraeinstellungen.
- Fertigt zu jeder Sequenz eine Skizze an. Orientiert euch am folgenden Beispiel.

Nutzt auch das Schuss-Gegenschuss-Verfahren.

Storyboard „Das Orangenmädchen"

1. Großaufnahme von Georgs Gesicht
Er schaut verträumt zum Himmel.

2. Aufnahme halbnah von Mutter
…

3. …

Merke

Kameraeinstellungen untersuchen

Die **Einstellungsgröße** bezeichnet den gewählten Bildausschnitt. Man unterscheidet:
- **Panorama**: Der **weite Blick** geht über eine ausgedehnte Landschaft.
- **Totale**: Es wird ein **Überblick über den gesamten Handlungsort** gegeben. Die Darsteller sind in der Ferne zu sehen.
- **Halbtotale**: Die Darsteller werden **vollständig** in ihrer direkten Umgebung gezeigt.
- **Amerikanisch**: Der Darsteller wird **vom Kopf bis zu den Knien** gezeigt.
- **Halbnah**: Der Darsteller wird **von Kopf bis zur Hüfte** gezeigt. Der Schwerpunkt liegt auf der Gestik der Person.
- **Nah**: Es werden der **Kopf und Teile des Oberkörpers** gezeigt.
- **Groß**: Der Darsteller wird mit einer Aufnahme **des Kopfes** gezeigt. Der Schwerpunkt liegt auf der Mimik der Person.
- **Detail**: Nur **Teile des Gesichts oder eines Gegenstandes** werden gezeigt. Auf sie soll besonders aufmerksam gemacht werden.

Schuss-Gegenschuss-Verfahren

In einer Bildfolge werden die Gesichter der Darsteller während ihres Dialogs abwechselnd gezeigt. Dabei ist die nicht sprechende Figur meist von hinten und nur zum Teil zu sehen.

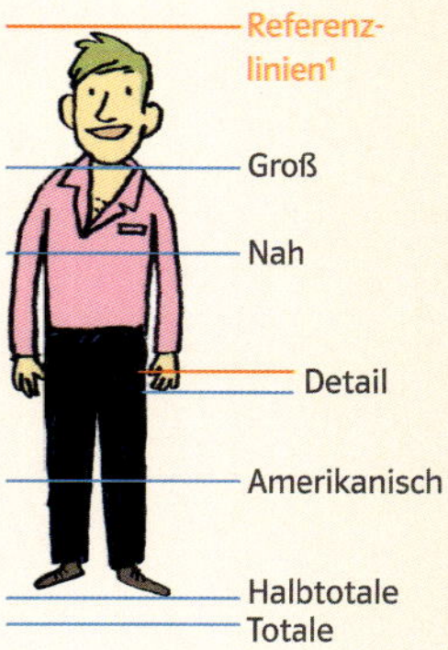

1 Linien, die den Ausschnitt bestimmen, z. B. wird die Einstellung Nah vom Kopf (Referenzlinie) bis zur Schulter abgelesen.

So lonely

Zeitstruktur, Räume und Figuren untersuchen

→ **T3** Umgang mit literarischen Texten Seite 234–238

1 Lest den Text. Stellt Vermutungen an, welche Bedeutung die Gegenstände auf dem Bild haben und was „er“ mit ihnen machen könnte.

Per Nilsson

So lonely

In dem Roman von Per Nilsson geht es um die unglückliche Liebe eines Jugendlichen. Im Bus sieht dieser ein Mädchen mit roten Haaren zum ersten Mal und nimmt, als sie aussteigt, den Duft von Zitronen wahr. Daraufhin nennt er die Auserwählte „Herztrost“, wie eine Pflanze, die auch Zitronenmelisse genannt wird. Die beiden Figuren lernen sich kennen, doch dann wird die Hauptfigur enttäuscht.

Dritte Person Sing. mask.

Ein Junge, oder ein junger Mann, sitzt allein in seinem Zimmer in einer Wohnung im zweiten Stock eines dreistöckigen Hauses. Es ist Samstagabend im August. Ein Vollmondabend.

Er hat gelogen, um an diesem Abend allein zu Hause bleiben zu können. Er hat seine Mutter angelogen. Er hat gesagt: „Nein, ich bleib übers Wochenende hier. Ich komm nicht mit. Bin mit Henka verabredet. Wir gehen in eine Disco … eine Disco, die neu eröffnet wird …“ Das stimmte nicht.

Seit die Sommerferien angefangen haben, hat er nicht mehr mit Henka gesprochen. Er wollte ganz einfach allein sein an diesem Abend. Er musste allein sein. Es war unbedingt nötig, dass er an diesem Samstagabend allein sein durfte, am letzten Samstagabend des Sommers.

Und Mama glaubte ihm und fuhr mit Krister und Hanna zum Wochenendhaus. […]

Jetzt sitzt der Junge, oder der junge Mann, an seinem Schreibtisch und legt mehrere Sachen vor sich hin. Es sieht aus, als würde er die Sachen ordnen oder sortieren. Als er damit fertig ist, lehnt er sich zurück. […]

2 Lest den Ausschnitt aus dem Inhaltsverzeichnis. Überprüft eure Vermutungen zur Bedeutung der Gegenstände. Schreibt sie in wenigen Sätzen auf.

Inhalt

1 Anspielung auf die Verführung Adams mit dem Apfel durch Eva

2 hier: Gegenstand, der verehrt wird, z. B. eine Postkarte

3 Lest die folgenden Textausschnitte. Benennt, wo diese im Inhaltsverzeichnis stehen. Achtet auf das Tempus und beschreibt den zeitlichen Aufbau des Romans.

A Vor Herztrost war ich ein Junge, denkt er.
Vor Herztrost war ich ein Kind.
Ich war ein vernünftiges Kind, das glaubte, für alles gäbe es vernünftige Erklärungen, denkt er. […] Aber das war vor Herztrost. […]

B Im Bus hat es angefangen.
Er seufzt und zerreißt die Buskarte in zwei Teile. Und dann in vier Teile. In acht Teile. Sechzehn. Zweiunddreißig. Als sie nur noch aus vierundsechzig sehr kleinen gelben Papierschnitzeln besteht, sammelt er sie in der Handfläche und geht zur Toilette. […]

C Und er besuchte sie immer wieder, nicht oft, aber manchmal. Der rothaarigen Mutter war er erfolgreich aus dem Weg gegangen. Allen anderen übrigens auch. Er traf sie im Bus oder bei ihr daheim, nirgends sonst und nie, wenn jemand anderes dabei war. […]

D „Red hair" – Text & Musik: Mike Heron – „Flüssige Akrobaten, was die Luft betrifft", sagt er vor sich hin. „So ein beknackter Plattentitel. Typisch Papa. Scheiße …" Wieder treten ihm Tränen in die Augen. […]
Er nimmt die Platte mit auf den Balkon und wirft sie von dort wie eine Frisbee-Scheibe in die Sommernacht hinaus.

4 Schreibt auf, welche Personen bisher genannt wurden. Notiert auch die Art ihrer Beziehung.

5 Benennt Räume, die in der Geschichte eine wichtige Rolle spielen könnten.

6 Notiert, was ihr über den Charakter des Jungen erfahren habt.

Von Sehnsucht erfüllt

Erzählsituationen verstehen und bestimmen

→ **T3** Umgang mit literarischen Texten Seite 238/239

1 Lest den folgenden Text. Besprecht, wie dieser auf euch wirkt.

A Schon als der Bus langsam auf jene besondere Haltestelle zufuhr, entdeckte er etwas Rotes, etwas Rotes, das sonst nie da gewesen war, und als das rothaarige Mädchen mit der moosgrünen Jacke eingestiegen war, hatte er das Gefühl, als würde sie den ganzen Bus erhellen. […]
Von jenem Morgen an war er von Sehnsucht erfüllt. Von einer Sehnsucht, die er zuvor nie gekannt hatte und die kein anderes Ziel hatte, als dass sie, das Mädchen mit den roten Haaren, im Bus sein sollte, wenn er in die Schule fuhr. […]
Warum stand sie jetzt dicht vor ihm in einem schwankenden Bus, sie, die Rothaarige, mit der er nie gesprochen, die er aber viele Monate lang angepeilt hatte, die Sehnsucht seines Herzens, das Licht seines Lebens. […]

2 Notiert Stichpunkte zu den Gedanken, Gefühlen und Wünschen der Hauptfigur.

3 Überlegt, wie das Mädchen die Situationen wahrgenommen haben könnte. Beschreibt dies in einem kurzen Text.

4 Lest die folgenden Texte. Besprecht auch hier, wie diese auf euch wirken.

B Ich schaute gelangweilt aus dem Bus. Ich war wie elektrisiert. An dieser Haltestelle hatte sie noch nie gestanden. Alles völlig außer der Reihe. Auch in mir. Hitze im Kopf, Kälte in den Füßen. Oder war es andersherum? Ich war völlig verwirrt. Meines Herzens Trost stieg ein, drehte sich um, erblickte mich und drängte sich durch die dichte Menge zielsicher zu mir vor. Ihr Lächeln ließ mein Herz einige Schläge aussetzen bis sich ein halbwegs erträglicher Normalzustand einstellte, der es mir überhaupt erlaubte, den Mund zu einem krächzenden „Hallo“ zu öffnen.

C Für die geringe Zeitdauer von zehn Minuten hatte er sein tägliches Glück gefunden. Ann-Katrin betrat den Bus. Sie winkte, er winkte. Wenn der Platz neben ihm frei war, saßen sie zusammen. Sonst standen sie nebeneinander im schaukelnden Bus. Zehn Minuten, die im Flug vergingen. Zehn Minuten, in denen er so viel redete, wie sonst den ganzen Tag nicht. Sonst hatte er nie so schnell gute Antworten parat; bei Ann-Katrin fiel ihm auf ihre Späße immer sofort etwas ein. Sie blödelten rum und kicherten und fanden beide diese Busfahrten entspannend, fröhlich und einfach nett.

5 Bestimmt in den Texten A, B und C die Erzählsituation mithilfe des Merke-Kastens auf der rechten Seite. Vergleicht anschließend eure Ergebnisse.

Merke

Erzählsituation

Erzählform

Der **Ich-Erzähler** erzählt in der 1. Person Singular: *Ich ging über die Straße.*
Der **Er/Sie-Erzähler** erzählt in der 3. Person Singular: *Er/Sie ging über die Straße.*

Erzählperspektive

Als **Außensicht** bezeichnet man die Beschreibungen, die man sehen kann: *Er stand an der Haltestelle.*
Als **Innensicht** bezeichnet man Gefühle und Gedanken der Figuren: *Er fühlte sich wie gelähmt.*

Erzählverhalten

- **auktoriales Erzählverhalten**: Der Erzähler ist **allwissend**. Er hat den Überblick über das Geschehen sowie die Gedanken und Gefühle der Figuren. Er steht außerhalb des Geschehens und kann dies kommentieren und bewerten.
- **personales Erzählverhalten**: Der Erzähler nimmt die **Sicht einer Figur** ein, die **am Geschehen beteiligt** ist. Er kennt nur das Geschehen, an dem er beteiligt war oder das ihm erzählt wurde.
- **neutrales Erzählverhalten**: Der Erzähler wird nicht wahrgenommen. Das Geschehen wird scheinbar unvermittelt und unkommentiert wiedergegeben.

Beachtet, dass manche Schriftsteller in ihren Texten unterschiedliche Erzählsituationen verwenden oder diese sogar wechseln.

auktoriales Erzählverhalten

personales Erzählverhalten

6 Vergleicht die folgenden Texte bezüglich der Erzählsituationen und ihrer Wirkung. Nutzt dazu die Formulierungshilfen.

Formulierungshilfen für Erzählsituationen und ihre Wirkung

- … wirkt distanziert und sachlich.
- … näher am Geschehen dran …
- Am intensivsten wirkt …
- … bekommt Einblick in die Gedanken und Gefühle von …
- … in die Figur hineindenken.

D Ich stand in der Tür zu Herztrosts Zimmer und sie lächelte mich mit ihrem Mona-Lisa-Lächeln an. Alle unguten Gefühle schmolzen zu einem Nichts zusammen.

E Er war das erste Mal in ihrem Zimmer. Während Ann-Katrin mit wenigen Schritten beim Stuhl war, setzte er sich vorsichtig auf das Bett, auf das sie einladend wies. Sie lächelte. Sie hatte ihn längst durchschaut.

F Reden und reden und reden und eine Tasse Tee trinken. Der Abend verstrich und er konnte es nicht begreifen, konnte es nicht fassen.

7 EXTRA Wählt einen Text aus Aufgabe 6 aus. Schreibt ihn weiter. Verwendet dabei die vorgegebene Erzählsituation.

Herztrost ist Vergangenheit

Die sprachliche Gestaltung untersuchen

T3 Umgang mit literarischen Texten Seite 239/240

1 Lasst euch den Text vorlesen oder nutzt den Online-Code. Tauscht eure ersten Eindrücke dazu aus.

Hörverstehen
ar3dm8

Per Nilsson

So lonely (Ausschnitt 1)

Die letzte Nacht vor seiner Abreise in die USA verbringt „er" mit Ann-Katrin. In den nächsten vier Wochen schreibt er ihr zwölf Briefe und widersteht einem anderen Mädchen. Bei seiner Rückkehr merkt er jedoch, dass Ann-Katrin einen anderen hat.

Sie blieb in der Tür zu seinem Zimmer stehen. Er saß auf seinem Bett, hob kurz den Kopf, sagte aber nichts.
„Bist du krank gewesen?", fragte sie.
Er antwortete nicht.
„Du siehst so blass aus. Bist ja ganz weiß …" […]
Sie zog den Schreibtischstuhl heran und setzte sich direkt vor ihn. Dann begann sie ihn ernst zu mustern.
„Du … Ich hatte mal einen Freund, und der fehlt mir jetzt …"
Er schluckte, sagte aber nichts.
„Ich habe mindestens hundertmal versucht, dich anzurufen. Ungefähr. Ich bin bestimmt schon zwanzigmal hier gewesen und hab an der Tür geklingelt", fuhr sie fort. „Wie soll ich dich denn nur erwischen?"
„Schreib einen Brief", flüsterte er, ohne zu lächeln.
Sie schüttelte den Kopf.
„Briefschreiben ist nicht meine Stärke – im Gegensatz zu dir. Und ich wollte mit dir sprechen, ich glaube nämlich, dass …"
Plötzlich unterbrach er sie und sagte bestimmt:
„Ich will meine Briefe zurückhaben."
Sie sah auf und schüttelte wieder den Kopf.
„Niemals. Das sind nicht deine Briefe. Die gehören mir. Du hast sie mir geschickt. Jetzt liegen sie alle zwölf in meiner Geldkassette, und ich hab ein rotes Seidenband um sie gebunden. Die kriegst du nicht zurück. Nie."
Er war mit ihrer Antwort zufrieden, obwohl sie nein gesagt hatte.
Die Briefe bedeuteten ihr etwas. […]
„Eine Krone für deine Gedanken", sagte sie. „Als du aus den USA zurückgekommen bist, ist alles so verkehrt gelaufen. Ich habe viel darüber nachgedacht. Und dir geht es auch nicht besonders gut, das sehe ich."
Du bist braungebrannt und voller Sommersprossen und topfit, dachte er bitter. Du siehst wirklich nicht so aus, als würdest du leiden. Und wer ist daran schuld, dass es mir schlechtgeht? Habe ich mir etwa eine Krankheit

geholt? Und was macht dir das schon aus?
Das dachte er, sagte es aber nicht.
„Du …", fing sie wieder an und stand vom Stuhl auf. „Das alles war ein Irrtum, du …" Sie trat ans Fenster.
Red du nur, dachte er. Red ruhig weiter.
„Ich …", fuhr sie fort, „ich hab noch nie jemanden getroffen, mit dem … mit dem ich mich so wohl gefühlt hab … wie mit dir. Wenn ich mit dir zusammen war, konnte ich sein, wie ich wirklich bin …"
Bis dahin hatte sie ihm den Rücken zugewandt, aber jetzt drehte sie sich um und fuhr mit einem kurzen Lachen fort: „Ich hab genau gewusst, was ich dir sagen wollte. Diese Rede habe ich wochenlang vorbereitet, aber … jetzt finde ich die richtigen Worte nicht … Kannst du mir nicht ein bisschen helfen? Ich will meinen Freund zurückhaben, ich … ich will dich noch besser kennenlernen … du …" […]

2 Untersucht die sprachliche Gestaltung des Textes. Ergänzt dazu die folgende Tabelle. Nennt pasende Textzitate. Erklärt die Wirkung auf den Leser.

→ T2 Zitiertechniken Seite 226/227

Die Sprache in literarischen Texten untersuchen

	Textzitate	Wirkung
Satzlänge, Satzbau und Vollständigkeit der Sätze	„Bist ja ganz weiß …" (Zeile 5)	Ann-Katrin sorgt sich.
umgangssprachliche Formulierungen	…	…
Wiederholungen	…	…
Übertreibungen und Andeutungen	…	…
Formulierungen, die Gefühle ausdrücken	…	…

3 Fasst eure Ergebnisse aus Aufgabe 2 schriftlich zusammen. Verwendet dazu die folgenden Formulierungshilfen.

Formulierungshilfen für Sprachanalysen

Bei den Sätzen fällt auf … Ann-Katrin benutzt viele Wörter, mit denen sie …
Anscheinend will sie damit ausdrücken … Die männliche Hauptfigur hingegen …
Auffällig ist außerdem … Die wesentliche Wirkung entsteht durch …

4 Besprecht, wie der Text zu deuten ist. Zieht zur Begründung die Ergebnisse eurer Sprachuntersuchung aus Aufgabe 2 und 3 heran.

○ Aufgabe 1 ◒ Aufgabe 2, 3 ● Aufgabe 4

Zurück zu dir

Einen Text nach Kriterien analysieren und deuten

→ **T2** Schreiben
Seite 221–225

→ **T3** Umgang mit literarischen Texten
Seite 241/242

Hörverstehen
76fw5v

1 Lasst euch den Text vorlesen oder nutzt den Online-Code. Tauscht eure ersten Eindrücke dazu aus.

Per Nilsson

So lonely (Ausschnitt 2)

„Ja. Ich wusste, dass es ein Irrtum war", fuhr sie nach ein paar Minuten fort, „und wenn ich damals die Möglichkeit gehabt hätte, hinterher mit dir zu reden, dann hätte es nie so weit kommen müssen wie jetzt, aber … aber du bist ja abgereist … und dann bis du zurückgekommen und …"

Und hab Nazi-Hans in deinem Bett gefunden, dachte er.

„Du brauchst nicht auf Hans-Peter eifersüchtig zu sein", sagte sie. „Du brauchst überhaupt nie auf jemanden eifersüchtig zu werden. Ich will, dass du mein Freund bist! Ich weiß, das klingt idiotisch, aber das will ich. Ich will dich behalten. Die ganze Zeit. Aber ich bin nicht deine Yoko Ono[1]."

Nein, dachte er, und wenn du deinen John Lennon gefunden hast, wirst du mich, deinen schönen Freund, vergessen. Wozu brauchst du mich dann überhaupt?

„So muss es doch wirklich nicht sein!", sagte sie plötzlich und stand ungeduldig auf. „Es muss nicht entweder oder sein. Es muss doch möglich sein, dass man befreundet ist … Scheiße … hilf mir doch … hör auf, so dazusitzen und vor dich hinzustarren …"

Sie sah ihn wütend an. Hatte sie etwa Tränen in den Augen? Da hatte doch irgendetwas aufgeglänzt; bevor er den Blick senkte, nahm er das noch wahr.

„Willst du mich nicht mehr treffen? Willst … willst du mich einfach vergessen? Kannst du nicht einmal mehr mit mir reden?"

Nein, dachte er.

Ja, dachte er.

Nein, dachte er.

Und sagte nichts.

„Also gut, dann bleib hier sitzen. Bleib hier sitzen und bedaure dich selbst. Ich hab nämlich nicht vor, das zu tun …" […]

Und sie drehte sich zum Gehen um.

Da.

„Ja …"

Nur ein heiseres Flüstern. Aber Ann-Katrin hörte ihn, blieb stehen und drehte sich zu ihm um.

„Ja, hrm, ruf an. Ruf an, wenn du heimkommst", flüsterte er.

1 Eine japanisch-amerikanische Künstlerin, Friedens- und Menschenrechtsaktivistin. Sie und John Lennon waren ein bekanntes Liebespaar.

2 Analysiert den Textausschnitt. Legt dazu eine Folie über den Text oder nutzt den Online-Code.
- Untersucht die zeitliche und räumliche Gestaltung, die Charaktereigenschaften der Figuren und ihre Beziehungen zueinander sowie die Erzählsituation und ihre Wirkung auf den Leser, indem ihr wichtige Textstellen markiert und Randnotizen anfertigt.
- Legt eine Tabelle zur sprachlichen Gestaltung des Textes an. Orientiert euch an der Tabelle auf Seite 89.
- Vergleicht eure Ergebnisse mit einer Partnerin oder einem Partner.

Material
8fy6yw

Nutzt für die einzelnen Kriterien unterschiedliche Farben.

3 Verfasst mithilfe eurer Ergebnisse aus Aufgabe 2 eine schriftliche Textanalyse.
- Formuliert eine Einleitung.
- Schreibt den Hauptteil der Textanalyse. Fasst den Inhalt des Textausschnittes in wenigen Sätzen zusammen. Formuliert anschließend eure Ergebnisse aus Aufgabe 2 aus. Belegt eure Aussagen mit Textzitaten.
- Formuliert einen Schluss. Nehmt darin Stellung zu einer der folgenden Aussagen. Begründet eure Meinung und belegt sie mit Textstellen.

Lest euch vorher die Checkliste in Aufgabe 4 durch.

Ich glaube, dass die beiden eine gemeinsame Zukunft haben werden.

Ich glaube, dass die beiden keine gemeinsame Zukunft haben werden.

4 Überarbeitet eure Textanalysen mithilfe der folgenden Checkliste.

Checkliste	☺	☹	Vorschläge
Vorarbeit • Textstellen und Randnotizen wurden angefertigt.	...	...	...
Einleitung • Titel, Autor, Textsorte und Thema wurden genannt.	...	...	...
Hauptteil • Inhalt wurde kurz zusammengefasst. Aufbau des Textes wurde beschrieben. • Zeitliche und räumliche Gestaltung wurden berücksichtigt. • Figuren wurden charakterisiert und ihre Beziehung zueinander untersucht. • Erzählsituation wurde benannt und ihre Wirkung beschrieben. • Sprachliche Besonderheiten wurden benannt und gedeutet.	...	...	...
Schluss • Die Ergebnisse wurden zusammengefasst. • Zum Inhalt der Geschichte wurde Stellung genommen.	...	...	...
Formales • Wichtige Aussagen wurden mit Zitaten belegt. • Der Text wurde im Präsens verfasst.	...	...	...

Teste dich selbst!

Wie konntest du Aufgabe 1 lösen?
😐 → Seite 232–234
🙂 → Seite 234 EXTRA

1 Ordne die folgenden Bilder zum Roman „Das Orangenmädchen" in der richtigen zeitlichen Reihenfolge.

1

2

3

4

Wie konntest du Aufgabe 2 lösen?
😐 → Seite 234/235
🙂 → Seite 235 EXTRA

2 Bestimme die Zeitgestaltung der Texte. Begründe deine Entscheidung.

A „Kannst du nicht versuchen, dich an mich zu erinnern?", wiederholte sie. „Ich möchte so gern, dass du das schaffst."
„Hast du ein Stichwort?", bat ich. Sie sagte: „Der Humlevei, du Dussel."
Der Humlevei. Da war ich aufgewachsen. […]

B Das Mädchen mit den braunen Augen hatte im Irisvei gewohnt. Wir waren fast jeden Tag zusammen gewesen, seit wir Laufen oder zumindest Sprechen gelernt hatten. Wir kamen in dieselbe Schulklasse, aber nach dem ersten Weihnachtsfest in unsere Schulzeit war Veronika mit ihrer Familie in eine andere Stadt gezogen. […]

Wie konntest du Aufgabe 3 lösen?
😐 → Seite 236
🙂 → Seite 236 EXTRA

3 Ist der im folgenden Textausschnitt beschriebene Raum vorwiegend ein Handlungs- oder ein Stimmungsraum? Begründe deine Entscheidung.

Die Bahn schlingert bedrohlich, so kommt es mir jedenfalls vor, das Orangenmädchen gerät ein wenig ins Schwanken, und mir geht im Bruchteil einer Sekunde auf, dass ich es bin, der die riesige Orangentüte vor dem Schiffbruch retten muss. […]

Wie konntest du Aufgabe 4 lösen?
😐 → Seite 237
🙂 → Seite 238 EXTRA

4 Die folgende Textstelle enthält eine indirekte Charakterisierung von Georgs Vater Jan Olav. Wähle passende Eigenschaften aus und begründe deine Wahl.

ausdauernd | aufgeregt | glücklich | neugierig | zufrieden

Zurück in Oslo konzentrierte ich mich auf mein Studium. Ich hatte viel aufzuholen, weil ich in der Woche zuvor mehrere wichtige Vorlesungen geschwänzt hatte, außerdem waren da schon meine vielen Skitouren und Suchaktionen in der Stadt gewesen. Von nun an sparte ich viel Zeit, ich brauchte die Stadt nicht mehr nach dem geheimnisvollen Orangenmädchen zu durchkämmen. […]

5 Bestimme im folgenden Textausschnitt die Erzählsituation. Erkläre, woran man sie erkennt.

Das alles handelt doch von mir.
Er ist ich. Ich bin er. Erste Person Singular: Ich.
Es gibt keinen Film mehr. Es gibt keine Hauptperson. Das ist jetzt vorbei. Aber mich gibt es.
Und dich. Irgendwo da draußen gibt es dich. Und ich bin froh, dass es dich gibt. Und ich bin froh, dass ich weiß, dass es dich gibt. Und irgendwo, irgendwo in einem verborgenen Winkel, gibt es ein kleines Wir. Ein kleines Wir, das weiter bestehen darf, was auch immer geschieht.

Wie konntest du Aufgabe 5 lösen?
😐 → Seite 238/239
🙂 → Seite 239 EXTRA

6 Ordne den folgenden Stichpunkten passende Textstellen zu. Benenne die Wirkung der sprachlichen Mittel.

Satzlänge | Wiederholungen | Wörter, die Gefühle ausdrücken | Übertreibungen/Andeutungen | Umgangssprache | Satzbau

Wie konntest du Aufgabe 6 lösen?
😐 → Seite 239/240
🙂 → Seite 240 EXTRA

Er war bei ihr zu Hause. Er war mit ihr allein. Bei ihr zu Hause. Wie war es dazu gekommen? Wie war er hier gelandet? Er konnte es einfach nicht verstehen.
Und er redete und redete und lachte, und noch nie war es so schnell zehn Uhr geworden.
„Oje. Jetzt muss ich aber los."
„Ich glaub, du hast doch ein bisschen Angst vor meiner Mutter?", spöttelte sie.
„Nicht die Bohne", log er. „Als ob ich nicht schon Tausende von Mädchenmüttern getroffen hätte. Aber mein Fahrrad verwandelt sich Punkt zehn in einen Kürbis."
„Vergiss nicht, deinen gläsernen Schuh zu verlieren, wenn du die Treppe runterrennst", sagte sie und lachte. […]

7 Beschreibe, was in einer vollständigen Textanalyse enthalten sein muss.

8 Wie könnte man eine überraschende Begegnung zwischen zwei Menschen filmisch darstellen? Nenne eine Folge verschiedener Kameraeinstellungen.

Wie konntest du Aufgabe 7 lösen?
😐 → Seite 221–225
🙂 → Seite 225 EXTRA

Wie konntest du Aufgabe 8 lösen?
😐 → Seite 250/251
🙂 → Seite 251 EXTRA

Bist du fit für die Prüfung? Teste dich auf → Seite 183–185.

5

Kinderarmut

Sachtexte verstehen und auswerten

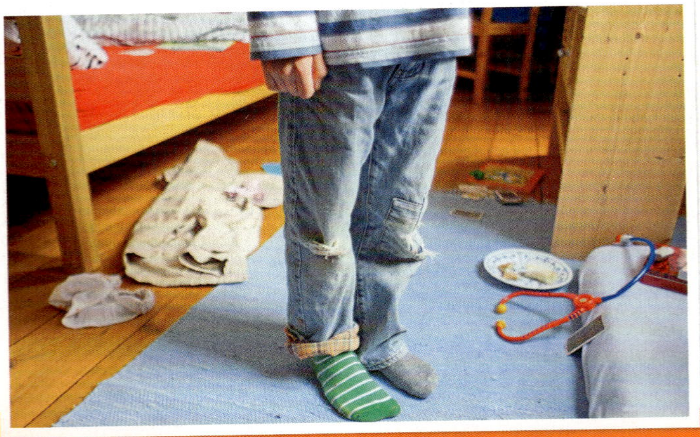

1 Was habt ihr von Kinderarmut in Deutschland schon gehört? Tauscht euch darüber aus.

2 Nennt mögliche Ursachen für Armut. Überlegt, was sie für Kinder bedeutet.

3 In Mali und auch in Deutschland gibt es Armut. Seht euch die folgende Tabelle an.

	Mali (West-Afrika)	Deutschland (Europa)
Lebenserwartung im Durchschnitt	55 Jahre	81 Jahre
Ernährung	2100 kcal/Tag	3320 kcal/Tag
Ärzte pro 10 000 Einwohner	1	32
Einen Schulabschluss (Sekundarstufe I) haben	10,3 %	96,5 %
Bruttonationaleinkommen pro Jahr und Einwohner	592 €	41 800 €

4 Überlegt, warum es in Deutschland trotz der besseren statistischen Zahlen Armut gibt.

Jetzt lernt ihr, ...

- ... wie man sich mithilfe von Sachtexten informiert.
- ... Sachtextsorten und ihre Absichten zu unterscheiden.
- ... Sachtexte mithilfe geschlossener Aufgaben zu erschließen.
- ... Sachtexte mithilfe halb offener Aufgaben zu erschließen.
- ... Sachtexte mithilfe offener Aufgaben zu erschließen.
- ... wie man die Sprache von Sachtexten untersucht.
- ... einen informativen Sachtext zu verfassen.

Eine Frage der Definition

Sich mithilfe von Sachtexten informieren

T3 Umgang mit Sachtexten Seite 244/245

T5 Placemat Seite 285

1 Erstellt eine Definition zu dem Begriff „Armut“. Legt dazu ein Placemat an.

2 Informiert euch mithilfe des Sachtextes über das Problem der Armut.
- Vergleicht Armut in Deutschland mit der Armut in Entwicklungsländern.
- Erklärt die Metapher „soziales Netz“.
- Erklärt den Begriff „relative Armut“.
- Beschreibt, wann man in Deutschland als „arm“ gilt.

Was ist Armut?

VON ANDREA KRÜGER

Trotz Wirtschaftskrise und Ebbe in den öffentlichen Kassen: Deutschland gehört nach wie vor zu den reichsten Ländern der Welt. Wer von Armut in Deutschland spricht, muss deshalb eines hinzufügen: Mit der existenziellen[1] Armut, unter der Menschen in Entwicklungsländern leiden, hat sie nichts zu tun. Niemand muss in Deutschland Hunger leiden, auf Kleidung oder eine Wohnung verzichten. Niemand wird vom Krankenhaus abgewiesen, wenn er ärztliche Hilfe benötigt. Und niemand muss für den Schulbesuch bezahlen. Das soziale Netz mag inzwischen Löcher haben – aber es existiert.

Komplexer Begriff: Armut

Dennoch schlagen Wohlfahrtsverbände, Gewerkschaften und Wissenschaftler seit Jahren Alarm und warnen vor der zunehmenden Armut in Deutschland. Hinter ihren Warnungen steckt ein anderes Verständnis von Armut. Es geht um relative Armut – einen komplexen[2] Begriff, der trotz zahlreicher Forschungsansätze noch immer einigermaßen schwammig ist.

Am gängigsten ist der so genannte Lebenslagenansatz, den auch die Europäische Union verwendet. Menschen gelten demzufolge als arm, wenn sie über so geringe materielle, kulturelle und soziale Mittel[3] verfügen, dass sie von der üblichen Lebensweise in dem jeweiligen Land ausgeschlossen sind. Der Armuts- und Reichtumsbericht der Bundesregierung stützt sich in weiten Teilen auf das Konzept der Verwirklichungschancen von Amarty Sen[4]. Armut ist in diesem Konzept gleichbedeutend mit einem Mangel – Reichtum dagegen gleichbedeutend mit einem sehr hohen Maß an Verwirklichungschancen, deren Grenzen nur punktuell oder gar nicht erreicht werden.

Weil es aber schwierig ist zu messen, ob alle Menschen den glei-

1 das Lebensnotwendige betreffend
2 vielschichtig, schwer zu erfassen
3 materiell: z. B. wenig Kleidung, Nahrung; kulturell: z. B. weniger Bildungsmöglichkeiten; sozial: z. B. wenig Kontakt zu Mitmenschen
4 Indischer Wirtschaftswissenschaftler

chen Zugang zu Arbeit, Bildung und Information haben, ob sie in der Lage sind, soziale Beziehungen aufzubauen oder unter den gleichen Bedingungen ihre Freizeit gestalten können, wird Armut in Deutschland vor allem an materiellen Dingen festgemacht – man spricht von Einkommensarmut.

Wichtiger Faktor: Geld

Diese Definition von Armut ist alles andere als abwegig: In einem Land wie Deutschland werden fast alle Bereiche des täglichen Lebens über den Markt geregelt – im Grunde also über Geld. Menschen befinden sich dann in Armut, wenn sie mit ihrem Einkommen nicht das Existenzminimum[5] abdecken können. Wie hoch aber muss dieses Einkommen sein? Als quasioffizieller Wert gilt in Deutschland der Sozialhilfe-Satz als Grenzwert zur Armut. Andere Berechnungen gehen vom nationalen Durchschnittseinkommen aus: Wer nicht über einen bestimmten Prozentwert dieses Durchschnittseinkommens verfügt, gilt als arm. In der Regel wird die Armutsgrenze bei 50 Prozent angesetzt. 2013 lag der durchschnittliche Bruttomonatsverdienst[6] nach Angaben des Statistischen Bundesamtes bei 3349 Euro im Monat.

In Deutschland gilt: Wer in Not geraten ist, hat Anspruch auf staatliche Unterstützung. In der Regel handelt es sich dabei um die so genannte Hilfe zum Lebensunterhalt, kurz: die Sozialhilfe. Wer nicht in der Lage ist, aus eigener Kraft oder mit Hilfe anderer Menschen aus der Notlage herauszukommen, kann sie beantragen – es gibt sogar einen Rechtsanspruch auf diese Leistung des Staates. Zusätzlich gibt es für bestimmte Menschen auch noch weitere Unterstützung: Wer seine Miete nicht aus eigener Kraft aufbringen kann, kann Wohngeld beantragen. Einmalige Zuschläge für Kleidung oder Möbel sind ebenfalls möglich.

Wie hoch die Zuschüsse zum Lebensunterhalt sind, ist unterschiedlich. Hilfebedürftige Familien haben mehr Anspruch als Alleinstehende, der „Haushaltsvorstand“ bekommt mehr Geld als die restlichen Familienmitglieder, bestimmte Personengruppen haben Anspruch auf Zuschläge. Seit 2015 gilt in Deutschland ein einheitlicher Sozialhilferegelsatz in Höhe von rechnerisch 399 Euro; hinzu kommt noch die Übernahme weiterer Kosten, zum Beispiel für Miete.

5 das zum Leben unbedingt Notwendige

6 Lohn vor Abzug der Steuern und der Sozialversicherungsbeiträge

3 Beschreibt, wie man in Deutschland versucht, Armut entgegenzuwirken.

4 Vergleicht den Armutsbegriff des Textes mit euren Definitionen aus Aufgabe 1.

5 EXTRA „In Deutschland ist keiner arm!“ – Bezieht zu dieser Aussage Stellung.

○ Aufgabe 3, 4 ◒ Aufgabe 1, 2 ● Aufgabe 5 EXTRA

Reiches Land – arme Kinder?

→ **T3** Umgang mit Sachtexten Seite 244/245

Textsorten und ihre Absichten unterscheiden

1 Überlegt, was es bedeutet, wenn Kinder in Deutschland arm sind.

2 Lest die Texte A bis E. Notiert in Stichpunkten, was die Texte inhaltlich gemeinsam haben und was sie unterscheidet.

A Es gibt vieles, auf das die Hartz-IV-Empfängerin Claudia Ruschke stolz ist. Darauf, dass ihre Wohnung stets ordentlich ist, wenn sie das Haus verlässt. Oder darauf, dass ihre Kinder, die 14-jährige Cindy und der neunjährige Maximilian, sie noch nie um Taschengeld gebeten haben. „Meine Kinder sind nicht anspruchsvoll", sagt die 41-jährige Frau mit den dunklen kurzen Haaren. Fast jeden Tag kommt Claudia Ruschke mit ihren Kindern in das christliche Jugendzentrum „Die Arche" im Berliner Ost-Bezirk Hellersdorf, um dort kostenlos zu Mittag zu essen. Es ist keine leichte Aufgabe, stolz zu sein, wenn man offiziell zu den Verlierern der Gesellschaft zählt. Knapp 3,8 Millionen deutsche Haushalte leben derzeit von Hartz IV. Davon sind auch rund 1,9 Millionen Kinder unter 15 Jahren betroffen. […]

B Aus dem Sozialgesetzbuch (SGB)

§ 27 Leistungsberechtigte

(1) Hilfe zum Lebensunterhalt ist Personen zu leisten, die ihren notwendigen Lebensunterhalt nicht oder nicht ausreichend aus eigenen Kräften und Mitteln bestreiten können. […]

(3) Hilfe zum Lebensunterhalt kann auch Personen geleistet werden, die ihren notwendigen Lebensunterhalt aus eigenen Mitteln und Kräften bestreiten können, jedoch einzelne erforderliche Tätigkeiten nicht verrichten können.

C Wenn Politiker von Deutschland reden, dann wird oft betont, wie gut es dem Land geht, wie stark die Wirtschaftsleistung ist, wie hoch das Vermögen. Worüber oft hinweggegangen wird ist, dass es in einem so reichen Land Kinder gibt, die zuhause keine warme Mahlzeit kriegen, die kein Geld für Schuhe haben, die jeden Tag erfahren müssen, dass sie sich nichts von dem leisten können, was für viele Gleichaltrige ganz normal ist. Darüber wird nicht gerne geredet, wenn vom „Erfolgsmodell Deutschland" die Rede ist, da schweigt man lieber und setzt sich die rosa Brille auf. Dabei wäre Hinschauen mit klarem Blick hier dringend erforderlich.

D An wen kann man sich wenden?

Beratung: Örtliche Caritasverbände
Kinderzuschlag: Familienkasse der Arbeitsagentur
Grundsicherung: örtliches Sozialamt und/oder Arge[1] von Sozialamt und Arbeitsagentur
Was ist sonst noch zu tun?
Neben einer ausreichenden materiellen Ausstattung ihrer Familien brauchen Kinder zusätzlich gute gesellschaftliche Rahmenbedingungen für ihre Entwicklung. Hier sind Bund, Länder und Kommunen gemeinsam gefordert. Dazu gehören z. B. günstige Lernmittel, kostengünstiges und nahrhaftes Schulmittagessen, günstige Nahverkehrstarife, Ganztagsangebote, Schulkinderbetreuung mit Hausaufgabenhilfe, Musik- und Sportangebote sowie Kulturveranstaltungen.

1 Abkürzung für Arbeitsgemeinschaft

E Armut, eine Lebenslage, in der es Einzelnen, Gruppen oder ganzen Bevölkerungen nicht möglich ist, ihren Lebensbedarf (Existenzminimum) aus eigenen Kräften und Ressourcen zu sichern.

3 Ordnet die Texte den folgenden Textsorten zu. Begründet eure Entscheidung.

Gesetzestext | Lexikoneintrag | Reportage | Ratgeber | Kommentar

4 Bestimmt mithilfe des Merke-Kastens die Absichten der unterschiedlichen Textsorten.

Merke

Sachtexte kann man nach ihren **Absichten** unterscheiden:
- **Informierende, darstellende** und **anleitende Sachtexte** vermitteln Wissen, z. B. Berichte, Gebrauchsanleitungen: *Auch in Deutschland gibt es Kinderarmut. In vielen Familien …*
- **Argumentierende** und **appellierende Sachtexte** transportieren Meinungen und wollen überzeugen, z. B. Kommentare, Leserbriefe: *Dass es in Deutschland Kinderarmut gibt, ist einfach skandalös. Man sollte …*
- **Regulative Sachtexte** regeln Handlungen und Verhalten, z. B. Gesetzestexte, Anordnungen: *§ 1 SGB VIII Recht auf Erziehung, Elternverantwortung, Jugendhilfe – (1) Jeder junge Mensch hat ein Recht auf Förderung seiner Entwicklung …*

5 EXTRA Recherchiert im Internet nach Beispielen für die folgenden Sachtextsorten zum Thema „Kinderarbeit".

→ **T5** Internetrecherche Seite 282

Kommentar | Ratgeber | Gesetzestext | Lexikoneintrag | Reportage

→ T3 Umgang mit Sachtexten Seite 245–247

→ T5 Tandemlesen Seite 288

Ursachen und Gründe

Sachtexte mithilfe geschlossener Aufgaben erschließen

1 Seht euch das Diagramm an und lest den folgenden Text mithilfe der Arbeitstechnik „Tandemlesen".

Kinderarmut – nicht überall gleich

Prozentsatz aller Kinder unter 15 Jahren, die in Hartz-IV-Familien leben, und der Rang, den die jeweilige Stadt dabei einnimmt (Auswahl)*

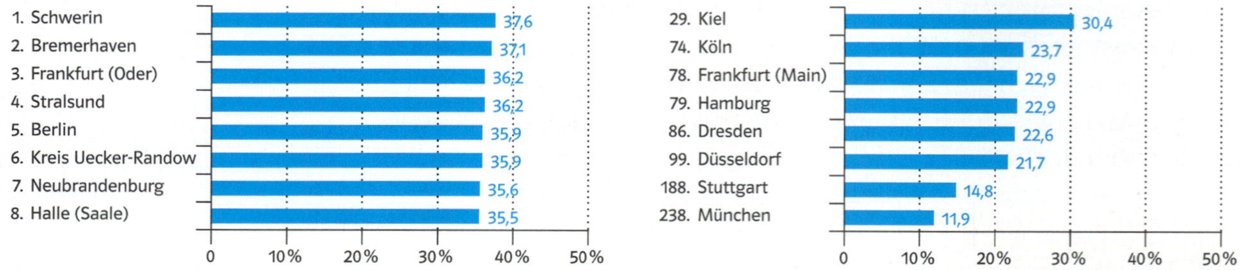

*Rangliste der 412 deutschen Kommunen, jüngste revidierte Zahlen von April 2009

Quelle: Bremer Institut für Arbeitsmarktforschung und Jugendberufshilfe (BIAJ)

Was verursacht Kinderarmut?

(1) Arbeitslosigkeit oder ein niedriges Einkommen sind die Hauptgründe für fehlendes Geld in den Familien und damit auch die wichtigsten Auslöser für Kinderarmut in Deutschland.

(2) Durch die Abhängigkeit von ihren Eltern steht und fällt das Wohlbefinden der Kinder immer mit dem finanziellen und gesellschaftlichen Zustand der Erziehungsberechtigten. Die Studie „Kinderarmut in Deutschland" belegt, dass Familien mit Migrationshintergrund, Alleinerziehende und Familien mit drei oder mehr Kindern besonders armutsgefährdet sind.

(3) So erscheint der Übertrag der Studienergebnisse in den Alltag einfach und fast schon klischeehaft: Viele Kinder verursachen natürlich viele Kosten. Alleinerziehende Elternteile können entweder nicht genug Geld verdienen, weil sie ihre Kinder betreuen, oder die Kinder werden vernachlässigt, weil ihre Eltern viel arbeiten. Ausländische Familien haben Schwierigkeiten mit Sprache und Kultur, also leiden die schulischen Leistungen der Kinder und die Integration wird behindert.

(4) In jedem Fall steht ein persönliches Schicksal hinter der Statistik. Stets gilt: Arm ist nicht gleich arm. Zusätzlich zur materiellen Armut gibt es Eltern, die aus mangelndem Verantwortungsbewusstsein, Unwissenheit oder wegen persönlicher Probleme ihre Kinder vernachlässigen, mit leerem Magen aus dem Haus schicken und nicht genug fördern. Hier sind die Kinder nicht nur finanziell, sondern auch emotional benachteiligt. Doch oft ist die Armut von den Eltern nicht selbst verschuldet worden und die meisten tun alles, damit ihr Nachwuchs so wenig wie möglich von den finanziellen Sorgen spürt.

2 Diskutiert, warum es in einem reichen Land wie Deutschland arme Kinder gibt.

3 Sind die angekreuzten Lösungen richtig? Überprüft sie mithilfe der Informationen auf der linken Seite.

	trifft zu	trifft nicht zu
Arbeitslosigkeit ist keiner der Hauptgründe für Kinderarmut.	☒	☐
Alleinerziehende sind besonders armutsgefährdet.	☒	☐
Die Stadt Schwerin hat kein Problem mit Kinderarmut.	☐	☒
Weil Kinder von Eltern abhängig sind, sind sie auch arm, wenn es ihren Eltern finanziell schlecht geht.	☒	☐

4 Überprüft, ob die folgende Aussage wahr ist. Belegt eure Antwort mithilfe des Diagramms oder des Textes.

In manchen Städten beträgt der Anteil der Kinder, die in Hartz-IV-Haushalten leben, mehr als ein Drittel.

5 Wählt die richtige Antwort aus und notiert sie in eurem Heft.

a) Viele Kinder verursachen weniger Kosten.

c) Viele Kinder verursachen auch hohe Kosten.

b) Viele Kinder erhöhen das Einkommen.

d) Viele Kinder haben keinen Einfluss auf das Einkommen.

6 Schreibt die folgenden Überschriften ab. Ordnet ihnen den jeweils passenden Abschnitt des Textes zu.

Einzelne Schicksale

Hauptgründe für Kinderarmut

Wer besonders armutsgefährdet ist

Viele Kinder bedeuten viele Kosten

Um die richtige Lösung zu finden, könnt ihr die Technik „Suchendes Lesen" anwenden. Ihr überfliegt den Text und stoppt, wenn ihr ein zur Aufgabe passendes Stichwort findet. Dort lest ihr dann genauer nach.

Merke

Bei Aufgaben mit **geschlossenem Format** sind mehrere Lösungen vorgegeben. Daraus ist die richtige Antwort auszuwählen (Multiple-Choice-Verfahren). Unterschieden werden Aufgabenstellungen mit nur zwei Antwortmöglichkeiten, z. B. *ja/nein, richtig/falsch, trifft zu/trifft nicht zu*, und Aufgabenstellungen, in denen aus einer größeren Auswahl die richtige Lösung zu finden ist.
Für alle Aufgaben mit geschlossenem Format gilt, dass man nur aus den angegebenen Möglichkeiten auswählen kann.
Man erkennt sie häufig an bestimmten Verben (sogenannten Operatoren): *ankreuzen, wählen/auswählen, zuordnen*

7 EXTRA Entwickelt mithilfe der Informationen aus dem Merke-Kasten fünf geschlossene Aufgaben zu dem Text „Was ist Armut" auf Seite 96/97.

Auswirkungen von Kinderarmut

Sachtexte mithilfe halb offener Aufgaben erschließen

T3 Umgang mit Sachtexten Seite 247/248

1 Lest die folgenden Texte. Vergleicht die Reaktionen der Kinder.

Was sind die Auswirkungen?

(1) Die Kindheit ist für die Entwicklung eines Menschen entscheidend. In diesem Zeitraum werden wichtige Grundlagen für später gelegt. In den ersten Lebensjahren bilden sich im Gehirn Millionen von Nervenverbindungen, die darauf warten, benutzt und gekräftigt zu werden: Der Forscherdrang entsteht. Das ist erstmal keine Frage des Geldes. Toben, Spielen und Entdecken kostet nicht viel. Allerdings kann diese Entwicklung durch die Armut entscheidend gehemmt werden, wie das folgende fiktive Beispiel zeigt:
(2) Nina ist genervt. Schon wieder streiten ihre Eltern. Es geht wieder einmal um Geld. Um das Geld, das Familie Fischer nicht hat, weil Herr Fischer wenig verdient und Frau Fischer ihre Berufsausbildung abbrechen musste. Ninas Geburt kam damals dazwischen. Durch die kleine Wohnung, in der Familie Fischer lebt, kann sich Nina nicht zurückziehen, sie teilt sich ein Zimmer mit ihrem kleinen Bruder.
Die 13-Jährige will ihre Eltern nicht mit zusätzlichen Problemen belasten und verschweigt, dass sie dringend neue Schulhefte und Stifte braucht. Den Ausflug mit ihrer Klasse in die nahegelegene Großstadt schwänzt Nina. Sie hat Angst, ohne Geld mit ihren Freundinnen auf Shoppingtour gehen zu müssen. Sie meldet sich in letzter Zeit oft krank, ihre Noten werden schlechter. Ihr großer Traum, Klavierunterricht zu nehmen, ist weit weg. Zu teuer! Zwei Wörter, die Nina sehr oft hört. […]
(3) Nina und ihr Bruder erleben das, was als Mangel an „Teilhabechancen" bezeichnet wird. Gemeint sind die Auswirkungen der Kinderarmut im Alltag, die nicht immer direkt mit der finanziellen Situation zusammenhängen müssen. Eine UNICEF-Studie zum Wohlbefinden von Kindern in Industrieländern aus dem Jahr 2007 hat die wichtigsten Entwicklungsbereiche benannt: Materielle Lage, Gesundheit und Sicherheit, Bildung, Beziehung zu Eltern und Freunden, Risiken im Alltag, subjektives Wohlbefinden.

Leben unter schwierigen Bedingungen

„Armut ist in Deutschland immer relativ", sagt Susanne Korbmacher, Vorsitzende des Vereins „ghettokids" in München-Hasenbergl. „Aber es gibt Kinder, die haben zu wenig Bildung und nicht genug zu essen." […] Viele versuchen, die Armut nicht zu nah an sich heranzulassen. „Die Kinder erzählen oft Dinge, von denen wir wissen, dass die Realität ganz anders aussieht", sagt Monique Rauchhaus vom Kinder- und Jugendzentrum „Die Arche[1] München". Nur durch Verdrängen wird das Leben für sie erträglich.

1 Einrichtung, die Kindern warme Mahlzeiten, Hausaufgabenhilfe und Freizeitangebote anbietet.

Robbie, 8 Jahre, aus Moosach

„[…] In den Urlaub fahre ich nicht. Einmal war ich mit meinem Papa schon am Meer. Aber das ist schon lange her. Mein Papa wohnt seit drei Jahren nicht mehr bei uns und ich sehe ihn nur noch ganz selten.
Schlimm finde ich es aber eigentlich nicht, dass ich in den Ferien nicht wegfahre. In München gefällt es mir sowieso am besten, weil hier die Arche ist. Da darf ich die größten Türme bauen. Ich bin jeden Tag in der Arche. Manchmal kochen wir sogar zusammen.
Wenn ich einen Wunsch frei hätte, würde ich mir eine Achterbahn wünschen, die bis in den Himmel geht. Dann würde ich ganz weit hinauffahren. Ich würde mir die Wolken ansehen und sie berühren. Auf dem Rückweg würde ich eine Wolke mit zu mir nach Hause nehmen. Und dann würde ich versuchen, mich auf die Wolke zu setzen und hinauf in den Himmel zu fliegen. Obwohl ich befürchte, dass ich runterfallen werde.“

2 Übertragt die folgenden Sätze in euer Heft. Ergänzt sie mit Informationen aus den Texten.

a) Nina möchte gerne ___ und verschweigt deshalb vieles.

b) Robbie sagt, dass ___, und bestätigt damit die Aussage, dass er die Armut nicht zu nah an sich heranlassen möchte.

c) Zum Wohlbefinden von Kindern gehört ___.

d) Kinder erzählen oft Dinge, die realitätsfremd sind, weil ___.

3 Notiert zu den Abschnitten des Textes „Was sind die Auswirkungen?“ passende Überschriften. Verwendet dazu Formulierungen aus dem Text, z. B.:
1. Abschnitt: Armut hemmt Entwicklungen in der Kindheit …

4 Formuliert mithilfe der Informationen aus dem Merke-Kasten eigene Aufgaben mit halb offenem Format zu den beiden Texten.

Merke

Bei Aufgaben mit **halb offenem Format** kann die Lösung unmittelbar aus den Materialien entnommen werden. Zur Beantwortung können im Unterschied zu geschlossenen Aufgaben eigene Formulierungen verwendet werden.
Zu diesen Aufgaben gehören auch solche, bei denen zwar Antworten vorgegeben sind, die aber noch mit eigenen Formulierungen ergänzt werden müssen.
Man erkennt sie ebenfalls an den Operatoren: *ergänzen, vervollständigen, nennen*

5 EXTRA Entwickelt drei halb offene Aufgaben zum Diagramm auf Seite 100.

Kinderarmut – geteilte Meinungen

Sachtexte mithilfe offener Aufgaben erschließen

T3 Umgang mit Sachtexten Seite 248/249

1 Lest die Texte. Notiert für jeden Text eine zentrale These. Einigt euch anschließend in Gruppen auf eine davon.

KOMMENTAR

Ziemlich arm dran

VON ULRIKE MASCHER

Dass Kinderarmut im reichen Deutschland ein akutes Problem ist, kann man wahrhaftig als Armutszeugnis werten. 19 Prozent der Kinder und Jugendlichen sind hierzulande von Armut bedroht. Das ist fast jedes fünfte Kind. Mit über 33 Prozent Gefährdungsquote führen Bremen und Mecklenburg-Vorpommern die alarmierende Hitliste der Kinderarmut an. […]

Doch jedes Kind verdient eine Zukunftsperspektive. Und die sollte sich nur an den Begabungen des Nachwuchses messen lassen und nicht am Geldbeutel der Eltern. Noch wird Armut und damit soziale Ausgrenzung buchstäblich „vererbt". In kaum einem anderen europäischen Land ist es schwieriger als in Deutschland, den sozialen Aufstieg zu schaffen. Nur jedes zehnte Kind aus einem Haushalt mit niedrigem Bildungsniveau schafft den Sprung aufs Gymnasium. Wer arm geboren ist, wird es wahrscheinlich ein Leben lang sein. Das ist bitter.

Am nachhaltigsten wirkt Familienpolitik dort, wo sie die Rahmenbedingungen für Eltern und Kinder verbessert. Eine wichtige Stellschraube ist die Arbeitsmarktpolitik. Geringe Einkommen und prekäre[1] Beschäftigung in Teilzeit und Befristung sind Gift für die Familienkasse. Außerdem darf beim Ausbau der Kinderbetreuungs-Einrichtungen inklusive einer Job-Offensive für Erzieherinnen und Erzieher nicht nachgelassen werden. Die Rechnung ist ganz einfach: Mütter mit Kita-Platz arbeiten länger pro Woche – etwa zwölf Stunden mehr – und verdienen entsprechend besser. Das höhere Familieneinkommen schützt wiederum die Kinder vor Armut.

Was aber am meisten zählt, ist der Gewinn, den jedes einzelne Kind von einer umfassenden und frühzeitigen pädagogischen Förderung hat. Für Bildungswissenschaftler liegt in der vorschulischen Betreuung der Schlüssel zum Erfolg in Schule, Ausbildung und Beruf. Der Teufelskreis „Eltern arm – Kinder arm" könnte so durchbrochen werden.

KOMMENTAR

Der große Schwindel mit der Kinderarmut

VON HENRYK M. BRODER

[…] Es geht nicht um Armut, sondern um Verwahrlosung.

Die Frage drängt sich auf, ob die Kinderarmut, beziehungsweise die Armut an sich, trotz oder gerade wegen der immensen Mittel, die zu ihrer Bekämpfung aufgewendet werden, immer größer wird. Mittlerweile sind 15% aller Deutschen von Armut „bedroht".

Könnte es sein, dass die Subventionierung[2] von Armut immer mehr Armut erzeugt, ähnlich wie die Subventionierung von Milch und Butter immer größere Milchseen und höhere Butterberge erzeugt hat?

Es ist bemerkenswert, mit welcher Nonchalance[3] von „Armut“ geredet wird, als wäre sie ein Mode-Label, das vermarktet werden muss. Wer schon mal in Indien oder auch nur in Rumänien war, kann darüber nur staunen.

Und wer Lehrer kennt, die es täglich mit Kindern zu tun haben, die ohne Frühstück, ungewaschen und schlampig angezogen zur Schule kommen (beziehungsweise dem Unterricht fernbleiben), der könnte auf die Idee kommen, dass „Armut“ der falsche Begriff ist, dass es „Verwahrlosung“ heißen muss. […] Armut kann überwunden werden, der Sohn einer Putzfrau, der es zum Bundeskanzler gebracht hat[4], ist dafür das beste Beispiel. Verwahrlosung dagegen ist eine Art zu leben, eine Form der Rücksichtslosigkeit gegenüber sich selbst und anderen, die vor allem im Wohlfahrtsstaat gedeiht, der es sich zur Pflicht gemacht hat, „niemanden zurückzulassen“ und alle mitzunehmen, auch diejenigen, die es nicht möchten. Familiäre Verwahrlosung kann nur bekämpft werden, indem man den Eltern das Erziehungsrecht entzieht, nicht indem man einen Lebensstil subventioniert, der auf sozialpädagogische Eingriffe so reagiert wie Buschfeuer auf Windböen. […]

1 hier: unsichere und schlecht bezahlte Beschäftigung
2 staatliche Bezuschussung, z. B. durch Steuervorteile oder Geld
3 Unbekümmertheit, Ungezwungenheit
4 gemeint ist der ehemalige Bundeskanzler Gerhard Schröder, Amtszeit von 1998 bis 2005

2 Untersucht die markierten Textstellen.
- Erklärt zunächst mit eigenen Worten, was die Aussagen bedeuten.
- Formuliert anschließend eure eigene Meinung zu den jeweiligen Aussagen.

3 Verfasst einen Lesebrief zu einem der Texte.

Formulierungshilfen für Leserbriefe

Bezug zum Text herstellen:
- In Ihrem Kommentar behaupten Sie/schreiben Sie/sprechen Sie an …

Zustimmen/Ablehnen:
- Da möchte ich Ihnen zustimmen/widersprechen …
- Ich bin der gleichen/anderer Meinung …

Merke

Aufgaben mit **offenem Format** müssen mit eigenen Worten gelöst werden. Sie gehen über eine rein inhaltliche Wiedergabe des Textes hinaus. Mithilfe dieser Aufgaben wird nach Wertungen, Einschätzungen und persönlichen Meinungen gefragt. Man erkennt sie ebenfalls an den Operatoren: *prüfen, Stellung nehmen, bewerten, begründen, beurteilen*

4 Führt eine Schreibkonferenz zu euren Leserbriefen durch. Beachtet dabei, ob der Leserbrief sich auf den Kommentar bezieht und eine eigene Position formuliert wird.

→ T5 Schreibkonferenz Seite 288

5 EXTRA Im Kommentar „Der große Schwindel mit der Kinderarmut“ behauptet der Autor, „Verwahrlosung gedeihe vor allem in einem allumfassenden Wohlfahrtsstaat“. Erklärt, was die Aussage bedeutet und nehmt dann Stellung dazu.

Was kann man tun?

Sprache von Sachtexten untersuchen

T2 Schreiben
Seite 204–207

1 Lest die Texte. Formuliert zu jedem Text eine passende Überschrift.

Wertung
Wiederholung

Jeder Sechste ist in Deutschland armutsgefährdet. Das sagt die offizielle Stelle überhaupt, das Statistische Bundesamt. Jeder Sechste, Tendenz steigend. Das ist ein alarmierender Wert, denn er zeigt: Armut ist mitten in der Gesellschaft angekommen. Jeder Sechste: Bei der nächsten S-Bahn-Fahrt kann man einfach mal durchzählen: Wer kann seine Kinder nicht auf die nächste Klassenfahrt schicken, weil das Geld fehlt? Wer ist auf Unterstützung vom Staat angewiesen, um das Existenzminimum zu erreichen? […] Wer kann es sich einfach nicht leisten, mal ins Kino zu gehen oder in ein Konzert? Es kommt eine große Gruppe zusammen – und das sind nicht die anderen.
Es sind Rentner, die lange gearbeitet, aber wenig verdient haben. Es sind Alleinerziehende, die keinen Job finden oder keine Kinderbetreuung oder beides. Es sind Leute, für die eine S-Bahn-Fahrt eine Budgetbelastung ist und ein Kinobesuch sowieso. Es sind Kinder, denen sich nachweislich weniger Türen öffnen als anderen.
Es sind Leute, die es irgendwann aus der Kurve getragen hat und die sich nun von Minijob zu Minijob retten. Jeder Fünfte arbeitet in Deutschland im Niedriglohnbereich. Sie sitzen nebenan in der S-Bahn oder auch an Supermarktkassen. Hat jemand etwas von Leistungsgerechtigkeit gesagt? Es kann nicht ernst gemeint gewesen sein.

Zahlwort

[…] Dem UNICEF-Bericht mit dem Titel „Reiche, kluge, glückliche Kinder?“ zufolge leben 6,9 Prozent der Heranwachsenden in Deutschland zwischen sieben und elf Jahre lang in einem Haushalt, der mit weniger als 60 Prozent des Durchschnittseinkommens auskommen muss. Rund 1,7 Prozent aller Kinder und Jugendlichen wuchsen sogar 12 bis 17 Jahre unter diesen schwierigen Bedingungen auf.
Je länger und je öfter Kinder Phasen von relativer Armut durchleben, desto negativer sind die Folgen nicht nur für die materielle Situation. Wer als Kind dauerhaft unterhalb der Armutsgrenze leben muss, ist als Erwachsener deutlich unzufriedener mit seinem Leben, heißt es in dem Bericht weiter. Gelernte Hoffnungslosigkeit mache es schwer, Herausforderungen im weiteren Leben zu meistern. […]

2 Welcher Text ist ein Bericht und welcher ein Kommentar? Begründet eure Entscheidung.

3 Untersucht in Partnerarbeit die Sprache der beiden Texte. Legt dazu eine Folie über die Texte oder nutzt den Online-Code.
- Markiert sprachliche Auffälligkeiten und fertigt Randnotizen dazu an.
- Nutzt dazu die Informationen aus der folgenden Tabelle.

Material m5ny7r

Material 5es2vs

Sprache in Sachtexten untersuchen

	Information, Anleitung	Appell, Argumentation	Regulierung, Anordnung
Textsorte	Berichte, Nachrichten, Gebrauchsanweisungen, Inhaltsangaben, …	Kommentar, Leserbrief, Aufforderung, Erörterung, …	Gesetzestexte, Hausordnungen, …
Wortwahl	• sachlich (Verzicht auf Reizwörter, wertende Ausdrücke nur in Zitatform, kaum bildliche Sprache, sparsame Verwendung von sprachlichen Mitteln) • in Anleitungen auch Anredepronomen und Zahlwörter	• Reizwörter; wertende Substantive, Adjektive und Verben, Modalverben • in Appellen Anredepronomen • bildhafte Sprache (Metaphern, Vergleiche) • Verwendung sprachlicher Mittel (Wiederholungen, Ironie …)	• häufig Modalverben, Anredepronomen • Verzicht auf bildliche Sprache und sprachliche Mittel
Satzbau	• überwiegend Hauptsätze/Aussagesätze • in Anleitungen auch adverbiale Nebensätze (nachdem, bevor, sodass, …)	• häufig Satzgefüge (wenn … dann, sodass, weil) • Frage- und Ausrufesätze	• Hauptsätze • Verwendung von Befehls- und Aufforderungssätzen (Imperative) • verkürzte Sätze (Ellipsen)

4 Verfasst nun mithilfe eurer Ergebnisse aus Aufgabe 3 einen zusammenhängenden Text.

Formulierungshilfen für die Untersuchung von Sachtexten

Bei dem Text handelt es sich um … (Textsorte). Die Wortwahl ist …; Im Text werden … gebraucht. Der Autor/die Autorin verwendet …; … sind typisch für … Die Sätze im Text sind oft …; Der Satzbau ist …; Der Text besteht aus …

5 EXTRA Wählt Aufgabe A oder B aus.
A Formuliert den Kommentar in eine Nachricht um.
B Schreibt zu dem Bericht einen Kommentar.

Nutzt dazu die Informationen in der Tabelle.

6 EXTRA Untersucht die Sprache des Textes „Ziemlich arm dran" auf Seite 104.

Das kann man tun!

Einen Sachtext mithilfe von Materialien verfassen

→ T2 Schreiben
Seite 204–207

1 Informiert euch über das Kinderprojekt „Die Arche". Wertet dazu die folgenden Materialien aus. Notiert zu jedem Text in Stichpunkten, worum es geht.

Der Gründer des Kinder- und Jugendwerks „Die ARCHE" e. V.[1]

Bernd Siggelkow, geboren und aufgewachsen auf St. Pauli[2], ist ausgebildeter Theologe[3] und war mehrere Jahre als Jugendpastor tätig. 1995 gründete er in Berlin-Hellersdorf das christliche Kinder- und Jugendwerk „Die ARCHE". Für seine Arbeit wurde er unter anderem mit dem „Bundesverdienstkreuz" und dem „Verdienstorden des Landes Berlin" ausgezeichnet. Zudem veröffentlichte er bereits mehrere Bücher zum Thema Kinderarmut sowie seine Biografie „Papa Bernd". Bernd Siggelkow ist verheiratet und Vater von sechs Kindern.

1 Abkürzung: eingetragener Verein
2 Stadtteil von Hamburg
3 hat Religion studiert

Die „ARCHE"

Bundesweit sind mehr als 3 Millionen Minderjährige von materieller und emotionaler Armut betroffen. Die ARCHE kämpft dagegen an. In ihren Einrichtungen bietet sie den Kindern täglich kostenlos eine vollwertige, warme Mahlzeit, Hausaufgabenhilfe, sinnvolle Freizeitbeschäftigungen mit Sport und Musik, und vor allem viel Aufmerksamkeit. Denn Kinder brauchen Bestätigung für ihr Selbstvertrauen. Sie brauchen das Gefühl wichtig zu sein und geliebt zu werden. [...] Das christliche Kinder- und Jugendwerk wurde 1995 in Berlin gegründet. Mittlerweile ist die ARCHE an 19 Standorten in Deutschland aktiv und erreicht über 4000 Kinder und Jugendliche. Zwei Ableger gibt es inzwischen auch in der Schweiz sowie einen in Polen. Die Eröffnung weiterer Einrichtungen in Deutschland ist in Planung, denn der Bedarf ist leider enorm. Doch die Aufgaben, die der Verein übernommen hat, kann er nur mit Unterstützung der Bevölkerung bewältigen. Die Arbeit der ARCHE wird zu fast 100 Prozent durch Spenden finanziert.

„Die Arche" in Köln-Ehrenfeld – einer von 19 Standorten in Deutschland.

Ziele der Arche

- Kinder stark machen
- Gesundheit fördern
- Ferienfreizeiten gestalten

Stimmen der Besucher

Die Arche ist der beste Platz; da kann ich spielen und toben.

Ich finde die Ausflüge klasse. Ganz besonders, wenn wir schwimmen oder reiten gehen.

Ich gehe sehr gerne in die Arche. Da wird auch mein Geburtstag gefeiert.

Wenn die Arche ein Mensch wäre, dann wäre sie ein sehr, sehr netter, lieber Mensch!

Interview mit Sabine Hamann, Leiterin der ARCHE-Einrichtung in Köln-Ehrenfeld

deutsch.punkt: *Welche Kinder kommen zu Ihnen?*

Frau Hamann: Unsere Besucher sind zwischen sechs und fünfzehn Jahren alt. Einige kennen wir schon seit der Gründung unserer Einrichtung im Jahr 2011. Es sind etwa 120 bis 130 Kinder, wovon 50 bis 70 täglich zu uns kommen.

dp: *Was bieten Sie Ihren Besuchern an?*

Frau Hamann: Wir möchten die Kinder unterstützen, ihnen Selbstvertrauen geben und Freizeitangebote machen, die sie zuhause nicht bekommen. Wissen Sie, in vielen Familien fehlt Geld, oft leben Kinder in schwierigen Verhältnissen. Sie leiden sehr unter der sozialen und emotionalen Armut, sie haben viele Probleme. Oft trauen sich diese Kinder wenig zu. Da setzen wir an: Das Einüben von Theaterstücken und Musicals, Basteln und Nähen, Malen – das sind Angebote, die das Selbstvertrauen stärken. Und wenn sie stolz ihre selbstgemachten Handytaschen zeigen und sagen „Wow, das habe ich gemacht“, dann freuen wir uns mit ihnen. Es gibt aber auch einen Raum zum Toben und die Möglichkeit, Hausaufgaben zu machen.

Sabine Hamann, Leiterin der ARCHE in Köln

dp: *Ein wichtiges Angebot bietet auch Ihre Küche, oder?*

Frau Hamann: Ja, wir geben circa 60 Essen jeden Tag aus. Manchmal kommen die Kinder hungrig zu uns, sie kriegen Zuhause nicht immer eine warme Mahlzeit. Wichtig ist, dass jemand mit den Kindern am Tisch sitzt und sich mit ihnen unterhält. Das wissen alle sehr zu schätzen. Unser Mittagessen ist für die Eltern nicht mit Kosten verbunden.

Kreative Angebote schaffen Selbstvertrauen

2 Verfasst mithilfe der Materialien einen informativen Text zu dem Kinderprojekt.
- Formuliert zunächst eine passende Überschrift.
- Schreibt eine Einleitung, in der ihr das Projekt kurz vorgestellt.
- Informiert im Hauptteil über die Organisation, die Ziele und die Angebote.
- Verfasst einen Schluss, in dem ihr ein Fazit zieht oder eine Bewertung abgebt.

→ **T2** Schreiben
Seite 204–207

Kinderarmut in Zahlen

Einen Sachtext mithilfe von Schaubildern verfassen

1 Wertet die Materialien aus. Erstellt dazu zu jedem Schaubild eine Spiegelstrichliste. Orientiert euch am folgenden Beispiel.

Schaubild: Index der Entbehrungen von Kindern

- *Worum geht es?*
  Thema: Kinderarmut in Industrieländern
- *Was sind die wichtigen Aussagen zum Thema „Entbehrungen"?*
  – Rumänien: höchster Anteil von Kindern, die zwei oder mehr Punkte der Rangliste entbehren müssen → 72,6 %
  – Island: geringster Anteil
  – ...

A

Index der Entbehrungen von Kindern in 29 Industrieländern

UNICEF nutzte für diese Rangliste die Daten einer EU-weiten Haushaltsbefragung, in der 2009 erstmals erfasst wurde, ob die folgenden 14 Aussagen für Kinder im Alter zwischen ein und 16 Jahren zutreffen:

1. Drei Mahlzeiten am Tag
2. Eine warme Mahlzeit täglich (mit Fleisch, Fisch oder einem vegetarischen Äquivalent)
3. Täglich frisches Obst und Gemüse
4. Altersgerechte Bücher (nicht ausschließlich Schulbücher)
5. Spielzeug für Aktivitäten im Freien (Fahrrad, Rollschuhe etc.)
6. Regelmäßige Freizeitaktivitäten z. B. in Sportvereinen, Jugendorganisationen oder das Erlernen eines Musikinstruments
7. Mindestens ein altersgerechtes Spielzeug pro Kind – z. B. Bauklötze, Brett- oder Computerspiele
8. Geld, um an Schulausflügen oder Veranstaltungen teilzunehmen
9. Ein ruhiger Platz für Hausaufgaben
10. Ein Internetanschluss
11. Einige neue Kleidungsstücke (nicht ausschließlich bereits getragene Sachen)
12. Zwei Paar Schuhe, wenigstens eins davon wetterfest
13. Möglichkeit, ab und zu Freunde zum Spielen und Essen nach Hause einzuladen
14. Möglichkeit, Geburts- oder Namenstage sowie religiöse Feste zu feiern

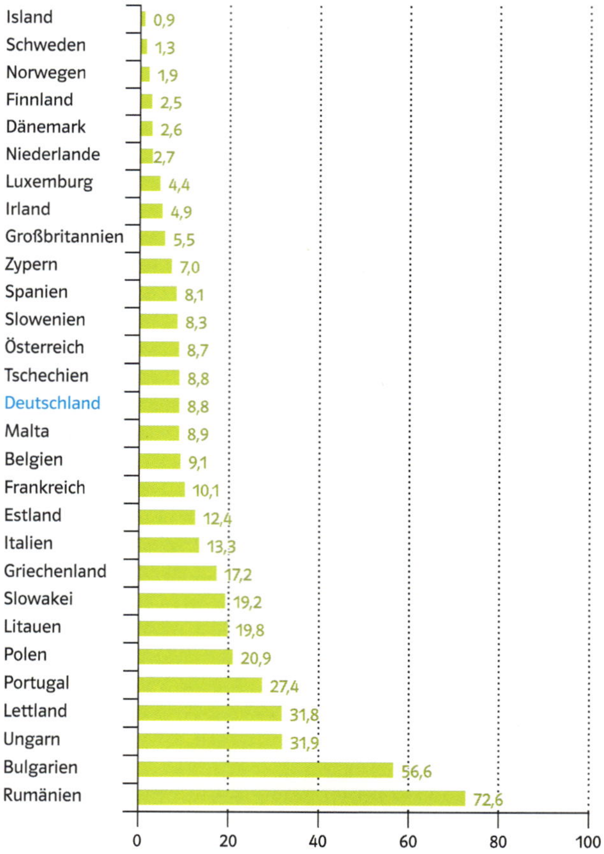

Anteil der Kinder, die zwei oder mehr Elemente des Index entbehren müssen, in Prozent

Quelle: UNICEF

B

Arme Familien, arme Kinder

↓

Auswirkungen der Armut auf Kinder und Jugendliche

↓ ↓ ↓ ↓

Materielle Unterversorgung bei Kleidung, Wohnen, Nahrung, …

Soziale Defizite Wenig Teilhabe am gesellschaftlichen Leben, wenig soziale Kontakte, geringe soziale Kompetenzen.

Kulturelle Unterversorgung Defizite in der geistigen und sprachlichen Entwicklung, in der Bildung und bei kulturellen Kompetenzen.

Gesundheitliche Probleme Schlechte Ernährung, schlechte Gesundheitsversorgung, häufiger körperlich und psychisch krank.

Quelle: Hock/Holz/Wüstendörfer 2000

C

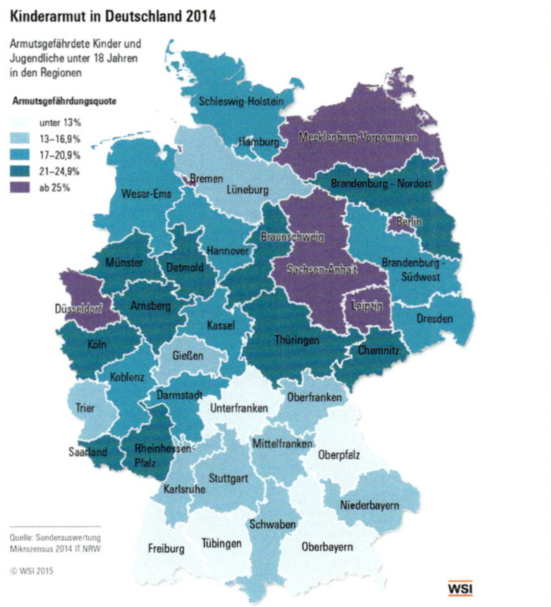

D

Häufigkeit von Kinderarmut nach Armutsfallen in Deutschland im Jahr 2009

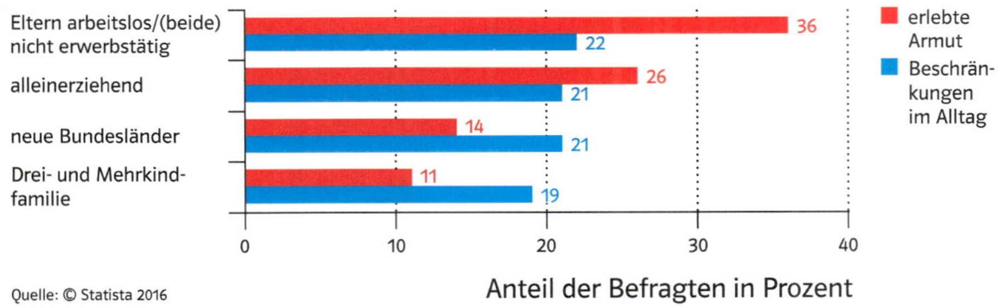

Quelle: © Statista 2016

2 Verfasst mithilfe der Materialien und eurer Auswertungen einen informativen Text. Gliedert euren Text in Einleitung, Hauptteil und Schluss.

→ **T2** Einen Sachtext verfassen Seite 204

Informative Texte verfassen

Einleitung: Einstieg mit einer Frage: Kinderarmut in einem reichen Land?
Einstieg mit einem konkreten Fall (z. B. im Internet recherchieren)

Hauptteil: Nutzt die Tabelle auf Seite 107 (Spalte „Information")

Schluss: Formulierungshilfen: Insgesamt zeigt sich …
Zusammenfassend lässt sich feststellen …
Aus den Fakten folgt …
Daraus kann man schlussfolgern …

Teste dich selbst!

Wie konntest du Aufgabe 1 lösen?

😐 → Seite 244/245
🙂 → Seite 245 **EXTRA**

1 Bestimme für die folgenden Texte die Textsorte und ihre jeweilige Absicht.

A Hart arbeiten müssen sie alle, um irgendwie über die Runden zu kommen. Gustavo verteilt kleine Zettel an die jungen Arbeiterinnen und Arbeiter, auf denen Kontaktadressen von Ärzten und Institutionen stehen, die Kinder wie sie behandeln. Und natürlich lädt er sie ins Zentrum ein. Die kleine Julia, die einen ihrer beiden Brüder an der Hand zieht und den anderen auf dem Rücken trägt, kommt gleich mit zum Zentrum. Alle drei haben großen Hunger.

B […] Daher muss die Frage erlaubt sein, wie viele solcher Studien denn noch erscheinen müssen, bis die Politik endlich handelt. Sie muss schnellstmöglich ein vernünftiges Konzept auf den Weg bringen, mit dem es gelingen kann, diesen verhängnisvollen Trend zur sozialen Spaltung im Kindesalter zu stoppen. Die bisherigen Anstrengungen, so viel steht eindeutig fest, reichen bei Weitem nicht aus.

C § 5 Verbot der Beschäftigung von Kindern
(1) Die Beschäftigung von Kindern (§ 2 Abs. 1) ist verboten.
(2) Das Verbot des Absatzes 1 gilt nicht für die Beschäftigung von Kindern
1. zum Zwecke der Beschäftigungs- und Arbeitstherapie,
2. im Rahmen des Betriebspraktikums während der Vollzeitschulpflicht,
3. in Erfüllung einer richterlichen Weisung.

Wie konntest du Aufgabe 2 lösen?

😐 → Seite 245–247, 247/248, 248/249
🙂 → Seite 247, 248, 249 **EXTRA**

2 Erstelle zum folgenden Text drei geschlossene, drei halboffene und drei offene Aufgaben.

Wiebke Plasse

Kinderarbeit ist trauriger Alltag

Kinder haben das Recht zur Schule zu gehen, zu spielen und sich zu erholen. Sie sollen Zeit haben, harmonisch aufzuwachsen und sich zu entwickeln. Fast jedes sechste Kind auf der Welt hat diese Chancen leider nicht.
Kind sein, das ist wohl das Tollste auf der Welt. Im Schutz der Eltern dreht sich das Leben nur darum, Spaß zu haben: Spielen, Hobbys, Freunde treffen. Bestimmt habt auch ihr warme Kleidung im Winter und könnt im Sommer mit eurer Familie in den Urlaub fahren. Leckeres Essen steht auch immer pünktlich zum Frühstück, Mittag und Abend auf dem Tisch, oder?
Viele andere Kinder in eurem Alter können leider nicht von einem so schönen Leben erzählen. In ihren Ländern herrscht Armut. Darunter leiden sie, obwohl sie selbst gar nichts dafür können! Oft bekommen Menschen, die wie wir in guten Verhältnissen leben, gar nichts von diesem Leid mit. Und das obwohl es jedem sechsten Kind auf der Welt so ergeht. Sie ackern für

wenig Geld in der Landwirtschaft, verkaufen Souvenirs und Blumen auf der Straße oder erledigen Botengänge. Sie machen das nicht freiwillig: Würden sie kein Geld mehr nach Hause bringen, hätte die Familie kein Essen mehr und die Kinder müssten betteln oder stehlen. Viele würden verhungern. Kinderhilfsorganisationen wollen ihnen helfen und versuchen eine Lösung zu finden. Die Kindernothilfe ist eine davon. Sie hilft Kindern in Not schon seit 50 Jahren, inzwischen sogar in 30 Ländern der Welt. Sie baut beispielsweise Schulen, bietet ärztliche Versorgung oder verhandelt mit der Regierung des jeweiligen Landes und konnte so bereits 780 000 Kindern und deren Familien helfen. Ihre Idee ist, die Arbeitsbedingungen der Kinder zu verbessern. Sie sollen die Möglichkeit haben, neben der Arbeit zur Schule zu gehen und nicht mehr so lange arbeiten müssen.

3 „Sollte man Kinderarbeit verbieten?" – Nimm Stellung zu dieser Frage. Stelle dabei Bezüge zum Text „Kinderarbeit ist trauriger Alltag" her.

Wie konntest du Aufgabe 3 lösen?
☹ → Seite 244/245
☺ → Seite 245 EXTRA

4 Untersuche die Sprache des Textes „Kinderarbeit ist trauriger Alltag". Berücksichtige dabei die Wortwahl und den Satzbau.

5 Ordne mithilfe deiner Sprachuntersuchung den Text einer Textsorte zu.

6 Verfasse einen informativen Sachtext zum Thema „Kinderarbeit" mit Einleitung, Hauptteil und Schluss. Verwende dazu das folgende Schaubild und die Texte dieser Doppelseite.

Wie konntest du Aufgabe 4 bis 6 lösen?
☹ → Seite 204–207
☺ → Seite 207 EXTRA

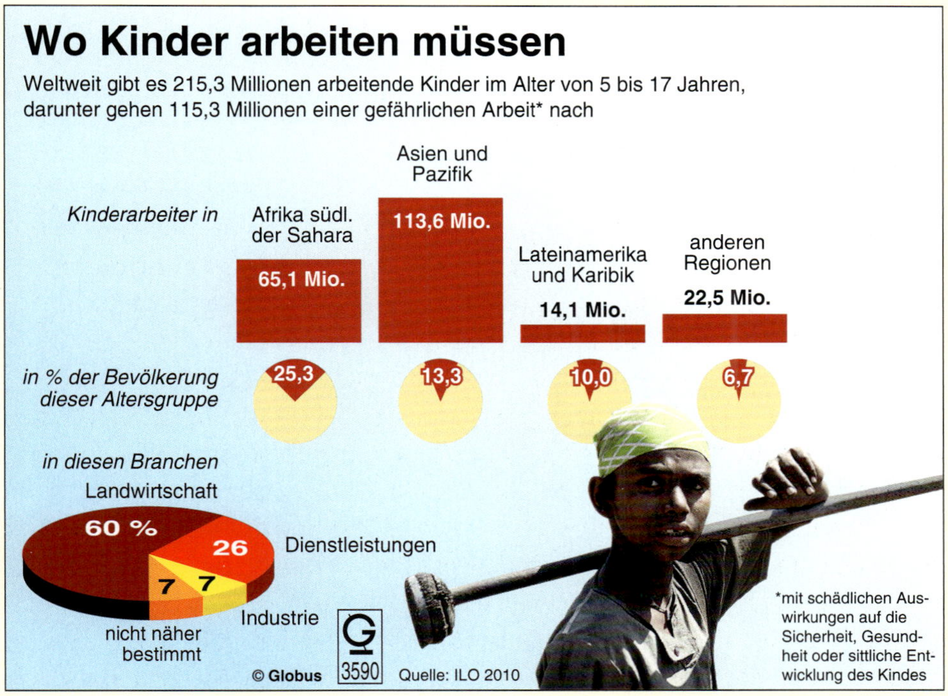

Bist du fit für die Prüfung? Teste dich auf → Seite 180–182.

6

Digital Natives und digitale Medien

Sachtexte über Medien analysieren und verstehen

1 Beschreibt, was ihr auf den Bildern seht.

2 Auf den Bildern benutzen alle Personen technische Geräte. Welche davon besitzt ihr? Übertragt die Tabelle in euer Heft und vervollständigt sie.

Ich besitze ...	Damit kann man ...
Computer	...
...	...

3 Tauscht euch über die Funktionen eurer genannten Geräte aus. Benennt Gemeinsamkeiten und Unterschiede.

4 Erstellt eine Mindmap zum Thema „Medien". Recherchiert nach Informationen zu den Begriffen „Massenmedien" und „digitale Medien".

Jetzt lernt ihr, ...

... einen Sachtext zu lesen und zu verstehen.

... Informationen zusammengefasst wiederzugeben.

... die gedankliche Struktur eines Textes zu erfassen.

... die Wirkung der verwendeten Sprache zu erkennen.

... die Kriterien einer Sachtext-analyse zu erarbeiten.

... eine Sachtextanalyse zu verfassen.

Digitale Schule

T2 Schreiben
Seite 208–210

Einen Sachtext lesen und verstehen

1 Sammelt, welche digitalen Medien in eurer Schule vorhanden sind und wie sie in welchem Unterrichtsfach eingesetzt werden.

2 Untersucht den folgenden Sachtext mithilfe der Arbeitstechnik „Reziprokes Lesen".

Arbeitstechnik

Reziprokes Lesen

Beim reziproken Lesen erarbeiten vier Schülerinnen und Schüler einen Text gemeinsam. Dabei übernehmen sie abwechselnd für jeden Abschnitt unterschiedliche Aufgaben. Nach jedem Abschnitt werden die Aufgaben getauscht.

Schritt 1
Zuerst liest der **Vorleser** der Gruppe einen Abschnitt laut und betont vor.

Schritt 2
Danach stellt der **Prüfer** Verständnisfragen zu Textstellen und Begriffen, die nicht verstanden wurden. Die Unklarheiten werden in der Gruppe geklärt. Als Hilfe können auch Wörterbücher und das Internet genutzt werden.

Schritt 3
Der **Fragesteller** formuliert Fragen zum Inhalt des Abschnittes, die die Gruppe mithilfe des Textes beantwortet.

Schritt 4
Zum Schluss gibt der **Zusammenfasser** den Inhalt des Abschnittes mit eigenen Worten wieder.

Gaby Reucher

Deutsche Schulen nutzen nicht gerne Computer

A […] Die Ausstattung mit neuen Medien ist in Deutschland von Schule zu Schule sehr unterschiedlich. Während bei den einen Whiteboards in jeder Klasse die Tafel längst ersetzt haben und Schüler an ihren Plätzen mit Tablets arbeiten können, hinken andere Schulen dem digitalen Zeitalter noch weit hinterher. In einer internationalen Studie wurde jetzt erstmals getestet, wie gut Schüler mit neuen Medien im Internetzeitalter umgehen können. Bei der Studie „International Computer Information and Literacy Study" (ICILS) wurden Achtklässler aus 24 Ländern getestet und befragt.

B Der unterschiedliche Umgang an deutschen Schulen mit Computern und Co. spiegelt sich auch in der Studie wider: Was den allgemeinen Umgang mit neuen Medien anbelangt, liegen deutsche Schüler im Mittelfeld. Am besten schnitten die Tschechische Republik, Kanada und Australien ab. […] „Das ist besser, als ich gedacht hätte", sagt Sven Kommer, Pädagogikprofessor an der Rheinisch Westfälisch Technischen Hochschule (RWTH) Aachen und Vorsitzender der Initiative „Keine Bildung ohne Medien“. Er kennt viele Schulen, für die elektronische Medien noch ein Fremdwort sind. Besorgt sieht er deshalb eine andere Zahl der Studie, nämlich dass rund 30 Prozent der deutschen Schüler nur geringe PC-Kenntnisse haben. […] Besonders davon betroffen seien Kinder mit Migrationshintergrund und Kinder aus sozial schwächeren Familien.

C In Deutschland war das Institut für Schulentwicklungsforschung der Technischen Universität Dortmund an der Studie beteiligt. 142 Schulen wurden unter die Lupe genommen. Das Team um Professor Wilfried Bos und Professor Birgit Eickelmann von der Universität Paderborn wollte herausfinden, wie Schüler mit computerbasierten Tests zurechtkommen, was Lehrer und Schulleiter zur Ausstattung an ihrer Schule sagen und wie die neuen Technologien im Unterricht angewendet werden. Dabei kam heraus, dass die Nutzung der neuen Technologien selbst dann, wenn Schulen in dieser Hinsicht gut ausgestattet sind, im internationalen Vergleich weit unterdurchschnittlich ist. Während international 53,6 Prozent der Achtklässler den Computer wöchentlich nutzen, hinkt Deutschland mit 31,4 Prozent weit hinterher. Vorreiter sind Australien und Dänemark. Das sei zu wenig, um die Kompetenzen der Schüler weiter auszubauen, heißt es im Resümee der Studie. […]

D Dass deutsche Schulen nicht gerade Vorreiter im Umgang mit digitalen Medien sind, ist nicht neu. Bereits 1996 gründete das Bundesministerium für Bildung und Forschung gemeinsam mit der Deutschen Telekom AG das Programm „Schulen ans Netz“. Alle Schulen in Deutschland, damals 35 000 an der Zahl, sollten mit einem eigenen Internetanschluss versorgt werden. Die bundesweite Medieninitiative wurde 2012 eingestellt. Zwar haben die Schulen mittlerweile einen Internetanschluss, doch schon damals sagte die federführende Geschäftsführerin Maria Brosch, dass ein Internetanschluss alleine nicht ausreiche. „Es fehlen immer noch vernünftige Konzepte“, sagt Sven Kommer von der Initiative „Keine Bildung ohne Medien“.

3 Um welche Textsorte handelt es sich? Begründet eure Entscheidung.

Bericht | Kurzgeschichte | Kommentar | Leserbrief

4 Formuliert zu den wichtigsten Informationen des Textes Fragen. Notiert sie auf Karteikarten, z. B.: *Was hat die ICILS untersucht? Wie kann man den Umgang deutscher Schüler mit Medien beschreiben? …*

5 Nutzt eure Karteikarten für ein Gruppenquiz. Für jede richtige Antwort gibt es einen Punkt.

6 Der Name der Initiative „Keine Bildung ohne Medien“ ist eine These. Stimmt ihr mit dieser überein? Begründet eure Meinung.

○ Aufgabe 1, 3, 5 ◒ Aufgabe 2, 4 ● Aufgabe 6 EXTRA

Medien in der Schule

Informationen zusammengefasst wiedergeben

→ T2 Schreiben
Seite 208–210

1 Worum geht es in dem Sachtext „Deutsche Schulen nutzen nicht gerne Computer“ auf Seite 116/117? Wählt aus den folgenden Themen ein passendes aus. Begründet eure Wahl.

- In dem Text geht es um die Ausstattung deutscher Schulen mit Computern.
- Die Geschichte erzählt von einem neuen Schüler, der Computerexperte ist.
- Der Text handelt von einer aktuellen Studie über die Nutzung digitaler Medien an Schulen.
- Ein Leser muss verstehen können, um was es in dem Text geht, ohne ihn gelesen zu haben.
- Das Thema wird so knapp wie möglich mit eigenen Worten formuliert.

2 Im folgenden Textausschnitt hat eine Schülerin Textmarkierungen und Randnotizen angefertigt. Besprecht, was sie gut und was sie weniger gut gemacht hat.

Randnotiz (Z. 1–4): Unterschiedliche Medienausstattung an dt. Schulen

[…] Die Ausstattung mit neuen Medien ist in Deutschland von Schule zu Schule sehr unterschiedlich. Während bei den einen Whiteboards in jeder Klasse die Tafel längst ersetzt haben und Schüler an ihren Plätzen mit Tablets arbeiten können, hinken andere Schulen dem digitalen Zeitalter noch weit hinterher. In einer internationalen Studie wurde jetzt erstmals getestet, wie gut Schüler mit neuen Medien im Internetzeitalter umgehen können. Bei der Studie „International Computer Information and Literacy Study“ (ICILS) wurden Achtklässler aus 24 Ländern getestet und befragt. […]

Randnotiz (Z. 5–8): Internationale Studie mit Achtklässlern (ICILS) zum Umgang mit Medien

Material
tw6h96

3 Bearbeitet den Sachtext von Seite 116/117 selbst. Legt dazu eine Folie über den Text oder nutzt den Online-Code.
- Markiert wichtige Informationen.
- Unterteilt den Sachtext in Sinnabschnitte. Ordnet anschließend die folgenden neun Randnotizen zu.

- Geringe Medienkenntnis bei Schülern, besonders bei Schülern mit Migrationshintergrund oder aus sozial schwachen Familien
- Deutsche Schulen mit guter und schlechter Medienausstattung
- nationale Studie über den Umgang mit Medien bei Lehrern und Schülern
- Internationale Studie (ICILS) in 24 Ländern mit Achtklässlern zum Umgang mit Medien
- Medieneinsatz in deutschen Schulen

An Schulen fehlt es an Medien und geeigneten Konzepten	gescheiterte Maßnahmen der Bundesregierung in der Vergangenheit
internationale Studienergebnisse: Deutsche Schüler im Mittelfeld	Deutsche Achtklässler hinken den Vorreiterländern hinterher

4 Ergänzt die Randnotizen aus Aufgabe 3 mit Stichpunkten zum Inhalt des Textes.

Achtet darauf, die Stichpunkte kurz, aussagekräftig und mit eigenen Worten zu formulieren.

5 Vergleicht eure Stichpunkte mit einer Partnerin oder einem Partner. Wählt gemeinsam die inhaltlich treffendsten aus.

6 Erstellt mithilfe der folgenden Tabelle ein Exzerpt. Nutzt dazu eure Ergebnisse aus den vorherigen Aufgaben.

→ **T5** Exzerpte anfertigen Seite 279

Autor und Titel	Gaby Reucher: Deutsche Schulen nutzen nicht gerne Computer
Textsorte	...
Quelle	deutsch.punkt 5, Seite 116/117
Thema	...
Abschnitt 1 (Zeile 1 bis 8)	Überschrift: Unterschiedliche Medienausstattung an Schulen Stichpunkte: Whiteboards, Tablets statt Tafel, andere Schulen altmodisch ausgerüstet
Abschnitt 2 (Zeile ...)	...
...	...

7 Fasst mithilfe eures Exzerpts den Inhalt des Sachtextes „Deutsche Schulen nutzen nicht gerne Computer“ schriftlich zusammen.

Merke

Eine **Zusammenfassung von Inhalt und Informationen** eines Sachtextes erfolgt nach den allgemeinen Regeln einer Inhaltsangabe.

Zuerst werden die **Textsorte**, z. B. Bericht, Kommentar, ... und **Textsortenklasse**, z. B. informativ, appellativ, ..., **Titel**, **Autor**, **Quelle** und das **Thema** genannt.

Die Zusammenfassung wird im **Präsens** (bei Vorzeitigkeit im Perfekt) geschrieben und sollte in einer **sachlichen** Sprache mit **eigenen Worten kurz** und **präzise** verfasst werden.

→ **Kapitel 5** Seite 98/99

Nicht immer sind alle Angaben vorhanden. Textsorte und Thema müssen immer selbst formuliert werden.

8 Tauscht eure Zusammenfassungen mit einer Partnerin oder einem Partner aus. Überprüft sie mithilfe der Informationen aus dem Merke-Kasten.

○ Aufgabe 1, 3 ◒ Aufgabe 2, 4, 5, 7 ● Aufgabe 6, 8

Strukturierte Medienkompetenz

Die Struktur eines Textes erfassen

T2 Schreiben
Seite 212/213

T5 Tandemlesen
Seite 288

1 Lest den Text im Tandem. Klärt unbekannte Begriffe.

Florentine Fritzen

Rammdösig

Mit der vielgerühmten Medienkompetenz von Kindern und Jugendlichen ist es nicht weit her. Sie müssen sie erlernen. Doch wo, wenn nicht im Elternhaus und in der Schule?

Es ist ein niedlicher Anblick, wenn so ein kleiner Digital Native über den Bildschirm wischt. „Sie kann das Ding besser bedienen als ich", scherzt der stolze Papa, und alle sind sich einig: Die Kinder und Jugendlichen von heute haben einfach eine ungeheure Medienkompetenz. Schon im Kindergartenalter beherrschen sie leichte Lernspiele, in gut ausgestatteten Grundschulen werden sie mit kindgerechten Suchmaschinen vertraut gemacht, in der weiterführenden Schule müssen sie für die Hausaufgaben im Internet recherchieren. […]

Und für viele ältere Schüler gehört es zum Alltag, zu chatten, zu posten und zu schauen, was auf den Seiten der anderen gerade los ist. Wer sich mit diesen Erstgeborenen der digitalen Welt unterhält, der merkt allerdings schnell, dass es mit der Medienkompetenz nicht so weit her ist. Die technischen Fähigkeiten auch der Gymnasiasten beschränken sich oft aufs Wischen, Tippen, Hochladen. Schutz der Privatsphäre? Nie gehört. Einfach einen Account eröffnet, und da kommen die Fotos und Nachrichten dann eben rein.

Die inhaltliche Kompetenz ist oft ebenfalls gering. Welche Fertigkeiten solide Recherche verlangt, hat sich kaum herumgesprochen. Und der Sinn von Datenschutz ist Schülern meistens unklar: Wer sollte da draufgucken außer den Freunden? Sie sind entsetzt, wenn sie hören: Wenn du da den Namen deines Vereins angibst und schreibst, dass du jetzt gleich zum Training gehst, kann jeder wissen, an welcher Straßenecke du in zehn Minuten bist.

Dann gibt es noch so etwas wie eine psychische Medienkompetenz. Weil Kinder und Jugendliche Informationen weniger filtern als Erwachsene, kann die Dauernutzung der Geräte sie im wahrsten Sinne des Wortes wirr im Kopf machen. Wer ständig auf einen Minibildschirm blickt, unentwegt nach neuen Nachrichten späht und weitgehend in Akronymen[1] und Zeichen kommuniziert, der wird irgendwann rammdösig. In Frauenzeitschriften erscheinen mittlerweile Dossiers über das Abschalten. Auf den Schulhöfen ist der Offline-Trend, wenn man denn schon vorsichtig von einem Trend sprechen möchte, noch nicht angekommen.

Geht es um die Gefahren, die von Medien ausgehen können, steht meist im Vordergrund, dass Jungen und Mädchen im Internet auf Gewalt,

1 Wörter, deren Anfangsbuchstaben als Abkürzung ein neues Wort bilden: EDV, WM, …

Pornographie, Extremismus oder Magersuchtverherrlichung stoßen können. Diese Inhalte zu bekämpfen ist der eine wichtige Auftrag des staatlichen Jugendschutzes. […] Die zweite große Aufgabe […] ist die Medienpädagogik. Auch auf diesem Feld sind Erwachsene oft hilflos, vor allem wenn es um Online-Sucht geht und darum, wo sie eigentlich beginnt. Medienführerscheine und Medientage sind nur ein Tropfen auf den heißen Stein. Denn auch das beste Programm bewirkt nichts, wenn es an kontinuierlicher Hilfe und Begleitung fehlt. Bloß vergisst man das im Alltag schnell. Dabei können Mütter und Väter schon Vorbilder sein, indem sie während der gemeinsamen Mahlzeiten (so es sie noch gibt) nicht die Mails abrufen, sondern mit ihren Kindern sprechen. Auch die Schulen müssen ihre Bemühungen um Jugendmedienschutz verstärken.

Auch die Lehrer müssen Vorbilder sein: Wenn Smartphones auf dem Schulhof verboten sind, sollte das für alle gelten. Die Politik kann die Schulen unterstützen. […] Aber entscheidend ist ohnehin etwas anderes: Es gilt, den bewussten Umgang mit den Medien zu fördern. Damit die Digital Natives auch digitale Fachleute werden. Alles andere ist schlecht für die Psyche.

2 Übertragt das folgende Strukturdiagramm auf ein Plakat oder nutzt den Online-Code. Vervollständigt es mit Informationen aus dem Text „Rammdösig“.

Material 439m8j

Merke

Strukturdiagramm

Für eine Sachtextanalyse kann man mithilfe eines **Strukturdiagramms die zentralen Inhalte**, z. B. Aussagen, Thesen, Argumente und Beispiele, miteinander in Bezug setzen. Dabei werden **wichtige Fachbegriffe** so dargestellt, dass daraus die Logik und innere Struktur des Textes deutlich wird.

Kernaussage/ Leitfrage/Thema: Haben Digital Natives eine hohe Medienkompetenz?

Absicht des Textes: aufklären und informieren über

→ Positive These über Medienkompetenz:
- Positive Aussagen und Beispiele:

→ Negative These über Medienkompetenz:
- Negative Aussagen und Beispiele:

→ Folgen der Mediennutzung:

→ Gefahren der Mediennutzung:

→ Bereits ergriffene Maßnahmen:

→ Forderungen:
- Eltern und Schule:
-

→ Fazit:

3 Vergleicht eure Ergebnisse aus Aufgabe 2 miteinander. Überarbeitet gegebenenfalls euer Strukturdiagramm.

4 Was will die Autorin mit dem Text bezwecken? Sucht im Text nach der Kernaussage der Autorin und notiert diese. Diskutiert in der Klasse darüber.

○ Aufgabe 1 ◒ Aufgabe 2, 4 ● Aufgabe 3

Jetzt ist es klar!

Die Wirkung der verwendeten Sprache erkennen

T2 Schreiben
Seite 211

Material
t2k3ch

1 Untersucht den Sachtext „Rammdösig" von Seite 120/121 genauer.
- Beschreibt mithilfe der Informationen aus dem Merke-Kasten wie der Satzbau, die Sprachebene und die Wortwahl auf euch wirken.
- Notiert passende Beispiele.

Merke

Die Sprache von Sachtexten

Mithilfe der Sprache eines Textes kann ein Autor seine **Intention** (Absicht) gegenüber seiner Zielgruppe (Leser, Adressat) verdeutlichen. Um die Intention und die Zielgruppe zu erkennen, analysiert man folgende Kriterien:
- **Sprachebene**: Fachsprache, Umgangssprache; einfache Sprache, komplizierte Sprache
- **Wortwahl**: Fremdwörter, Fachbegriffe, Umgangssprache, Redewendungen, …
- **Satzbau**, **Satzarten**: Parataxe (Aneinanderreihung von Hauptsätzen), Hypotaxe (Verwendung von Satzgefügen), Fragen, Befehle, direkte und indirekte Rede, Konjunktiv …

Material
5es2vs

2 Bestimmt für die folgenden Beispiele aus dem Text „Rammdösig", um welches Stilmittel es sich jeweils handelt. Nutzt die Informationen aus dem Merke-Kasten.

vielgerühmte Medienkompetenz	Wischen, Tippen, Hochladen
Account	Schutz vor Privatsphäre? Nie gehört.
ungeheure Medienkompetenz	Smartphones

Merke

Stilmittel

Autoren verwenden eine Vielzahl von **Stilmitteln** (rhetorischen Mitteln), um bei der Zielgruppe bestimmte Wirkungen zu erzielen. Auch in Sachtexten werden Stilmittel häufig verwendet. Wichtige Stilmittel in Sachtexten sind:
- **Akkumulation**: Häufung von Begriffen zu einem Oberthema
- **Hyperbel**: Übertreibung
- **Lehn- und Fremdwörter**, z. B. Anglizismen
- **Rhetorische Fragen**: Eine Frage, auf die keine Antwort erwartet wird. Dadurch wird die Aussage, die ein Sprecher damit vermitteln möchte, verstärkt.
- **Ironie**: Es wird das Gegenteil von dem gesagt, was man eigentlich meint. Um Ironie zu verstehen, muss für das Gegenüber erkennbar sein, dass eigentlich das Gegenteil gemeint ist. Ironie wird deshalb häufig auch überspitzt formuliert.

3 Sucht die Formulierungen aus Aufgabe 2 im Text auf Seite 120/121. Diskutiert in der Klasse über deren Wirkung.

Lest noch einmal die jeweiligen Textstellen.

Akkumulation – wirkt eindringlich, verstärkt, ...

4 Die folgenden Textbeispiele stammen aus dem Text „Rammdösig".
- Übertragt die Tabelle in euer Heft.
- Beschreibt die Wirkung, die die Textstellen auf euch haben. Nutzt die folgenden Erklärungen.

Verstärkung der Aussage, Steigerung

Einbezug des Lesers zum Mitdenken

überzeugend durch Erheiterung, belustigend

auf- oder abwertend durch modernen Klang

Textbeispiel	Stilmittel	Wirkung
Digital Native (Zeile 1)	Anglizismus (Fremdwort)	...
Jugendliche von heute haben einfach eine ungeheure Medienkompetenz. (Zeile 3–4)	Hyperbel (Übertreibung)	...
Die technischen Fähigkeiten auch der Gymnasiasten beschränken sich oft aufs Wischen, Tippen, Hochladen. (Zeile 12–13)	Akkumulation (Häufung oder Aufzählung)	...
Wer sollte da draufgucken außer den Freunden? (Zeile 18)	Rhetorische Frage	...

5 Ergänzt zu den Stilmitteln aus Aufgabe 4 weitere Beispiele aus dem Text.

→ T3 Sachtexte analysieren Seite 208–212

6 Inhalt und Sprache lassen Rückschlüsse zu, an wen sich ein Text richtet.
- Benennt, an welche Zielgruppe sich der Text „Rammdösig" richtet.
- Begründet eure Antwort mithilfe eurer Ergebnisse aus den vorherigen Aufgaben.

7 Beschreibt, mit welcher Absicht (Intention) die Autorin den Sachtext „Rammdösig" verfasst hat. Bezieht dabei die Wirkung der verwendeten Sprache ein.

→ T3 Die Absicht von Sachtexten untersuchen Seite 244/245

8 EXTRA Hat es die Autorin eurer Meinung nach geschafft, ihre Absicht (Intention) verständlich zu übermitteln? Begründet eure Entscheidung.

◒ Aufgabe 1, 2, 3, 4, 5 ● Aufgabe 6, 7, 8 EXTRA

Sachlich und strukturiert!

Die Kriterien einer Sachtextanalyse erarbeiten

→ **T2** Schreiben
Seite 208–213

1 Sammy hat eine Analyse zu dem Sachtext „Rammdösig" von Seite 120/121 verfasst. Lest seinen Text.
- Unterteilt ihn in Einleitung, Hauptteil und Schluss.
- Notiert in Stichpunkten, welche Informationen in den einzelnen Abschnitten enthalten sind.

Der Text „Rammdösig" von Florentine Fritzen ist ein informierender Sachtext. Das Thema ist zum einen die fehlende Medienkompetenz von Kindern und Jugendlichen, obwohl diese mit digitalen Medien aufwachsen, und zum anderen die Frage, wie Eltern und Schule Aufklärungsarbeit leisten können.
Der Text lässt sich in sieben Sinnabschnitte einteilen. Der erste Abschnitt (Zeile 1–8) beschreibt alltägliche Situationen, in denen Kinder mit digitalen Medien umgehen und Eltern dies als positiv wahrnehmen. Im zweiten Abschnitt verdeutlicht die Autorin aber, wie es ihrer Meinung nach wirklich um die Medienkompetenz von Kindern und Jugendlichen stehe. Sie schreibt, dass diese sich auf die einfache Bedienung der Geräte beschränke und dass die Jugendlichen nicht auf den Schutz ihrer Privatsphäre achten würden. Im dritten Abschnitt geht die Autorin dann auf die inhaltliche Kompetenz ein. Auch hier sieht sie Probleme und behauptet, dass Jugendliche sich z. B. nicht richtig über Datenschutz im Internet informieren würden.
Der Artikel ist durch seine gedankliche Struktur leicht verständlich aufgebaut. Die Autorin beginnt, indem sie ein alltägliches Bild einer Familie zeigt. Der Vater scheint stolz auf seine Tochter zu sein, die ein digitales Medium bedient. Der erzählerische Charakter wird durch die Umgangssprache und die wörtliche Rede unterstützt (Zeile 2). Der Anglizismus „Digital Native" (Zeile 1) zeigt aber, dass es sich vermutlich um einen sachlichen Text und keine Erzählung handelt. Durch weitere Fachbegriffe wie „Medienkompetenz" (Zeile 4) wird dies unterstützt. Der ernste Ton, den die Autorin im zweiten Abschnitt anschlägt, lässt den ersten Abschnitt ironisch wirken. Zum Teil wirkt die Übersetzung des Anglizismus „Digital Native" in „Erstgeborene der digitalen Welt" (Zeile 11) sogar etwas abwertend, genau wie die Hyperbel „Kinder und Jugendlichen von heute haben einfach eine ungeheure Medienkompetenz" (Zeile 3/4). Die Autorin verweist darauf, dass die Medienkompetenz bei den Digital Natives gar nicht so groß ist. Die Aufzählung „Wischen, Tippen, Hochladen"(Zeile 13) oder die rhetorische Frage „Schutz der Privatsphäre? Nie gehört." (Zeile 14) weisen eindeutig die Ironie auf, mit der die Autorin versucht, auf die Missstände der Jugendlichen im Umgang mit Medien hinzuweisen. Diese Sprache behält der Text bis zu seinem Ende bei. Durch eine Mischung aus Para- und Hypotaxen ist der Text gut verständlich. Zudem ist die Sprache

auf einem alltäglichen Niveau gehalten, das lediglich durch vereinzelte Fachbegriffe wie z. B. „psychische Medienkompetenz“ (Zeile 23), „Akronyme“ (Zeile 27) oder „Medienpädagogik“ (Zeile 36) aufgewertet wird. Der Leser bekommt so das Gefühl, dass

Die Intention des Textes ist in erster Linie darüber zu informieren, dass Kinder und Jugendliche nicht annährend so gut mit digitalen Medien umgehen können, wie viele Menschen denken. Das wird besonders durch den Aufbau von der Beschreibung der alltäglichen Situation hin zum ernsten Sachtext deutlich. Zudem möchte die Autorin Missstände der Erwachsenen im Umgang mit den digitalen Medien aufweisen, was zwangsläufig zu Fehlern in der Medienerziehung führt. Dadurch fordert sie Eltern, Lehrer und Politiker auf, einen bewussteren Umgang mit den Medien zu fördern.

Abschließend lässt sich sagen, dass der Einsatz von Sprache und Stilmitteln, ebenso wie der gedankliche Aufbau des Artikels gelungen und auf eine große Zielgruppe zugeschnitten sind. Die Autorin schafft es, mithilfe von anschaulichen Beispielen und schlüssiger Argumentation zum Nachdenken über den eigenen Umgang mit Medien anzuregen. Lediglich die pauschalisierte Warnung am Ende, dass alles andere schlecht für die Psyche sei, erscheint mir übertrieben. Der Artikel wird meiner Meinung nach auch in einigen Jahren seine Aktualität nicht verlieren, da die Autorin bezüglich des sorglosen Umgangs mit den digitalen Medien recht hat.

2 Erstellt eine Checkliste zum Aufbau einer Sachtextanalyse. Orientiert euch dazu an euren Ergebnissen aus Aufgabe 1.

Checkliste: Sachtextanalyse	☺	☹	Verbesserungs-vorschläge
<u>Einleitung</u> • Textsorte • …	…	…	…
<u>Hauptteil</u> Inhaltswiedergabe • … Text- und Gedankenstruktur • … Sprache • …	…	…	…
<u>Schluss</u> • …	…	…	…

3 EXTRA Sammys Sachtextanalyse ist in der Inhaltswiedergabe und der Sprachanalyse etwas verkürzt. Vervollständigt sie mithilfe eurer Ergebnisse von Seite 120 bis 123.

○ Aufgabe 1 ◒ Aufgabe 2, 3 EXTRA

Digitale Medien und ...

Eine Einleitung verfassen

→ **T2** Schreiben
Seite 212/213

1 Lest den Bericht „Selbstversuch eines Teenagers". Teilt ihn in Sinnabschnitte ein.

Moritz Deutschländer

Selbstversuch eines Teenagers: Moritz, 16, kauft eine Zeitschrift

Im Internet fand Moritz Deutschländer bisher alles, wonach er suchte. Dann, mit 16 Jahren, kauft er sich seine erste Zeitschrift. Ziemlich beeindruckend, findet er. Aber dann schenkt er den Schmöker doch seinen Eltern.

Berlin–Amsterdam, sechseinhalb Stunden Fahrt. Da ich weder einen Laptop (zu schwer) noch ein Handy (in der Reparatur) dabei hatte, ging ich vorher in den Bahnhofskiosk. Ich war noch nie ein eifriger Leser. Internet, Dokus auf YouTube, manchmal auch im Fernsehen, reichen mir völlig. Zunächst war ich verblüfft über die riesige Auswahl: Hunderte Zeitschriften. Von den allermeisten Titeln hatte ich noch nie gehört. Ich ging zum Politik-Regal. Wie kommt jemand an die Macht? Wie nutzt er sie? Darüber diskutieren meine Freunde und ich sehr oft. Mir fiel sofort ein Heft auf. Nicht, weil es besonders gut aussah, sondern weil es 10 Euro kosten sollte. Das machte mich neugierig. „GEO Epoche", Schwerpunkt: „Der Kapitalismus". [...]
Die Zeitschrift schien mir dick wie ein Taschenbuch, nur halt in A4.
Meine Mutter hat nie verstanden, wieso mich Gedrucktes nicht interessiert. Höchstens mal der „Kicker" meines Vaters. Immer wieder brachte sie bunte Hefte mit: „Petterson und Findus", „Geolino", „DEIN SPIEGEL", „Yuno", „Neon", selbst mit der „Bravo" hat sie es versucht. Ich habe darin geblättert, auch mal gelesen, überzeugt hat es mich nie. Vielleicht lag es daran, dass meine Eltern dauernd irgendwas lesen, für mich ist das ein Erwachsenending. In meinem Freundeskreis hat jedenfalls nie einer gesagt: „Krasse Zeitschrift entdeckt, willste mal haben?"
Nun also „Der Kapitalismus". Ich beschäftige mich schon eine Weile mit diesem Thema, mich beunruhigt, dass er die absolute Kontrolle über uns hat. Als Schüler spüre ich nicht nur den Leistungsdruck, mich nervt auch der Konsum-, Werbe-, Mode-, Schönheits-, Datenstress. Der Schlachtruf „Alles ist möglich, mach das Beste draus für dich" macht erst einmal nur eins: immerzu ein schlechtes Gewissen.
Einerseits weiß ich natürlich, dass ich ohne Geld von vielen Dingen ausgeschlossen bleibe. Andererseits will ich nicht einfach nur funktionieren und mitmachen. Dieses System ist nicht gerecht: Banken verspekulieren sich, lösen eine internationale Finanzkrise aus und können weitermachen wie vorher. Konzerne plündern ungestraft die Umwelt. Warum findet man zu all dem meist nur Pro und Kontra im Internet und nicht in den klassischen Medien Fernsehen, Radio, Print? Gibt es neben der offenen Herrschaft des Geldes auch eine geheime der Meinungen? Würde ich in einer Zeitschrift mehr erfahren?

„Der Kapitalismus“ startet vor rund 700 Jahren. Als der Zug hält, sind wir in Stendal, ich bin mit meiner Lektüre noch bei den Anfängen in Florenz. Die Peruzzi besaßen damals das größte Geldhaus und liehen am Ende auch dem König Geld. […] Den Rest der Entstehungsgeschichte lese ich nicht zu Ende. Bei aller Liebe, immer nur Museumsbilder und ein extrem detailreicher Endlostext, das werde ich mir eh nicht merken können. Das finde ich alles im Internet, wenn ich es mal brauche, denke ich. Also blättere ich weiter. Ein Text über Karl Marx. „Der Kapitalismus“ ist wirklich eine Art Geschichtsbuch: gut geschrieben und so gut wie werbefrei, das ist angenehm. Aber es gibt wenig aktuelle Bezüge. Schade. […] Mehr als die Hälfte ist geschafft, sowohl der Zeitschrift als auch der Strecke nach Amsterdam. Jetzt bin ich bei Rockefeller angelangt, dem wahrscheinlich einflussreichsten Kapitalisten aller Zeiten. Der Text berichtet exakt über John D. Rockefeller und seinen ersten Großkonzern, die sogenannte Bilderberg-Konferenz erwähnt er nicht, dabei hat David Rockefeller, der Enkel von John, diesen informellen Machtzirkel mitgeprägt. Bis heute treffen sich regelmäßig internationale Unternehmer und Politiker, angeblich um viel zu beschließen. 14 Seiten zu Rockefeller, kein Satz dazu. Dabei würde mich das besonders interessieren. Im Internet wäre ich jetzt wohl weg gewesen, auf anderen Seiten, die mir bieten, was ich suche. Kostenlos. Ich bin es gewohnt, meine Informationen in der endlosen Weite zu suchen, nicht in begrenzten 173 Seiten. Jetzt kann ich nicht weiter klicken, sondern muss mich mit dem zufriedengeben, wofür ich bezahlt habe. Ich habe mehr erwartet, vielleicht zu viel. Ich bin enttäuscht. Die zehn Euro bereue ich zwar nicht, aber im Internet gibt’s mehr Für und Wider. […]

2 Untersucht den Sachtext mithilfe eurer Checkliste von Seite 125. Plant in Stichpunkten eine Sachtextanalyse.

Orientiert euch dazu an den Merke-Kästen auf Seite 127 bis 129.

3 Schreibt eine Einleitung für die Sachtextanalyse. Nutzt dazu die Formulierungshilfen und die Informationen im Merke-Kasten.

Formulierungshilfen für eine Sachtextanalyse – Einleitung

- Der Sachtext (Textsorte) von …
  … handelt von …
- Die Kernaussage des Textes ist …
- Das Hauptthema ist …

Merke

In der **Einleitung** einer Textanalyse werden alle äußeren Textmerkmale genannt: **Autor**, **Titel**, **Textquelle** und **Textsorte**, ggf. auch **Textsortenklasse**. Nicht in allen Fällen sind alle Textmerkmale bekannt.
Auch die **Kernaussage** und/oder das **Thema** werden mit eigenen Worten genannt.

... Printmedien im Vergleich

Einen Hauptteil und eine Stellungnahme schreiben

T2 Schreiben
Seite 212/213

1 Im folgenden Ausschnitt einer Textanalyse hat Pauline zwar Formulierungshilfen genutzt, jedoch an manchen Stellen keinen Konjunktiv verwendet. Schreibt den Textausschnitt in euer Heft und verbessert ihn.

Moritz Deutschländer führt seine Leser in den Text ein, indem er zunächst von seiner Reise berichtet. Er erwähnt, dass er keinen Laptop und kein Handy dabei hat und sich deshalb etwas zu lesen am Kiosk kaufen will. Er sagt, dass er noch nie ein eifriger Leser war und er deshalb die Zeitschriften nicht kennt. Der Autor hebt hervor, dass ihn die Zeitschrift mit dem Schwerpunkt „Kapitalismus" besonders neugierig macht, da sie 10 Euro kostet. ...

Formulierungshilfen für die Inhaltswiedergabe

Der Autor ... beginnt mit einer generellen Aussage über ...; ... untersucht ein Problem/... betrachtet ein Problem ...; ... vergleicht/wägt ab/denkt nach ...; ... berichtet über/spricht von/hebt hervor/deutet an/behauptet ...

Merke

Der **Hauptteil** einer Sachtextanalyse setzt sich aus drei Teilen zusammen:
1. **Wiedergabe des Inhalts**
2. **Darstellung der gedanklichen Struktur des Textes**
3. **Analyse der verwendeten Sprache**

Die Sachtextanalyse wird im **Präsens** verfasst. Bei der Meinungswiedergabe und der indirekten Rede verwendet man den **Konjunktiv.**

Ihr könnt den Textanfang und die Formulierungshilfen aus Aufgabe 1 nutzen.

2 Verfasst nun selbst den Hauptteil der Sachtextanalyse. Nutzt dazu eure Stichpunkte von Seite 127. Schreibt zunächst die Inhaltswiedergabe zu dem Text „Selbstversuch eines Teenagers" auf Seite 126/127.

Kapitel 6
Seite 121

3 Erstellt ein Strukturdiagramm, in dem ihr die gedankliche Struktur des Textes festhaltet.

4 Formuliert mithilfe des Strukturdiagramms nun einen zusammenhängenden Text zur gedanklichen Struktur des Berichts.

Formulierungshilfen – Darstellung der gedanklichen Struktur

Der Text lässt sich in ... Abschnitte einteilen.
... logische Teile strukturieren.
... eine Abfolge von Gedanken des Autors unterteilen

5 Untersucht die Sprache und den Stil des Textes. Verfasst einen zusammenhängenden Text. Geht auch auf die Wirkung ein, die diese beim Lesen auslösen.

Formulierungshilfen für die Sprachanalyse

Der Text ist in	*... umgangssprachlicher, sachlicher, ... Sprache geschrieben.*
Der Satzbau ist	*... einfach, leicht oder schwer verständlich, kompliziert ...*
Der Stil ist	*... sachlich, nüchtern, lustig, überzeugend und ironisch*
Im Text werden	*... Stilmittel, rhetorische Mittel, sprachliche Figuren etc. verwendet*

6 Überarbeitet nun den Hauptteil eurer Sachtextanalyse. Achtet dabei auf die Verwendung von Satzverknüpfungen.

Merke

Damit **Gedankenbrücken** und **inhaltliche Verbindungen** in einem Text deutlich werden, **verknüpft** man die **Sätze** miteinander, z. B. mithilfe von Konjunktionen, Adverbien, Relativpronomen, ...
vor, nach, und dann, nachdem, zuvor, führt zu, folglich, so dass, wegen, durch, aufgrund, daher, denn, zum, deshalb, bewirkt, dafür, dennoch, doch, sowieso, obwohl, und zwar, erklärt, das heißt, verdeutlicht, bei, setzt voraus, falls

7 Beschreibt, was der Autor mit seinem Text sagen will. Erklärt, ob er es schafft, dem Leser seinen Standpunkt zu verdeutlichen. Geht dabei noch einmal kurz auf die Sprache und die gedankliche Struktur des Textes ein.

8 Stimmt ihr dem Autor zu? Begründet euren Standpunkt.

9 Verfasst mithilfe eurer Ergebnisse aus Aufgabe 7 und 8 einen Schlussteil mit einer begründeten Stellungnahme.

→ **Kapitel 2** Seite 32/33

Merke

Im **Schlussteil** werden die Ergebnisse der Analyse **kurz** zusammengefasst. Dabei **beurteilt** man, ob der Autor seine Intention erreicht hat oder mit seiner Kernaussage richtig liegt. Dazu nimmt man begründet Stellung.

10 EXTRA Pauline ist der Schlussteil nicht besonders gut gelungen. Diskutiert, was ihr daran verbessern würdet.

Der Autor des Berichtes „Selbstversuch eines Teenagers" hat den Text gut geschrieben. Man versteht alles. Die Sprache ist gut. Er sagt, dass Printmedien zwar interessant seien, aber nicht mit dem Internet mithalten können. Ich finde auch, dass Kinder und Jugendliche mehr mit den digitalen Medien üben müssen.

Digitale Parallelwelten

Eine komplexe Sachtextanalyse verfassen

T2 Schreiben
Seite 208–213

1 Lest den folgenden Text. Verfasst anschließend eine Sachtextanalyse mit Einleitung, Hauptteil und Stellungnahme am Schluss.

Ole Reißmann

Mr. YouTube

YouTube-Videos über YouTube-Videos? Mehr als 400 000 Abonnenten gefällt das. Als MrTrashpack berichtet Philipp Betz aus einer Parallelwelt. Bei den Popstars aus dem Kinderzimmer geht es längst um viele Millionen Euro.

„Was geht ab, Freunde des Internets, willkommen zu WuzzUp.“ MrTrashpack, der eigentlich Philipp Betz heißt, begrüßt die Zuschauer seiner wöchentlichen Sendung. In roter Kapuzenjacke steht der 25-Jährige vor der Kamera und rattert herunter, was in der YouTube-Welt gerade los ist: Y-Titty sagen ihre Tour ab, um sich auf ihren Kinofilm zu konzentrieren. ELoTRiX erreicht eine Million Abonnenten. Liont veröffentlicht sein Lied „Doppelkinn“. Alles klar? Fünf Minuten Wort-Staccato, jede Atempause rausgeschnitten. Nachrichten aus dem Paralleluniversum YouTube. Wo völlig normale Teenager banale Geschichten aus ihrem Leben erzählen, Nagellack von Rossmann für 1,49 Euro testen und sich stundenlang beim Computerspielen zusehen. Wo Kids sich ihr eigenes Programm machen, Webcam an und los: Medienrevolution aus dem Kinderzimmer. Tausende stellen sich vor die Kamera, einige von ihnen schaffen es zum Superstar. Ihre wichtigste Währung: Abonnenten. In Deutschland bringen es 74 YouTube-Kanäle auf mehr als eine halbe Million. Auf Fantreffen fallen aufgeregte Teenager in Ohnmacht, das Fernsehen ruft an, es regnet Werbegelder. Erik Range, der als Gronkh auf YouTube neue Spiele zeigt, verdient angeblich mehr als 70 000 Euro im Monat.

YouTuber sind die neuen Popstars, und MrTrashpack ist ihre „Bravo“. Er ist da so reingeraten. […] In seiner Freizeit klickt er sich durch YouTube. In den USA bringt die Videoseite erste Stars hervor, das fasziniert ihn. 2010 lädt Betz seine ersten Videos hoch. […] „Ich habe Comedy-Videos gemacht. Die waren aber unglaublich schlecht.“ Dann gehen ihm die Ideen aus. Singen kann er auch nicht, also redet er eben über YouTube. Wer mit wem, seht mal hier. Die Szene wächst, seine Zugriffe steigen. „Ich habe mein Ding gefunden, mein Baby.“ […]

Im Sommer treffen sich 400 YouTuber auf der Spielemesse Gamescom in Köln. Schon damals dabei: LeFloid mit seinen Spaßnews und Kosmetik-Guru Sami Slimani, heute beide Abo-Millionäre. Die Idee zu den Videodays kommt von Betz, um die Organisation kümmert sich Christoph Krachten. Der gründet wenig später Mediakraft und nimmt andere YouTuber unter Vertrag und hilft bei der Vermarktung. […] Krachten macht Mediakraft zum größten deutschen YouTube-Netzwerk, nimmt 2 600 YouTuber unter Vertrag, beschäftigt 130 Mitarbeiter. Zu den Videodays kommen mittlerweile 15 000 Besucher. Zeitweise soll Mediakraft 58 Millionen Euro wert sein. Aber die Gründer wollen nicht verkaufen. Sie wollen das Fernsehen überleben. […] Doch Ende 2014 bekommt das Imperium Kratzer: LeFloid und andere Stars suchen das Weite. […] Sie brauchen Mediakraft nicht mehr. Einer der Abtrünnigen, Simon Unge, beklagt sich öffentlich über mangelnde Unterstützung. Als er einen neuen Kanal aufmacht, folgen ihm seine zwei Millionen Abonnenten. Krachten verlässt seine Firma. Betz hält es nicht lange bei einem Netzwerk. 2012 unterschreibt er bei Divimove und geht nach Berlin. Für seine Nachrichtensendung „WuzzUp" hat er jetzt ein Studio. Für ein paar Minuten Sendung nimmt er eine halbe Stunde auf. Danach sitzt er fünf Stunden und mehr am Schnitt. An den Tagen davor sucht er die Themen: „YouTube ist mein Job." Mit den Abonnenten steigt sein Wert. 2014 geht er zu Endemol, dem Fernsehkonzern hinter „Big Brother" und „Wer wird Millionär?". […] Er ist nun Profi, aber immer noch ein bisschen verpeilt. „WuzzUp" erscheint manchmal einfach einen Tag später. Die YouTuber mit ihren Hunderttausenden, zum Teil fanatischen Followern sind ein Phänomen. Wer in der Szene groß geworden ist, gilt als liebenswerter Kumpel – obwohl längst Klickoptimierung und Geschäft im Vordergrund stehen. ZDF-Moderator Jan Böhmermann sieht keinen Unterschied mehr zu anderen Stars: „Dieselben Manager, dieselben Vertriebsmodelle, das sind nur keine Plattenfirmen und Fernsehsender mehr, sondern Mediakraft und andere Agenturen." […] Nach vier Jahren „WuzzUp" leidet allmählich Betz' Begeisterung: „Die Videos gehen mir teilweise auf den Sack, weil es immer das Gleiche ist." Beauty, Comedy, Let's Play, viel mehr Variationen gebe es nicht. Aber er hat schon einen neuen Trend ausgemacht: „Live ist der neue Shit im Internet." Zum Beispiel Twitch, wo Zehntausende Nutzer Computerspielern live über die Schulter schauen.

Oder YouNow: Teenager schalten ihre Webcam ein, die Zuschauer stellen Fragen im Chat. Abhängen, Musik hören, herumblödeln, alles ungefiltert und ungeschnitten. Weil eine Alterskontrolle fehlt, warnen Pädagogen und Datenschützer vor der Seite. Wer auf YouNow erfolgreich ist, wird an den Einnahmen beteiligt. Zuschauer können ihren Stars virtuelle Geschenke machen – gegen echtes Geld. […] Auch Betz ist auf YouNow. Neulich hat er sich mit seinen Berliner Freunden getroffen, vor laufender Kamera. Mehr als drei Stunden dauerte die Sendung, zeitweise saßen zehn YouTuber zusammen. Erst lernten sie, aufwendige Clips zu produzieren, nun geben sie sich wieder echt banal. Ob das mehr als nur eine kurze Modeerscheinung ist? MrTrashpack bleibt dran. „Wir sehen uns beim nächsten Video wieder, bis dahin: Peace und out, eine grandiose Zeit auf YouTube."

● Aufgabe 1

Teste dich selbst!

Wie konntest du Aufgabe 1 lösen?

😐 → Seite 208–210
😊 → Seite 213 EXTRA

1 Entscheide, ob die folgenden Aussagen richtig oder falsch sind. Begründe deine Entscheidung mithilfe des Textes.

A Jugendliche zwischen 14 und 24 Jahren können nicht mit dem Internet umgehen.

B Jugendliche nutzen das Internet, um sich selbst zu präsentieren.

C Smartphones sorgen dafür, dass für viele Jugendliche digitales und analoges Leben verschmilzt.

D Nur jeder zwanzigste Jugendliche ist kritisch gegenüber Internetfirmen.

Sie sind eigentlich immer online

Aufgeschlossen bis sorglos: Für eine Studie sind Jugendliche in Deutschland über das Internet befragt worden. Bei den meisten gibt es praktisch keine Trennung zwischen online und offline mehr.

Praktisch alle Jugendlichen und jungen Erwachsenen in Deutschland nutzen das Internet, doch sie haben durchaus unterschiedliche Einstellungen zur digitalen Welt. Die größte Gruppe unter den 14- bis 24-Jährigen (28 Prozent) bewege sich als „zielstrebige Profis" durchs Netz, sagte Silke Borgstedt vom Sinus-Institut bei der Vorstellung einer entsprechenden Studie an diesem Donnerstag in Berlin. Sie probierten gerne neue Anwendungen aus, nutzten aber auch viele Sicherheitsmaßnahmen.

Fast ebenso groß ist die Gruppe der „Souveränen" (26 Prozent): „Für sie ist das Internet nicht nur Marktplatz, sondern auch Bühne", sagte Borgstedt. Sie nehmen fast alle Freundschaftsanfragen bei Online-Netzwerken wie Facebook an, kennen viele Webseiten und laden häufiger Musik herunter als ihre Altersgenossen.

Im Gegensatz zu Erwachsenen gibt es bei Jugendlichen praktisch keine Trennung zwischen online und offline, wie die Studie zeigt. „Da verschmilzt online und analoges Leben total", sagte Matthias Kammer vom Deutschen Institut für Vertrauen und Sicherheit im Internet (Divsi), das die Studie in Auftrag gegeben hat. Das liege vor allem daran, dass Smartphones weit verbreitet und fast immer dabei seien. Insgesamt ordnet die Studie 72 Prozent der 14- bis 24-Jährigen in Gruppen ein, die das Internet viel und aufgeschlossen, teilweise auch sorglos nutzen. Jeder zehnte Jugendliche sei dagegen eher kritisch und betrachte etwa die großen Internetkonzerne mit Argwohn.

Wie konntest du Aufgabe 2 lösen?

😐 → Seite 210
😊 → Seite 213 EXTRA

2 Erstelle ein Exzerpt zu dem Text.

Wie konntest du Aufgabe 3 lösen?

😐 → Seite 211
😊 → Seite 213 EXTRA

3 Notiere, was die Autorin oder der Autor mit dem Text beabsichtigen will.

Wie konntest du Aufgabe 4 lösen?

😐 → Seite 211
😊 → Seite 213 EXTRA

4 Stelle den Aufbau des Textes und den Gedankengang mithilfe eines Strukturdiagramms dar.

5 Die folgende Einleitung weist Fehler auf. Schreibe eine verbesserte Version in dein Heft.

Der Text „Sie sind eigentlich immer online" dreht sich um Jugendliche und das Internet.

Wie konntest du Aufgabe 5 lösen?
😐 → Seite 212
😊 → Seite 213 **EXTRA**

6 Untersuche die Sprache des Textes. Nenne für die folgenden Stilmittel Textbeispiele und erkläre ihre Wirkung.

Hyperbel | Anglizismus | Konjunktiv | Parataxe

Wie konntest du Aufgabe 6 lösen?
😐 → Seite 211
😊 → Seite 213 **EXTRA**

7 Stimmst du der Intention des Textes zu? Begründe deine Meinung.

Wie konntest du Aufgabe 7 lösen?
😐 → Seite 212
😊 → Seite 213 **EXTRA**

8 Verfasse eine Analyse des Textes „Sie sind eigentlich immer online".

9 Überprüfe deine Analyse mithilfe der Checkliste. Verbessere sie gegebenenfalls.

Wie konntest du Aufgabe 8 und 9 lösen?
😐 → Seite 210–212
😊 → Seite 213 **EXTRA**

Checkliste: Sachtextanalyse	😊	☹	Verbesserungsvorschläge
Einleitung Autor, Titel, Quelle, Textsorte … werden genannt. Das Thema ist kurz und verständlich formuliert.	…	…	…
Hauptteil Inhaltswiedergabe • Die wichtigsten Aussagen sind vollständig, Details sind weggelassen. • Die Reihenfolge der Aussagen stimmt. • Die Inhaltsangabe steht im Präsens. • Die Sprache ist sachlich und präzise. • Es finden keine Bewertungen statt. • Es wurden eigene Worte verwendet.	…	…	…
Hauptteil Text- und Gedankenstruktur • Die Kernaussage/Intention wird formuliert. • Der Aufbau des Textes wird richtig beschrieben. • Die gedankliche Struktur ist erkennbar. • Zusammenhänge werden durch Verknüpfungen deutlich.	…	…	…
Hauptteil Sprache • Die Wortwahl wird treffend dargestellt. • Stilmittel werden erkannt und Beispiele genannt. • Die Wirkung der Sprache wird beschrieben.	…	…	…
Schluss und Stellungnahme • Die Ergebnisse werden kurz zusammengefasst. • Eine begründete Stellungnahme wird genannt.	…	…	…

7

Berliner Impressionen

Rechtschreibung und Sprachreflexion

Eener alleene is nich scheene.
Aber eener mit eene
Und dann alleene –,
det is scheene!

Ich hab dein Bild im Traum jesehn,
mir blieb vor Schreck der Wecker stehn!

Jibt dir dit Leben mal een Buff, denn weene keene Träne. Lach Dir'n Ast und setz Dir druff und baumle mit de Beene.

Die Liebe is een Feuerzeug,
det Herz, det is der Zunder,
und fällt een kleenet Fünkchen rin,
so brennt der janze Plunder!

Nu plusta Dir ma nich so uff.

Da kikste, wa?

Dit is ja knorke!

1 Lest die Sprüche auf den blauen Karten laut vor. Übersetzt sie gemeinsam ins Hochdeutsche.

2 Welches Bild wird durch die Sprüche von den Berlinern vermittelt? Notiert passende Adjektive.

3 Erklärt das folgende Sprichwort mit eigenen Worten.

Das Herz auf der Zunge tragen

4 Welche Dialektwörter kennt ihr? Wählt die richtige Antwort aus.

Was ist eine „Bulette"?
a) Eine berlinerische Kappe
b) Eine Frikadelle
c) Eine gute Freundin

Was ist ein „Deez"?
a) Ein Kopf
b) Ein Blödmann
c) Ein Ausflugsschiff auf der Spree

Was bedeutet „hinne machen"?
a) Schön machen
b) Pinkeln gehen
c) Sich beeilen

5 Seht euch die Bilder an. Sammelt, welche der Sehenswürdigkeiten ihr kennt.

6 Wie werden die folgenden Sehenswürdigkeiten geschrieben? Schreibt die richtige Version in euer Heft. Überprüft sie anschließend mit einem Wörterbuch.

Das brandenburger Tor	Das Brandenburger Tor
Die Spree	Die Spreh
Die Quadriga	Die Quatriga

Jetzt lernt ihr, ...

... Standardsprache und ihre Varianten zu unterscheiden.

... Texte sprachlich zu vergleichen.

... Sprachentwicklungen zu reflektieren.

... mit Wörterbüchern zu arbeiten.

... Fremdwörter richtig zu schreiben.

... die Regeln der Groß- und Kleinschreibung zu vertiefen.

... die Regeln der Zusammen- und Getrenntschreibung anzuwenden.

→ **T4** Sprachbetrachtung und Sprachwandel Seite 270–272

So spricht man dort!

Standardsprache und ihre Varianten unterscheiden

1 Hört euch das folgende Gedicht, das im Berliner Dialekt verfasst ist, an. Tragt es anschließend mehrmals laut und gestaltend vor.

Hörverstehen
sq6wc8

Ewald Harndt

Berliner Klopsgeschichte

Ick sitz an' Tisch und esse Klops,
uff eenmal klopts.
Ick kieke, staune, wundre mir,
Uff eenmal jeht se uff, die Tür!
Nanu, denk ick, ick denk nanu, jetz is se uff, erst war se zu.
Ick jeh raus und kieke
Und wer steht draußen? – Icke.

Surftipp
b6fw3h

2 Übersetzt mit einer Partnerin oder einem Partner das Gedicht ins Hochdeutsche. Beschreibt anschließend die Unterschiede zwischen dem Berlinerischen und dem Hochdeutschen.

Andere Konsonanten:	Ick statt Ich
Andere Wörter:	...
Akkusativ statt Dativ	sitz an' Tisch
Dativ statt Akkusativ	...
...	

Merke

Dialekte (Mundarten) nennt man regionale Sprachvarianten innerhalb einer Standardsprache. Sie werden **in der Regel nur mündlich verwendet**.
Dialekte weichen von der Standardsprache meist in folgenden Punkten ab:
- Aussprache: *jehe* statt *gehe*
- Wortschatz: *kieken* statt *nachschauen*
- manchmal auch in der Grammatik: *wundre mir* statt *wundere mich*

3 Wie wirkt der Berliner Dialekt auf euch? Nennt drei passende Adjektive.

Merke

Standardsprache (auch Hochsprache, Schriftsprache) nennt man die **sprachliche Norm**, die z. B. in Behörden, Schule oder Medien verwendet wird. Neben der Standardsprache existieren auch **Dialekte**, **Umgangssprache** und **Sondersprachen**, z. B. Jugendsprache, Fachsprache etc. Diese Sprachformen nennt man **Sprachvarianten**.

4 Im September 2014 wurde im Auftrag der Gesellschaft für deutsche Sprache *forsa* eine Befragung von 1001 Personen zu den Eigenschaften des Berliner Dialektes durchgeführt. Wertet das folgende Diagramm schriftlich aus.

→ T5 Diagramme verstehen und auswerten Seite 278

Eigenschaften des Berliner Dialekts

Es trifft voll und ganz bzw. eher auf den Berliner Dialekt zu	insgesamt	Männer	Frauen	Ost	West	Es „berlinern" selbst ja	Es „berlinern" selbst nein
schlagfertig	80	82	78	81	79	84	73
frech	78	81	75	82	75	82	72
ehrlich	75	78	72	75	75	80	67
kumpelhaft	73	76	70	76	70	76	67
witzig	65	67	64	70	62	70	58
schnoddrig	60	59	62	62	60	61	59
liebenswürdig	43	43	42	47	40	48	35
proletarisch[1]	41	45	37	42	40	39	43
pöbelhaft	34	34	35	34	35	32	38
intelligent	23	22	23	22	23	26	18

Alle Angaben in Prozent. An 100 Prozent fehlende Angaben = „weiß nicht".

Berliner, die selbst mit Dialekt sprechen, ordnen die meisten Eigenschaften häufiger zu als Personen, die keinen Dialekt sprechen.

1 abwertend für Arbeiterklasse

5 Neben Hochdeutsch und Berlinerisch werden in Berlin noch andere Sprachen gesprochen. Recherchiert, wie viele Menschen aktuell in Berlin leben.
- Ermittelt, wie viele Personen davon Deutsch als Erstsprache sprechen.
- Benennt, welche anderen Sprachen häufig in Berlin gesprochen werden.
- Erstellt dazu ein Infoplakat.

Surftipp ac6hw8

Verteilung der Dialekte in Deutschland

6 Informiert euch mithilfe der Karte, zu welcher Dialektgruppe das Berlinerische gehört.

7 Besprecht, welche Dialekte in eurer Region gesprochen werden.

8 EXTRA Welche weiteren Dialekte kennt ihr? Nennt mindestens drei verschiedene Dialekte.
- Wählt einen Dialekt aus und untersucht ihn genauer.
- Stellt eure Ergebnisse mithilfe eines Power-Point-Vortrags in der Klasse vor.

Material fq89qk

○ Aufgabe 1, 6, 7 ◒ Aufgabe 2, 3, 4, 5, 8 EXTRA

Eine Stadt stellt sich vor

Texte sprachlich vergleichen

→ **T4** Sprachbetrachtung und Sprachwandel Seite 272–275

1 Lest die beiden folgenden Texte. Entscheidet, an welche Adressaten die Texte jeweils gerichtet sein könnten.

Berlin heute.

Berlin. Faszinierende Metropole, mitten in Europa.

langer Satz, Satzreihe
Metapher
langer Satz, Satzreihe
selten verwendetes Wort
Fremdwort

Berlin ist im Aufschwung. Es wird viel gebaut, die Zahl der Arbeitsplätze steigt – und auch beim Wirtschaftswachstum steht die Hauptstadt inzwischen bundesweit an der Spitze. Das alles zeigt: Hier bewegt sich etwas. Deutschlands größte Stadt ist international geworden, weltoffen und aufgeschlossen für Neues. Darauf sind wir Berlinerinnen und Berliner stolz, wiewohl wir wissen, dass diese Liberalität auch jeden Tag neu gefestigt und verteidigt werden muss.
Eines der größten Komplimente an die Stadt ist die Neugierde unserer Gäste. Sie tauchen ein in das Flair einer faszinierenden Metropole, die durch kulturelle Vielfalt, herausragende Wissenschaftseinrichtungen und eine innovationsfreudige Wirtschaft geprägt ist.
Bei allen Problemen, die es in einer solchen Metropole natürlich auch gibt und die angepackt werden müssen: Berlin fasziniert. Und unsere Stadt ist auch ein einzigartiges Zukunftslabor für modernes Stadtleben. Berlin zeigt, wie attraktiv Großstadt sein kann. Mit dieser Broschüre wollen wir Ihnen einen kleinen Überblick geben, was lebendige Vielfalt in Berlin heute bedeutet.

Herzlichst, Ihr
Klaus Wowereit
Regierender Bürgermeister von Berlin[1]

1 Ehemaliger Regierender Bürgermeister von Berlin (2001 bis 2014)

Berlin heute. Informationen über die Stadt Berlin in leicht verständlicher Sprache

Liebe Leserinnen und Leser,
Berlin ist eine tolle Stadt!

Und Berlin wird immer größer: Es wird viel gebaut. Es gibt immer mehr Arbeitsplätze. Und die Berliner Wirtschaft wächst so stark wie in keinem anderen Ort in Deutschland.
Was ist das Besondere an Berlin?
In diesem Heft finden Sie dazu einen kleinen Überblick. Ich lade Sie ein, unsere schöne Stadt zu entdecken!

Herzliche Grüße,
Ihr Klaus Wowereit
Regierender Bürgermeister von Berlin

2 Vergleicht die beiden Texte miteinander. Erklärt, warum der zweite Text leichter zu verstehen ist.

- Legt eine Folie über den Text oder nutzt den Online-Code. Setzt die Bemerkungen in der Randspalte fort.
- Untersucht die Wortebene und die Satzebene der beiden Texte mithilfe der folgenden Checkliste.

Material 72g92s

Checkliste: Texte sprachlich vergleichen	Text 1	Text 2
Wortebene • Werden bestimmte Wortarten besonders häufig verwendet? • Enthält der Text viele sprachliche Bilder? (Metaphern, Vergleiche, …) • Enthält der Text viele Fremdwörter? • Enthält der Text eher selten verwendete Wörter? • Enthält der Text sprachliche Mittel? (Alliterationen, Anaphern[2], …)	…	…
Satzebenen • Welche Satzarten werden verwendet? (Frage-, Ausrufe-, Aussagesatz) • Sind die Sätze abwechslungsreich gestaltet oder liegt immer das Schema Subjekt-Prädikat-Objekt vor? • Enthält der Text Satzgefüge oder Satzreihen? • Sind die Sätze eher kurz oder lang?	…	…

2 Ein Wort oder mehrere Wörter werden am Anfang von aufeinanderfolgenden Sätzen wiederholt.

3 Schreibt den folgenden Text in eine einfache Sprache um. Führt anschließend eine Schreibkonferenz durch, in der ihr die Wort- und die Satzebene der Texte vergleicht.

Orientiert euch an den Texten auf der linken Seite.

In der Stadt gibt es viel Kulturelles zu entdecken. Sowohl Altes als auch Neues …

Das kulturelle Berlin

Die Kultur zieht sich als Leitmotiv durch alle Huldigungen und Liebeserklärungen an die Stadt. Sie ist nicht nur Aushängeschild, sondern auch Klammer, die Geschichte und Gegenwart zusammenhält.
Berlin ist eine junge Stadt. Erst im 18. Jahrhundert entstanden die meisten Bauwerke und Einrichtungen, welche in einzigartiger Weise Kunstsinn, Bildungsanspruch und Weltoffenheit Berlins und seiner Bürger repräsentieren. […] Derzeit wird die Museumsinsel nach einem Masterplan neu gestaltet. Längst ist sie wieder Heimstatt der vielfältigen Sammlungen der Staatlichen Museen – von der Antike bis zur Kunst des 19. Jahrhunderts.

4 EXTRA Verfasst einen Text über eure Stadt in leicht verständlicher Sprache.

Berlin-Quiz

Mit Wörterbüchern arbeiten

T4 Sprachbetrachtung und Sprachwandel Seite 275/276

1 Lest den Text zunächst leise. Tragt ihn dann laut vor. Tauscht euch aus, welche Schwierigkeiten ihr dabei hattet.

Ain plädoajee[1] füa dih noamihrung dea schraibung!

Aigentlich könnte mann mainn dass rechtschraibfehla ganicht sain müsstn – soll doch jeda ainfach nua so schraibn wih ea spricht. Innahalb ainer klainn gemainschafft wüade dass fihlaicht auch ganz gut klappn. Aba deutsch schprechen ja fasst hundat milljonen mennschen. Unt dann gibts auch fihle auslännda dih auch deutsch leann müssn oda wollen. Für all dihse menschen dih tsaitung oda bücha lesn wolln oder deutsch leanen müssn isst aine ainhaitliche schraibung wih sih der schtaht duach aine amtliche ortografih forgibt ein wahra segen denn die ausschprache lässt sich nich 1 tsu 1 umsetzn. Unt auch die tsaichensetsung isst ja kaine schikahne dih sich iagentwelche leera ausgedacht haben wih mancha schühla oft fihlaicht denkt sondan ebenfalls aine gute hilfe wenn es darum geht längare sätse bessa zu veaschteen.

1 Rede, mit der jemand für oder gegen etwas eintritt.

Hörverstehen t576yy

2 Hört euch den Text an. Vergleicht ihn mit euren Vorträgen aus Aufgabe 1.

3 Schreibt den Text in der richtigen Rechtschreibung in euer Heft. Verwendet in Zweifelsfällen ein Wörterbuch.

4 In Zeile 8 hat es der Autor vermieden, sich für die Groß- oder Kleinschreibung der Zahlen entscheiden zu müssen. Erklärt mithilfe des Wörterbuchausschnittes, wie diese geschrieben werden müssten.

Eins, die Eins

Das Zahlwort „eins" schreibt man klein:
- es ist/schlägt eins (ein Uhr)
- [ein] Viertel vor eins; halb eins; gegen eins
- eins und zwei macht/ist drei
- eins (einig) sein; es ist mir alles eins (gleichgültig)

Groß schreibt man die Ziffer oder Zahl, wenn sie substantivisch/als Nomen gebraucht wird:
- die Einsen
- sie hat die Prüfung mit [der Note] „Eins" bestanden
- sie hat in Musik eine Eins geschrieben
- er würfelt drei Einsen

Vergleiche auch: acht, Acht

5 Welche Antwort ist die richtige? Schreibt sie in euer Heft. Kontrolliert eure Ergebnisse anschließend mithilfe eines Wörterbuches oder einer Suchmaschine im Internet.

1. An der Berliner Staatsoper gibt es ein …
a) Balett
b) Ballet
c) Balet
d) Ballett

2. Unter „Berlinale" versteht man …
a) eine in Berlin beliebte Senfsoße
b) die Berliner Filmfestspiele
c) den Berliner Stadtmarathon
d) eine große Zufahrtsstraße zum Ostteil der Stadt

3. Die richtige Aussprache des Berliner Stadtteiles „Treptow" lautet …
a) [trepto:]
b) [treptɔf]
c) [trepto:f]

4. Das Berliner Dialektwort für „Brötchen" heißt …
a) Semmel
b) Weckle/Weggle
c) Schrippe

5. Die „Berliner Luft" ist berühmt geworden, obwohl damit kein bestimmtes Aroma gemeint ist. Trotzdem: Welche Pluralbildung von „Aroma" ist nicht möglich?
a) Aromen
b) Aromi
c) Aromas
d) Aromata

6. Die Berliner Touristen finden das Berliner Leben …
a) interresant
b) interessant
c) interressant
d) interesant

7. Der Berliner Schriftsteller Kurt Tucholsky (1890–1935) war ein bedeutender Satiriker. Eine Satire ist …
a) eine ironisch-witzige Darstellung
b) eine Liedform im Dreivierteltakt
c) ein hundertzeiliges Gedicht (vom indischen Wort satem: „hundert")

8. Welchen Berliner Stadtteil gibt es nicht?
a) Prenzlauer Berg
b) Marzahn
c) Reinickendorf
d) Feldberg

9. „Berlin ist eine Reise wert." – Diesem Satz kann keiner …
a) wiedersprechen
b) widersprechen
c) wieder sprechen
d) wider sprechen

10. In welcher Abkürzung steht das „B" nicht für Berlin? In …
a) Hertha BSC
b) SFB
c) BVG
d) BWL

6 EXTRA Entwickelt ein Quiz mit zehn Fragen zu eurer eigenen Stadt.

7 EXTRA Wählt unterschiedliche Wörterbücher aus. Erstellt zu jedem ein Infoplakat. Erklärt die Angaben, die in einem Wörterbuch zu den einzelnen Begriffen gegeben werden.

○ Aufgabe 1, 2 ◒ Aufgabe 3, 4, 5, 7 EXTRA ● Aufgabe 6 EXTRA

Berlin um 1900

Fremdwörter richtig schreiben

→ **T4** Rechtschreibung
Seite 265/266

1 Lest den folgenden Text. Klärt mithilfe eines Wörterbuches unbekannte Begriffe.

Berlin um 1900

Nachdem Berlin 1871 zur Hauptstadt des Deutschen Reichs wurde, erlebte die Stadt einen rasanten Aufschwung. Hatte Berlin 1861 erst 548 000 Einwohner, so stieg die Einwohnerzahl nun rapide an: In nicht einmal zwanzig Jahren wuchs die Stadt um mehr als das Doppelte (1880: 1 315 000 Einwohner). Begleitet wurde dieser Einwohnerzuwachs durch den Bau- und Wirtschaftsboom, der so genannten Gründerzeit. Zahlreiche Unternehmen siedelten sich in der Stadt an. In der Folge wurde Berlin zum wissenschaftlichen, politischen und ökonomischen Zentrum des Reichs.
Die Niederlage Deutschlands im Ersten Weltkrieg und die revolutionären Unruhen in den Anfangsjahren der Weimarer Republik stürzten auch Berlin in eine tiefe Krise. Doch trotz schwieriger wirtschaftlicher Bedingungen mit Inflation und hoher Arbeitslosigkeit wuchs Berlin weiter. 1925 überschritt die Einwohnerzahl die Vier-Millionen-Grenze, durch Eingemeindungen verdreizehnfachte sich das Stadtgebiet: Berlin wird zur größten Industriestadt des Kontinents und entwickelt sich gleichzeitig zu einer einzigartigen und legendären Kulturmetropole mit innovativen Theaterinszenierungen, glanzvollen Filmpremieren, temporeichen Varietés und einem unvergleichlichen Nachtleben. […]

2 Der Text enthält viele Lehnwörter und wenige Fremdwörter. Notiert die Lehnwörter in eurem Heft. Schreibt anschließend die Fremdwörter heraus. Erklärt, woran ihr sie erkannt habt.

Merke

Unter einem **Lehnwort** versteht man ein Wort, das aus einer anderen Sprache übernommen wurde. Das Wort wurde in der Aussprache, Schreibung und Grammatik angepasst. Deshalb wird es nicht mehr als Fremdwort empfunden:
Film → aus dem Englischen *film* (dünne Schicht)

Unter einem **Fremdwort** versteht man ein Wort, das aus einer anderen Sprache übernommen wurde. Fremdwörter weisen Besonderheiten in der Aussprache, Schreibung oder in der Grammatik auf. Die Wörter werden als fremd empfunden:
Computer → aus dem Englischen – Datenverarbeitungsanlage
Manche Fremdwörter erkennt man an ihren **Präfixen** oder **Suffixen**:
Präfixe: *Adoption, Experiment, Rezept* (diese werden betont gesprochen)
Weitere Präfixe sind: *dis-, extra-, inter-, prä-, pro-, sub-* und *trans-*
Suffixe: *Telefonat, Funktion; Kultur* (diese werden ebenfalls betont gesprochen)
Weitere Suffixe sind *-age, -ant, -and, -ent, -eur/euse, -erie, -ient, -ine, -iv* und *-ieren*

3 Sucht im Text nach fremdsprachigen Präfixen und Suffixen. Nennt für jedes möglichst viele weitere Beispiele, z. B.: *rasant (Zeile 2): amüsant, arrogant, …*

4 Manchmal können fremdsprachliche Buchstabenkombinationen wie *th* (Theater), *té* (Varieté) oder *iere* (Premiere) Probleme bereiten. Sammelt weitere fremdsprachige Buchstabenkombinationen dieser Art. Nennt dazu Beispiele, z. B.: *–oo–: Boom, Zoom, Look, …*

Ihr könnt auch im Internet recherchieren.

5 Lest den folgenden Text. Klärt zunächst unbekannte Begriffe.

Peter von Polenz

Englischer Spracheinfluss um 1900

In seiner „Geschichte der deutschen Sprache" schildert der Sprachwissenschaftler Peter von Polenz die verschiedenen fremdsprachigen Einflüsse auf das Deutsche.

Englisch war um 1900 in Berlin als modische Konversations- und Renommiersprache der oberen Zehntausend an die Stelle des (seit Revolution und Napoleon schwindenden) Französischen getreten: Man war *Gentleman, Snob, Dandy* oder *Selfmademan,* gehörte einem *Club* an, benahm sich *fair,* fand die Dinge *allright* oder *tiptop,* trug den *Cutaway, Frack, Smoking* oder die *Breeches,* aß *Beefsteak, Toast, Keks* und *Pudding,* trank in der Bar einen *Whiskey, Sherry* oder *Cocktail,* trieb *Sport,* spielte *Tennis* oder *Hockey,* machte *Picknick* und erlaubte sich einen *Flirt* oder gar einen *Spleen.*

6 Ordnet die kursiv gedruckten Begriffe nach Lehn- und Fremdwörtern. Begründet eure Entscheidung. Vergleicht eure Ergebnisse mit einer Partnerin oder einem Partner.

7 Schreibt aus Aufgabe 6 die Wörter heraus, die heute noch verwendet werden.

8 Sammelt Begriffe aus dem Englischen (Anglizismen), die in der Jugendsprache verwendet werden, z. B.: *relaxen, chillen, …*

9 Verfasst zu euren Ergebnissen aus Aufgabe 8 einen Text, in dem ihr die Begriffe verwendet, z. B.: *In Berlin ist man relaxed. Zum Chillen besucht man …*

10 EXTRA Gebt den Text aus Aufgabe 9 mit einem Textverarbeitungsprogramm ein. Notiert, welche Wörter dem Rechtschreibprogramm nicht bekannt sind.

11 EXTRA Nehmt Stellung zu dem folgenden Zitat von Goethe.

> Die Gewalt einer Sprache ist nicht, daß sie das Fremde abweist, sondern, daß sie es verschlingt.

→ **T4** Sprachbetrachtung und Sprachwandel Seite 275/276

Grüße aus der Hauptstadt

Sprachentwicklungen reflektieren

1 Seht euch die folgenden Bilder an. Stellt Vermutungen an, in welcher zeitlichen Reihenfolge sie aufgenommen wurden. Notiert die Kriterien, an denen ihr euch beim Einordnen orientiert habt, z. B.: *Kleidung der Menschen, …*

A

B

C

2 Ordnet den folgenden Briefen ein Entstehungsdatum zu. Begründet eure Entscheidung.

Berlin, Februar 2007 | Berlin, September 1851 | Berlin, August 1756

Theuerster Freund!

Sie müssen sich unmöglich das Vergnügen, das uns Ihre Briefe verursachen, lebhaft genug vorstellen können. Sie würden gewiß sonst manche Stunde den Endzweck Ihrer Reise, die Sättigung der Neubegierde, aus den Augen setzen, um desto öfter an Ihre Freunde zu gedenken, an Ihre Freunde, werthester Lessing, die es gewiß in dem ganzen Umfange sind, den Sie diesem Worte zu geben pflegen. […]
Wenn Sie Ihre Reise vollendet und einmal genug die Welt angegafft haben werden; wenn Sie sich dereinst entschließen werden, alle Ihre neugierigen Blicke auf Ihr eigenes Herz und auf das Herz Ihrer Freunde einzuschränken: wollen Sie alsdenn diese ruhigern Tage bei uns zubringen? […]

Lieber Mario,

ob Du es glaubst oder nicht. Es ist vollbracht. Nach über vier Jahren Arbeit ist es uns nun endlich gelungen, alle Rechte deiner wundervollen Werke zu bekommen.
Ich bin sehr glücklich, da ich weiß, wie sehr das auch Dein Wille gewesen ist. Wir starten mit Deinem Werk „Und Jimmy ging zum Regenbogen".
Ich will Dir zum Schluss noch einmal mit Nachdruck sagen, wie viel es mir bedeutet, Deine Werke verfilmen zu dürfen – ich bin Dein größter Fan!

Alles Liebe, Dein Oliver

Lieber Freund!

... Ich ersehe aus Deinem Briefe, den ich wieder hervorgesucht, daß Du behaglich und sicher gestellt bist und lebst. Um so eher wünsche ich, daß nun auch bald die Erfüllung Deiner höheren Interessen hinzutritt ...
Ich habe in Berlin die Gelegenheit genutzt und viele Konzerte besucht, allein mein musikalisches Urteil ist noch ziemlich auf dem alten Punkte, da ich seither keinen Umgang mit Musikern hatte. Hingegen bildende Künstler lernte ich sehr tüchtige kennen, und erfreue mich ihres Umganges. Die Oper mußte ich leider vernachlässigen, da ich mein Geld auf den häufigen Besuch des Schauspieles verwenden muß [...].

4 Vergleicht die Sprache der drei Briefe miteinander. Übernehmt dazu die folgende Tabelle in euer Heft. Ergänzt Beispiele aus dem Text sowie weitere Kriterien des Sprachwandels. Nutzt die Arbeitstechnik „Ich – Du – Wir".

T5 Ich – Du – Wir
Seite 281

Nutzt die Informationen aus dem Merke-Kasten.

Kriterien des Sprachwandels	Brief 1	Brief 2	Brief 3
veraltete Formulierungen und Begriffe	Theuerster Freund! ...	...	ersehe ...
neue Formulierungen und Begriffe	...	...	...
Wörter aus anderen Sprachen (Fremd- und Lehnwörter)	...	...	...
veränderte Rechtschreibung	...	...	...
veränderte Wortbedeutungen	...	...	...
...	...	...	...

Merke

Phänomene des Sprachwandels

Sprache verändert sich ständig. Dieser **Sprachwandel** wird besonders deutlich, wenn man Formulierungen und Begriffe aus verschiedenen Jahrhunderten miteinander vergleicht. Man kann diese Veränderungen u. a. in folgenden Bereichen feststellen:

- **Wörter oder Ausdrücke** werden nicht mehr oder nur noch **selten** verwendet: *Backfisch* (für *ein junges, heranwachsendes Mädchen*)
- **Neue Wörter** kommen hinzu oder werden aus anderen Sprachen übernommen: *funzen* (etwas funktioniert); *chillen* (sich erholen oder abregen) → Lehnwort; *Dilemma* (Zwickmühle) → Fremdwort
- Die **Rechtschreibung ändert** sich: früher *Kuß* – heute *Kuss*
- **Wortbedeutungen ändern** sich: *brav* früher *tapfer* – heute *höflich* oder *artig*

5 EXTRA Untersucht den Satzbau der drei Briefe genauer. Könnt ihr auch Unterschiede auf der Satzebene feststellen?

→ **T4** Rechtschreibung
Seite 266–268

Der Alex

Groß- und Kleinschreibung vertiefen

1 Lest den Text. Erklärt die Groß- bzw. Kleinschreibung der unterstrichenen Begriffe.

Ein besonderer Platz

Einer der bekanntesten Orte Berlins ist seit langem der Alexanderplatz, der von den Berlinern auch liebevoll „Alex“ genannt wird. Dort pulsiert das Leben. Er dient sowohl den Berlinern als auch den Touristen als Treffpunkt und ist einer der zentralen Verkehrsknotenpunkte der Stadt.
Auch wenn der Alex seinen Namen nicht von Beginn an trug, war er schon immer etwas Besonderes. Bekannt war der Ochsenplatz, wie er zunächst genannt wurde, durch den dort stattfindenden Viehmarkt. Erst anlässlich des Staatsbesuches vom russischen Zar Alexander I. im Jahr 1805 erhielt er seinen jetzigen Namen.
Im Zweiten Weltkrieg wurde der Alexanderplatz fast völlig zerstört. Die den Platz heute prägenden Gebäude wurden also in der Zeit der Deutschen Demokratischen Republik (DDR) gebaut. Der Platz war das Ostberliner Zentrum. Zu den Bauten aus der DDR-Zeit gehören unter anderem der große „Brunnen der Völkerfreundschaft“ und die „Weltzeituhr“.
Ein wichtiges Datum ist der 4. November 1989, denn an diesem Tag ereignete sich auf dem Alexanderplatz die größte Kundgebung in der Geschichte der DDR. Es versammelten sich ca. eine Million DDR-Bürger, um gegen die Regierung und für Recht und Freiheit zu demonstrieren. Fünf Tage später fiel die Berliner Mauer. Das Ereignis gilt als Anfang zur Wiedervereinigung der beiden deutschen Staaten.
Aber auch andere Orte in Berlin sind vielen ein Begriff, zum Beispiel das Brandenburger Tor, die Straße „Unter den Linden“ oder der Checkpoint Charlie.

Merke

Nomen/Substantive erkennen

Eigennamen und **Nomen/Substantive** werden großgeschrieben. Sie bezeichnen Lebewesen, Gegenstände, auch Flüsse: *Rhein*, und Länder: *Schweiz*, oder abstrakte Begriffe, z. B. Wahrnehmungen oder Gefühle: *Hilfe, Freude*
Bei **mehrteiligen Eigennamen** schreibt man alle Wörter groß außer Artikel, Präpositionen und Konjunktionen: *Vereinigte Staaten von Amerika*
Geografische Ableitungen auf *-er* werden großgeschrieben: *Berliner Currywurst*
Geografische Ableitungen auf *-isch* werden kleingeschrieben: *spanische Paella*

Nominalisierung/Substantivierung
Wörter anderer Wortarten werden großgeschrieben, wenn sie als Nomen/Substantive verwendet werden: *sein Lachen, im Besonderen, etwas Neues*

2 Notiert die folgenden Begriffe in der richtigen Schreibweise in eurem Heft, z. B.: *über kurz oder lang, …*

Nutzt gegebenenfalls ein Wörterbuch.

Bis auf weiteres/Weiteres | seit neuestem/Neuestem | zu eigen/Eigen machen | Seit längerem/Längerem | von neuem/Neuem | durch dick/Dick und dünn/Dünn | für wahr/Wahr halten | ~~über kurz/Kurz oder lang/Lang~~ | von klein/Klein auf

Merke

Präpositionen und Adjektive

Verbindungen aus nur einer Präposition und nicht deklinierten Adjektiven werden klein geschrieben: *über kurz oder lang*
Verbindungen aus nur einer Präposition und einem deklinierten Adjektiv können sowohl groß- als auch kleingeschrieben werden: *von weitem/von Weitem*

3 Sucht in dem Text auf der linken Seite nach Beispielen für eine Verbindung aus einer Präposition und einem Adjektiv. Entscheidet, ob man diese auch großschreiben kann.

Merke

Verblasste Nomen/Substantive

Es gibt Wörter, die zwar die gleiche Form wie Nomen/Substantive haben, aber nicht die Merkmale eines Nomens/Substantives (Artikel oder Deklination) aufweisen. Man nennt sie **verblasste Nomen/Substantive**. Wenn diese Wörter in Verbindung mit den Verben *sein, bleiben* oder *werden* benutzt werden, schreibt man sie klein: *Er ist* ***schuld*** *daran.*
Verblassten Nomen/Substantive werden ebenfalls in den folgenden Verbindungen kleingeschrieben: *teilnehmen → Sie nahm an der Veranstaltung teil.*
eislaufen, kopfstehen, leidtun, nottun, standhalten, stattgeben, teilhaben

4 Überprüft die Schreibung der unterstrichenen Wörter in den folgenden Sätzen. Versucht, die Wörter mit einem Artikel zu verwenden.

Sie nahm an der Veranstaltung teil/Teil. | Das Konzert war teil/Teil der Veranstaltung.
Er hat schuld/Schuld daran. | Er ist schuld/Schuld daran.

5 Bildet mit den folgenden Wörtern jeweils einen Beispielsatz.
- Verwendet die Verben *sein, bleiben* oder *werden*, z. B.: *Er ist schuld daran.*
- Bildet dann einen weiteren Beispielsatz, in dem ihr ein anderes Verb verwendet, z. B.: *Er trägt die Schuld an dem Unglück.*

Angst – angst | Leid – leid | Recht – recht | Feind – feind

T4 Rechtschreibung
Seite 268/269

Bekannte Sehenswürdigkeiten

Zusammen- und Getrenntschreibung reflektieren

1 Lest den folgenden Text. Schreibt die kursiv gedruckten Wörter heraus.
- Bestimmt jeweils die Wortarten der einzelnen Bestandteile.
- Begründet mithilfe der Informationen aus dem Merke-Kasten die jeweilige Schreibweise.

Bahnhof Zoo und Ku'damm

Auch wenn dem Bahnhof Zoo seine einstige Bedeutung als Ankunftsbahnhof West-Berlins *verloren gegangen* ist, so bleibt er doch ein beliebter Ausgangspunkt für viele Berlin-Besucher. Direkt am Bahnhof liegt der Zoologische Garten, der *artenreichste* der Welt. Aber auch wer nichts für Tiere *übrig hat*, wird *schnell bemerken*, dass allein der Bahnhofsvorplatz mit seinen vielen *wunderschönen* Cafés ein besonderes Flair besitzt. Nur wenige Gehminuten weiter befindet sich die Kaiser-Wilhelm-Gedächtnis-Kirche, von der der *weltberühmte* Kurfürstendamm seinen Ausgang nimmt. Auch hier dürfte es niemandem *schwerfallen*, sich zu unterhalten. Man kann einfach nur *spazieren gehen*, die Schaufenster der zum Teil *sündhaft teuren* Modegeschäfte betrachten oder einem der zahlreichen Straßenmusikanten zuhören. Andere lassen sich vielleicht von einem *werbewirksamen* Filmplakat zu einem Kinobesuch anlocken oder setzen sich in ein Straßencafé, von wo aus sie das bunte Treiben *genau verfolgen* können.

Nutzt gegebenenfalls ein Wörterbuch.

2 Lest den folgenden Text.
- Bestimmt mithilfe der Informationen aus dem Merke-Kasten, ob die groß gedruckten Wörter zusammen oder getrennt geschrieben werden.
- Notiert sie in der richtigen Rechtschreibung in eurem Heft. Achtet auf Wörter, bei denen es beide Möglichkeiten gibt.

Der Reichstag

Der Reichstag ist ein besonders SYMBOLTRÄCHTIGES Gebäude, denn er hat die Geschichte der deutschen Demokratie von Anfang an begleitet. 1894 wurde der Reichstag vom Architekten Paul Wallot FERTIGGESTELLT, doch Kaiser Wilhelm II. war vom Bau dieser Volksvertretung WENIGBEGEISTERT. Am 09. November 1918 rief dann der Politiker Philipp Scheidemann vom Westbalkon eine Republik aus, die nur wenige JAHRELANG Bestand haben sollte. Als am 27. Februar 1933 das Gebäude ausbrannte, nutzten das die Nationalsozialisten, um eine Verordnung zu verabschieden, die die Bürgerrechte der Weimarer Republik außer Kraft setzte. Ob die Nationalsozialisten diesen Brand selbst gelegt hatten oder ob ein anderer Täter SCHULDWAR, ließ sich trotz JAHRELANGER Forschung bis heute nicht FESTSTELLEN.

Im Zweiten Weltkrieg wurde das Reichstagsgebäude STARKBESCHÄDIGT, dann aber in den 60er- und 70er-Jahren WIEDERAUFGEBAUT. Nach der Wiedervereinigung wurde der Bau nach den Plänen des Architekten Sir Norman Foster neu aufgebaut und mit einer METERHOHEN Glaskuppel versehen. Kurz vor Beginn der Umbauarbeiten wurde das Gebäude aber noch vom Künstler Christo und seiner Frau Jeanne-Claude SPEKTAKULÄRVERHÜLLT. Heute ist der Reichstag ein beliebtes Ziel für Touristen, die sich diese KOSTENLOSE Attraktion nicht ENTGEHENLASSEN wollen und sich selbst von RIESENGROSSEN Warteschlangen nicht ABSCHRECKENLASSEN.

Merke

Verb und Verb

In der Regel wird eine Verbindung aus zwei Verben getrennt geschrieben:
schreiben lernen, spazieren gehen
Wortverbindungen mit ***lassen*** und ***bleiben*** als zweiten Bestandteil werden nur zusammengeschrieben, wenn die Verbindung eine übertragene Bedeutung hat:
(im Bett) liegen bleiben, aber *liegenbleiben (unerledigt bleiben)*
Ausnahme: *kennenlernen* und *kennen lernen*

Adjektiv und Verb

In der Regel wird eine Verbindung aus einem Adjektive und einem Verb getrennt geschrieben: *lange schlafen, schnell gehen*
Wenn ein einfaches Adjektiv eine Eigenschaft als Ergebnis der Handlung bezeichnet, sind beide Schreibweisen möglich: *klein schneiden* oder *kleinschneiden*
Wortverbindungen aus Adjektiv und Verb müssen zusammengeschrieben werden, wenn sie eine übertragene Bedeutung haben: *kürzertreten (sich einschränken), richtigstellen (berichtigen)*

Adjektiv und Adjektiv

Zwei Adjektive werden zusammengeschrieben, wenn
- der erste Bestandteil bedeutungsverstärkend oder -vermindernd ist: *schwerkrank, lauwarm*
- der erste und zweite Bestandteil der Verbindung gleichwertig sind: *hellrot, taubstumm*
- oder ein längerer Ausdruck verkürzt wird: *meterhoch (mehrere Meter hoch)*

3 EXTRA Recherchiert im Internet nach einer Veranstaltung in Berlin.
- Verfasst mithilfe der Informationen eine Kurzbeschreibung für Jugendliche.
- Verwendet die folgenden Begriffe in der richtigen Schreibweise.

stattfinden/statt finden

dabeisein/dabei sein

Schlangestehen/Schlange stehen

eiskalt/Eis kalt

Teste dich selbst!

Üben interaktiv
i94x5d

Wie konntest du Aufgabe 1 und 2 lösen?

😐 → Seite 270/271

🙂 → Seite 272 **EXTRA**

1 Erkläre, was eine Standardsprache und was ein Dialekt ist.

2 Übersetze das folgende Gedicht ins Hochdeutsche. Erkläre, welche Besonderheit des Berliner Dialekts darin angesprochen wird.

Ick liebe dir, ick liebe dich,
Wie't richtig is, dit weeß ick nich'
Un' is mich ooch Pomade.
Ick lieb' dir nich im dritten Fall,
Ick lieb' dir nich im vierten Fall,
Ick liebe dir uff jeden Fall.

3 Lies den Text. Kläre mithilfe eines Wörterbuches unbekannte Begriffe.

Kreativ in Berlin

Künstlerinnen und Künstler aus aller Welt kommen nach Berlin, um hier zu leben und zu arbeiten. So ist eine lebendige Szene entstanden, in der Theaterinitiativen, junge Autorinnen und Autoren, Film- und Musikprojekte neue Wege beschreiten und ihr Publikum stets aufs Neue inspirieren. […] Große Namen und große Kunst sind auch in den drei Berliner Opernhäusern zu erleben. Und die Orchester-Landschaft ist an Qualität und Vielfalt unübertroffen. Ebenfalls höchstes Ansehen genießen Berlins Tanztheater, die mal klassisch, mal avantgardistisch auftreten.
Gleiches gilt für Berlins Theater. Ihr Ruhm wurde einst von Max Reinhardt, Erwin Piscator, Bertolt Brecht und anderen begründet.
Heute werden Berliner Bühnen regelmäßig mit Einladungen zum Theatertreffen ausgezeichnet, wo die herausragenden Inszenierungen der Saison zu sehen sind.

Wie konntest du Aufgabe 3 und 4 lösen?

😐 → Seite 272–274

🙂 → Seite 274/275 **EXTRA**

4 Untersuche mithilfe der folgenden Stichwörter die Wortebene des Textes.

auffällige Wortarten | sprachliche Mittel | sprachliche Bilder | …

5 Suche aus dem folgenden Text die Fremdwörter heraus und erkläre sie.

Ein Urlaub in Berlin kann auch anstrengend sein, Das erkannten wir spätestens beim Einchecken in unsere Pension. Eigentlich wollten wir gerne in ein Hotel, aber unsere finanziellen Ressourcen gaben dies leider nicht her. Von unserem Wunsch nach Komfort mussten wir uns deshalb verabschieden. Aber unser Zimmer lag in der zehnten Etage und bot ein Panorama der besonderen Art – alle Berliner Sehenswürdigkeiten lagen uns zu Füßen. Trotzdem ließen wir es uns nicht entgehen, die Stadt in Eigenregie intensiv zu erkunden.

6 Erkläre den Unterschied zwischen einem Fremd- und einem Lehnwort. Nenne jeweils ein Beispiel.

7 Nenne zwei Bereiche, an denen man Sprachwandel feststellen kann.

8 Was bedeutet das Wort „Zaster“? Entscheide dich mithilfe eines Wörterbuches für a, b oder c.

a) ein typisches Berliner Straßenpflaster

b) Geld

c) ein streunender Hund

9 Schreibe die folgenden Sätze in der richtigen Groß- und Kleinschreibung ab.

DER BERLINER RICHTER GAB DEM EINSPRUCH STATT.

SIE WAR ES LEID, IMMER AUF ALLES WARTEN ZU MÜSSEN.

PAULA HATTE RECHT; VOR DER KINOKASSE AM POTSDAMER PLATZ MUSSTE MAN LANGE SCHLANGE STEHEN.

10 Schreibe die folgenden Sätze ab. Entscheide, ob die Verben zusammen- oder getrenntgeschrieben werden.

AM SONNTAG WOLLTE DIE FAMILIE IM VOLKSPARK SPAZIEREN-GEHEN.

KLAUS WOLLTE AM SONNTAG ETWAS LÄNGER IM BETT LIEGEN-BLEIBEN.

11 Formuliere für die folgenden Zusammensetzungen Beispielsätze.

kürzertreten (sich einschränken)

richtigstellen (berichtigen)

schwerfallen (Mühe verursachen)

12 Übernimm die Tabelle in dein Heft. Ergänze die Wörter in der richtigen Spalte.

Erster Bestandteil bedeutungsverstärkend oder -vermindernd	Erster Bestandteil mit dem nachfolgenden Adjektiv gleichrangig	Zusammensetzung, die einen längeren Ausdruck verkürzt
...	...	...

supergut fingerbreit todlangweilig meterhoch minderwertig

taubstumm blaugrau angsterfüllt feuerrot brandneu dunkelrot

Wie konntest du Aufgabe 5 und 6 lösen?
😐 → Seite 265
🙂 → Seite 266 EXTRA

Wie konntest du Aufgabe 7 und 8 lösen?
😐 → Seite 275/276
🙂 → Seite 276 EXTRA

Wie konntest du Aufgabe 9 lösen?
😐 → Seite 266/267
🙂 → Seite 267/268 EXTRA

Wie konntest du Aufgabe 10 bis 12 lösen?
😐 → Seite 268/269
🙂 → Seite 269 EXTRA

8

Zeitgeschichten

Nachdenken über Sprache

Sonnenuhr

Atomuhr

1 Seht euch die Bilder an. Was sagen sie zum Thema „Zeit“ aus?

2 Manchmal hat man das Gefühl, dass die Zeit schnell vergeht, manchmal kommt einem ein Ereignis sehr lang vor. Berichtet von euren Erfahrungen.

3 Ihr habt gelernt, dass mithilfe von Verben die Zeit eines Geschehens ausgedrückt werden kann. Notiert die Verbzeiten auf den blauen Kärtchen und ordnet ein Beispiel zu.

P _ _ _ q _ _ _ _ _ _ _ _ _ t

P _ _ _ _ _ _ _ _ m

P _ _ _ _ _ t

P _ _ _ _ _ s

F _ _ _ r

Die Zeit ist vergangen.

Die Zeit vergeht.

Die Zeit verging.

Die Zeit wird vergehen.

Die Zeit war vergangen.

4 Gebt den Inhalt des Gedichtes mit eigenen Worten wieder.

Friedrich Schiller

Sprüche des Confucius

Dreifach ist der Schritt der Zeit:
Zögernd kommt die Zukunft hergezogen,
Pfeilschnell ist das Jetzt entflogen,
Ewig still steht die Vergangenheit.
[…]

5 Erklärt den Begriff „Prädikat".

6 Bestimmt die Prädikate in dem Gedicht von Friedrich Schiller.

Jetzt lernt ihr, …

- … das Präsens zu untersuchen.
- … Vergangenheitsformen anzuwenden.
- … infinite und finite Verbformen zu unterscheiden.
- … Prädikate zu bestimmen.
- … den Verbmodus zu bestimmen.
- … Modalverben und Imperative zu verwenden.
- … Handlungsarten von Verben zu untersuchen.
- … Wortbeziehungen aufzuzeigen.

Nachtzeiten

Die Bedeutung des Präsens untersuchen

T4 Grammatik
Seite 253

Eduard Mörike

Um Mitternacht

Gelassen stieg die Nacht an Land,
lehnt träumend an der Berge Wand;
ihr Auge sieht die goldne Waage nun
der Zeit in gleichen Schalen stille ruhn.
Und kecker rauschen die Quellen hervor,
sie singen der Mutter, der Nacht, ins Ohr
vom Tage,
vom heute gewesenen Tage.
Das uralt alte Schlummerlied –
sie achtet's nicht, sie ist es müd;
ihr klingt des Himmels Bläue süßer noch,
der flücht'gen Stunden gleichgeschwungnes Joch.
Doch immer behalten die Quellen das Wort,
es singen die Wasser im Schlafe noch fort
vom Tage,
vom heute gewesenen Tage.

Nacht

Als „Nacht“ bezeichnet man die Zeit zwischen Sonnenuntergang und Sonnenaufgang. Ihre Dauer hängt von der geographischen Breite und von der Jahreszeit ab.
Am Äquator dauert die Nacht genau zwölf Stunden. Bei uns sind Tag und Nacht nur zum Frühlings- und Herbstanfang gleich lang. Am Nordpol und am Südpol ist es während der Polarnacht 24 Stunden dunkel.

Michael Martin

Nordgrönland im Winter: Warten aufs erste Sonnenlicht

[…] Höhepunkt unseres einwöchigen Aufenthalts sollte die Rückkehr der Sonne am 17. Februar werden. Zur Mittagszeit steigen Jörg und ich auf einen Hügel oberhalb Qaanaaqs, wo sich bereits Dutzende Dorfbewohner versammelt haben, um mit Gesängen den ersten Sonnenaufgang seit vier Monaten zu feiern.
Doch daraus wird nichts, dichte Wolken verdecken die Sonne. […] Jörg und ich steigen frustriert vom Hügel hinab und bekämpfen unseren Winterblues mit der Entscheidung, am nächsten Tag mit Hundeschlitten nach Siorapuluk aufzubrechen – in das nördlichste Dorf der Welt.

1 Lest die Texte auf der linken Seite. Vergleicht, welche Aspekte der Nacht angesprochen werden.

2 In den Texten wird überwiegend das Präsens verwendet. Schreibt aus jedem Text drei Bespiele heraus.

3 Begründet mithilfe des Merke-Kastens die Verwendung des Präsens bei euren Beispielen aus Aufgabe 2.

Merke

Die Zeitform **Präsens** (Gegenwart) kann unterschiedlich verwendet werden:
- Ein Geschehen läuft **im Moment** ab: *Die Sonne geht unter.*
- Ein Geschehen ist zwar schon vorbei, wird aber zur **Verdeutlichung von Gefühlen und Stimmungen** so dargestellt, als fände es gerade statt: *Wir machten uns um Mitternacht auf den Weg. Uns fröstelt, die Stille macht Angst, …*
- Etwas ist **allgemein gültig oder kommt immer wieder vor**: *Der Tag hat 24 Stunden. Tag und Nacht wechseln sich auf der Erde ab.*
- Ein Geschehen wird in der **Zukunft** stattfinden; meist zeigen andere Wörter den Zeitbezug an: *Wir kommen* **morgen** *um 18 Uhr an.*

Das Präsens wird z. B. für folgende Textsorten verwendet: **Sachtexte** (z. B. Beschreibungen, Inhaltsangaben, Gebrauchsanweisungen, Gesetzestexte), **Reportagen** und **Schilderungen**.

4 Im ersten und dritten Text werden an einigen Stellen auch andere Zeitformen verwendet. Schreibt sie heraus und bestimmt sie. Begründet, warum dort nicht das Präsens verwendet wurde.

5 Verfasst einen kurzen Text im Präsens. Wählt dazu Aufgabe A oder B aus.
A Schildert eure Stimmungen und Gefühle während einer Nachtwanderung.
B Schreibt einen kurzen Sachtext zur Entstehung von Tag und Nacht. Recherchiert dazu im Internet.

6 EXTRA Erklärt die Bedeutung der Tageszeit in dem Gedicht „Um Mitternacht".

7 EXTRA Lest die folgenden Sätze. Welche Zeitform bevorzugt ihr? Begründet eure Entscheidung.

A Morgen nehmen wir an einer Nachtwanderung teil. Um 21 Uhr treffen wir uns hinter der Jugendherberge. Dann geht es durch den Wald, wo uns einige Überraschungen erwarten.

B Morgen werden wir an einer Nachtwanderung teilnehmen. Um 21 Uhr werden wir uns hinter der Jugendherberge treffen. Dann wird es durch den Wald gehen, wo uns einige Überraschungen erwarten werden.

T4 Grammatik
Seite 254/255

Warten – wenn die Zeit lang wird

Vergangenheitsformen untersuchen und anwenden

1 Habt ihr es einmal erlebt, dass ihr euch von einem Ort nicht „losreißen“ konntet? Berichtet davon.

2 Lest den Text. Überlegt, warum Franz Biberkopf nach seiner Entlassung aus dem Gefängnis vor dem Tor wartet.

Alfred Döblin

Berlin Alexanderplatz

Er stand vor dem Tor des Tegeler Gefängnisses und war frei. Gestern hatte er noch hinten auf den Äckern Kartoffeln geharkt mit den anderen, in Sträflingskleidung, jetzt ging er im gelben Sommermantel, sie harkten hinten, er war frei. Er ließ Elektrische[1] auf Elektrische vorbeifahren, drückte den Rücken an die rote Mauer und ging nicht. Der Aufseher am Tor spazierte einige Male an ihm vorbei, zeigte ihm seine Bahn, er ging nicht. Der schreckliche Augenblick war gekommen (schrecklich, Franze warum schrecklich?), die vier Jahre waren um. Die schwarzen eisernen Torflügel, die er seit einem Jahre mit wachsendem Widerwillen betrachtet hatte (Widerwillen, warum Widerwillen), waren hinter ihm geschlossen. Man setzte ihn wieder aus. Drin saßen die andern, tischlerten, lackierten, sortierten, klebten, hatten noch zwei Jahre, fünf Jahre. Er stand an der Haltestelle. […]

1 Straßenbahn

3 Der Text ist vollständig in der Vergangenheit geschrieben. Bestimmt die verwendeten Verbzeiten mithilfe von Beispielen.

4 Begründet mithilfe des Merke-Kastens die Verwendung der Zeitformen bei euren Beispielen aus Aufgabe 3.

Merke

Es gibt drei **Vergangenheitsformen**.

Das **Präteritum** wird gebraucht, wenn der Ablauf eines Geschehens dargestellt wird. Es wird häufig in **epischen Prosatexten**, z. B. Romanen, Novellen, Erzählungen oder Märchen, verwendet.

Das **Perfekt** ist die bevorzugte Vergangenheitsform in **mündlichen Erzählungen**, es wird aber auch im Schriftlichen für Vollendetes und Vergangenes benutzt. Dies gilt besonders, wenn das Geschehen sich auf ein nachfolgendes auswirkt.

Das **Plusquamperfekt** wird verwendet, wenn ein Ereignis noch weiter zurückreicht als das Geschehen, das im Präteritum steht.

5 Stellt Vermutungen an, was ein „Ausdauerwettbewerb“ sein könnte.

6 Lest den folgenden Text. Beschreibt, mit welchen sprachlichen Mitteln der Autor die Anstrengung des Wartens verdeutlicht.

Anthony McCarten

Hand aufs Herz

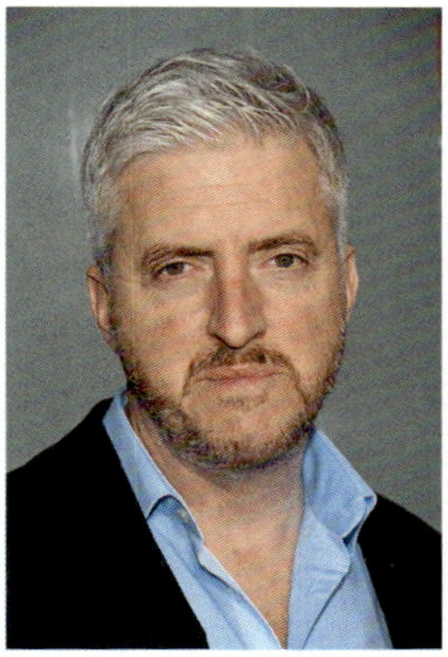

Ein Autohändler veranstaltet zu Werbezwecken einen Ausdauerwettbewerb. Derjenige, der am längsten die Hand auf einem Luxusauto lässt, kann dieses mitnehmen. Es melden sich vierzig Menschen. Was zunächst als Spaß erscheint, wird für die Beteiligten zum Albtraum, denn ein Teilnehmer stirbt und andere bekommen sogar Wahnvorstellungen.

[…] Zusätzlich zu all ihren anderen Beschwerden (Schmerzen im ganzen Körper, Gedächtnislücken, Schwierigkeiten mit der Koordination, Augen, die nicht mehr scharf stellten) merkte Jess nun, dass sie auch nur noch mit Mühe sprechen konnte. Das Hirn, schon nicht mehr ganz klar, ließ den müden Mund im Stich. Sie musste sich anstrengen, um die Worte über die Lippen zu bekommen. „Er hatte Medizin. Medikamente. Für sein. Für sein Herz. Die hat er nicht. Genommen. Weil die Pillen ihn sonst. Das hat er mir gesagt. Ich meine, dass er … dass er …" Sie seufzte – zu müde zum Weinen – und drückte mit einem Arm Walters rotes Kissen fest an sich, barg den Kopf im weichen Samt. „Das hat er mir gesagt."
Tom sah auf seine Uhr. Die Polizei würde bald wieder da sein.
Betsy flüsterte Matt etwas zu und er reagierte weniger überrascht, als man hätte denken können. „Bist du sicher?"
„Ja." Betsy nickte, dann hob sie den Kopf und wandte sich an die anderen. „Ich kann das nicht mehr weitermachen. Ich finde, es ist nicht richtig. Und es hat doch sowieso keinen Zweck. Ich höre auf."
Mit einem tiefen Seufzer wandte sie sich Matt zu und sagte lächelnd: „Dafür hab ich dich bekommen."

7 Nennt die im Text verwendeten Verbzeiten und belegt sie mit Textstellen.

8 Vergleicht die Verwendung der Verbzeiten in den Texten „Berlin Alexanderplatz" und „Hand aufs Herz". Erklärt die Unterschiede.

9 Verfasst einen Text, in der eine Person auf jemanden wartet. Wählt dazu Aufgabe A oder B.
A Schreibt im Präteritum. Orientiert euch am Text „Berlin Alexanderplatz".
B Schreibt im Präteritum und verwendet zusätzlich wörtliche Rede, in der das Präsens gebraucht wird. Orientiert euch am Text „Hand aufs Herz".

10 EXTRA Setzt die Zeilen 5 bis 12 des Textes „Berlin Alexanderplatz" ins Perfekt. Vergleicht anschließend die Wirkung der beiden Fassungen.

T4 Grammatik
Seite 256/257

Zeitmessung – eine alte Geschichte

Finite und infinite Verbformen unterscheiden

1 Besprecht, wie man die Uhrzeit ohne moderne Uhren bestimmen kann.

2 Lest den Text. Beschreibt die antiken Zeitmessungen.

Zeitmessung – wie es begann!

Heute genügt ein Blick auf die Uhr und wir wissen, wie spät es ist. Zeitmessgeräte gab es aber auch schon vor 3000 Jahren – nur keine mit Uhrwerk oder Elektronik. Für die in der Antike erfundenen Uhren reichte die Natur. Sonne oder Wasser nutzend konnten die Ägypter, Babylonier und Griechen den Verlauf der Zeit ablesen.

Sonnenuhren sind die ältesten Zeitmessgeräte und sie sind leicht hergestellt. Das einfachste Modell ist ein Stab im Boden mit darum angeordneten Steinen, die als Zeitmesser dienen. Mit der Erddrehung wandernd zeigt der geworfene Schatten nun die Uhrzeit an. Nach und nach wurden aufwändigere Modelle angefertigt. Grund dafür war die sich ändernde Schattenlänge sowohl im Tagesverlauf als auch bei den Jahreszeiten. Die Griechen gingen deshalb dazu über, Hohlkugeln zu verwenden, denn darin waren die Schatten immer gleich lang.

Mit einer Sonnenuhr kann man nicht nur die Tageszeit ablesen, sondern auch Informationen zum Sonnenstand gewinnen. Denn hoch am Himmel stehend ist der Schatten sehr kurz. Im Winter, wenn die Sonne am niedrigsten Punkt steht, ist er am längsten. Neben der Sonne wurde auch tropfendes Wasser zur Zeitmessung genutzt.

Nutzt die Informationen aus dem Merke-Kasten auf der rechten Seite.

3 Schreibt die infiniten Verbformen aus dem Text heraus. Legt dazu eine Tabelle an.

Infinitiv	Partizip I	Partizip II
ablesen	erfundenen	hergestellt
...	...	...

4 Bestimmt drei finite Verbformen aus dem Text genauer. Erstellt dazu ein Schaubild wie im folgenden Beispiel.

Bestimmung einer finiten Verbform

schreibst

Person	Numerus	Tempus	Modus	Handlungsart
2. Person	*Singular*	*Präsens*	*Indikativ*	*Aktiv*

Merke

Die veränderbare Personalform eines Verbes nennt man **finite Verbform**: *du schreibst*.
Es gibt auch Verbformen, die keine Bestimmung nach Person und Numerus aufweisen und deshalb nicht konjugiert werden. Man nennt sie **infinite Verbformen**:
- **Infinitiv** (Grundform des Verbs): *schreiben*
- Das **Partizip I** drückt einen gleichzeitigen Verlauf aus: *schreibend → Sie saß schreibend am Tisch.*
- Das **Partizip II** benötigt man zur Bildung des Perfekts/Plusquamperfekts oder Passivs: *geschrieben → hat geschrieben/wurde geschrieben*

Die Partizipien können auch adjektivisch verwendet werden: *das lachende Kind, das gebrauchte Auto.*

Finite Verbformen drücken grammatische Merkmale aus: Person, Numerus, Tempus, Modus und Handlungsart.

5 Verfasst einen Text über die Zeitmessung mithilfe von Wasser. Nutzt dazu die folgenden Informationen. Verwendet in eurem Text auch infinite Verbformen.

Die Wasseruhr von Ktesibios

Die Uhr arbeitet mit einem System aus zwei mit Flüssigkeit gefüllten Behältern. In dem größeren schwimmt eine Figur, die die Zeit anzeigt. Der Flüssigkeitsstand steigt kontinuierlich an, denn das einlaufende Wasser tritt aus dem kleineren Behälter mit konstanter Rate aus. Stunden werden so auf einer senkrechten Skala angezeigt.

6 EXTRA Untersucht die Partizipien in dem Text „Zeitmessung – wie alles begann!" genauer. Welche werden adjektivisch gebraucht?

Achtung: Zeitdiebe!

Prädikate untersuchen

→ T4 Grammatik
Seite 258/259

1 Lest den Text. Erklärt, was mit dem „Geheimnis der Zeit" gemeint ist.

Michael Ende

Momo (Ausschnitt 1)

Eines Tages kommen graue Männer in die Stadt, in der das Mädchen Momo lebt. Es handelt sich um aschgraue Herren, die den Menschen sagen, dass sie nur noch Nützliches tun dürfen, um Zeit zu sparen. Als das Leben zu veröden[1] droht, weil keiner mehr Zeit hat, versucht Momo, den Menschen die gestohlene Zeit wieder zurückzugeben.

Die Rechnung ist falsch und geht doch auf

Es gibt ein großes und doch ganz alltägliches Geheimnis. Alle Menschen haben daran teil, jeder kennt es, aber die wenigsten denken je darüber nach. Die meisten Leute nehmen es einfach so hin und wundern sich kein bisschen darüber. Dieses Geheimnis ist die Zeit. Es gibt Kalender und Uhren, um sie zu messen, aber das will wenig besagen, denn jeder weiß, dass einem eine einzige Stunde wie eine Ewigkeit vorkommen kann, mitunter kann sie aber auch wie ein Augenblick vergehen – je nachdem, was man in dieser Stunde erlebt. Denn Zeit ist Leben. Und das Leben wohnt im Herzen. Und genau das wusste niemand besser als die grauen Herren. Niemand kannte den Wert einer Stunde, einer Minute, ja einer einzigen Sekunde Leben so wie sie. Freilich verstanden sie sich auf ihre Weise darauf, so wie Blutegel sich aufs Blut verstehen, und auf ihre Weise handelten sie danach.

Sie hatten ihre Pläne mit der Zeit der Menschen. Es waren weit gesteckte und sorgfältig vorbereitete Pläne. Das Wichtigste war ihnen, dass niemand auf ihre Tätigkeit aufmerksam wurde. Unauffällig hatten sie sich im Leben der großen Stadt und ihrer Bewohner festgesetzt. Und Schritt für Schritt, ohne dass jemand es bemerkte, drangen sie täglich weiter vor und ergriffen Besitz von den Menschen.

1 vereinsamen

Sie kannten jeden, der für ihre Absichten in Frage kam, schon lange bevor der Betreffende selbst etwas davon ahnte. Sie warteten nur den richtigen Augenblick ab, in dem sie ihn fassen konnten. Und sie taten das ihre dazu, dass dieser Augenblick eintrat.

Da war zum Beispiel Herr Fusi, der Friseur. Er war zwar kein berühmter Haarkünstler, aber er war in seiner Straße gut angesehen. Er war nicht arm und nicht reich. Sein Laden, der mitten in der Stadt lag, war klein und er beschäftigte einen Lehrjungen. Eines Tages stand Herr Fusi in der Tür seines Ladens und wartete auf Kundschaft. Der Lehrjunge hatte frei und Herr Fusi war allein. Er sah zu, wie der Regen auf die Straße platschte, es war ein grauer Tag und auch in Herrn Fusis Seele war trübes Wetter.

„Mein Leben geht so dahin", dachte er, „mit Scherengeklapper und Geschwätz und Seifenschaum. Was habe ich eigentlich von meinem Dasein? Und wenn ich einmal tot bin, wird es sein, als hätte es mich nie gegeben."

2 Schreibt aus den Zeilen 1 bis 17 die Prädikate heraus, die aus zwei Teilen bestehen. Notiert jeweils den Infinitiv, z. B.: *haben ... teil → teilhaben*

3 Schreibt aus den anderen Textabschnitten alle mehrteiligen Prädikate heraus.

4 Schreibt Sätze heraus, in denen das finite Verb des Prädikats am Ende des Satzes steht. Begründet mithilfe des Merke-Kastens, warum es dort steht.

Merke

Das Prädikat ist das verbale Satzglied in einem Satz. Es kann einteilig oder mehrteilig sein. In allen Fällen gehört zum Prädikat ein **finites Verb**.
Einteiliges Prädikat: *Es **gibt** ein Geheimnis.*
Mehrteiliges Prädikat: Neben trennbaren Verben sind Prädikate mehrteilig, wenn sie im Plusquamperfekt, Perfekt, Futur oder Passiv stehen: *Alle **haben** daran **teil**. Sie **hat** das Geheimnis **verraten**.*

Die Stellung des Prädikats im Satz
Das finite Verb des Prädikats steht im Aussagesatz an zweiter Satzgliedstelle:
Er bleibt in der Stadt.
In Frage- und Befehlssätzen steht das finite Verb an der ersten Satzgliedstelle:
Bleibt er in der Stadt? Bleib in der Stadt!
In Nebensätzen steht das finite Verb an der letzten Satzgliedstelle:
..., weil er in der Stadt bleibt.

Bei der Bestimmung der Prädikate muss man darauf achten, ob sie ein- oder mehrteilig sind und ob das Verb bei der Konjugation (Beugung) aus zwei Teilen besteht:
Die meisten Leute nehmen es einfach hin. → hinnehmen

5 EXTRA Die meisten Prädikate im Text sind einteilig. Begründet, warum es nur wenige mehrteilige Prädikate gibt.

Achtet auf die Zeitform.

○ Aufgabe 2 ◒ Aufgabe 1, 4 ● Aufgabe 3, 5 EXTRA

T4 Grammatik
Seite 260/261

Herr Fusi bekommt Besuch

Den Modus von Verben bestimmen

1 Lest den Text. Wieso könnte Herr Fusi das Gefühl haben, seine Zeit nicht sinnvoll zu nutzen?

Michael Ende

Momo (Ausschnitt 2)

Die grauen Herren besuchen Herrn Fusi und rechnen ihm sekundengenau vor, wie er seine Zeit verwendet, wie er sie verschwendet und wie er Zeit sparen kann.

Das, dachte Herr Fusi zerschmettert, ist also die Bilanz meines ganzen bisherigen Lebens.

Er war so beeindruckt von der Rechnung, die so haargenau aufging, dass er alles widerspruchslos hinnahm. Und die Rechnung selbst stimmte. Das war einer der Tricks, mit denen die grauen Herren die Menschen bei tausend Gelegenheiten betrogen.

„Finden Sie nicht“, ergriff nun der Agent Nr. XYQ/384/b in sanftem Ton wieder das Wort, „dass Sie so nicht weiterwirtschaften können, Herr Fusi? Wollen Sie nicht lieber zu sparen anfangen?“

Herr Fusi nickte stumm und mit blau gefrorenen Lippen.

„Hätten Sie beispielsweise“, klang die aschenfarbene Stimme des Agenten an Herrn Fusis Ohr, „schon vor zwanzig Jahren angefangen täglich nur eine einzige Stunde einzusparen, dann besäßen Sie jetzt ein Guthaben von sechsundzwanzigmillionenzweihundertundachtzigtausend Sekunden. Bei zwei Stunden täglich ersparter Zeit wäre es natürlich das Doppelte, also zweiundfünfzigmillionenfünfhundertundsechzigtausend. Und ich bitte Sie, Herr Fusi, was sind schon zwei lumpige kleine Stunden angesichts einer solchen Summe?“

„Nichts“, rief Herr Fusi, „eine lächerliche Kleinigkeit!“

„Es freut mich, dass Sie das einsehen“, fuhr der Agent gleichmütig fort. […]

„Großartig!“, stammelte Herr Fusi und riss die Augen auf.

„Warten Sie ab“, fuhr der graue Herr fort, „denn es kommt noch viel besser. Wir, das heißt die Zeit-Spar-Kasse, bewahren nämlich die eingesparte Zeit nicht nur für Sie auf, sondern wir zahlen Ihnen auch noch Zinsen dafür. Das heißt, Sie hätten in Wirklichkeit noch viel mehr.“

„Wie viel mehr?“, fragte Herr Fusi atemlos.

„Das läge ganz bei Ihnen“, erklärte der Agent, „je nachdem, wie viel Sie eben einsparen würden und wie lange Sie das Ersparte bei uns liegen lassen.“

„Liegen lassen?“, erkundigte sich Herr Fusi. „Was heißt das?“

„Nun, ganz einfach“, meinte der graue Herr. „Wenn Sie Ihre ersparte Zeit nicht vor fünf Jahren von uns zurückverlangen, dann bezahlen wir Ihnen noch einmal dieselbe Summe dazu. Ihr Vermögen verdoppelt sich alle fünf Jahre, verstehen Sie? Nach zehn Jahren wäre es bereits das Vierfache der

ursprünglichen Summe, nach fünfzehn Jahren das Achtfache und so weiter. Wenn Sie vor zwanzig Jahren angefangen hätten, täglich nur zwei Stunden einzusparen, dann stünde für Sie in Ihrem zweiundsechzigsten Lebensjahr, also nach vierzig Jahren insgesamt, das Zweihundertsechsundfünfzigfache der bis dahin von Ihnen ersparten Zeit zur Verfügung. Das wären sechsundzwanzigmilliardenneunhundertundzehnmillionensiebenhundertundzwanzigtausend."
Und er nahm noch einmal seinen grauen Stift heraus und schrieb auch diese Zahl an den Spiegel: 26 910 720 000 Sekunden.
„Sie sehen selbst, Herr Fusi", sagte er dann und lächelte zum ersten Mal dünn, „es wäre mehr als das Zehnfache Ihrer ursprünglichen gesamten Lebenszeit. Und das bei nur zwei ersparten Stunden täglich. Bedenken Sie, ob dies nicht ein lohnendes Angebot ist."

2 Konjugiert das Verb *denken* im Konjunktiv II, z. B.: ich dächte, …

→ Liste der Konjunktivformen Seite 298/299

3 Untersucht im Text die Modi der Verben. Legt dazu eine Tabelle an und ordnet die Verben richtig ein.

Indikativ	Konjunktiv	Imperativ
dachte	…	…
…	…	…

Merke

Finite Verbformen stehen in einem **Modus**. Es gibt drei Modi:
Der **Indikativ** stellt Aussagen als tatsächlich und gesichert dar: *Er **war** beeindruckt.*
Der **Konjunktiv** stellt Aussagen als möglich, unsicher, unwirklich, gewünscht (Konjunktiv II) oder von anderen berichtet (Konjunktiv I) dar: ***Hätte** er gespart …; Er sagte, er **habe** nicht gespart.*
Wenn die Form des Konjunktivs II und des Indikativs übereinstimmen, kann man die Umschreibung mit „würde" verwenden: *sie würden gehen*
Wenn die Form des Konjunktivs I und des Indikativs übereinstimmen, kann man den Konjunktiv II als Ersatzform verwenden: *sie hätten*
Der **Imperativ** ist die Befehlsform oder Aufforderungsform. Ein Sprecher will, dass jemand anders etwas tut oder die Einstellung ändert: *Spare Zeit!*

4 Erklärt, warum in dem Text die Modi Indikativ und Konjunktiv verwendet werden.

5 Formuliert die folgenden Fragen in Imperative um.

„Finden Sie nicht", ergriff nun der Agent Nr. XYQ/384/b in sanftem Ton wieder das Wort, „dass Sie so nicht weiterwirtschaften können, Herr Fusi? Wollen Sie nicht lieber zu sparen anfangen?"

○ Aufgabe 2 ◒ Aufgabe 1, 3, 5 ● Aufgabe 4

... und sparen!

Modalverben und Imperative verwenden

→ T4 Grammatik
Seite 261/262

1 Lest den Text. Bewertet, was die Vorschläge für das Leben von Herrn Fusi bedeuten.

Michael Ende

Momo (Ausschnitt 3)

„Das ist es!“, sagte Herr Fusi erschöpft. „Das ist es ganz ohne Zweifel! Ich bin ein Unglücksrabe, dass ich nicht schon längst angefangen habe zu sparen. Jetzt erst sehe ich es völlig ein und ich muss gestehen – ich bin verzweifelt!“
„Dazu“, erwiderte der graue Herr sanft, „besteht durchaus kein Grund. Es ist niemals zu spät. Wenn Sie wollen, können Sie noch heute anfangen. Sie werden sehen, es lohnt sich.“
„Und ob ich will!“, rief Herr Fusi. „Was muss ich tun?“
„Aber, mein Bester“, antwortete der Agent und zog die Augenbrauen hoch, „Sie werden doch wissen, wie man Zeit spart! Sie müssen zum Beispiel einfach schneller arbeiten und alles Überflüssige weglassen. Statt einer halben Stunde widmen Sie sich einem Kunden nur noch eine Viertelstunde. Sie vermeiden Zeit raubende Unterhaltungen. Sie verkürzen die Stunde bei Ihrer alten Mutter auf eine halbe. Am besten geben Sie sie überhaupt in ein gutes, billiges Altersheim, wo für sie gesorgt wird, dann haben Sie bereits eine ganze Stunde täglich gewonnen. Schaffen Sie den unnützen Wellensittich ab! Besuchen Sie Fräulein Daria nur noch alle vierzehn Tage einmal, wenn es überhaupt sein muss. Lassen Sie die Viertelstunde Tagesrückschau ausfallen und vor allem, vertun Sie Ihre kostbare Zeit nicht mehr so oft mit Singen, Lesen oder gar mit Ihren sogenannten Freunden. Ich empfehle Ihnen übrigens ganz nebenbei, eine große, gut gehende Uhr in ihren Laden zu hängen, damit Sie die Arbeit Ihres Lehrjungen genau kontrollieren können.“
„Nun gut“, meinte Herr Fusi, „das alles kann ich tun, aber die Zeit, die mir auf diese Weise übrig bleibt – was soll ich mit ihr machen? Muss ich sie abliefern? Und wo? Oder soll ich sie aufbewahren? Wie geht das Ganze vor sich?
„Darüber“, sagte der graue Herr und lächelte zum zweiten Mal dünn, „machen Sie sich nur keine Sorgen. Das überlassen Sie ruhig uns. Sie können sicher sein, dass uns von Ihrer eingesparten Zeit nicht das kleinste bisschen verloren geht. Sie werden es schon merken, dass Ihnen nichts übrigbleibt.“

Orientiert euch am Merke-Kasten zu Modalverben auf der rechten Seite.

2 Ordnet den folgenden Sätzen die Bedeutungen *Möglichkeit*, *Erlaubnis*, *Aufforderung*, *Anordnung* und *Wille* zu.

Sie können anfangen.

Sie dürfen anfangen.

Sie sollen anfangen.

Sie müssen anfangen.

Sie wollen anfangen.

Merke

Mithilfe einiger Verben kann die Aussage eines Satzes verändert (modifiziert) werden. Dazu gehören die **Modalverben** *dürfen, können, sollen, mögen, müssen* und *wollen*. Sie treten mit dem Infinitiv eines Vollverbs auf.
Du darfst helfen. Du kannst helfen. Du sollst helfen. Du willst helfen.
Du musst helfen. (Erlaubnis ⟷ Anordnung)

→ T4 Modalverben Seite 262

3 Schreibt aus dem Text alle Sätze mit Modalverben heraus und unterstreicht diese.

4 Formt die Vorschläge der grauen Herren in den Zeilen 9 bis 21 zu Imperativen um, z. B.: *Arbeite schneller!, ...*

Merke

Mit einem **Satz im Imperativ** kann man einen Wunsch, eine Aufforderung, ein Verbot oder einen Befehl ausdrücken. Da man Personen mit dem Imperativ direkt anspricht, steht er in der 2. Person Singular oder Plural:

Komm doch mit!	(Wunsch)
Lasst eure Taschen hier!	(Aufforderung)
Springt nicht vom Beckenrand!	(Verbot)
Gib das sofort her!	(Befehl)

Bei starken Verben wird der Verbstamm verwendet: *fang, denk, geh*
Bei schwachen Verben wird im Singular an den Verbstamm ein -e angehängt.
Dies wird in der Umgangssprache aber häufig weggelassen: *rede (red), hole (hol)*
Bei Verben, in denen sich der Stammvokal von e zu i ändert, ändert sich auch der Imperativ: *nehmen → nimm, helfen → hilf, sehen → sieh*
Im Plural entspricht der Imperativ den Verben der 2. Person Plural: *geht, nehmt*

→ Liste der unregelmäßigen Verben Seite 296/297

5 Ergänzt zu den Beispielen im Merke-Kasten jeweils zwei weitere Beispiele.

6 Vergleicht die folgenden Sätze. Ordnet ihnen die Eigenschaften *direkt*, *indirekt*, *höflich* oder *streng* zu.

Sie müssen mir das Geld geben.
Geben Sie mir (bitte) das Geld.
Gib das Geld!
Ich fordere Sie auf, mir das Geld zu geben.
Du wirst mir das Geld geben.
Geben Sie mir das Geld?
Das Geld ist abzugeben.
Würden Sie mir das Geld geben?

7 EXTRA Für Aufforderungen kann man Imperative, Modalverben, Infinitive, Fragen oder Konjunktive verwenden. Formuliert Beispiele. Orientiert euch an den Sätzen in Aufgabe 6.

8 EXTRA Überlegt, in welchen Situationen welche Formulierungsmöglichkeiten angebracht sind und wann sie unpassend sind. Begründet eure Entscheidungen.

○ Aufgabe 3, 5 ◒ Aufgabe 2, 4, 6 ● Aufgabe 1, 7 EXTRA, 8 EXTRA

Eine Sache der Statistik

Die Handlungsarten von Verben untersuchen

→ T4 Grammatik
Seite 262/263

1 Lest den Text. Überlegt, warum die Verwendung von Zeit statistisch erfasst wird. Wen könnten diese Daten interessieren?

Statistiker wollen es genau wissen

Die Zeitverwendungserhebung des Statistischen Bundesamtes gehört zu den umfassendsten Studien zur Zeitverwendung in Deutschland. Sie findet unregelmäßig statt. Nach den bisherigen Zeitbudgeterhebungen 1991/1992 und 2001/2002 ist die Zeitverwendungserhebung 2012/2013 die dritte repräsentative Befragung dieser Art, die das Statistische Bundesamt in Zusammenarbeit mit den Statistischen Ämtern der Länder durchgeführt hat. […] Alle Personen ab 10 Jahren wurden darüber hinaus mittels Tagebuch und Personenfragebogen befragt. Jede Person ab 10 Jahren wurde gebeten, an zwei Tagen zwischen Montag und Freitag und einem Tag am Wochenende ihren Tagesablauf in 10-Minuten-Intervallen in einem Tagebuch zu dokumentieren. Neben der Haupttätigkeit, der die Person jeweils nachging, wurden weitere Teilaspekte der Zeitverwendung abgefragt, etwa welche weiteren Personen bei dieser Tätigkeit beteiligt waren. Gegebenenfalls konnte eine gleichzeitig ausgeführte Nebenaktivität und bei Wegstrecken das genutzte Fortbewegungsmittel festgehalten werden. Haushalts- und Personenfragebogen bieten darüber hinaus soziodemographische Informationen und vertiefte Angaben zur Zeitverwendung und zum subjektiven Zeitempfinden. Nach Abschluss der Aufbereitung umfassen die Daten Informationen von 5 040 Haushalten und 33 842 Tagebuchtagen von Personen ab 10 Jahren. […]

Material
w886zj

2 Untersucht die Handlungsarten in dem Text. Legt dazu eine Folie über den Text oder nutzt den Online-Code.
- Markiert die Verben, die im Aktiv stehen, grün und die Verben, die im Passiv stehen, rot.
- Zählt, wie häufig die Handlungsarten jeweils verwendet werden.
- Beschreibt, in welchem Verhältnis die Handlungsarten verwendet werden.

Merke

Es gibt beim Gebrauch der Verben zwei **Handlungsarten**.
Im **Aktiv** wird der/das **Handelnde** genannt. Er/Es ist das Subjekt des Satzes:
Das Statistische Bundesamt erstellt eine Studie.
Im **Passiv** steht die **Handlung** im Mittelpunkt. Der Handelnde muss nicht genannt werden: *Eine Studie wird erstellt.*
Dieses Passiv nennt man **Handlungspassiv**. Es wird mit der finiten Verbform von *werden* und dem Partizip II gebildet.
Eine zweite Passiv-Form ist das **Zustandspassiv**, das sich auf einen Zustand bezieht. Es wird mit der finiten Verbform von *sein* und dem Partizip II gebildet:
Die Befragung ist beendet.

3 Lest den folgenden Text. Untersucht die Handlungsarten. Geht dazu wie in Aufgabe 2 vor.

Material
6ev57d

Viel Zeit für Mediennutzung

In der JIM-Studie 2015 wurde auch untersucht, wie häufig die Zwölf- bis 19-Jährigen wegen ihrer Mediennutzungsdauer oder aufgrund der genutzten Inhalte zuhause oder in der Schule in Konfliktsituationen geraten. Die Ergebnisse zeigen, dass die Mehrheit der Jugendlichen in der eigenen Wahrnehmung nie Stress oder Ärger wegen ihrer Mediennutzung hat. Die Nutzungsdauer digitaler Spiele im Alltag der Zwölf- bis 19-Jährigen birgt noch das größte Konfliktpotential: Hier hat ein Drittel der Jugendlichen (30 %) häufig oder gelegentlich Stress oder Ärger, weil zu lange an PC, Konsole oder Handy gespielt wird. Wegen der Handynutzung zuhause bekommt ein Viertel zumindest gelegentlich Stress, einem Zehntel der Jugendlichen bringt die Handynutzung in der Schule häufig oder gelegentlich Ärger ein. Während Jungen öfter Stress wegen der Nutzungsdauer und der Art der digitalen Spiele haben, sind die Handynutzung zu Hause sowie die Fernsehinhalte eher bei den Mädchen ein Konfliktthema.
Die Ergebnisse der JIM-Studie 2015 belegen, dass Jugendliche sich in einem enorm vielfältigen Informations- und Medienangebot bewegen. Neben der Nutzung massenattraktiver Angebote haben sich an einigen Stellen auch themen- und bedürfnisspezifische Informations-und Nutzungsstrategien herausgebildet. Diese Strategien und Nutzungsweisen sind ein Hinweis dafür, dass Jugendliche durchaus kritisch und auch selbstbestimmt mit Medienangeboten umgehen können. Allerdings liegt mit dem Smartphone eine multifunktionale Kommunikationszentrale in der Hand der Jugendlichen, für deren Nutzung ein hohes Maß an Selbstkontrolle und Reflektion benötigt wird, um Dienste, Inhalte, aber auch das eigene Verhalten bewerten zu können. Auch im Hinblick auf Nutzungszeiten und die eigene Erreichbarkeit muss ein für die eigenen Bedürfnisse richtiges und gesundes Maß gefunden werden. Heranwachsende auch in einer diesbezüglich kritischen und reflektierten Mediennutzung zu unterstützen und diese zu fördern, ist angesichts der hohen Geschwindigkeit der sich verändernden Angebote eine große Herausforderung. Erwachsene können hier mit gutem Vorbild vorangehen.

4 Vergleicht die beiden Texte hinsichtlich der verwendeten Handlungsarten miteinander.

5 EXTRA Untersucht, ob in den Texten das Zustandspassiv verwendet wurde. Notiert es gegebenenfalls in eurem Heft.

6 EXTRA Wählt aus den Texten jeweils zwei Aktiv-Sätze aus und formt sie in Passiv-Sätze um. Achtet darauf, dass die Umformung sinnvoll ist.

Aufgabe 1, 2, 3, 5 EXTRA   Aufgabe 4, 6 EXTRA

Die Zeitmaschine

Wortbeziehungen aufzeigen

T4 Grammatik
Seite 263/264

1 Lest den folgenden Romanausschnitt. Für den Begriff „Zeitmaschine" werden im Text einige Synonyme verwendet. Schreibt sie heraus, z. B.: *Metallgebilde, ...*

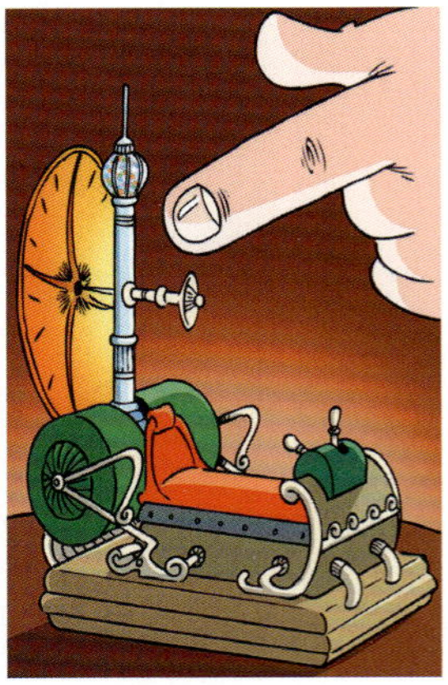

Herbert George Wells

Die Zeitmaschine

Der Roman erschien 1895 und handelt von einem Zeitreisenden, der Freunden von einer Erfindung berichtet, mit der man sich in der Zeit bewegen kann. Der Zeitreisende verschwindet für einige Tage und erzählt nach seiner Rückkehr Erstaunliches.

Der Zeitreisende hielt ein glitzerndes Metallgebilde in der Hand, kaum größer als ein Wecker und sehr fein konstruiert. Einige seiner Bestandteile waren aus Elfenbein, andere aus einem durchsichtigen, kristallinen Material. Und nun muss ich ausführlich werden, denn was nun folgte, ist – wenn man nicht dem Zeitreisenden glauben will – völlig unerklärlich. Er nahm einen der kleinen achteckigen Tische, die im Raum umherstanden, und rückte ihn vor das offene Feuer, so dass er mit zwei Beinen auf dem Kaminvorleger stand. Auf diesen Tisch stellte er den Apparat. Dann schob er einen Stuhl heran und setzte sich. Der einzige andere Gegenstand auf dem Tischchen war eine kleine Schirmlampe, deren helles Licht auf das Modell fiel. Außerdem brannten vielleicht noch ein Dutzend Kerzen im Raum, zwei in Messingleuchtern auf dem Kaminsims, andere in Wandleuchtern, so dass der Raum hell erleuchtet war. Ich saß dem Feuer am nächsten in einem niedrigen Armsessel, den ich so weit vorschob, dass ich mich fast zwischen dem Zeitreisenden und dem Kamin befand. Filby saß hinter ihm und schaute ihm über die Schulter. Der Arzt und der Provinzbürgermeister sahen ihn von rechts im Profil, der Psychologe von links. Der sehr junge Mann stand hinter dem Psychologen. [...] Der Zeitreisende blickte zuerst auf uns, dann auf den Apparat.

„Nun?", fragte der Psychologe.

„Dieses kleine Ding", sagte der Zeitreisende, die Ellbogen auf den Tisch gestützt und die Hände über dem Apparat gefaltet, „ist nur ein Modell. Es ist mein Entwurf für eine Maschine, mit der man durch die Zeit reisen kann. Es wird Ihnen aufgefallen sein, dass sie ein wenig verdreht aussieht und dass diese Stange so sonderbar funkelt, als wäre sie irgendwie unwirklich." Er deutete mit dem Finger auf den betreffenden Bestandteil. „Dann sehen Sie hier einen kleinen weißen Hebel, und dort noch einen zweiten."

Der Arzt erhob sich von seinem Stuhl und betrachtete das Objekt aus der Nähe. „Es ist eine wundervolle Konstruktion", sagte er.

„Es hat mich auch zwei Jahre Arbeit gekostet", erwiderte der Zeitreisende, und nachdem wir alle dem Beispiel des Arztes gefolgt waren, sagte er: „Nun

möchte ich Ihre Aufmerksamkeit auf diesen Hebel lenken, der auf Druck die Maschine in die Zukunft gleiten lässt, während dieser hier sie in die entgegengesetzte Richtung bewegt. Dieser kleine Sattel stellt den Sitz des Zeitreisenden dar. Ich werde jetzt auf den ersten Hebel drücken, und die Maschine wird sich in Bewegung setzen. Sie wird sich auf den Weg in die Zukunft machen und vor unseren Augen verschwinden. Beobachten Sie den Apparat genau. Behalten Sie aber auch den Tisch im Auge, und überzeugen Sie sich, dass kein Schwindel im Spiel ist. Ich will nicht dieses Modell opfern, um dann ein Scharlatan genannt zu werden." […]
Es entstand ein Windzug, und die Flamme der Lampe zuckte auf. Eine der Kerzen auf der Kaminsims erlosch, und die kleine Maschine begann sich plötzlich zu drehen, ihre Konturen verschwammen, eine Sekunde lang war sie noch wie ein Phantom zu sehen, wie ein Wirbel von schwach glitzerndem Metall und Elfenbein, und dann war sie fort, spurlos verschwunden!

2 Welches Synonym verwendet der Autor für den Begriff *Stange* (Zeile 25)?

3 Untersucht nun weitere Wortbeziehungen im Text. Erstellt einen Cluster zu dem Oberbegriff *Sitzgelegenheit*. Ergänzt mithilfe des Textes passende Unterbegriffe.

→ **T5** Einen Cluster erstellen Seite 278

4 Untersucht, ob im folgenden Zitat ein Synonym, Antonym oder Homonym enthalten ist. Begründet eure Entscheidung.

Nutzt die Informationen aus dem Merke-Kasten.

Der Arzt und der Provinzbürgermeister sahen ihn von rechts im Profil, der Psychologe von links.

5 Nennt Synonyme für die Begriffe *Scharlatan* und *Phantom*.

Ihr könnt ein Wörterbuch benutzen.

Merke

Wörter können in verschiedenen Bedeutungsbeziehungen zueinander stehen.
Synonyme sind gleichbedeutende oder bedeutungsähnliche Wörter, die in einem bestimmten Zusammenhang austauschbar sind: *Apfelsine – Orange*
Antonyme sind Wörter mit gegensätzlicher Bedeutung: *dick – dünn*

Bedeutungsähnliche Wörter einer Wortart bilden ein **Wortfeld**. Den übergeordneten Begriff eines Wortfeldes nennt man **Oberbegriff (Hyperonym)**, die darunter stehenden Begriffe nennt man **Unterbegriffe (Hyponyme)**:
Obst (Hyperonym): *Äpfel, Birnen, Bananen, …* (Hyponyme)

Homonyme sind gleichlautende Wörter mit unterschiedlicher Bedeutung:
Bank – Bank
Homophone sind unterschiedlich geschriebene Wörter mit gleicher Aussprache:
malen – mahlen
Homographe sind unterschiedlich betonte Wörter mit gleicher Schreibung:
sieben (Zahl) – *(Sand) sieben* (Verb)

6 EXTRA Nennt zu den Phänomenen aus dem Merke-Kasten weitere Beispiele.

○ Aufgabe 2, 5 ◒ Aufgabe 1, 4 ● Aufgabe 3, 6 EXTRA

Teste dich selbst!

Üben interaktiv
s6d8h6

Wie konntest du Aufgabe 1 lösen?
☹ → Seite 253
☺ → Seite 253 **EXTRA**

1 Schreibe den Text ab und ergänze die Lücken.

Die Zeitform ___ kann unterschiedlich verwendet werden:
- für ein Geschehen, das ___ abläuft, z. B.: ___
- für ein Geschehen, das zwar schon vorbei ist, das aus Gründen der ___ aber so dargestellt wird, als fände es gerade statt, z. B.: ___
- für etwas, das ___ gilt oder ___, z. B.: *Der Tag hat 24 Stunden. Tag und Nacht wechseln sich auf der Erde ab.*
- als **Alternative für** ___.

Wie konntest du Aufgabe 2 lösen?
☹ → Seite 254/255
☺ → Seite 255 **EXTRA**

2 Notiere die Zeitformen der Vergangenheit. Erkläre ihre Bedeutung und nenne jeweils ein Beispiel.

Wie konntest du Aufgabe 3 lösen?
☹ → Seite 256/257
☺ → Seite 257 **EXTRA**

3 Nenne die finiten Formen der Verben *gehen* und *geben*, die in den beiden Schaubildern gesucht werden.

___

Person	Numerus	Tempus	Modus	Handlungsart
2. Person	Plural	Perfekt	Indikativ	Aktiv

___

Person	Numerus	Tempus	Modus	Handlungsart
3. Person	Singular	Präsens	Indikativ	Passiv

Wie konntest du Aufgabe 4 lösen?
☹ → Seite 258/259
☺ → Seite 259 **EXTRA**

4 Ordne zu, an welcher Satzgliedstelle die finite Verbform des Prädikats steht.

Fragesatz	an letzter Satzgliedstelle
Nebensatz	an zweiter Satzgliedstelle
Aussagesatz	an erster Satzgliedstelle

5 Im folgenden Satz ist der Konjunktiv I nicht vom Indikativ zu unterscheiden. Schreibe eine Alternative auf.

Es hieß, sie starten morgen um 8 Uhr.

6 Im folgenden Satz ist der Konjunktiv II nicht vom Indikativ zu unterscheiden. Schreibe eine Alternative auf.

Er wünschte, sie starteten rechtzeitig.

Wie konntest du Aufgabe 5 und 6 lösen?
😐 → Seite 260
🙂 → Seite 260 EXTRA

7 Formuliere Sätze, in denen der Imperativ Singular der Verben *gehen*, *nehmen* und *machen* verwendet wird.

Wie konntest du Aufgabe 7 lösen?
😐 → Seite 261
🙂 → Seite 261 EXTRA

8 Ergänze in den folgenden Sätzen passende Modalverben. Formuliere höflich.

1. Ich ______ gerne noch eine Tasse Tee haben.
2. Was meinst du, ______ ich Turnschuhe anziehen?
3. ______ Sie mir bitte das Salz geben?
4. Ich ______ dir zuerst meine Freunde vorstellen.
5. Es ist spät, wir ______ jetzt leider gehen.
6. Du ______ unbedingt dein Fahrrad anschließen.

9 Bestimme für die Sätze aus Aufgabe 8, ob eine Möglichkeit, Erlaubnis, Aufforderung, Anordnung oder ein Wille ausgedrückt wird.

Wie konntest du Aufgabe 8 und 9 lösen?
😐 → Seite 262
🙂 → Seite 263 EXTRA

10 Ordne den Sätzen die Begriffe *Zustandspassiv* und *Vorgangspassiv* zu.

a) Das Rennen ist beendet.

b) Die Uhr wird repariert.

Wie konntest du Aufgabe 10 lösen?
😐 → Seite 262/263
🙂 → Seite 263 EXTRA

11 Ordne den Fachbegriffen die passenden Beispiele zu.

Synonym	Wal – Wahl
Antonym	Spargel, Blumenkohl, Bohnen, … Gemüse
Homonym	Liebe – Hass
Homophon	Prüfung – Test
Unterbegriffe/Oberbegriff	Hochzeit (Eheschließung) – Hochzeit (Höhepunkt)
Homograph	Bank – Bank

Wie konntest du Aufgabe 11 lösen?
😐 → Seite 263/264
🙂 → Seite 264 EXTRA

Prüfungstraining

1 Tipps zur Prüfungsvorbereitung

Material
5sq4ed

Arbeitsaufträge verstehen

- Achte bei **Aufgaben zum Ankreuzen** darauf, ob du **eine oder mehrere Antworten** ankreuzen musst.
- Sieh dir bei **ausführlichen Arbeitsaufträgen** besonders die **Operatoren**, **Fachbegriffe und Wörter** an, die für die Bearbeitung der Aufgabe wichtig sind.
- Überlege bei Aufgaben, in denen die einzelnen Arbeitsschritte nicht genauer benannt sind, dass du weißt, wie du deinen Text, z. B. eine Argumentation, aufbauen musst.
- Mache dir klar, welche **Textsorte** gefordert ist. Notiere dir gegebenenfalls die jeweiligen Kriterien.

Texte lesen und auswerten

- **Lies** den Text/die Texte immer **mehrmals**.
- **Markiere** dabei **Auffälligkeiten, wichtige Wörter und Unklarheiten**. Achte darauf, nicht zu viel zu markieren.

→

- **Unterscheide** die **Art der Arbeitsaufträge**. Orientiere dich dazu an den Aufgabenformaten und Operatoren. Überlege genau, welche **Antwortmöglichkeiten** es jeweils gibt.
- Überprüfe, ob deine **Antworten** zum **Arbeitsauftrag** passen. Kontrolliere, ob du z.B. Textzitate richtig ausgewählt hast.
- **Verweise** bei deinen Antworten auch auf Materialien wie Schaubilder, Diagramme und Tabellen.

Argumentierende und informierende Texte schreiben

- Achte sowohl auf die **Art des Textes**, z. B. informierend, argumentierend, ..., als auch auf die **Textsorte**, z. B. Erörterung, Zeitungsartikel, ... Mache dir klar, an wen sich dein Text richten soll.
- Lege zunächst einen **Schreibplan** in Stichpunkten an. Formuliere anschließend den Text. Achte auf die Aufgabenstellung.
- Denke an **Zitate** aus den Materialien, um deine Aussagen zu belegen.

Argumentierende Texte

Einleitung

Nenne das Thema und die These oder Streitfrage. Achte darauf, das Leserinteresse zu wecken, z. B. durch einen aktuellen Bezug oder die Wiedergabe eigener Erlebnisse.

Hauptteil

Verfasse einen vollständigen Text mit stichhaltigen Argumenten. Dies können Tatsachen (Fakten), Expertenmeinungen oder auch anerkannte Werte (Normen) sein. Am besten stützt du die Argumente durch Beispiele und/oder Erläuterungen. Achte darauf, ob du eine lineare oder Pro- und Kontra-Erörterung, z. B. nach dem Sanduhr- oder Pingpong-Prinzip, schreiben sollst.

Schluss

Im Schluss werden die Argumente noch einmal abgewogen. Formuliere eine Stellungnahme, einen Ausblick, einen Wunsch oder eine Hoffnung.

Informierende Texte

Einleitung

Nenne den Schreibanlass, das Schreibziel, das Thema und den Adressaten. Je nach Textsorte kannst du auch mit einer persönlichen Vorstellung, einem Zitat, einem aktuellen Ereignis oder einer Definition beginnen.

Hauptteil

Verfasse zu den gesammelten Informationen aus den vorgegebenen Texten, Schaubildern, Diagrammen und Tabellen einen zusammenhängenden Text.

Schluss

Je nach Textsorte beendest du den informierenden Text mit einer persönlichen Stellungnahme und Begründung, einem Wunsch, einem weiterführenden Gedanken oder einer Bewertung.

Mit literarischen Texten umgehen

- **Lies die Texte mehrmals** genau durch.
- **Markiere** dabei Auffälligkeiten, z. B. Themen, Überschriften, wichtige Begriffe, und fertige **Randnotizen** an.
- Lege zunächst einen **Schreibplan** in Stichpunkten an. Formuliere anschließend den Text. Achte auf die Aufgabenstellung.
- Verwende **Zitate** aus den Texten, um deine Aussagen zu belegen.

Literarische Texte analysieren und interpretieren

Einleitung

Nenne Autor/Autorin, Titel, Textsorte, Quelle und Thema. Fasse den Inhalt des Textes kurz zusammen.

Hauptteil

Verfasse mithilfe des Schreibplans einen zusammenhängenden Text. Achte auf die gattungsspezifischen Besonderheiten, z. B. bei lyrischen Texten auf die Strophen/Verse, Reime und sprachliche Bilder/Mittel; bei epischen Texten auf Aufbau, Figuren, Ort, Zeit, Erzählsituation und Sprache.

Schluss

Fasse die Ergebnisse noch einmal zusammen. Gehe auf die Textintention und die Gesamtaussage ein. Beende die Analyse mit einer persönlichen Stellungnahme und begründe deine Meinung.

Literarische Texte produktiv erschließen

1. Schritt

Lies zunächst den vorgegebenen Text, z. B. ein Gedicht, eine Dramenszene oder einen Romanausschnitt. Arbeite wichtige Textstellen und Besonderheiten (z. B. der Textsorte) heraus. Achte dabei auf die Aufgabenstellung.

2. Schritt

Verfasse dein eigenes Schreibprodukt, z. B. ein Parallel- oder Gegengedicht, eine Fortsetzung, einen Inneren Monolog oder einen Tagebucheintrag.

3. Schritt

Reflektiere dein eigenes Schreibprodukt.

Einleitung

Nenne das Thema des Ausgangstextes und fasse den Inhalt kurz zusammen.

Hauptteil

Kommentiere deinen eigenen Text. Beziehe dich dabei auf die wichtigen Textstellen und Besonderheiten des vorgegebenen Textes. Erkläre, wie du bei deinem eigenen Text darauf eingegangen bist, z. B. bei der sprachlichen Gestaltung.

Schluss

Ziehe ein Fazit. Beurteile darin, was in deinem eignen Schreibprodukt gut gelungen ist und was noch zu verbessern ist.

2 Texte lesen und auswerten

Arbeitsschritte

Ankreuz- oder Zuordnungsaufgaben

1. Lies den Text/die Texte gründlich. Lies anschließend die Aufgaben und Antwortmöglichkeiten genau durch.
2. Lies den Text/die Texte noch einmal. Lege eine Folie auf und markiere wichtige Textstellen.
3. Suche die Textstelle heraus, auf die sich die Fragen oder Aussagen beziehen. Notiere die entsprechenden Zeilen.
4. Notiere die richtige Antwort oder kreuze sie an. Überprüfe die Informationen noch einmal mithilfe des Textes.

Vera Kämper

In der Kita sollte Arm auf Reich treffen

A […] In Mülheim an der Ruhr lebt knapp ein Drittel der Kinder unter sechs Jahren von Hartz-IV-Leistungen. In der Innenstadt und im Stadtteil Styrum liegen die Armutsquoten bei bis zu 50 Prozent, in manchen Kitas sind mehr als 70 Prozent der Kinder arm. Die Bertelsmann-Stiftung hat die Ruhrgebietsstadt als Fallbeispiel analysiert und kommt zu dem Schluss: „Kinderarmut ist kein Randphänomen, sondern betrifft jedes fünfte Kind unter drei Jahren in Nordrhein-Westfalen."

B Für die Studie „Der Einfluss von Armut auf die Entwicklung von Kindern" haben die Ruhr-Universität Bochum und Mülheim an der Ruhr im Auftrag der Bertelsmann-Stiftung die Daten von 4802 sogenannten Schuleingangsuntersuchungen ausgewertet.

C Demnach sind arme Kinder bei ihrer Einschulung häufig auffällig in ihrer Hand-Augen- sowie der Körperkoordination. Außerdem können sie sich schlechter konzentrieren, sprechen schlechter Deutsch und können nicht so gut zählen wie Kinder, deren Familien nicht durch Hartz-IV-Leistungen unterstützt werden. […]

D Wichtig für die Bildungschancen der Kinder sei der Besuch einer Kindertagesstätte. Doch ganz so einfach funktioniere das nicht. „Ein früher Kita-Besuch kann negative Folgen von Kinderarmut verringern", heißt es in der Studie. „Allerdings ist das kein Automatismus." Positive Effekte für die Entwicklung der Kinder treten demnach nur dann ein, wenn die Kita-Gruppen sozial gemischt sind. […]

→

E Weitere Ergebnisse der Studie:
NRW[1] ist besonders betroffen: Während bundesweit laut den Zahlen der Bundesagentur für Arbeit jedes sechste Kind unter drei Jahren in Armut aufwächst, gilt dies in dem Bundesland für jedes fünfte Kind – und zwar als Dauerzustand. Besonders hoch ist die Kinderarmutsquote mit 28,3 Prozent im Ruhrgebiet, und sie nimmt weiter zu.
Kinderarmut ist regional ungleich verteilt: Am niedrigsten war sie mit 2,3 Prozent in Pfaffenhofen an der Ilm, am höchsten mit 40,3 Prozent in Bremerhaven. Stark betroffen sind neben NRW auch Teile Ostdeutschlands, Großstädte sowie altindustrialisierte Regionen, etwa im Saarland.
Arme Kinder wachsen laut der Studie häufiger ohne Vater auf. Ein großer Teil von ihnen hat einen Migrationshintergrund und Eltern mit geringer schulischer und beruflicher Bildung.
Die Analyse der Schuleingangsuntersuchung und von Daten über Hartz-IV-Bezieher zeigt, dass Kinderarmut ein nachweisbares Risiko für die Entwicklung von Kindern ist.
Sowohl der frühe Besuch einer Kita als auch der Besuch einer sozial gemischten Kita wirken positiv auf die Entwicklung von Kindern. Das Bildungsangebot kommt aber nicht bei armen Kindern an: Nur wenige gehen früh zur Kita, treiben Sport im Verein oder genießen musische Bildung.

F Die Studienergebnisse stützen die Ziele eines Projekts, das die Bertelsmann-Stiftung selbst in NRW gestartet hat. Gemeinsam mit der Landesregierung will die Stiftung in 18 Städten und Kreisen die Entwicklung armutsgefährdeter Kinder frühzeitig fördern. Hartz-IV-Familien sollen so gezielt angesprochen und motiviert werden, ihr Kind in eine Kita zu schicken. Brennpunkt-Kitas sollen stärker mit sozialen Diensten, Sport- und Kulturvereinen vor Ort zusammenarbeiten.

1 Abkürzung für das Bundesland Nordrhein-Westfalen

In der Prüfung kannst du die richtige Antwort auf dem Blatt ankreuzen.

1 Notiere die richtige Lösung in deinem Heft.
Die Studie über Kinderarmut zieht ihre Ergebnisse aus …
a) Befragungen von Familien im Stadtteil Styrum.
b) Daten einer Schuleingangsuntersuchung.
c) einer landesweiten Untersuchung in Nordrhein-Westfalen.
d) 18 ausgewählten Städten und Kreisen in Nordrhein-Westfalen.

2 Ordne die folgenden Überschriften den Abschnitten A bis F zu. Schreibe die richtigen Kombinationen in dein Heft, z. B.: *Abschnitt A → …*
a) Kindertagesstätten als Bildungschance
b) Defizite armer Kinder bei der Einschulung
c) Studie der Bertelsmann-Stiftung und ihr zentrales Ergebnis
d) Ausgangsdaten der Studie
e) Konsequenzen aus der Studie
f) Vielfältige Ergebnisse zur Kinderarmut

3 Erkläre das folgenden Diagramm. Stelle den Zusammenhang mit den Informationen aus dem Text „In der Kita sollte Arm auf Reich treffen“ her.

Arbeitsschritte
Diagramme und Texte in Verbindung setzen
1. Lies noch einmal den Text. Suche Textstellen heraus, die sich auf das Diagramm beziehen.
2. Erkläre das Diagramm mit eigenen Worten.
3. Zitiere die entsprechende Textstellen.

Merkmale der Familien der SGB-II[1] beziehenden Kinder

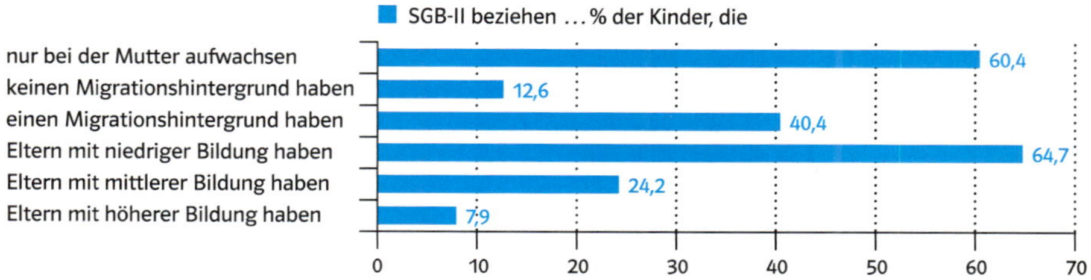

Quelle: Schuleingangsuntersuchung Mülheim an der Ruhr 2009/2010 bis 2012/2013, eigene Berechnung und Darstellung.
© Bertelsmann Stiftung und ZEFIR 2015, mit finanzieller Unterstützung des Landes NRW und des Europäischen Sozialfonds.

1 Zweites Sozialgesetzbuch – regelt die Grundsicherung für Arbeitssuchende und Teile des Arbeitsförderungsrechtes

4 Nenne die vier Defizite, die bei armen Kindern in der Schuleingangsuntersuchung deutlich geworden sind.

Arbeitsschritte
Informationen aus einem Text herausarbeiten
1. Suche die Textstellen heraus, die die Aufgabe beantworten.
2. Lies diese Textstellen noch einmal gründlich.
3. Schreibe die Antwort auf.

5 Nimm Stellung zu der folgenden Aussage.

Es ist unverständlich, dass das Problem der Kinderarmut in Schulen nicht stärker berücksichtigt wird.

Arbeitsschritte
Begründungen formulieren und Stellung beziehen
1. Überlege, ob du einem Sachverhalt zustimmst, ihn ablehnst oder abwägst.
2. Arbeite Textstellen heraus, die sich auf die vorgegebenen Aussagen beziehen.
3. Formuliere deine Position.
4. Begründe deine Meinung. Beziehe dich dabei auf die Materialien.

6 Überprüfe deine Ergebnisse mithilfe des Beurteilungsbogens unter dem Online-Code.

Beurteilungsbogen
i25f5j

3 Eine Argumentation verfassen

Seit einiger Zeit wird auch an deiner Schule diskutiert, ob es eine Kleiderordnung für Schülerinnen und Schüler geben soll. Als Schülersprecher möchtest du den Schulleiter in einem Brief von deiner Position zum Thema Kleiderordnung überzeugen.

1 Verfasse einen Brief an den Schulleiter, in dem du ihn von deiner Meinung überzeugst.

- Formuliere eine Einleitung, in der du den Grund des Schreibens und deine Position verdeutlichst.
- Begründe deine Position. Nenne mindestens drei Argumente und stütze sie mithilfe von Erläuterungen und/oder Beispielen.
- Formuliere einen Schluss, in dem du noch einmal für deine Position wirbst.

Arbeitsschritte

1. Lies den Zeitungsartikel. Markiere auf einer Folie alle Argumente blau, die für eine Kleiderordnung sprechen. Markiere alle Argumente rot, die gegen eine Kleiderordnung sprechen.
2. Erstelle eine Planung für deinen Brief an den Schulleiter. Notiere dazu in Stichpunkten deine Argumente.
3. Ergänze gegebenenfalls eigene stichhaltige Argumente.
4. Berücksichtige bei deinem Brief, an wen dieser adressiert ist.

Jogginghosen-Verbot: Dürfen Lehrer die Kleidung ihrer Schüler bestimmen?

VON LENA MÜSSIGMANN

„Schule ist keine Chillout-Zone“: Eine Schulleiterin wehrt sich gegen Jogginghosen in Klassenzimmern. Auch Hotpants und enge Hosen standen mancherorts schon auf dem Prüfstand. Doch wie weit darf die Schule in Freiheitsrechte eingreifen?

Eine katholische Schule in Hamburg will bei ihren Schülern weder Unterwäsche noch zu viel nackte Haut sehen, eine Schule im Nordschwarzwald sorgte im Sommer mit einem Verbot für Hotpants für Aufsehen. Jetzt soll auch die Jogginghose im Klassenzimmer tabu sein: Ein Schulcampus im schwäbischen Schwieberdingen bei Stuttgart will die Schlabberhose verbannen.

In einigen Privatschulen sind Kleidervorschriften und Uniformen Alltag. Bildungsforscher und Lehrer sind sich jedoch nicht einig: Wie sinnvoll sind Dresscodes? Für manche sind Kleiderregeln ein passendes Mittel, um einen Markenfetischismus bei Jugendlichen einzudämmen. Für andere wiegt die Freiheit des Einzelnen schwerer.

Schulleiterin Ilse Riedl ist sich ihrer Sache aber sicher. Schon seit Jahren duldet sie keine Jogginghose an der Hermann-Butzer-Schule, die Grund-, Haupt- und Realschüler besuchen. „Die Schule ist keine Chillout-Zone", sagt die Pädagogin. Die Schule sei ein Arbeitsplatz – das solle auch in der Schulordnung deutlich werden.

Dresscode – ja oder nein?

Für ihre Kollegin Sandra Vöhringer an der benachbarten Gemeinschaftsschule ist Riedl mittlerweile ein Vorbild. Auch dort soll die Schlabberhose auf den Index. Kleidung habe auch etwas mit Haltung zu tun, hatte Vöhringer am Dienstag der Deutschen Presse-Agentur gesagt.

Der Bildungsforscher Klaus Hurrelmann von der Hertie School of Governance Berlin sagt, die Diskussion über Kleiderregeln gehöre zu guter Schulkultur dazu. Die Jogginghose passt seiner Meinung nicht ins Klassenzimmer, in dem man ein gewisses Leistungsverhalten einübe. „Dresscodes halte ich für sehr sinnvoll."

Debatten darüber, wer welche Hosen trägt, wirken bisweilen oberflächlich und kleinlich. Hurrelmann sieht darin aber einen Aufhänger für wichtige Fragen wie: „Wollen wir uns dirigieren lassen von der Modewelt, der Werbung?" Schüler genießen es seiner Einschätzung nach, klare Regeln zu haben, die sie im Optimalfall mitausgehandelt haben und mittragen können. „Das gibt Sicherheit, weil Gleichberechtigung herrscht."

Vernunft gewinnt

Bildung ist Ländersache, doch für Schüler in ganz Deutschland gilt das Grundrecht auf freie Entfaltung der Persönlichkeit. Ein Verbot der Jogginghose lässt sich daher aus Sicht des Kultusministeriums in Stuttgart nicht begründen. Persönlicher Geschmack von Lehrern dürfe an öffentlichen Schulen nicht zum Richtwert für die Kleidung der Schüler werden.

Gerhard Brand aus dem Bundesvorstand des Verbandes Bildung und Erziehung (VBE) sagt: „Es ist wirklich ein Problem, dass Schüler häufig in provokanter Kleidung in der Schule auftauchen." Um das zu verhindern, könnten Schulen in ihrem Leitbild oder in der Schulkonferenz einen Konsens finden, welche Kleidungsstücke nicht gern gesehen sind. Am besten fruchte seiner Erfahrung nach aber noch das persönliche Gespräch, in dem man an die Vernunft des Schülers appelliere. Verbote könnten vor Gerichten keinen Bestand haben.

Der VBE-Landessprecher aus Baden-Württemberg, Michael Gomolzig, sagt: „Wenn man individuelles Lernen verfolgt, kann man nicht die Schüler in eine Uniform stecken." Die Absicht der Schule in Schwieberdingen sei verständlich, das Problem lasse sich aber nicht mit einem Regelkatalog lösen. Die Einsicht der Schüler sei wichtig. Auch der Landeselternvertreter in Baden-Württemberg Carsten Rees lehnt Dresscodes ab: „Was hat der Staat für ein Interesse, Ästhetik zu verordnen? Keines!" Mit solchen Vorschriften nähere man sich totalitären Systemen. [...]

2 Überprüfe deinen Brief mithilfe des Beurteilungsbogens unter dem Online-Code. Überarbeite deinen Text gegebenenfalls.

Beurteilungsbogen
9d8226

4 Einen informierenden Text verfassen

Im Rahmen eines Leseprojektes an deiner Schule sollen berühmte Kinder- und Jugendbuchautoren in einer Ausstellung vorgestellt werden. Du hast die Aufgabe, den Schriftsteller Michael Ende in einem Informationstext auf einer Seite vorzustellen.

1 Erstelle einen informativen Text mithilfe der folgenden Materialien.
- Formuliere für den Text eine passende Überschrift.
- Schreibe eine Einleitung, in der du den Autor Michael Ende vorstellst. Nenne darin Lebensdaten und Geburtsort des Autors und die Zielgruppe seiner Bücher.
- Nenne bedeutende Werke des Schriftstellers.
- Erkläre, wie Michael Ende seine Bücher schreibt.
- Stelle dar, warum für Michael Ende die Fantasie eine so große Rolle spielt.
- Beschreibe, warum dem Schriftsteller Michael Ende heute so viel Bedeutung zugeschrieben wird.
- Ziehe mithilfe der Texte und deinen eigenen Überlegungen eine Schlussfolgerung, warum Michael Endes Bücher für Kinder und Erwachsene interessant sind.
- Notiere unter deinem Text die Buchstaben der von dir genutzten Materialien.

Arbeitsschritte
1. Lies die Aufgabenstellung. Notiere wichtige Informationen.
2. Überlege, für wen der Text bestimmt ist. Notiere, welche Sprache für den Empfänger geeignet ist.
3. Werte die Materialien aus, indem du wichtige Informationen geordnet zusammenstellst.
4. Schreibe nun deinen Text und gliedere ihn mithilfe von Absätzen.
5. Überprüfe deinen Text auf die sprachliche Richtigkeit (Rechtschreibung, Zeichensetzung, Grammatik, Satzbau und angemessenen Ausdruck).

A Leben und Werk

Michael Ende wurde am 12. November 1929 in Garmisch-Partenkirchen geboren. 1948 beendete er die Freie Waldorfschule in Stuttgart und nahm bis 1950 Schauspielunterricht an der Otto-Falckenberg-Schauspielschule in München. Den Durchbruch als Schriftsteller schaffte Ende mit dem Kinderbuch „Jim Knopf und Lukas der Lokomotivführer“ im Jahre 1960. Es wurde auch in 20 Sprachen übersetzt. Weitere Publikationen erschienen in den Folgejahren, wobei zwei Bücher besonders erwähnenswert sind: „Momo oder Die seltsame Geschichte von den Zeit-Dieben und von dem Kind, das den Menschen die gestohlene Zeit zurückbrachte“ aus dem Jahre 1973 und die „Unendliche Geschichte“, die 1979 erschien. Beide Bücher wurden auch erfolgreich verfilmt. Die Gesamtauflage seiner Werke beläuft sich auf über

17 Millionen Exemplare. Für seine schriftstellerische Arbeit wurde der Literat mehrfach ausgezeichnet. Michael Ende starb am 28. August 1995 65jährig. […]

B Portrait

Der Schriftsteller Michael Ende

C Fantasiewelten

Jim Knopf und Lukas der Lokomotivführer – Die unendliche Geschichte – Momo
Die Erzählungen für Kinder und Erwachsene spielen in einer fantastischen Welt voller philosophischer Anspielungen. Michael Ende will ausdrücklich keine Botschaften vermitteln. Ihm geht es darum, die Probleme der Welt in eine künstlerische Form zu bringen. Seine Leser sollen, bereichert durch die Eindrücke und Erlebnisse seiner Geschichten, ihre eigene Welt mit neuen Augen sehen und Anregungen für alternative Lebensmöglichkeiten gewinnen.

D Für Kinder und Erwachsene

„Momo" gehört zu den Büchern, die einem Leser in Erinnerung bleiben, auch wenn die Lektüre lange her ist. Es ist eine der Geschichten, die Erwachsene und Kinder verbinden, weil sie die Generationen auf je eigene Weise packt. Liest man das Buch als Kind, kann man sich identifizieren mit dem Mädchen, das von der Geschäftigkeit verstört ist und Freundschaft über alles schätzt. Liest man als Erwachsener das Buch (zum Beispiel als Vorleser, der seinem Kind Zeit schenkt), erkennt man Michael Ende als Verbündeten im Kampf gegen Schnelllebigkeit, Planungswahn, Herzlosigkeit.

E Michael Ende über die Bedeutung der Fantasie

„Fantasie ist ja zunächst einmal einfach die schöpferische Kraft im Menschen schlechthin, das heißt also die Fähigkeit, die Dinge in neuen Zusammenhängen zu sehen oder die Dinge mit neuen Wertungen zu sehen. Und ich glaube, es ist ganz unerlässlich, wenn man überhaupt auf irgendeinem Gebiet etwas ändern will in der Welt, dass man es zunächst einmal neu sieht und in neue Zusammenhänge stellt. Das muss man ja zunächst einmal in der Vorstellung vollziehen, ehe man es in der Wirklichkeit vollziehen kann."

→

F Auszeichnungen für Michael Ende – eine Auswahl

1960: Literaturpreis der Stadt Berlin für die „Junge Generation"
1961: Deutscher Kinderliteraturpreis für *Jim Knopf und Lukas der Lokomotivführer*
1974: Deutscher Jugendliteraturpreis für *Momo*
1980: Großer Preis der Deutschen Akademie für Kinder- und Jugendliteratur
1981: Europäischer Jugendbuchpreis für *Die unendliche Geschichte*
1981: Deutscher Kinder- und Jugendschallplattenpreis
1981: Janusz-Korczak-Preis für das Gesamtwerk
1982: Lorenzo il Magnifico 82" (Preis der Akademie der schönen Künste, Florenz) für das Gesamtwerk
1982: Autor des Jahres
2008: Auswahlliste, Internationaler Preis der jungen Leser für *Die unendliche Geschichte*

G Ein Gespräch mit Michael Ende

Wie schreiben Sie? Haben Sie einen roten Faden im Kopf?
Das ist sehr unterschiedlich. Ich habe den Jim Knopf wirklich so geschrieben, dass ich mit dem ersten Satz angefangen habe, ohne jedes Konzept und ohne zu wissen, wie der zweite Satz heißen und worauf das Ganze hinauslaufen wird. In diesem Fall ist die Geschichte wirklich erst mit dem Buch entstanden, und ich war während des Schreibens zum Teil selber ganz gespannt, wie es weitergehen würde.
Bei anderen Geschichten, zum Beispiel bei Momo, hatte ich ein ungefähres Konzept im Kopf, das sich dann allerdings während der Arbeit noch sehr stark geändert hat. Und wieder anders war es bei der Unendlichen Geschichte, da habe ich eigentlich mittendrin angefangen. Die ersten Sätze, die ich von der Unendlichen Geschichte geschrieben habe, sind heute das zwölfte Kapitel. [...]
Schreiben Sie per Hand oder mit Maschine? Korrigieren Sie viel?
Ich schreibe immer zunächst per Hand. Meine Manuskripte wimmeln von Pfeilen, Rausgestrichenem, Drüber- und Druntergeschriebenem usw. Erst wenn's einigermaßen so weit ist, schreib ich's als kleine Objektivierungshilfe auf die Maschine, damit ich sehe, wie es sich liest. Und dann wird meistens noch mal dran rumkorrigiert, es entwickeln sich auch neue Notwendigkeiten ... Ich kann mich nicht erinnern, jemals eine einzige Seite nicht nachträglich sehr heftig korrigiert zu haben. [...]

Beurteilungsbogen
mb68yu

2 Überprüfe deinen Text mithilfe des Beurteilungsbogens unter dem Online-Code. Überarbeite deinen Text gegebenenfalls.

5 Einen Romanausschnitt analysieren und interpretieren

1 Analysiere den Romanausschnitt „Lucas" bis auf Seite 184 bis 186.
- Schreibe eine Einleitung, in der du Titel, Autor und Textsorte benennst und das Thema formulierst.
- Fasse den Inhalt des Textes kurz zusammen. Beachte dabei die Rahmengeschichte von Cait und ihrem Vater sowie die Binnengeschichte von Cait und Lucas.
- Stelle den Ablauf des Gesprächs zwischen Vater und Tochter dar. Erkläre, durch welche sprachlichen Mittel die Gefühle der Ich-Erzählerin verdeutlicht werden.
- Beschreibe die Situation, in der das Mädchen Lucas zum ersten Mal sieht. Erkläre die sprachlichen und formalen Mittel und beschreibe ihre Wirkung.

Arbeitsschritte
1. Lies die Aufgabenstellung genau durch.
2. Lies den Text ein erstes Mal. Dabei kann es helfen, sich die Handlungsschritte wie Filmszenen vorzustellen.
3. Lies den Text ein zweites Mal. Fertige einen Schreibplan an.
   - Notiere für die Einleitung Titel, Autor, Textsorte und Thema.
   - Erstelle für die Zusammenfassung Stichpunkte zu Orts- und Zeitangaben, den Figuren und ihren Charaktereigenschaften. Teile den Text in Sinnabschnitte ein. Schreibe Stichpunkte zum Inhalt des Textes auf. Ordne sie in der richtigen Reihenfolge.
4. Notiere die Argumente, mit denen der Vater Cait zum Schreiben des Buches veranlassen will, sowie Caits Bedenken. Welche Gefühle zeigt die Ich-Erzählerin in dem Gespräch mit ihrem Vater? Achte auf sprachliche Besonderheiten und ihre Wirkung auf den Leser. Überlege, was die Formulierung, Cait habe sich „eine Geschichte geweint" aussagt. Welche Informationen erhältst du über Lucas? Gehe auf Lucas' erstes Auftreten und Caits Reaktion darauf ein. Wie wird diese Situation dargestellt? Unterscheide dabei zwischen Normalität und Außergewöhnlichem. Beachte die Erzählperspektive und die sprachlichen Mittel.
5. Schreibe nun deinen Text. Denke daran, deinen Text mithilfe von Absätzen zu gliedern.
6. Überprüfe deinen Text anschließend auf die sprachliche Richtigkeit (Rechtschreibung, Zeichensetzung, Grammatik, Satzbau und Ausdruck).

Der Roman erschien im Jahr 2005 in München.

Kevin Brooks

Lucas (Ausschnitt)

Es war mein Vater, der die Idee hatte, ich sollte über Lucas Angel und alles andere, was im letzten Sommer passiert ist, schreiben. „Du wirst dich dadurch nicht besser fühlen", sagte er, vielleicht wird sogar eine Weile alles viel schlimmer. Aber du darfst nicht zulassen, dass die Traurigkeit in dir drinnen stirbt. Du musst ihr ein bisschen Leben gönnen. Du musst ..."

„... alles rauslassen?"

Er lächelte. „So ungefähr."

„Ich weiß nicht, Dad", seufzte ich. „Ich bin mir nicht sicher, ob ich eine Geschichte schreiben kann."

„Ach was, Unsinn. Jeder kann eine Geschichte schreiben. Es ist das Einfachste von der Welt. Was glaubst du, wie ich es sonst schaffen würde, damit mein Geld zu verdienen? Du musst nur die Wahrheit erzählen, genauso so, wie es war."

„Aber ich weiß nicht, wie es war. Ich kenne nicht alle Details, alle Fakten –"

„Geschichten sind keine Fakten, Cait, auch nicht Details. Geschichten sind Gefühle. Du hast doch deine Gefühle, oder etwa nicht?"

„Eher zu viele", sagte ich.

„Na bitte, das ist alles, was du brauchst." Er legt seine Hand auf meine. „Wein dir eine Geschichte, Kleines. Es geht. Glaub mir."

Und genau das hab ich gemacht, ich habe mir eine Geschichte geweint.

Und das ist sie.

EINS

Ich sah Lucas zum ersten Mal letzten Sommer an einem sonnigen Nachmittag Ende Juli. Natürlich wusste ich da noch nicht, wer er war ... das heißt, wenn ich es mir genau überlege, wusste ich nicht einmal, was er war. Das Einzige, was ich vom Rücksitz des Wagens aus erkennen konnte, war eine grün gekleidete Gestalt, die im flimmernden Dunst der Hitze den Damm entlangtrottete; eine schmächtige, zerlumpte Person mit einem Wuschelkopf aus strohblondem Haar und einer Art zu gehen – ich muss immer noch lächeln, wenn ich daran denke –, einer Art zu gehen, als würde er der Luft Geheimnisse zuflüstern.

Wir waren auf dem Weg vom Festland zurück.

Dominic, mein Bruder, war bei Freunden in Norfolk[1] gewesen, nachdem er einen Monat zuvor sein erstes Jahr an der Uni beendet hatte. Am Morgen hatte er angerufen, er sei auf dem Weg nach Hause. Sein Zug sollte um fünf ankommen und er hatte gefragt, ob wir ihn am Bahnhof abholen würden. [...]

Wir waren halb über dem Damm, als ich Lucas sah.

Ich erinnere mich ziemlich genau an den Moment: Dominic lachte gerade dröhnend über irgendetwas, das er gesagt hatte, und tastete dabei seine sämtlichen Taschen ab auf der Suche nach einer neuen Zigarette; Dad versuchte, so gut er konnte, amüsiert zu wirken und zog müde an seinem Bart;

1 Grafschaft in Großbritannien

Deefer saß wie immer kerzengerade in seiner Ich-bin-ein-sehr-ernster-Hund-in-einem-Auto-Pose und blinzelte nur ab und zu mal; ich hatte mich zur Seite gelehnt, um den Himmel besser sehen zu können. Nein … das kriege ich besser hin. Ich erinnere *exakt* meine Haltung. Ich saß leicht rechts von der Mitte der Rückbank, die Beine übereinandergeschlagen und ein wenig nach links gebeugt, um über Dominics Schulter hinweg durch die Windschutzscheibe zu sehen. Den linken Arm hatte ich ausgestreckt und um Deefers Rücken gelegt, die Hand ruhte auf seiner Decke, die voller Staub und Hundehaare war. Mit der rechten Hand hielt ich mich am Rahmen des offenen Fensters fest, damit ich mehr Halt hatte. Ich erinnere alles noch ganz genau. Das Gefühl des heißen Metalls in meiner Hand, die Gummileiste, den kühlenden Wind auf den Fingern …

Das war der Moment, als ich ihn zum ersten Mal sah – eine einsame Gestalt am äußersten Ende des Damms, auf der linken Straßenseite, mit dem Rücken zu uns, unterwegs zur Insel. […]

Als wir näher kamen, konnte ich die Gestalt besser wahrnehmen. Es war ein junger Mann oder ein Junge, lässig angezogen mit graugrünem T-Shirt und ausgebeulter grüner Hose. Er hatte sich eine Armyjacke um die Taille gebunden und eine grüne Leinentasche über die Schulter geworfen. Das einzige an ihm, was nicht grün war, waren die zerschlissenen schwarzen Boots an seinen Füßen. […]

Es war ein Gesicht, das ich nie vergessen werde, nicht einfach wegen seiner Schönheit – obwohl Lucas ohne jeden Zweifel schön war –, sondern mehr wegen seines wunderlichen Ausdrucks, jenseits von allem zu sein. […]

2 Nimm Stellung zu der folgenden Aussage. Begründe deine Meinung mithilfe des Textes.

An Caits Stelle hätte ich das Buch nicht geschrieben, weil es die alten Erinnerungen wieder weckt.

Arbeitsschritte

1. Überlege, ob du der Aussage zustimmst, widersprichst oder die beiden Positionen gegeneinander abwägen möchtest.
2. Begründe deine Position mithilfe von Textbelegen. Beachte dabei, welche Gedanken und Gefühle Cait in dieser Situation hat.

3 Überprüfe deine Romananalyse mithilfe des Beurteilungsbogens unter dem Online-Code. Überarbeite deinen Text gegebenenfalls.

Beurteilungsbogen
77dv3x

6 Ein Gedicht produktiv erschließen und reflektieren

1 Stell dir vor, das lyrische Ich verfasst einen Tagebucheintrag, in dem es darüber nachdenkt, wie es sich in der Großstadt fühlt. Schreibe diesen Tagebucheintrag.

- Untersuche zuerst, in welcher Situation sich das lyrische Ich befindet.
- Analysiere anschließend, welche Eindrücke vom Großstadtleben in dem Gedicht geschildert werden und welche Gefühle dadurch ausgelöst werden.
- Verfasse dann den Tagebucheintrag und stelle dabei die Eindrücke und Gefühle deutlich heraus.

Arbeitsschritte

1. Erschließe den Inhalt des Gedichtes, indem du zu jeder Strophe in Stichpunkten notierst, worum es geht.
2. Notiere auffällige Textstellen, wichtige Adjektive, sprachliche Bilder und Motive.
3. Lege einen Schreibplan für deinen Tagebucheintrag an, in dem du notierst, welche Eindrücke vom Großstadtleben du beschreiben möchtest und welche Gefühle dadurch jeweils ausgelöst werden.
4. Verfasse deinen Text mithilfe des Schreibplans.
5. Lies deinen Text anschließend noch einmal und überarbeite ihn gegebenenfalls.

Alfred Wolfenstein

Städter

Dicht wie die Löcher eines Siebes stehn
Fenster beieinander, drängend fassen
Häuser sich so dicht an, daß die Straßen
Grau geschwollen wie Gewürgte sehn.

Ineinander dicht hineingehakt
Sitzen in den Trams[1] die zwei Fassaden
Leute, ihre nahen Blicke baden
Ineinander, ohne Scheu befragt.

Unsre Wände sind so dünn wie Haut,
Daß ein jeder teilnimmt, wenn ich weine.
Unser Flüstern, Denken … wird Gegröle[2] …

– Und wie still in dick verschloßner Höhle
Ganz unangerührt und ungeschaut
Steht ein jeder fern und fühlt: alleine.

1 Straßenbahn
2 als unangenehm laut und störend empfundener Gesang

2 Reflektiere nun deinen Tagebucheintrag.
- Begründe, wie du beim Schreiben vorgegangen bist.
- Beziehe dich dabei auf wichtige Textstellen und Besonderheiten des Gedichtes.
- Kommentiere, worauf du beim Bearbeiten der Aufgabe geachtet hast und ob dir dies gelungen ist.

Arbeitsschritte

Beantworte vor dem Schreiben deines Kommentars die folgenden Fragen in Stichpunkten.
- Welche Stellen im Gedicht erschienen dir besonders auffällig und warum?
- Wie bist du in deinem Text darauf eingegangen?
- Welche Eindrücke und Gefühle erschienen dir besonders wichtig?

3 Überprüfe deinen Tagebucheintrag und deine Reflexion mithilfe des Beurteilungsbogens unter dem Online-Code. Überarbeite deinen Text gegebenenfalls.

Beurteilungsbogen
gb6c8k

T1

Trainingsstation

Sprechen und Zuhören

T1 Lösungen
d8bi2m

Zum Eintritt in die Berufswelt ist es wichtig, sich in Vorstellungsgesprächen gut präsentieren zu können. In dieser Trainingsstation lernst du nicht nur, wie du dich richtig vorbereitest, sondern auch wie du das Gespräch gut meistern kannst.
Des Weiteren trainierst du, These, Argument und Beispiel zu unterscheiden, damit du diese bei mündlichen Diskussionen oder Stellungnahmen an der richtigen Stelle verwenden kannst. Um die Standpunkte von Diskussionsteilnehmer richtig zu verstehen, lernst du, diese genau zu beoachten und zu bewerten. Damit gelingt es dir bestimmt, deine Zuhörer von deiner Meinung zu überzeugen.
Gedichte können szenisch umgesetzt werden. In dieser Trainingsstation kannst du noch einmal üben, wie du eine Umsetzung planst und mit einer bestimmten Sprechweise, Gestik und Mimik den Figuren leben einhauchst.

1 Gespräche führen

Vorstellungsgespräche

1 Vorbereitung
- sich über die Firma informieren
- Anfahrt und Abfahrt planen
- Kleidung auswählen
- Unterlagen zusammenstellen (Einladungsschreiben, eigene Bewerbung, Fragen an das Unternehmen, …)

2 Durchführung
- sich vorstellen
- zuhören
- ehrlich antworten
- Verhalten, Mimik und Gestik beachten

3 Verabschiedung
- nach einem Entscheidungszeitpunkt fragen
- einen schönen Tag wünschen

1 Nenne Eigenschaften und Fähigkeiten, die in einem Vorstellungsgespräch wichtig sind, z. B.: *Höflichkeit, …*

2 Beantworte die folgenden Fragen.
- Welche Stärken und Schwächen hast du?
- Welche Hobbys hast du?
- Warum bewirbst du dich bei diesem Unternehmen?
- Was weißt du über das Unternehmen?
- Warum willst du diesen Beruf kennenlernen/erlernen?

3 Nenne jeweils drei Kriterien, die bei einem Vorstellungsgespräch gut ankommen, und drei Kriterien, die nicht gut ankommen.

Das Vorstellungsgespräch

Das kommt gut an …	*Das kommt nicht gut an …*
Ich begrüße mein Gegenüber.	*Ich setze mich sofort hin.*
…	*…*

4 Notiere Beispiele, wie du im Vorstellungsgespräch zeigst, dass du aktiv zuhörst.

→ **T5** Aktiv Zuhören
Seite 278

5 Recherchiere im Internet nach weiteren Tipps zur Vorbereitung auf ein Vorstellungsgespräch. Du kannst den Surftipp dazu nutzen.

Surftipp
de9fg3

1 EXTRA Lies den Ausschnitt aus einem Vorstellungsgespräch. Notiere Fragen, die in dem Vorstellungsgespräch gestellt werden. Ergänze weitere.

Ausschnitt aus einem Vorstellungsgespräch

Mitarbeiter: Schön, dass ich Sie nun persönlich kennenlerne. Erzählen Sie doch bitte erst einmal etwas über sich.

Schüler: Also, ich bin gerade 15 geworden und gehe in die 9. Klasse der Friedrich-Gesamtschule. Ich bin gern unter Menschen, ziehe mich aber auch ganz gern mal zurück, zum Beispiel zum Lesen. Aber ich habe natürlich auch noch andere Hobbys und bin Mitglied im Feuerwehrverein.

Mitarbeiter: Warum haben Sie sich ausgerechnet für ein Praktikum bei unserer lokalen Tageszeitung entschieden?

Schüler: Wir lesen zu Hause Ihre Zeitung, daher kenne ich sie zumindest schon ein bisschen. Mir gefallen vor allem die Sportseiten und der Kulturteil, von da hole ich mir hin und wieder Informationen über Veranstaltungen in unserer Nähe.

Mitarbeiter: Wir haben immer viele Praktikumsbewerber. Warum sollten wir uns gerade für Sie entscheiden?

Schüler: Ich bin bei der Schülerzeitung unserer Schule. Das mache ich jetzt schon seit drei Jahren. Daher kommt auch mein Interesse an einem Praktikum in der Zeitungsbranche. Ich kann mittlerweile ganz gut mit Textverarbeitungsprogrammen umgehen. In der Rechtschreibung bin ich sehr sicher und ich kann mich auch gut ausdrücken. In Deutsch habe ich durchweg sehr gute Noten. Außerdem fotografiere ich gern.

Mitarbeiter: Was erwarten Sie von dem Praktikum bei uns?

Schüler: Ich denke, dass ich erst einmal Einblick in die unterschiedlichen Arbeitsabläufe bei der Zeitung bekomme und mir vielleicht mal die Druckerei anschauen kann. Ich würde auch gern – wenn das ginge – selbst einen Artikel schreiben, der auch veröffentlicht wird.

Mitarbeiter: Nennen Sie drei Ihrer Stärken und eine Schwäche.

Schüler: Hm, das ist gar nicht so leicht. Ich denke, dass ich recht zielstrebig bin und sehr gut im Team arbeiten kann. Außerdem kann ich mich gut organisieren. Manchmal nehme ich bestimmte Dinge zu genau.

Mitarbeiter: Haben Sie vielleicht Fragen an mich, die ich Ihnen beantworten kann?

Schüler: Ja, wie würde denn meine Arbeitszeit hier geregelt sein und habe ich einen Ansprechpartner? …

2 EXTRA Beantworte die Fragen aus Aufgabe 1 EXTRA, die für deinen Praktikumsplatz wichtig wären, selbst. Trainiere die Antworten anschließend vor dem Spiegel, mit Freunden oder deiner Familie.

3 EXTRA Beurteile die Aussichten des Schülers, den Praktikumsplatz zu erhalten. Begründe deine Entscheidung.

2 Diskutieren und Argumentieren

2.1 These, Argument und Beispiel unterscheiden

1 Zeichne das Tempelschema der Argumentation ab. Beschrifte anschließend deine Zeichnung mit den folgenden Fachbegriffen und Definitionen.

Beispiel

These

Argument

festigt die angeführten Argumente.

verdeutlicht die Position, die eine Person zu einer strittigen Frage hat. Kann als Behauptung, Forderung oder Bewertung (Meinung, Urteil) formuliert werden.

begründet eine aufgestellte These und stützt diese. Ist oft an den Begründungswörtern (denn, weil, daher, deshalb, also folglich ...) zu erkennen.

2 Ordne die folgenden Aussagen zum Thema „Sollten Jugendliche Markenkleidung kaufen?" nach These, Argument und Beispiel in die Tabelle ein.

	Pro	Kontra
These	...	...
Argument	...	...
Beispiel	...	...

Auch meine Freunde müssen beim Kauf von Kleidung auf den Preis achten.

Markenkleidung besitzt eine bessere Qualität und hält daher länger.

Ich trage einige Kleidungsstücke von Markenherstellern seit vielen Jahren.

Jugendliche sollten dem Markenzwang entsagen.

Für viele Jugendliche ist Markenkleidung zu teuer.

Es lohnt sich, für gute Kleidung mehr Geld auszugeben.

1 EXTRA Formuliert zu der Fragestellung „Sollten Schülerinnen und Schüler ihre Lehrer duzen?" je eine These, ein Argument und ein Beispiel für die Pro- und Kontra-Seite.

2.2 Mündlich Diskutieren und Argumentieren

Eine mündliche Stellungnahme formulieren

Mündliche Stellungnahme

Einleitung
- Den eigenen Standpunkt formulieren

Hauptteil
- mehrere Argumente nennen
- Argumente mit Beispielen belegen

Schlussteil
- eine Schlussfolgerung ziehen
- die Zuhörer zu Fragen, Anmerkungen etc. auffordern

1 Entwickelt eine mündliche Stellungnahme zu der Fragestellung „Sollten sich Jugendliche ein Tattoo stechen lassen dürfen?".
- Entscheide, ob du für oder gegen das Stechen von Tattoos im Jugendalter bist.
- Notiere in Stichpunkten mindestens drei Argumente und Beispiele, die für deine Position sprechen.
- Notiere mithilfe der Formulierungshilfen Stichpunkte für eine mündliche Stellungnahme.

Formulierungshilfen für mündliche Stellungnahmen

- *Ich bin entschieden dagegen, dass …*
- *Ich befürworte …*
- *Ein Argument dafür/dagegen ist …*
- *Das sieht man deutlich an …*
- *Ich spreche aus Erfahrung, denn …*
- *Zum Beispiel …*
- *So komme ich zu dem Schluss, dass …*
- *Deshalb fordere ich dazu auf …*
- *Ich möchte nochmals betonen, dass …*
- *Unterstützt mich darin, indem ihr …*

→ T5 Feedback geben Seite 279

2 Trage deine Stellungnahme einer Mitschülerin oder einem Mitschüler vor. Lass dir anschließend eine Rückmeldung zu deinen Argumenten geben.

1 EXTRA Stell dir vor, du bist Schülersprecher und sollst eine mündliche Stellungnahme zur Fragestellung „Soll eine Kleiderordnung an unserer Schule eingeführt werden?" abgeben. Bereite eine Stellungnahme vor.
- Entscheide, ob du für oder gegen eine Kleiderordnung an deiner Schule bist.
- Formuliere aussagekräftige Argumente für deine Position. Beachte die Tagesordnung auf der rechten Seite. Du kannst auch im Internet recherchieren.
- Notiere in Stichpunkten wichtige Argumente und Beispiele auf Karteikarten.
- Übe deine mündliche Stellungnahme mehrfach laut.

Du kannst die Formulierungshilfen oben nutzen.

Schulkonferenz Ingeborg Bachmann Gesamtschule

Tagesordnungspunkt I
Abstimmung über eine Kleiderordnung für die Schule mit folgenden Regeln:
- Unterwäsche darf nicht zu sehen sein
- bauchfreie und tief ausgeschnittene Tops sind nicht erlaubt
- das Tragen von T-Shirts mit rassistischen, sexistischen oder gewaltverherrlichenden Botschaften ist verboten
  → bei einem Verstoß muss der Schüler ein T-Shirt aus der Schulkollektion tragen

2 EXTRA Trage deine Stellungnahme einer Mitschülerin oder einem Mitschüler vor. Lass dir anschließend eine Rückmeldung zu deinen Argumenten geben.

→ **T5** Feedback geben Seite 279

Diskussionen auswerten

1 Lies die folgende Diskussion. Notiere in Stichpunkten deine ersten Eindrücke zu den drei Diskussionsteilnehmern.

Diskussion zwischen Marco, Nesrin und Nils zum Thema „Sollte mehr fair produzierte Mode gekauft werden?"

Marco: Kauf von fair produzierter Kleidung? Das ist doch nichts! Ich möchte coole und günstige Klamotten kaufen.

Nesrin: Meiner Meinung nach sollten wir alle mehr fair produzierte Kleidung kaufen, denn nur dann können menschenwürdige Arbeitsbedingungen geschaffen und faire Löhne für die Arbeiter gezahlt werden. Das schwere Unglück in Bangladesh hat gezeigt, was passiert, wenn Sicherheitsbestimmungen nicht eingehalten werden. Es sind dort im April 2013 beim Einsturz einer Textilfabrik 1 127 Menschen gestorben und …

Marco *(unterbricht)*: Ja, das mag sein, aber das ist doch nur ein Einzelfall.

Nils *(schaut Nesrin an und nickt ihr zu)*: Ich stimme Nesrin vollkommen zu. Menschenwürdige und sichere Arbeitsbedingungen sind sehr wichtig. Jeder von uns will, dass Kleidung fair produziert wird, um das eigene Gewissen zu beruhigen. Umfragen belegen aber, dass beim Kauf von Kleidung der geringe Preis entscheidend ist. Auch meine Freunde und ich müssen auf unser Geld achten und kaufen deshalb lieber beim Discounter.

Marco: Super! Das ist doch genau der Punkt!

Nils: Jetzt bleib doch einmal sachlich Marco!

Marco *(spricht leise zur Seite)*: Wieso? Das bin ich doch, oder?

Nils: Ich möchte mein Argument noch einmal wiederholen. Vor allem für Jugendliche ist der niedrige Preis sehr wichtig, weil die meisten von ihnen →

nur wenig Geld zur Verfügung haben. Außerdem kaufen viele Jugendliche fair produzierte Kleidung auch nicht, da diese eher „öko“ aussieht.

Marco *(laut und ungehalten)*: Genau, das sieht voll „öko“ aus. So möchte ich nicht rumlaufen.

Nesrin *(kopfschüttelnd)*: Dem kann ich nur widersprechen. Es gibt inzwischen aber auch viele Ökodesigner, die coole T-Shirts, Jeans oder Hemden anbieten. In einem aktuellen Zeitungsartikel habe ich gelesen, dass ökologische Kleidung auch erschwinglich sein kann.

Nils: Dann habe ich aber immer noch das Problem, dass es in den meisten Einkaufsstraßen nur wenige Geschäfte mit fair produzierter Kleidung gibt. Der Einkauf wird dann umständlich, wenn ich erst lange Wege zurücklegen muss, um an fair produzierte Kleidung zu kommen.

Nesrin: Das Argument kann ich aber entkräften. Inzwischen gibt es auch viele Online-Angebote für moderne und zugleich faire Kleidung. Jeder von uns hat schließlich einen Internetzugang.

Material
g3t8bc

2 Lies noch einmal die Schülerdiskussion zum Thema „Sollte mehr fair produzierte Mode gekauft werden?“. Lege eine Folie über den Text oder nutze den Online-Code.

- Markiere alle Argumente und Beispiele, die für bzw. gegen den Kauf von fair produzierter Kleidung genannt werden.
- Untersuche anschließend, ob sich die Diskussionsteilnehmer auf den Beitrag des Vorredners beziehen. Fertige dazu Randnotizen an, z. B.: *Zeile 10: Nils bezieht sich auf Nesrin → Argument: menschenwürdige und sichere Arbeitsbedingungen, …*
- Unterstreiche unsachliche und wenig aussagekräftige Redebeiträge.

3 Beurteile nun das Diskussionsverhalten der drei Schüler mithilfe des Beobachtungsbogens auf der rechten Seite. Lege dazu eine Folie auf oder nutze den Online-Code. Kreuze in drei unterschiedlichen Farben an, wie sich die Diskussionsteilnehmer verhalten.

Material
qs4te7

Beobachtungsbogen Diskussion					
Teilnehmer:					
1. Argumentation/ Überzeugungskraft	++	+	–	– –	
argumentiert glaubwürdig und überzeugend					argumentiert nicht glaubwürdig und überzeugend
bringt Beispiele zur Stützung der Argumente ein					nennt keine Beispiele
bleibt beim Thema					schweift vom Thema ab
2. Gesprächsverhalten	++	+	–	– –	
geht auf Vorredner ein					geht nicht auf Vorredner ein
zeigt ein faires Gesprächsverhalten, z. B. hört zu, fragt nach, führt Gedanken anderer weiter, …					zeigt ein unfaires Gesprächsverhalten, z. B. fällt anderen ins Wort, greift sie persönlich an, …
3. Sprache	++	+	–	– –	
verwendet eine sachliche Sprache					verwendet keine sachlich Sprache
redet klar, flüssig und deutlich					spricht unverständlich und reglos

1 EXTRA Lies die Diskussion zum Thema „Sollte mehr fair produzierte Mode gekauft werden?" auf Seite 193/194.

2 EXTRA Beurteile das Diskussionsverhalten der drei Schüler.
- Lege eine Folie über den Beobachtungsbogen oben oder nutze den Online-Code.
- Kreuze in drei unterschiedlichen Farben an, wie sich die Diskussionsteilnehmer verhalten.

3 EXTRA Werte deine Ergebnisse aus dem Beobachtungsbogen in einem zusammenhängenden Text aus.

Auswertung der Diskussion

In der Diskussion „Sollte mehr fair produzierte Mode gekauft werden?" argumentiert Nesrin sehr glaubhaft und überzeugend für Ökomode. Sie nennt Faktenargumente und …
Demgegenüber bringt sich Marco in der Diskussion weniger glaubwürdig und überzeugend ein, da …

4 EXTRA Sieh dir eine Talkshow im Fernsehen an. Beurteile die Diskussionsteilnehmer mithilfe des Beobachtungsbogens.

3 Texte szenisch gestalten

Gedichte szenisch umsetzen

- **Handlung**: Was geschieht in dem Gedicht?
- **Figuren**: Wer ist beteiligt?
- **Monologe/Dialoge**: Was sagen die beteiligten Figuren?
- **Sprechweise**: Wie sprechen die Figuren jeweils?
  - In welcher Lautstärke? (laut, leise, …)
  - In welchem Tempo? (schnell, zögernd, …)
  - Welche Gefühle kommen zum Ausdruck? (wütend, fröhlich, hoffnungsvoll, ängstlich, …)
- **Gestik/Mimik/Körperhaltung**: Welche Bewegungen machen die Figuren? Welchen Gesichtsausdruck haben die Figuren? Wie ist die Körperhaltung der Figuren?

Material
mw7v78

Orientiere dich an den Randnotizen zu den ersten Versen.

1 Stell dir vor, du bist Regisseur und sollst das Gedicht von Kurt Tucholsky als kleines Theaterstück inszenieren. Ein Sprecher wird das Gedicht vortragen, während die Schauspieler den Inhalt szenisch umsetzen.
- Fertige Randnotizen an, wie der Sprecher das Gedicht vortragen soll. Lege dazu eine Folie auf oder nutze den Online-Code.
- Plane mithilfe der folgenden Tabelle die szenische Umsetzung des Gedichtes.

	Planung	Textstellen
Welche Figuren spielen mit?	Figur 1: …	Vers …
Welche Handlungsschritte gibt es?	…	…
Bewegungen/Körperhaltung der Figuren	…	…
Gestik und Mimik der Figuren	…	…

Das Gedicht ist in alter Rechtschreibung verfasst.

Kurt Tucholsky

Augen in der Großstadt

Wenn du zur Arbeit gehst
am frühen Morgen,
wenn du am Bahnhof stehst
mit deinen Sorgen:
da zeigt die Stadt
dir asphaltglatt
im Menschentrichter

eher monoton vortragen
→ Alltäglichkeit verdeutlichen
→ Wiederholung deutlich machen

Betonen! Danach Tempowechsel, schneller werden
→ lauter werden

Millionen Gesichter:
Zwei fremde Augen, ein kurzer Blick,
die Braue, Pupille, die Lider –
Was war das? vielleicht dein Lebensglück …
vorbei, verweht, nie wieder.

Du gehst dein Leben lang
auf tausend Straßen;
du siehst auf deinem Gang,
die dich vergaßen.
Ein Auge winkt,
die Seele klingt;
du hasts gefunden,
nur für Sekunden …
Zwei fremde Augen, ein kurzer Blick,
die Braue, Pupille, die Lider;
Was war das? kein Mensch dreht die Zeit zurück …
Vorbei, verweht, nie wieder.

Du mußt auf deinem Gang
durch Städte wandern;
siehst einen Pulsschlag lang
den fremden Andern.
Es kann ein Feind sein
es kann ein Freund sein,
es kann im Kampfe dein
Genosse sein.
Es sieht hinüber
und zieht vorüber …
Zwei fremde Augen, ein kurzer Blick,
die Braue, Pupille, die Lider.
Was war das?
Von der großen Menschheit ein Stück!
Vorbei, verweht, nie wieder.

1 EXTRA Lies das Gedicht „Augen in der Großstadt“ auf Seite 196/197. Stell dir vor, das Gedicht wird von einem Sprecher vorgelesen, während Schauspieler den Inhalt szenisch spielen.
- Plane mithilfe der Informationen aus dem Schaubild auf der linken Seite eine szenische Umsetzung des Gedichtes.
- Begründe deine Planung, indem du dich auf passende Textstellen beziehst.

2 EXTRA Beschreibe, wie die Kulisse für das Theaterstück aussehen könnte.

T2

Trainingsstation

Schreiben

T2 Lösungen
7wf824

In dieser Trainingsstation wiederholst du, einen Bericht zu schreiben und zu reflektieren. Zudem kannst du dein Wissen zu Bewerbungen noch einmal vertiefen. Des Weiteren setzt du dich mit dem Schreiben und Analysieren von Sachtexten auseinander.
Um in einer Erörterung zu überzeugen, kannst du das Schreiben noch einmal kleinschrittig trainieren.
Du übst auch noch einmal, wie du zu einem gelungenen Schreibprodukt zum Thema Gedichte gelangst. Zum Abschluss der Trainingsstation lernst du, literarische Texte zusammenzufassen und deine Deutungen mit Textstellen zu belegen.

1 Informieren

1.1 Einen Bericht schreiben und reflektieren

Einen Praktikumsbericht schreiben

Tagesbericht

- W-Fragen beantworten
- Reihenfolge beachten
- Wichtiges kurz und präzise zusammenfassen
- Zeitform Präteritum verwenden
- Sachliche Sprache mit Fachausdrücken, ggf. abwechslungsreiche Satzanfänge und Satzverknüpfungen

1 Lies den ausführlichen Tagesbericht. Ordne die Informationen aus dem Text in Stichpunkten in die Tabelle ein.

Tagesbericht		Datum:
Zeit/Ort	Arbeitsablauf/Tätigkeiten	Arbeitsmittel
12.10.2016, 12.00 Uhr Schwimmhalle	...	...

Der dritte Tag 12.10.2016

Heute begann mein Arbeitstag erst um 12:00 Uhr.
Zu Beginn kontrollierte ich gemeinsam mit Herrn Geneke alle Umkleideschränke. Dabei achteten wir besonders auf Folgendes: Die Verankerung der Schränke, die Schlösser und die Schlüsselbänder.
Um 13:00 Uhr ging ich in die Schwimmhalle. Ich führte dort gemeinsam mit dem Schwimmmeister die Aufsicht. Eine Gruppe von kleinen Kindern wollte ihr Schwimmabzeichen ablegen. Zuerst schrieb ich alle Namen und das Geburtsjahr auf. Dann begannen die Kinder mit der ersten Übung, dem Zeitschwimmen. Ich stoppte die Zeit. Nach der ersten Übung und einer kleinen Pause warf ich für jedes Kind einen Ring ins Wasser, den es anschließend heraufholte. Alle Kinder erhielten ihr „Seepferdchen“. Insgesamt dauerte dies bis 15:30 Uhr.
Danach hatte ich eine kleine Pause, bevor ich die Aufsicht an der Wasserrutsche führte. Meine Arbeitszeit endete um 18:30 Uhr.

Peter Dirks

2 Verfasse mithilfe des tabellarischen Tagesberichts einen ausführlichen Tagesbericht. Nutze dazu die Informationen aus dem Schaubild auf Seite 199 sowie die folgenden Formulierungshilfen.

Formulierungshilfen für Berichte

Um … Uhr, danach, dort, gegen … Uhr, nun, während, von … bis, als, nach dem Essen, bevor, jetzt, am Mittag, schließlich, heute, bald, endlich, …

Tagesbericht		Datum: 12.10.2016
Zeit/Ort	**Arbeitsablauf/Tätigkeiten**	**Arbeitsmittel**
6.30 Uhr – 6.50 Uhr Ettlingen – Karlsruhe	Fahrt mit der Straßenbahn	
7.00 Uhr – 7.30 Uhr Hotel Karlsruhe Restaurant	Tische für das Frühstück eindecken	Tischdecken, Besteck, Servietten, Gläser, Tassen, Kerzen, Dekoration
7.30 Uhr – 11.00 Uhr Hotel Karlsruhe Restaurant	Tische abräumen, Tische neu eindecken, Tische säubern, Gäste mit Getränken bedienen	Putzmittel, Geschirrtuch
11.00 Uhr – 12.00 Uhr Hotel Karlsruhe Restaurant	Tische abräumen und säubern, Tische für das Abendessen eindecken	Tischdecken, Besteck, Servietten, Gläser, Kerzen, Dekoration
12.00 Uhr – 13.00 Uhr	Mittagspause	
13.00 Uhr – 15.00 Uhr Hotel Karlsruhe Zimmer	Zimmer aufräumen/reinigen: Betten machen, Staubsaugen, Staubwischen, Bad putzen	Staubsauger, Staubtuch, Putzmittel
15.00 – 16.30 Uhr Karlsruhe-Ettlingen	Fahrt mit der Straßenbahn	

Sieh dir den tabellarischen Praktikumsbericht oben an.

1 EXTRA Erstelle einen tabellarischen Tagesbericht zu einem typischen Tag bei deinem Praktikum.

2 EXTRA Verfasse mithilfe deiner Ergebnisse aus Aufgabe 1 EXTRA einen ausführlichen Tagesbericht. Schreibe im Präteritum und achte auf passende Satzverknüpfungen, abwechslungsreiche Satzanfänge und Fachbegriffe.

Einen Arbeitsablauf beschreiben

Arbeitsablauf

- Materialien nennen
- Arbeitsschritte in zeitlicher Reihenfolge nennen
- Wichtiges kurz, präzise und sachlich beschreiben
- Fachsprache, abwechslungsreiche Satzanfänge/Satzverknüpfungen verwenden
- Präsens verwenden, Passiv oder man-Form verwenden

1 Sieh dir die Bilder an. Notiere die benötigten Materialien. Beschreibe in Stichpunkten die einzelnen Arbeitsschritte, z. B.: *1. Haare waschen, 2. …*

1
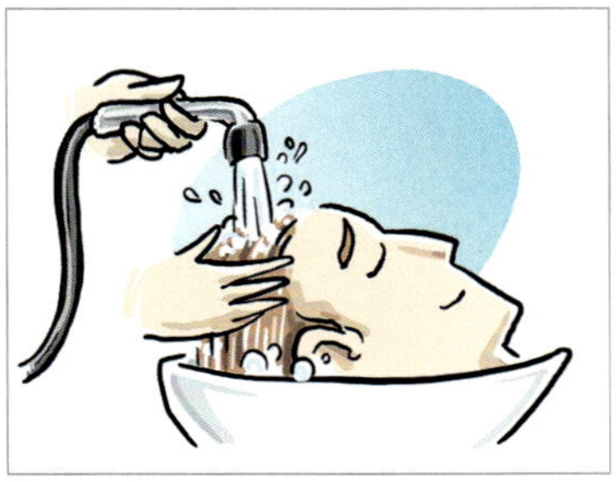

2

3

4

5

6

2 Beschreibe nun den Arbeitsablauf eines Friseurs ausführlich.

Formulierungshilfen für Arbeitsabläufe

Man benötigt …, Zuerst …, Anschließend …, Als Nächstes …, Danach …, Dann …, Jetzt …, Schließlich …, Als Letztes …, Man muss darauf achten, dass …

3 Überprüfe deinen Arbeitsablauf mithilfe des Merke-Kastens auf Seite 17.

1 EXTRA Sieh dir die Bilder oben an. Verfasse dazu eine ausführliche Beschreibung des Arbeitsablaufs eines Friseurs.

Eine Reflexion verfassen

1 Ordne die Erwartungen, Befürchtungen und Erfahrungen zum Praktikum in einem Kindergarten in die Tabelle ein.

Erwartungen	Befürchtungen	Erfahrungen
...	...	...

In manchen Situationen war ich überfordert und wusste nicht, was ich mit den Kindern machen sollte.

Ich konnte viele Fragen zum Thema Frühförderung, Erziehung und Nachmittagsbetreuung klären.

Hoffentlich kann ich auch meine eigenen Ideen zum Basteln und Spielen einbringen.

Ich muss hoffentlich nicht den ganzen Tag nur zuhören und zuschauen.

Ich habe viel über die Ausbildung erfahren.

Ich würde gerne über die Ausbildung des Erziehers/der Erzieherin Bescheid wissen.

Über die Nachmittagsbetreuung weiß ich nicht viel. Was ist, wenn mich jemand danach fragt?

2 Verfasse mithilfe deiner Ergebnisse aus Aufgabe 1 und den folgenden Satzanfängen eine ausführliche Reflexion zu einem Praktikum im Kindergarten.

Bevor ich mein Praktikum im Kindergarten begonnen habe, habe ich mir überlegt ...

Leider habe ich ... Ich durfte kaum ... und habe mich auch nicht getraut ...

Im Verlauf des Praktikums durfte ich ... und habe dann gemerkt, dass ...

Eine tolle Erfahrung war, dass ... Auch durfte ich ...

Besonders gut hat mir ... gefallen.

Mit der Zeit habe ich ...

Es gab jedoch auch Punkte, die ...

---

1 EXTRA Nimm zu der folgenden Aussage Stellung. Notiere dazu Pro- und Kontra-Argumente.

Eine Reflexion zu einem Praktikum ist unnötig.

1.2 Ein Bewerbungsanschreiben und einen Lebenslauf verfassen

1 Ordne die folgenden Stichpunkte für eine Bewerbung in einer sinnvollen Reihenfolge.

Interesse an unterschiedlichen Tätigkeitsfeldern rund ums Radio	Mit freundlichen Grüßen
kommunikativ, selbstständig, zielgerichtet, gut im Fach Deutsch, arbeitet gern mit anderen Menschen	Vielfalt der beschriebenen Tätigkeiten, Möglichkeit, Lieblingssender genauer kennenzulernen Praktikumsplatz im Zeitraum vom … bis …
Anlagen	Berufswunsch: Radiomoderator
Schul-AG erste Erfahrungen mit Medien- und Kommunikationstechnik und im Recherchieren	9. Klasse der … Schule, Betriebspraktikum für alle Schüler der Klassenstufe 9 vorgesehen
Sehr geehrte Frau Schuster,	Einladung zu einem Vorstellungsgespräch
Bewerbung um einen Praktikumsplatz bei Radio KÖLN, Ihre Anzeige im „Kölner Stadtanzeiger" vom 05. Mai 2016	Praktikumsangebot im „Kölner Stadtanzeiger" – großes Interesse

2 Formuliere mit den Stichpunkten aus Aufgabe 1 ein Bewerbungsanschreiben. Verwende für die fehlenden Angaben deine eigenen Daten.

Beachte dazu den formalen Aufbau von Bewerbungen.

3 Überprüfe deine Bewerbung mithilfe der Expertenkarten auf Seite 21.

4 Verfasse nun einen Lebenslauf zu deinem Bewerbungsanschreiben.

1 EXTRA Verfasse zu einem der Berufe in der folgenden Stellenanzeige ein Bewerbungsanschreiben und einen Lebenslauf.

Ausbildung, die sich lohnt

Wir suchen:	**Erzieher, Altenpfleger, Physiotherapeuten, Sozialassistenten** uvm.
Bewerbungen an:	Sozial- und Bildungseinrichtungen, Herrn Paul Rommel Talstr. 46, 50321 Brühl

1.3 Einen Sachtext auf Grundlage von Materialien verfassen

Einen Sachtext verfassen

- **Material**
  - **Materialien auswerten**: Textverständnis sichern, Informationen zielgerichtet zusammenstellen, z. B. Stichpunkte, Mindmap, Zitate, Zusammenfassungen, …
- **Zielgruppe und Sprache**
  - **Zielgruppe**: Für wen ist der Text bestimmt: Erwachsene? Kinder oder Jugendliche? Fachleute? Laien? Offizielle Stellen, z. B. Behörde, Schulleitung, …?
  - **Sprache**:
    - einfache Sprache: überwiegend Hauptsätze, kurze Satzgefüge, keine Fachwörter, Verzicht auf Fremdwörter
    - gehobene Sprache: häufig Satzgefüge, Fachsprache, Fremdwörter
- **Textsorte**
  - Geeignete Textsorte wählen, z. B. Bericht, Brief, Zeitungsartikel, Web-Beitrag, …
- **Textaufbau**
  - **Überschrift**: informativ oder Neugier weckend?
  - **Einleitung**: Kurze Vorstellung des Themas/Sachverhalts
  - **Hauptteil**: alle für das Thema wichtigen Informationen, in einer sinnvollen Reihenfolge
  - **Schluss**: Bewertung, kurze Zusammenfassung, Schlussfolgerung

1 Stell dir vor, du sollst im Rahmen eines Filmprojekts einen Text zum Thema „Animation im Film" verfassen. Notiere, für wen der Beitrag bestimmt sein könnte (Zielgruppe) und welche Sprache dafür angemessen ist.

Beachte auch die Aktualität der Informationen.

2 Lies die Texte A bis E auf Seite 205/206 und sieh dir Bilder an. Stelle die wichtigsten Informationen in einer Tabelle zusammen.

	wichtige Begriffe	Stichworte
Text A Definitionen	Animation …	bewegte Bilder aus Einzelbildern, …
Text B	…	…
…	…	…

A Definitionen

Animation: „Animation“ leitet sich aus dem lateinischen Wort „animare“ ab und bedeutet so viel wie „zum Leben erwecken“. Es ist im engeren Sinne jede Technik, bei der durch das Anzeigen von Einzelbildern für den Betrachter ein bewegtes Bild geschaffen wird.
Computer-Animation: „Computer-Animation“ bezeichnet die Erzeugung von Animationen mit Hilfe von Computern. Sie verwendet die Mittel der Computergrafik und ergänzt sie um zusätzliche Techniken. Einem Standbild wird durch Veränderungen Leben eingehaucht. Standbilder mit kleinen Veränderungen werden nacheinander in einem Film abgespielt. Meistens wird eine Technik namens „Rendering“ benutzt. […]
Computer-Animationen sind mittels Rechnern erzeugte 3D-Bewegtbild-Sequenzen. Die Vorteile gegenüber Film und Video bestehen in der Visualisierung virtueller Umgebungen und der Darstellung von Szenarien, die in der Realität nicht vorkommen oder gar nicht darstellbar sind. Nachteilig sind der große Zeitaufwand für Modellierung und Animation und der große Rechenaufwand beim Berechnen der Bilder.

B Computeranimierte Filme: Top 5

Stand: April 2016

Platz	Film	Besucher
1	Findet Nemo	8836474
2	Ice Age 2 – Jetzt taut's	8747671
3	Ice Age 3 – Die Dinosaurier sind los	8709881
4	Ice Age	7299318
5	Minions	6784496

C Die Anfänge der Computer-Animation

Die erste Computer-Animation erstellte Edward E. Zajac 1963 in den Bell Laboratories (Murray Hill/New Jersey). Ein Körper mit Vierkantschnitt drehte sich um eine Kugel. Die Kugel sollte die Erde darstellen und der Körper einen um die Erde kreisenden Satellit. […] „Gyro gravity gradient attitude control system“ war Titel und Inhalt des Films.

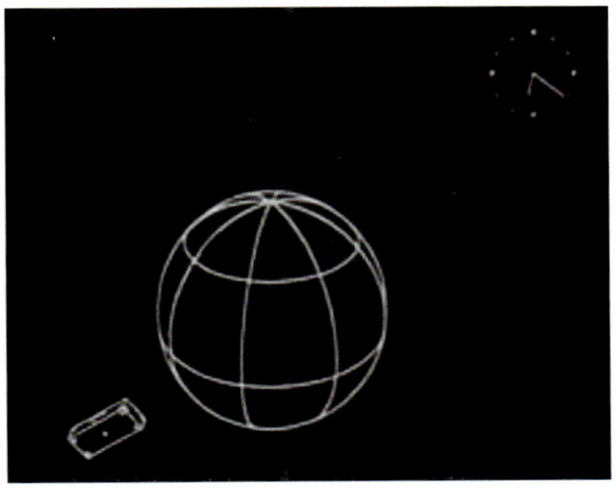

D Film-Revolution: Toy Story

Es war der erste Spielfilm, der komplett am Computer erzeugt wurde, „Toy Story“ wurde als „Meilenstein in der Geschichte der Filmindustrie“ gefeiert. Insgesamt 110 Experten – darunter 27 Trickzeichner – waren an der Entstehung der Spielzeug-Geschichte beteiligt. Aber kein einziger „Hauptdarsteller“, kein einziges Detail der Kulisse, wurde jemals von Menschenhand berührt.
Computer ersetzten die bis dahin übliche Handarbeit, Trickfilmfiguren zu zeichnen oder zu modellieren. Wurden die klassischen Animationsfilme, wie „Schneewittchen“ und „Dschungelbuch“, traditionell in 2D gezeichnet, so brachte der erste CGI-Film (computer generated images) einen plastischen, dreidimensionalen Look mit. Die Kulissen wurden direkt auf dem Bildschirm geschaffen und die Filmfiguren hereingesetzt.

E Zuviel des Guten?

Dank besser werdender Computer-Animation gleichen künstliche Figuren in Kinofilmen immer mehr den realen Vorbildern. Doch das wird zum Problem: Zu real wirkt plötzlich falsch.
Computer-Animation hat der Filmindustrie in den vergangenen Jahren ungeahnte Möglichkeiten eröffnet. Künstliche Figuren gleichen immer mehr den echten, auch die simulierten Landschaften werden immer realer. Doch allmählich zeigt sich, dass genau das für die Branche zum Problem werden könnte. Denn wenn die animierten Darsteller gar zu menschlich wirken, fühlt sich der Zuschauer offenbar unwohl. Wenn es zu real wird, sieht er nicht mehr die Ähnlichkeiten, sondern vor allem die Abweichungen. Den Effekt bezeichnen Experten als „Uncanny Valley“ (deutsch: unheimliches Tal). Der Theorie nach fühlen wir uns zu künstlichen Figuren hingezogen, wenn sie uns entfernt ähneln. Ein Teddy oder eine Puppe gilt als „niedlich“. Und die Zuneigung steigert sich, je menschlicher das Objekt aussieht – oder eben die animierte Kinofigur. Doch irgendwo scheint es eine Grenze zu geben. Wenn es allzu menschlich erscheint, stößt es uns ab.

3 Formuliere eine Überschrift zu deinem Text „Animation im Film". Beachte dazu den Anlass deines Textes.

4 Schreibe eine Einleitung, in der du auf das Thema und seine Bedeutung eingehst. Wähle einen der folgenden Einstiege.

Formulierungshilfen für eine Einleitung

- Filme ohne Computer-Animationen sind heute …
- Wer hat sie nicht gesehen, Filme wie …
- Eine wichtige Technik bei der Filmproduktion ist …
- Wir möchten mit diesem Beitrag …

5 Schreibe den Hauptteil deines Textes. Beachte dabei deine Ergebnisse aus Aufgabe 1 und 2. Nutze Informationen aus allen Materialien.
- Notiere zunächst Zwischenüberschriften, die deinen Text in vier Absätze gliedern, z. B.: *Was versteht man unter Animation? …*
- Überlege, in welcher Reihenfolge du die Zwischenüberschriften anordnest.
- Schreibe nun deinen Text. Entscheide, ob du die Zwischenüberschriften nutzen möchtest oder nicht. Denke daran, deinen Text in Absätze zu unterteilen.

6 Formuliere einen Schluss. Wähle einen der Satzanfänge.

Formulierungshilfen für einen Schluss

- Man sieht, dass Computer-Animationen …
- Heute … / In Zukunft …
- Dies zeigt, dass sich die Filmtechnik …
- Filme kommen heute …
- Ich finde Computer-Animationen …

---

1 **EXTRA** Stell dir vor, du sollst im Rahmen eines Filmprojekts einen Text zum Thema „Animation im Film" verfassen.
- Notiere, für wen der Beitrag bestimmt sein könnte (Zielgruppe) und welche Sprache dafür angemessen ist.
- Lies die Texte A bis E auf Seite 205/206 und sieh dir die Bilder an. Stelle die wichtigsten Informationen in einer Tabelle zusammen.

Beachte auch die Aktualität der Informationen.

2 **EXTRA** Verfasse nun einen Sachtext zum Thema „Animation im Film".
- Formuliere eine passende Überschrift. Schreibe eine Einleitung, in der du kurz das Thema und seine Bedeutung benennst.
- Stelle dar, was man unter Animationen und Computer-Animationen versteht.
- Erkläre, wie sich die Computer-Animation im Film entwickelt hat. Weise auf mögliche Probleme hin.
- Bewerte abschließend die Bedeutung der Computer-Animation im Film.

1.4 Eine Sachtextanalyse verfassen

Eine Sachtextanalyse verfassen

Auswerten
- Text lesen, wichtige Stellen markieren
- Text in Sinnabschnitte einteilen
- Fragen an den Text stellen
- Sprachliche Besonderheiten und ihre Wirkung erarbeiten

Planen
- Exzerpt und/oder Strukturdiagramm anfertigen

Schreiben

Einleitung
- Autor, Textsorte und Quelle nennen
- Thema und Kernaussage formulieren

Hauptteil
- Inhalt strukturiert wiedergeben
- Sprache und Wirkung beschreiben
- Intention des Autors nennen und beschreiben

Schluss/Stellungnahme schreiben
- Ergebnisse kurz zusammenfassen
- Intention und Kernaussage beurteilen
- Eigene Meinung zum Thema und den Aussagen des Autors formulieren

Eine Sachtextanalyse vorbereiten

1 Lies den Text. Beachte dabei die Sinnabschnitte und die Markierungen.

Eike Kühl

Den wird man ja wohl noch hassen dürfen

Der schwedische YouTube-Star PewDiePie soll im vergangenen Jahr sieben Millionen Euro eingenommen haben. Und alle Hater so: Darf der das? Aber klar doch.

A Der amtierende YouTube-König heißt Felix Arvid Ulf Kjellberg, auch genannt PewDiePie. Er thront auf einem quietschenden Bürostuhl, seine Gefolgschaft nennt sich Bro Army und sie ist gewaltig. 37 Millionen Menschen zählt sie, um nicht ganz genau zu sein. So viele Abonnenten hat der Kanal von PewDiePie und damit liegt er weit vor den Vasallen[1] der traditionellen Unterhaltungsbranche wie Rihanna oder Taylor Swift. Niemand in der Geschichte von YouTube hatte jemals mehr Abonnenten, niemand mehr Videoabrufe als der 25-Jährige aus Göteborg, der Teil der sogenannten Let's-Play-Szene ist: Er spielt Videospiele und kommentiert sie für seine Zuschauer.

1 Gefolgschaft, Fans

B Für YouTube-Stars wie PewDiePie gilt wie überall im Netz: Fans in Form von Likes sind eine Währung, aber selbst wenn in den sozialen Netzwerken kein Fan mehr die „Abonnieren"- und „Gefällt mir"-Buttons klicken würde, blieben immer noch die Kritiker und Krakeeler, neudeutsch Hater, übrig. Sie sind immer da, als anonymer Bodensatz in den Kommentarspalten und Blogs, auf Facebook und Twitter.

C Und wenn sie bei einer Sache noch weniger Spaß verstehen als sonst, dann bei Geld. PewDiePie hat Geld, eine ganze Menge sogar, wenn die Berichte des schwedischen Boulevardblatts *Expressen* stimmen. Das hat vor einigen Tagen veröffentlicht, wie viel PewDiePie im vergangenen Jahr mutmaßlich verdient hat: Einen Umsatz von 63,7 Millionen Schwedischen Kronen soll er angegeben haben, das entspricht ungefähr 6,8 Millionen Euro. […]

D Das ist trotzdem eine Menge Holz und eignet sich deshalb prächtig zum Flamen, wie es auf YouTube und in Videospielen heißt. Kaum kursieren PewDiePies Einnahmen im Netz, kommen sie vor den Bildschirm gekrochen: die Trolle, die Hater, die Neider und die Apologeten[2] der Hochkultur, für die YouTuber ohnehin nur pickelige Halbstarke oder rougebackige Modetröten sind und für die hinter dem Phänomen Let's Play keine echten Gamer[3] stecken. Sie fragen: Was, bitteschön, hat dieser PewDiePie geleistet, um so viel Kohle zu verdienen? Seit gerade einmal fünf Jahren macht er Videos, in denen er kaum mehr macht als auf dem Allerwertesten zu hocken, Videospiele zu spielen und seinen Bildschirm anzubrüllen. Mit genug *fuck* und *shit*, Fäkalhumor und geschmacklosen Witzen, um ganze Mittelstufen zu versorgen. Mit seinen blauen Augen und dem Dreitagebart, den junge Mädchen anhimmeln. Wieso bekommt der Typ Millionen, wo es doch ganz andere, viel talentiertere, witzigere YouTuber gibt? Und dann hat er auch noch die Chuzpe[4], seinen Kritikern zu antworten, einzelne Kommentare vorzulesen und völlig ironiefrei zu sagen, dass für ihn „Geld nicht alles sei" und er sich ja auch gemeinnützig engagiere und die ganze Videosache immerhin viel Zeit in Anspruch nehme.

E Gewiss, über Geschmack lässt sich streiten, und PewDiePies künstlerisches Schöpfen, diese Mischung aus affektiertem[5] Geplapper und machomäßiger Bro-Attitüde[6] ist für die meisten Menschen ebenso anstrengend wie unverständlich, sicherlich kritisierbar und in jedem Fall kurios. Doch Neid oder gar Hass über die möglichen Einnahmen aufkommen zu lassen, ist und bleibt die billigste Stufe der Kritik. Der Ausdruck „der verdient das nicht" ist das Mantra[7] kleingeistiger Reaktionäre[8], auf das eigentlich nur noch die Stammtisch-Rechtfertigung „das wird man ja wohl noch sagen dürfen" folgen kann. Die Hater vergessen, dass die größten Unterhalter wie überall in der Branche auch auf YouTube die dicksten Portemonnaies haben. →

2 intellektueller, wissenschaftlicher Verteidiger
3 Spieler
4 Unverschämtheit
5 gekünstelt, unnatürlich
6 Einstellung
7 Spruch, der immer wiederholt wird, damit er wahr wird
8 jemand, der an nicht mehr zeitgemäßen Vorstellungen festhält

F Vor allem vergessen sie, wieso ein YouTuber wie PewDiePie überhaupt an so viel Geld kommt: Jeder einzelne Videoabruf zählt und wer fast zehn Milliarden Abrufe generiert, darf sich über entsprechende Einnahmen freuen. Auf keiner anderen Unterhaltungsplattform ist die Verbindung aus Publikum und Einkommen auch nur annähernd so transparent wie auf YouTube. In keiner anderen ist es so einfach, jemanden zu ignorieren: Wer PewDiePie nicht mag und seine Videos trotzdem aufruft, wird zum Teil eines Problems, das eigentlich gar keines sein sollte. Denn das digitale Abendland endet nicht in Schweden oder im englischen Brighton, wo PewDiePie inzwischen mit Freundin und Hund lebt. Der regierende YouTube-König ist – vermutlich – Multimillionär und das ist auch nicht schlimm. Um es mit den Worten von PewDiePie selbst zu sagen: *Deal with it.*

2 Lies den Text noch einmal. Beantworte anschließend in Stichpunkten die folgenden Fragen.
- Wer ist der „amtierende Youtube-König“ und warum?
- Wie viel Geld hat PewDiePie bisher verdient?
- Warum „hassen“ ihn manche Kritiker?
- Wo (auf welchen Plattformen) wird PewDiePie kritisiert?
- Wie äußert sich diese Kritik und was ist „billig“ daran?
- Wodurch verdient ein Youtuber Geld und was ist das Problem dabei?
- Wann wird ein Kritiker „Teils des Problems“? Wie wäre das zu verhindern?

3 Erstelle ein Exzerpt zu dem Text. Übernimm dazu die folgende Tabelle in dein Heft und ergänze sie. Nutze die vorgegebenen Textmarkierungen.

Autor und Titel	Eike Kühl: Den wird man ja wohl noch hassen dürfen
Textsorte	Kommentar
Quelle	deutsch.punkt 5, Seite 208 bis 210
Thema	...
Abschnitt A (Zeile 1 bis 9)	25-jähriger Schwede mit Namen PewDiePie ist amtierender YouTube-König, 37 Millionen Abonnenten bei YouTube, mehr als Rihanna oder Tylor Swift ...
Abschnitt B (Zeile 10 bis 15)	„Likes“ und „Abonnenten“ sind Geld wert in sozialen Netzwerken, viele Kritiker in Blogs, Kommentarspalten oder Facebook ...
Abschnitt C (Zeile 16 bis 21)	PewDiePies Jahresumsatz liegt bei 63,7 Millionen Schwedischen Kronen (6,8 Millionen Euro) ...
Abschnitt ...	...
...	...

4 Sieh dir das Strukturdiagramm an. Übertrage es in dein Heft und vervollständige es mithilfe der folgenden Stichpunkte.

Geldverdienen mit YouTube ist transparent | Kritiker als Teil des Problems | Kritiker und ihre negative Meinung | Rechtfertigung und Gegenkritik

Kernaussage/Leitfrage/Thema: Geldverdienen mit YouTube ist berechtigt

↓

Absicht des Textes: Negative Kritik am Geldverdienen mit YouTube erklären und kritisch hinterfragen

↓

PewDiePie und die Let's Play-Szene

↓

YouTube-Stars: Fans und Kritiker

↓

Verdienstmöglichkeiten auf YouTube

↗

___

↓

___

↓

___

↙

Fazit: ___

5 Untersuche die Sprache des Textes genauer. Beantworte die folgenden Fragen. Notiere Textbeispiele und beschreibe wie diese jeweils auf dich wirken.

- Verwendet der Autor eine Fachsprache oder Umgangssprache? Ist der Text einfach oder kompliziert formuliert?
- Verwendet der Autor bestimmte Wörter, viele Fremdwörter oder Fachwörter?
- Wie ist der Satzbau gestaltet? Welche Satzarten werden verwendet?

6 Im Text sind die folgenden Stilmittel enthalten. Übernimm die Tabelle in dein Heft und ergänze passende Textbeispiele.

Stilmittel/Sprache	Textbeispiel	Wirkung
Hyperbel (Übertreibung)	billigste Stufe der Kritik (Zeile 46) …	überspitzt und unrealistisch, wirkt dadurch provokant, aber auch lustig
Anglizismen	…	wirkt modern und einer Szene zugehörig; jugendlich und multimedial
Ironie	…	verstärkt die gegenteilige Aussage; wirkt frech, lustig und provokant; macht sich lustig
…	…	…

Sieh noch einmal in den Merke-Kästen auf Seite 122 nach.

Material
92dp33

7 Enthält der Text noch weitere Stilmittel? Ergänze deine Tabelle aus Aufgabe 6.

8 Bereite eine vollständige Analyse des Textes „Den wird man ja wohl noch hassen dürfen“ vor. Ergänze dafür den folgenden Schreibplan. Du kannst auch den Online-Code nutzen.

Schreibplan: Sachtextanalyse

Aufbau	Planungsnotizen	Formulierungshilfen
Einleitung Autor, Titel, Textsorte, Datum und Quelle nennen	Kurz und knapp	... beschäftigt sich mit ... ... ist erschienen in ...
Thema/Kernaussage formulieren	Auf den Punkt bringen	Die Kernaussage des Textes ist ... Das Thema lautet ...
Hauptteil Strukturierte Wiedergabe des Textinhaltes verfassen	Inhalt mit eigenen Worten wiedergeben. Struktur (Textaufbau) beschreiben.	... beginnt mit .../berichtet über .../... untersucht ein Problem ... vergleicht .../überlegt ...
Sprache und Wirkung beschreiben	Intention des Textes/Autors mithilfe der Sprache erklären	unterstützt die Kernaussage .../macht deutlich, dass .../verfälscht die Aussage ... Die Sprache ist sachlich/einfach/kompliziert/umgangssprachlich ...
Stilmittel nennen und ihre Wirkung für die Textintention beschreiben	Textzitate nutzen	Folgende Stilmittel werden verwendet ... Diese wirken .../Dies bedeutet ...
Schluss Kurze Zusammenfassung der Ergebnisse	Struktur und Sprachwirkung kurz zusammenfassen	Abschließend .../Ebenso ... Der Autor schafft es, ... mit anschaulichen Beispielen .../... schlüssige Argumentation .../Am Ende ...
Beurteilen der Intention/Kernaussage	Überprüfen der Ergebnisse	
Eigene Meinung zum Thema und den Aussagen des Autors	Eigene Meinung zum Thema begründen	Meiner Meinung nach .../Ich denke ...

Eine Sachtextanalyse schreiben und überarbeiten

1 Verfasse nun mithilfe deiner Vorarbeiten eine vollständige Analyse des Sachtextes „Den wird man ja wohl noch hassen dürfen“.
- Nenne in der Einleitung die Eckdaten des Sachtextes. Formuliere das Thema und die Kernaussage.
- Gib im Hauptteil kurz den Inhalt des Textes wieder. Beschreibe die Sprache und ihre Wirkung genauer. Gehe auch auf die Stilmittel ein. Beschreibe, welche Intention der Autor mit seinem Text hat.
- Fasse im Schluss deine Ergebnisse kurz zusammen. Beurteile, ob die Intention deutlich wird. Stelle abschließend deine eigene Meinung zu dem Text dar.

2 Überprüfe deine Sachtextanalyse und überarbeite sie gegebenenfalls. Nutze dafür die Checkliste von Seite 133.

1 EXTRA Lies den Text „Den wird man ja wohl noch hassen dürfen“ von Eike Kühl auf Seite 208 bis 210. Beachte dabei die Sinnabschnitte und die Markierungen.

2 EXTRA Fertige zu dem Sachtext ein Exzerpt an.

→ **T5** Exzerpte anfertigen Seite 279

3 EXTRA Stelle den gedanklichen Aufbau des Textes mithilfe eines Strukturdiagramms dar.
- Formuliere dafür die Kernaussage und das Thema.
- Veranschauliche die Argumente des Textes und ihre Absicht.
- Ziehe am Ende ein kurzes Fazit.

4 EXTRA Untersuche die Sprache des Textes und die verwendeten Stilmittel genauer. Halte deine Ergebnisse in einer Tabelle fest.

Stilmittel/Sprache	Textbeispiel	Wirkung
...	...	...

5 EXTRA Verfasse nun eine Sachtextanalyse mit Einleitung, Hauptteil und Schluss zu dem Sachtext „Den wird man ja wohl noch hassen dürfen“. Orientiere dich dazu am Schaubild auf Seite 208. Nutze den Schreibplan auf der linken Seite oder den Online-Code.

6 EXTRA Überprüfe deine Sachtextanalyse mithilfe der Checkliste von Seite 133. Überarbeite sie gegebenenfalls.

2 Diskutieren und Argumentieren

Eine Erörterung schreiben

Erörterung: Auseinandersetzung mit einem Problem oder einer strittigen Frage

Lineare Erörterung
(linear = geradlinig)
Begründung des eigenen Standpunktes mit entsprechenden Argumenten für eine Seite, entweder Pro oder Kontra

Pro- und Kontra-Erörterung
Gegenüberstellung von Pro- und Kontra-Argumenten

Sanduhr-Prinzip
zuerst werden alle Kontra-Argumente und dann alle Pro-Argumente aufgezählt

Ping-Pong Prinzip
Pro- und Kontra-Argumente werden abwechselnd gegenübergestellt

1 Zeichne die Sanduhr in dein Heft. Ordne anschließend die folgenden Begriffe richtig zu.

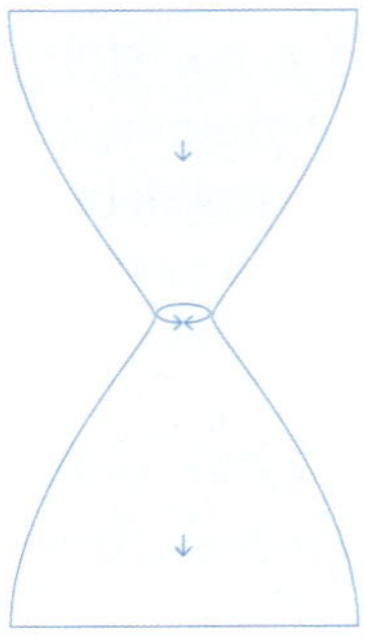

Gegenthese | Schlussteil | Überleitung | These

Argumente: von stark zu schwach | Hauptteil

Einleitung | Argumente: von schwach zu stark

2 Skizziere eine Erörterung nach dem Ping-Pong-Prinzip. Überlege, welche Vor- und Nachteile diese Form der Erörterung im Vergleich zum Sanduhr-Prinzip hat.

Einleitung

- …

Hauptteil

- …

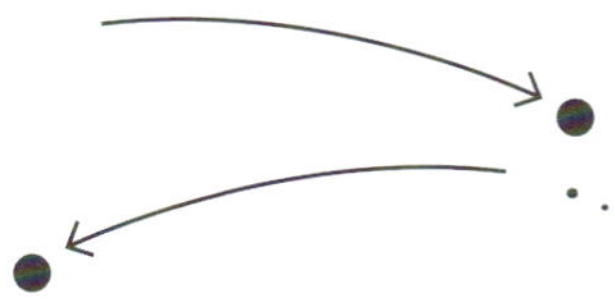

- …

- …

2.1 Argumente formulieren und gewichten

Merke

In einer **Erörterung** sollten These, Argument und/oder Beispiel geschickt sprachlich verknüpft werden. Häufig verwendete **Konjunktionen (Bindewörter)** für eine Satzverknüpfung sind:
- **Grund (kausal)**: *weil, da, denn, …*
- **Bedingung (konditional)**: *wenn, falls, sofern, …*
- **Folge (konsekutiv)**: *dass, so dass, …*
- **Absicht, Zweck (final)**: *damit, dass, um … zu …, …*

1 Verbinde die folgenden Argumente zur strittigen Frage „Ist Sport im Fitnessstudio für Jugendliche noch gesund?" mit passenden Konjunktionen.

Verwende die unterschiedlichen Kategorien der Konjunktionen.

Jugendliche aller Bildungsniveaus gehen ins Fitnessstudio, ____ sie muskulös und fit sein möchten.
Der Sport an den Geräten ist für die Gesundheit der jungen Menschen förderlich, ____ dieser von geschultem Fitnesspersonal angeleitet und begleitet wird.
Viele Jugendliche gehen ins Fitnessstudio, ____ sie einen Ausgleich zur Schule oder zum Beruf haben.
Sport fördert das eigene Wohlbefinden, ____ ein positives Körpergefühl entsteht.

2 Bilde eine Argumentationskette mit den Argumenten aus Aufgabe 1. Verwende die folgenden Formulierungen zur Gewichtung und Reihung von Argumenten.

Formulierungshilfen: Gewichtung und Reihung von Argumenten

- Zunächst/Zuerst ist darauf hinzuweisen, dass …/An erster Stelle wäre zu nennen …
- Von größerer Bedeutung ist …/noch wichtiger aber ist …/besonders wichtig erscheint mir …
- Ein weiteres wichtiges Argument für/gegen … ist …
- Zusätzlich kann angeführt werden, dass …/ein wichtiger Grund ist …
- Darüber hinaus bleibt auch zu bedenken …/ein weiterer Gesichtspunkt ist …
- außerdem, weiterhin, zudem, ebenfalls, ebenso, …

3 Entwickle eine Argumentationskette, die gegen Sport in Fitnessstudios spricht.
- Lies dazu den Text „Im Fitnesswahn für den perfekten Körper" auf Seite 51.
- Notiere in Stichpunkten einige Kontra-Argumente.
- Verfasse nun die Argumentationskette. Verwende dazu passende Konjunktionen und Formulierungen zur Gewichtung und Reihung der Argumente.

2.2 Eine Erörterung planen und schreiben

1 Ordne die folgenden Stichworte zur Erörterung „Ist Sport im Fitnessstudio für Jugendliche noch gesund?" nach Einleitung, Hauptteil und Schluss in die Tabelle ein.

Einleitung	Hauptteil		Schluss
	Pro-Argumente	Kontra-Argumente	
...	...	...	...

sinnvoll gestaltetes Training, entsprechend dem Alter und der Kondition der Jugendlichen, ist nicht gesundheitsgefährdend; fördert Gesundheit

übersteigertes Schönheitsideal durch Medien; unrealistisches Körperideal bei jungen Frauen und jungen Männern, Schlankheitswahn

im Folgenden soll die Frage „Ist Sport im Fitnessstudio noch gesund?" erörtert werden

steigende Anmeldezahlen in Fitnessstudios zeigen, wie wichtig gutes Aussehen für Jugendliche ist; Heranwachsende wollen einem Schönheitsideal entsprechen

gemeinsam mit Freunden kann an Geräten trainiert werden; stärkt Selbstbewusstsein, Kommunikations- und Teamfähigkeit

Gesundheitsgefährdend: Langzeitschäden für Knochen und Wachstum

zusammenfassend überwiegen die Vorteile/Nachteile ..., da ...
Meiner Meinung nach ...

Suchtpotential Fitnessstudio: Jugendliche trainieren zu viel; vernachlässigen Freundeskreis und Familie

Fast-Food Konsum und zu wenig Bewegung führt bei Kindern und Jugendlichen zu Übergewicht; Tendenz sollte durch Sport entgegengewirkt werden

Spaß an der Bewegung kann auch im Fitnessstudio ausgelebt werden; schafft Ausgleich zum Schul- und Berufsleben

große Gefahr: Konsum von Nahrungsergänzungsmitteln und Anabolika[1]; Wunsch: schneller Muskelaufbau bei jungen Männern

1 Mittel, das zum Aufbau von Muskeln verwendet wird

2 Ergänze zu der Fragestellung aus Aufgabe 1 weitere Argumente und Beispiele in der Tabelle. Du kannst auch im Internet recherchieren.

3 Überlege, welche Position du vertrittst. Gewichte die Argumente für eine Erörterung nach dem Sanduhr-Prinzip durch Nummerierung in der Tabelle.

Sieh dir noch einmal den Merkekasten und das Bild auf Seite 40 an.

4 Verfasse mithilfe deiner Planung eine Erörterung zur Fragestellung „Ist Sport im Fitnessstudio für Jugendliche noch gesund?" nach dem Sanduhr-Prinzip.

Verwende die Formulierungshilfen auf der Seite 215.

5 Überprüfe deine Erörterung mithilfe der Checkliste auf Seite 43. Überarbeite sie gegebenenfalls.

---

1 **EXTRA** Stell dir vor, du sollst einen Artikel für die Schülerzeitung schreiben, in dem die Vor- und Nachteile von Sport im Fitnessstudio aufgezeigt werden.
- Formuliere dazu Argumente und Beispiele für und gegen den Sport im Fitnessstudio. Du kannst auch im Internet nach geeigneten Argumenten recherchieren.
- Lege mithilfe der folgenden Tabelle eine Planung für deinen Text an.

Einleitung	Hauptteil		Schluss
	Vorteile (Pro)	Nachteile (Kontra)	
• gutes Aussehen für Jugendliche sehr wichtig • ...	• Fitnesssport schafft Ausgleich zum Schul- und Berufsleben • ...	• hohes Suchtpotential für Jugendliche • ...	• zahlreiche Vor- und Nachteile • ...

2 **EXTRA** Verfasse mithilfe deiner Planung aus Aufgabe 1 EXTRA deinen Artikel zum Sport im Fitnessstudio.

3 **EXTRA** Überprüfe deine Erörterung mithilfe der Checkliste auf Seite 43. Überarbeite sie gegebenenfalls.

3 Zu literarischen Texten schreiben

3.1 Produktives Schreiben

Produktives Schreiben zu Gedichten

- **eigene Gedichte schreiben**
  - **Parallelgedicht**
    - Form des Ausgangsgedichtes übernehmen (Reim, Strophenzahl, Aufbau)
    - Inhalt verändern, z. B. ähnliche oder verwandte Themenfelder nutzen
  - **Gegengedicht**
    - Form des Ausgangsgedichtes übernehmen (Reim, Strophenzahl, Aufbau)
    - Inhalt ins Gegenteil verkehren
- **Texte zu einem Gedicht schreiben**
  - **Tagebucheintrag** (aus Sicht des lyrischen Ichs oder einer Figur)
    - Ich-Perspektive
    - von den Erlebnissen des lyrischen Ichs oder der Figur berichten
    - Gedanken und Gefühle deutlich machen
    - Sprachstil des Gedichtes übernehmen
- **Gedichte erweitern oder weiterschreiben**
  - Themen und Motive des Gedichtes herausarbeiten und im eigenen Schluss aufgreifen
  - Reimschema beibehalten oder erweitern
  - Sprachstil des Gedichtes übernehmen

Das eigene Schreibprodukt reflektieren

- **Einleitung**
  - Thema und Inhalt des Textes zusammenfassen.
- **Hauptteil**
  - Den eigenen Text mit Bezug auf die Hauptaussagen des Gedichtes kommentieren und begründen, wie man den Text sprachlich gestaltet hat.
- **Schluss**
  - Beurteilen, was im eigenen Text gut gelungen ist und was noch zu verbessern wären.

1 Lies das Gedicht. Versetze dich in die Situation des lyrischen Ichs. Beschreibe, wo es lebt, worunter es leidet und welche Wünsche und Sehnsüchte es hat.

Gerrit Engelke

Ich will heraus aus dieser Stadt

Ich weiß, dass Berge auf mich warten,
Draußen – weit –
Und Wald und Winterfeld und Wiesengarten
Voll Gotteinsamkeit –

Weiß, dass für mich ein Wind durch Wälder dringt,
So lange schon –
Dass Schnee fällt, dass der Mond nachtleise singt
Den Ewig-Ton –

Fühle, dass nachts Wolken schwellen,
Bäume,
Dass Ebenen, Gebirge wellen
In meine Träume –

Die Winterberge, meine Berge tönen –
Wälder sind verschneit –
Ich will hinaus, mit Euch mich zu versöhnen
Ich will heraus aus dieser Zeit,

Hinweg von Märkten, Zimmern, Treppenstufen,
Straßenbraus –
Die Waldberge, die Waldberge rufen,
Locken mich hinaus!

Bald …

2 Sieh dir die gelb markierten Textstellen an. Formuliere jeweils in einer kurzen Gedankenrede, wie sich das lyrische Ich fühlt.

3 Verfasse einen Tagebucheintrag des lyrischen Ichs.
- Beschreibe darin, in welcher Situation sich das lyrische Ich befindet und welche Wünsche und Sehnsüchte es hat.
- Schreibe aus der Ich-Perspektive. Orientiere dich an der Sprache des Gedichtes „Ich will heraus aus dieser Stadt".
- Nutze deine Ergebnisse aus Aufgabe 1 und 2 und die Formulierungshilfen für einen Tagebucheintrag auf Seite 220.

Formulierungshilfen für einen Tagebucheintrag

Liebes Tagebuch,
ich schreibe dir heute, weil …
Zurzeit fühle ich mich oft … Dies liegt daran, dass …
Ich leide darunter, dass …
Ich würde mir wünschen … Häufig träume ich davon, wie …
Es wäre so schön, wenn … Ich stelle mir vor, dass …
Ach, wenn ich doch … könnte!
Ich frage mich … Was wird wohl passieren, wenn …

4 Schreibe eine Reflexion zu deinem Tagebucheintrag, in der du die folgenden Fragen beantwortest.
- Worum geht es in deinem Tagebucheintrag?
- Welche Gedanken, Gefühle und Sehnsüchte des lyrischen Ichs aus dem Gedicht hast du in deinem Tagebucheintrag aufgegriffen?
- Welche Textstellen aus dem Gedicht hast du in deinem Tagebucheintrag besonders verarbeitet?
- Wie hast du in deinem Tagebucheintrag den Sprachstil des Gedichts aufgegriffen?
- Was ist dir in deinem Tagebucheintrag gut gelungen und was weniger gut?

5 Bestimme das Reimschema in dem Gedicht von Gerrit Engelke auf Seite 219. Notiere dazu jeweils denselben kleinen Buchstaben für die Verse, die sich reimen (a, b, a, …).

6 Wie könnte das Gedicht weitergehen? Verfasse mithilfe der folgenden Fragen eine letzte Strophe. Nutze die vorgegebenen Reimwörter.
- Worauf freut sich das lyrische Ich, wenn es die Stadt verlassen hat?
- Was hofft es hinter sich zu lassen?
- Wie wird es sich fühlen, wenn es sein Ziel erreicht hat?

Wald – bald

Abgasen – Herzrasen – grasen

ziehen – entfliehen

Vergnügen – trügen – lügen

Ferne – gerne – Sterne

Wiese – Brise – Paradiese – diese

7 Plane ein Gegengedicht. Du kannst den Titel „Ich will hinein ins Großstadtleben" verwenden. Ergänze dafür zunächst die folgende Ideensammlung.

In meinem Gegengedicht lebt das lyrische Ich auf dem Land. Es sehnt sich nach dem Leben in der Großstadt, z. B. nach …

Spannend ist in der Großstadt vor allem …

Das lyrische Ich möchte weg vom Land, weil …

8 Schreibe nun das Gegengedicht. Verwende das gleiche Reimschema wie Gerrit Engelke. Als Hilfe kannst du die unterstrichenen Textstellen auf Seite 219 übernehmen und mithilfe deiner Planung aus Aufgabe 7 ergänzen.

---

1 EXTRA Lies das Gedicht „Ich will heraus aus dieser Stadt" von Gerrit Engelke auf Seite 219. Wähle aus dem Schaubild auf Seite 218 zwei produktive Schreibanlässe aus und bearbeite sie.

2 EXTRA Schreibe jeweils eine Reflexion zu deinen Schreibprodukten aus Aufgabe 1 EXTRA. Orientiere dich dazu am Schaubild „Das eigene Schreibprodukt reflektieren" auf Seite 218.

3.2 Analytisches Schreiben

Erzählende Texte zusammenfassen

erzählende Texte zusammenfassen

Vorarbeit
- Text mehrmals lesen
- markieren von Figuren, Orten, Zeitangaben, …
- Sinnabschnitte einteilen
- Randnotizen anfertigen: Stichpunkte oder kurze Sätze notieren, unklare Stellen aus dem Zusammenhang erschließen

Zusammenfassung schreiben
- mit eigenen Worten formulieren
- nur den wichtigsten Handlungsstrang beschreiben
- chronologischen Aufbau beachten
- Sprache: Adverbien und Konjunktionen nutzen, knapp und sachlich, im Präsens schreiben (bei Vorzeitigkeit Perfekt), wörtliche Rede und Bewertungen vermeiden

1 Lies den folgenden Romanausschnitt. Verschaffe dir beim ersten Lesen einen Überblick über die Handlung. Achte darauf, ob die Handlung in der richtigen zeitlichen Reihenfolge dargestellt wird.

Material
ph245k

David Grossman

Wohin du mich führst (Ausschnitt 1)

Der 17-jährige Assaf ist in Liebesdingen noch sehr unerfahren. Seine Gedanken kreisen darum, ob das Mädchen Dafi die Richtige für ihn ist. Eines Tages erhält Assaf den Auftrag, den Besitzer eines Hundes ausfindig zu machen.

1. Sinnabschnitt
Ein Hund rennt durch die Straßen einer Stadt. Der Junge Assaf rennt hinter ihm her.

Assaf ist überfordert. Die Situation ist ihm sehr unangenehm.

Ein Hund jagt durch die Straßen, gefolgt von einem Jungen. Eine lange Schnur verbindet die beiden und wickelt sich um die Beine der Passanten, die sich entrüsten und zetern, der Junge stammelt immer wieder „Tschuldigung, Tschuldigung“, zwischen den Entschuldigungen ruft er nach dem Hund: „Halt! Stehen bleiben!“, und einmal rutscht ihm sogar ein peinliches „Brrr!“ heraus, der Hund rennt weiter.
Er prescht vor, überquert befahrene Straßen, wetzt bei Rot über die Fahrbahn. Der Junge sieht das goldene Fell wie ein geheimes Signal zwischen den Beinen der Fußgänger aufblinken. „Nicht so schnell!“, brüllt der Junge, wüsste er wenigstens den Namen des Hundes, könnte er ihn rufen und der Hund würde vielleicht anhalten oder wenigstens das Tempo drosseln, doch tief in seinem Innern ahnt der Junge, dass der Hund sich auch dadurch nicht aufhalten ließe, und wenn der Strick ihm die Kehle zuschnürte, er würde weiter auf sein Ziel zurennen, hoffentlich sind wir bald da und ich habe die Sache hinter mir.
Diese Dinge ereignen sich, als der Junge gerade eine schlechte Phase durchmacht. Der Junge, sein Name ist Assaf, rennt vorwärts, doch hinter ihm verknoten sich seine Gedanken, er kann sie jetzt nicht gebrauchen, er muss sich voll und ganz auf das Wettrennen mit dem Hund konzentrieren, doch er fühlt, wie er sie wie einen Schwanz scheppernder Blechbüchsen hinter sich herzieht; die Dose mit der Reise seiner Eltern ist darunter. In diesem Augenblick schweben sie über dem Ozean, die erste Flugreise ihres Lebens, musste das sein!, und die Büchse mit seiner großen Schwester, an die er gar nicht denken darf, weil sie nichts Gutes verheißt; und da sind noch mehr Dosen, kleine und große, die in seinem Hirn gegeneinander rumpeln, am Schwanzende trudelt die Konserve, die er schon seit zwei Wochen hinter sich herschleppt, ihr Scheppern geht ihm auf den Geist, sie poltert unüberhörbar, er soll sich doch endlich in Dafi verknallen, wie lange will er denn noch warten; Assaf hat das Gefühl, dass er einen Moment stehen bleiben muss, um die nervtötende Blechkolonne ein wenig zu ordnen, doch der Hund macht ihm einen Strich durch die Rechnung.
Mist, seufzt Assaf, denn kurz bevor die Tür aufgerissen wurde und man ihn holte, um den Hund auszuführen, war er drauf und dran gewesen, sich in

sie, in Dafi, zu verlieben. Er hatte regelrecht fühlen können, wie er den widerspenstigen Punkt in seinem Bauch endlich bezwang und Herr über die leise, eindringliche Stimme wurde, die ihm von dort zuflüsterte: Lass die Finger von ihr, von dieser Dafi, sie ist eine Giftspritze und hat nichts Besseres zu tun, als Gott und die Welt zu verarschen, vor allem dich, wozu veranstaltest du Abend für Abend dieses schwachsinnige Theater. Just in dem Augenblick, als es ihm um ein Haar gelungen war, die hetzende Stimme zum Schweigen zu bringen, hatte sich die Tür des Büros, in dem er letzte Woche jeden Tag von acht bis vier verbracht hatte, geöffnet und Abraham Danoch, schmalbrüstig, dunkelhäutig und verbittert, stellvertretender Leiter des Gesundheitsamtes, mehr oder weniger Freund seines Vaters und der, der ihm den Job für den August verschafft hatte, meinte, er solle gefälligst seinen Arsch heben und ihm ins Städtische Tierheim folgen, denn er hätte endlich eine Aufgabe für ihn. […]

Er war nicht besonders groß, aber zügellos und stark und vor allem verzweifelt. Assaf hatte noch nie einen so verzweifelten Hund gesehen. Immer wieder warf er sich gegen das Gitter, dessen Stäbe ächzend vibrierten, dabei ließ er einen grauenhaft hohen Laut hören, eine merkwürdige Mischung aus Jaulen und Bellen. Die anderen Hunde standen oder lagen in ihren Zwingern und sahen ihn still und verstört, ja sogar ehrfürchtig an, und Assaf durchfuhr ein sonderbarer Gedanke, wenn ein Mensch sich in seiner Gegenwart so aufführte, würde er ohne zu zögern auf ihn zugehen und ihm seine Hilfe anbieten oder sich zurückziehen und ihn seiner Traurigkeit überlassen. […]

Assaf bückte sich. Er tat es automatisch. Selbst Danoch, der fischblütig[1] war und ihm den Job nur mäßig begeistert besorgt hatte, zeigte den Anflug eines Lächelns, als Assaf so fix in die Knie ging. Assaf sah den Hund an und sprach leise auf ihn ein. „Zu wem gehörst du denn?“, sagte er. „Was ist los mit dir? Warum machst du so einen Terror?“ Er sprach ruhig, ließ Raum für Antworten und vermied es, den Hund durch allzu lange Blicke in Verlegenheit zu bringen. Er wusste – der Freund seiner Schwester Relli hatte es ihm beigebracht –, wie man mit einem Hund sprach. Das Tier hechelte, legte sich flach auf den Boden und mit einem Mal sah es müde, erschöpft und ein Stück kleiner aus. Es herrschte einen Augenblick Ruhe, bevor die übrigen Hunde zu →

1 leidenschaftslos

neuem Leben erwachten und in ihren Zwingern auf und ab zu laufen begannen. Assaf steckte den Zeigefinger zwischen die Gitterstäbe und berührte den Kopf des Tieres. Der Hund rührte sich nicht. Assaf streichelte vorsichtig das vor Dreck starrende Fell. Der Hund begann sofort ausdauernd zu winseln, als wolle er etwas loswerden, das er nicht länger für sich behalten konnte. Seine rote Zunge zitterte und seine Augen wurden groß und viel sagend.

Wegen dieses Augenblicks verzichtete Assaf auf eine weitere Diskussion mit Danoch, der sich beeilte, die Ruhepause zu nutzen, in den Zwinger trat und einen langen Strick an das orangefarbene Halsband band, das sich im Dickicht des Fells verbarg.

„Los, nimm ihn!“, befahl er. „Der ist jetzt zahm wie ein Lamm.“ Danoch schreckte ein wenig zurück, als der Hund plötzlich vor dem Zwinger stand und seine Erschöpfung und die stille Ergebenheit schlagartig abschüttelte, mit neuer Nervosität nach rechts und links schaute, schnüffelte und einer fernen Stimme zu lauschen schien. „Ihr beide werdet schon klarkommen“, versuchte Danoch Assaf und sich selbst zu beruhigen. „Gib auf dich Acht, wenn du mit ihm durch die Stadt läufst.“ Die letzten Worte erstarben in seiner Kehle.

Denn nun spannte und konzentrierte der Hund sich. Seine Schnauze wurde spitz und für einen Moment hatte er etwas von einem Wolf. „Hör mal“, grummelte Danoch mit leichter Reue, „denkst du, du wirst mit ihm fertig?“ Assaf blieb eine Antwort schuldig. Er starrte nur verdutzt auf die Verwandlung, die mit dem befreiten Tier vorging. Danoch klopfte Assaf nochmals auf die Schulter. „Du bist groß und hast Kraft. Sieh dich an. Du überragst mich und deinen Vater. Du schaffst ihn, was meinst du?“

2 Versuche, die folgenden Fragen zu dem Romanausschnitt zu beantworten.
- Welche Figuren kommen vor? Wie heißen sie?
- Welchen Eindruck haben die Figuren bei dir hinterlassen?
- Was denken diese Figuren? Warum verhalten sie sich so?
- Wer sind die Hauptfiguren?
- Wie sind die Beziehungen der Figuren zueinander?
- Wo und wann spielt die Handlung?
- Mit welcher Situation beginnt die Handlung?
- Gibt es einen Konflikt?

3 Lies den Text ein zweites Mal. Lege eine Folie über den Text oder nutze den Online-Code.
- Markiere die Namen der Figuren, Orte und Zeitangaben in unterschiedlichen Farben.
- Unterstreiche wichtige Hinweise.
- Kennzeichne unklare Stellen.
- Orientiere dich an den Markierungen im ersten Sinnabschnitt.

4 Ergänze nun deine Ergebnisse aus Aufgabe 2. Deute unklare Textstellen aus dem Zusammenhang.

5 Unterteile den Text in Sinnabschnitte. Achte darauf, dass diese eine Handlungseinheit umfassen und aus mehreren Absätzen bestehen können, z. B. weil sich Zeit oder Ort ändern, eine neue Person hinzukommt, etwas Neues geschieht, …

6 Notiere neben jedem Sinnabschnitt Stichworte oder kurze Sätze, die dir helfen, den Inhalt zusammenzufassen. Orientiere dich an den Randnotizen zum ersten Sinnabschnitt.

7 Schreibe eine Zusammenfassung des Textes mit eigenen Worten. Ergänze dazu den folgenden Lückentext und setze ihn fort. Beachte die Checkliste aus Aufgabe 8.

Der 17-jährige Assaf hat für den Monat August einen Ferienjob im ___.
Nachdem er eine Woche gearbeitet hat, fordert ihn sein Chef auf, ___.
Dort erwartet ihn ___. Das Tier ist ___. Assaf gelingt es ___.
Er erhält von Danoch den Auftrag ___

8 Überprüfe deine Zusammenfassung mithilfe der Checkliste. Korrigiere sie gegebenenfalls.

Checkliste: Einen literarischen Text zusammenfassen	☺	☹	Verbesserungs-vorschläge
Nur der wichtigste Handlungsstrang wurde dargestellt.			
Zusammenhänge wurden mithilfe von Adverbien und Konjunktionen verdeutlicht.			
Es wurde knapp und sachlich formuliert.			
Das Präsens (bei Vorzeitigkeit das Perfekt) wurde verwendet.			
Der Text enthält keine wörtliche Rede oder Bewertungen.			

1 EXTRA Lies den Textausschnitt aus dem Roman „Wohin du mich führst" auf den Seiten 222 bis 224. Bereite eine Zusammenfassung des Textes vor. Lege dazu eine Folie auf oder nutze den Online-Code. Orientiere dich an den Informationen zur Vorarbeit im Schaubild auf Seite 221.

2 EXTRA Schreibe nun die Zusammenfassung des Romanausschnitts. Beachte dabei auch die Informationen aus dem Schaubild auf Seite 221.

Zitiertechniken zu Textdeutung anwenden

Zitate als Belege für Textdeutungen

Textbelege
- in Anführungszeichen
- Seiten- und Zeilenangabe der Quelle
- Auslassungen in eckigen Klammern

Position
- vorangestellt
- eingeschoben
- nachgestellt

Umfang
- ganzer Satz
- Teile vom Satz
- wichtige Wörter

1 Lies den folgenden Text. Achte auf die markierten Textstellen.

David Grossman

Wohin du mich führst (Ausschnitt 2)

Assaf wollte fragen, was er tun solle, wenn der Hund ihn nicht zu seinem Herrchen führte, und wie lange er denn hinter ihm herlaufen sollte (in der Schreibtischschublade warteten die drei Stullen, die er sich für die Mittagspause aufgehoben hatte). Und was, wenn der Hund seinem Besitzer abgehauen war und gar nicht daran dachte, zu ihm zurückzukehren?
Diese Fragen wurden zu diesem Zeitpunkt nicht gestellt, und auch nicht später. Assaf sollte Danoch an jenem Tag und an den kommenden Tagen nicht wieder sehen. Mitunter lässt sich problemlos präzise der Moment bestimmen, an dem sich etwas – beispielsweise Assafs Leben – unwiderruflich und bis zur Unkenntlichkeit zu verändern beginnt.
Denn sobald Assafs Hand sich um die Schnur schloss, stürmte der Hund los und zog Assaf hinter sich her. Danoch streckte erschrocken den Arm aus, um ihn festzuhalten, und vermochte dem entführten Assaf ein paar Schritte zu folgen, setzte sich sogar noch hinter ihm in Trab – vergeblich. Assaf wurde durch den Hof der Stadtverwaltung gezerrt und auf die Straße geschleift. Und prallte gegen ein parkendes Auto, eine Mülltonne und eine Hand voll Fußgänger. Er rannte …
Der lange, buschige Schwanz pendelte schwungvoll vor seinen Augen, fegt Menschen und Fahrzeuge aus dem Weg und Assaf folgt ihm wie unter Hypnose, hier und da bleibt er, der Hund, einen Augenblick stehen, hebt den Kopf und schnuppert, biegt in eine Seitenstraße und rennt unbeirrt weiter, er scheint genau zu wissen, wohin, sodass die Chancen für ein baldiges Ende des Wettlaufs gut stehen, der Hund wird nach Hause finden und Assaf wird ihn seinen rechtmäßigen Eigentümern übergeben und, Gott sei's getrommelt und gepfiffen, eine Sorge weniger haben. […]

2 Schreibe die folgenden Sätze in dein Heft. Setze die Zitate in Anführungszeichen. Orientiere dich an den markierten Textstellen.

Assaf ist nicht so sehr an dem Hund interessiert, sondern denkt mehr an seinen leeren Magen: [...] in der Schublade warteten die drei Stullen [...]. (Seite 226, Zeile 2 bis 3)

[...] in der Schublade warteten die drei Stullen [...], daran erkennt man, dass Assaf nicht so sehr an dem Hund interessiert ist, sondern mehr an seinen leeren Magen denkt. (Seite 226, Zeile 2 bis 3)

Assaf ist nicht so sehr an dem Hund interessiert: [...] in der Schublade warteten die drei Stullen [...] (Seite 226, Zeile 2 bis 3). Er denkt mehr an seinen leeren Magen.

3 Schreibe die folgenden Sätze in dein Heft. Belege die Aussage mit einem Zitat aus dem Text. Nenne auch Seite und Zeile des Zitats.

Assaf befürchtet, dass er vielleicht nichts ausrichten kann: ______

______, für den Fall befürchtet Assaf, dass er vielleicht nichts ausrichten kann.

Assaf befürchtet, ______, dass er vielleicht nichts ausrichten kann.

4 Belege die folgenden Aussagen mit Zitaten. Schreibe sie in dein Heft. Nenne auch die Seite und Zeile der jeweiligen Zitate.

Assafs Leben wird sich völlig ändern und zwar ______ (______).
______ (______). Daran ist zu erkennen, dass sich Danoch jetzt doch um Assaf sorgt, vielleicht auch, weil er mit dessen Vater bekannt ist.
Der Hund hat jetzt die Führung übernommen, Assaf wird von ihm nur noch ______ und ______ (______).

---

1 **EXTRA** Lies den Text „Wohin du mich führst“ (Ausschnitt 2) auf Seite 226.
- Verfasse einen Text, in dem du über die Hauptfigur Assaf informierst.
- Verwende darin alle markierten Textstellen als Zitate. Nutze unterschiedliche Positionen für die Zitate in den Sätzen.

Denke an die Seiten- und Zeilenangabe des jeweiligen Zitates.

T3

Trainingsstation

Lesen – Umgang mit Texten und Medien

T3 Lösungen
iy2q6g

In dieser Trainingsstation vertiefst du dein Wissen über den Umgang mit literarischen Texten, Sachtexten und Medien. Bei den literarischen Textsorten trainierst du noch einmal, Gedichte und Romane zu untersuchen und zu deuten. Im Kapitel Leselust wird dir ein interessanter Roman vorgestellt. Im Sachtextteil untersuchst du die Textsorte genauer. Zudem kannst du noch einmal die verschiedenen Aufgabenformate wiederholen, damit du bei der nächsten Prüfung alles verstehst.
Im Umgang mit Medien lernst du, wie du filmische Mittel verwenden kannst.

1 Umgang mit literarischen Texten

literarische Texte

- **Epik** (erzählende Texte), z. B. Roman, Kurzgeschichte, …
- **Lyrik** (Gedichte), z. B. Elfchen, Naturgedichte, …
- **Dramatik** (Theaterstücke), z. B. Komödie, Tragödie, …

1.1 Die Form von Gedichten untersuchen

Gedicht

Vers
- Zeile im Gedicht
- taktmäßig gegliedert: **Rhythmus**

Strophe
- Verbindung mehrerer Verse

Reim
- Paarreim, Kreuzreim, umarmender Reim

Metrum
- regelmäßige Abfolge betonter und unbetonter Silben

1 Lies die beiden Textfassungen von Peter Härtling. Vergleiche die Anordnung. Begründe, warum es sich bei der zweiten Version um ein Gedicht handelt.

Peter Härtling

Amsterdam, April 1993

Hörverstehen 36j3my

Schritt für Schritt gehe ich auf in der Stadt, in den Städten, die ich durchwandere, vertausche, was ich sah, die Straßen, Flüsse, die Ansichten. Nicht die eine Stadt, die vielen. Ich streune, leichtfertig, und beginne mich zu vergessen. Die Stadt lässt mich für sich.

Peter Härtling

Amsterdam, April 1993

Hörverstehen nb6fm5

Schritt für Schritt
gehe ich
auf
in der Stadt, in den Städten,
die ich
durchwandere,
vertausche,
was ich sah,
die Straßen, Flüsse,
die Ansichten.
Nicht die eine Stadt,
die vielen.
Ich streune, leichtfertig,
und beginne
mich zu vergessen.
Die Stadt
lässt mich
für sich.

2 Höre dir die beiden Versionen des Textes „Amsterdam, April 1993“ auf Seite 229 an.
- Beschreibe, welche Unterschiede dir beim Hören auffallen.
- Untersuche, welche Wirkung durch die Anordnung des Textes in Verse erzielt wird. Wo entstehen auffällige Pausen? Welche Stellen werden beim Lesen besonders hervorgehoben?

3 Beschreibe, welche Erfahrungen das lyrische Ich im Text „Amsterdam, April 1993“ mit Großstädten schildert.

---

1 **EXTRA** Lies die beiden Versionen des Textes „Amsterdam, April 1993“ auf Seite 229 oder höre sie dir an.
- Begründe, bei welcher Version des Textes es sich um ein Gedicht handelt.
- Erkläre, welche Wirkung durch die besondere Anordnung der Verse erzielt wird.

2 **EXTRA** Gestalte für das Gedicht „Amsterdam, April 1993“ eine eigene Anordnung der Verse. Du kannst auch Strophen bilden. Begründe anschließend deine Anordnung schriftlich.

1.2 Sprachliche Bilder und Motive in Gedichten untersuchen

1 Lies das Gedicht „Besuch vom Lande“ von Erich Kästner auf der rechten Seite. Beschreibe mit eigenen Worten, was die gelb markierten Stellen jeweils bedeuten. Lege dazu eine Folie auf und fertige Randnotizen wie im Beispiel an.

Erich Kästner

Besuch vom Lande

Sie stehen verstört am Potsdamer Platz.
Und finden Berlin zu laut.
Die Nacht glüht auf in Kilowatts[1].
Ein Fräulein sagt heiser: „Komm mit, mein Schatz!“
Und zeigt entsetzlich viel Haut.

Sie wissen vor Staunen nicht aus und nicht ein.
Sie stehen und wundern sich bloß.
Die Bahnen rasseln. Die Autos schrein.
Sie möchten am liebsten zu Hause sein.
Und finden Berlin zu groß.

Es klingt, als ob die Großstadt stöhnt,
weil irgendwer sie schilt[2].
Die Häuser funkeln. Die U-Bahn dröhnt.
Sie sind das alles so gar nicht gewöhnt.
Und finden Berlin zu wild.

Sie machen vor Angst die Beine krumm.
Und machen alles verkehrt.
Sie lächeln bestürzt. Und sie warten dumm.
Und stehn auf dem Potsdamer Platz herum,
bis man sie überfährt.

Die Nacht leuchtet durch die vielen elektrischen Lichter besonders hell.

1 Maßeinheit für Leistung (ein Kilowatt = 1000 Watt)
2 jemanden ausschimpfen

2 Benenne, welche sprachlichen Bilder an den gelb markierten Stellen verwendet wurden und welche Wirkung dadurch erzeugt wird. Ergänze dazu den Lückentext.

In Vers ___ verwendet Kästner eine ___. Er beschreibt ___. Dadurch hebt er hervor ___.
Vers ___ weist eine ___ auf. Die Autos ___.
In Vers ___ wird die Großstadt als ___ dargestellt, denn ___. Durch diese ___ wird deutlich, wie ___.

3 Einige wichtige Motive sind im Gedicht bereits in unterschiedlichen Farben unterstrichen. Ordne diese den folgenden Stichworten zu. Bearbeite anschließend die folgenden Aufgaben.

Geräusche | *Standpunkt/Bewegung der Figuren* | *Gefühle*

4 Deute nun die Motive, indem du erklärst, wie sie im Zusammenhang des Gedichtes wirken. Nutze dazu die folgenden Sätze.

In dem Gedicht werden häufig Geräusche wie ___ beschrieben. Die Lautstärke ist ___. Die Atmosphäre wirkt dadurch ___.
Die Figuren bewegen sich ___. Dadurch wirken sie ___. Am Schluss ___. Dies soll zum Ausdruck bringen, dass ___.
Die Figuren fühlen sich ___. Dies wird dadurch verstärkt, dass ___. Sie wirken besonders ___.

5 Suche weitere Motive und sprachliche Auffälligkeiten aus dem Gedicht heraus und deute sie.

---

1 **EXTRA** Lies das Gedicht „Besuch vom Lande“ von Erich Kästner auf Seite 231. Beschreibe, wovon es handelt und wie es auf dich wirkt.

Nutze die Informationen im Schaubild auf Seite 230.

2 **EXTRA** Untersuche, welche sprachlichen Bilder und Motive in dem Gedicht verwendet werden.
- Erkläre, welche Wirkung dadurch erzeugt wird.
- Schreibe dazu einen zusammenhängenden Text.

1.3 Romane untersuchen

Sich in einem Roman orientieren

Orientierung durch

- Handlung/Aufbau
- Figuren/Motive
- Beziehungen der Figuren
- Konflikte der Figuren

1 Lies den Textausschnitt „Das feuerrote Kleid“ von Martine Murray auf der rechten Seite. Achte auf die Markierungen und Randnotizen.

Martine Murray

Das feuerrote Kleid (Ausschnitt 1)

Material
cx8x5t

Eines Morgens entdeckt Harry zufällig, dass die 17-jährige Manon, genannt Mannie, ihr Zuhause verlassen will. Es ist noch gar nicht so lange her, da waren die beiden ein Paar. Aber inzwischen ist viel passiert und Mannie denkt, dass sie doch nicht zusammenpassen. Trotzdem hat sie noch Gefühle für Harry.

Er stand einfach nur da, nickte mit dem Kopf, hatte die Arme vor der Brust verschränkt und die Augen niedergeschlagen. Ich hatte alles so geplant, dass es keine Erklärungen oder Verabschiedungen geben würde, und jetzt hatte Harry meinen Plan versaut. […]

Er fuhr sich mit der Hand über die Haare, und sie teilten sich über seiner Stirn. Fast hätte ich die Hand ausgestreckt, um sie zurückzustreichen, so, wie ich es am liebsten mochte. Harry hatte braune Locken, und wenn sie richtig um sein Gesicht herum fallen, hat er so einen bestimmten Ausdruck wie ein süßes, großes Kind, wie jemand, der niemals etwas Böses tun oder einen gemeinen Gedanken haben könnte. Jetzt, nachdem er die Haare ganz aus dem Gesicht gestrichen hatte, sah er nicht so gut aus, und ich wusste, dass es richtig war, wegzugehen. Außerdem trug Harry immer dieselben Klamotten.

„Weißt du, was? Das Problem ist, dass wir so verschieden sind. Du bist langsam und ich bin schnell. So als wären wir in zwei verschiedenen Rennen, du und ich.“ Eigentlich wollte ich das gar nicht so sagen. Manchmal rutschten mir Sätze einfach so heraus, bevor ich sie auf Untiefen und versteckte Waffen untersuchen konnte.

Harry machte einen Schritt zurück, als würde er von der Kraft meiner bösen Worte gestoßen. Er wandte sich um und starrte über die Felder, aber man merkte genau, dass er nichts von der Aussicht wahrnahm.

„Das Problem ist, dass ich in gar keinem Rennen bin.“ Er schüttelte fast angeekelt den Kopf, als läge ein scheußlicher Geruch in der Luft. „Du tust also einfach, was du willst, Mannie?“ Er schaute mich dabei nicht an, sondern spuckte die Wörter nur aus, als wären sie in ihm verfault. […]

„Hoffentlich gewinnst du dein Rennen“, rief er. Aber es war schwer zu sagen, ob er das wirklich meinte oder vielmehr genau das Gegenteil. Und dann ging er fort. Einfach so: eins, zwei, drei.

Harry reagiert anscheinend nicht.
Mannie will entscheiden.
Sie wollte keinen Abschied.

Sie haben sich einmal sehr nahe gestanden.
Sie hat positive Erinnerungen.

Es sei richtig wegzugehen.

2 Untersuche den Textausschnitt mithilfe der Informationen aus dem Schaubild auf der linken Seite genauer. Lege dazu eine Folie über den Text oder nutze den Online-Code.
- Markiere passende Textstellen und fertige Randnotizen wie im Beispiel an.
- Formuliere zu deinen Ergebnissen einen zusammenhängenden Text. Nutze die Formulierungshilfen auf Seite 234. Belege deine Aussagen mithilfe von Textzitaten.

Formulierungshilfen für die Orientierung in einem Roman

In dem Textausschnitt des Romans „Das feuerrote Kleid“ von Martine Murray wird eine Situation dargestellt, in der die beiden Hauptfiguren Mannie und Harry zufällig aufeinandertreffen. Mannie wollte ihr Weggehen geheim halten, um einen Abschied von Harry zu vermeiden. Deshalb ist sie über sein Auftauchen verärgert: „[…] und jetzt hatte Harry meinen Plan versaut“ (Seite 233, Zeile 3/4). Harry ist überrascht und reagiert erst einmal nicht: ___. Der Leser erfährt, dass er dem Mädchen früher viel bedeutet hat. Mit dem Gedanken ___ zeigt Mannie, dass ___. Harry war für sie ein Mensch, der ___. Aber das ist nun vorbei. Sie sieht Harry ___. Sie zieht daraus den Schluss ___.
Während Harry anscheinend an der Beziehung festhalten möchte, erklärt Mannie ___. Aber Harry reagiert darauf ___ und verdeutlicht seine Gefühle ___.

3 Stelle Vermutungen an, wie der Roman aufgebaut sein könnte. Begründe deine Vermutungen.

1 EXTRA Lies den Textausschnitt aus dem Roman „Das feuerrote Kleid“ auf Seite 233. Lege eine Folie über den Text oder nutze den Online-Code. Markiere Textstellen und fertige Randnotizen zu den Informationen im Schaubild auf Seite 232 an.

2 EXTRA Verfasse einen Text, in dem du beide Hauptfiguren, ihre Motive und ihre Beziehung zueinander untersuchst. Gehe auch auf den daraus entstehenden Konflikt ein. Stelle Vermutungen an, wie die Handlung weitergehen könnte. Begründe deine Vermutungen und belege sie mit passenden Textstellen.

Zeitgestaltung untersuchen

Zeitgestaltung im Roman

Reihenfolge der Ereignisse

- Es wird nacheinander erzählt → **linear**
- Es wird mit Rückblenden und Vorausdeutungen erzählt → **nicht linear**

Dauer der Ereignisse

- Ein längeres Geschehen wird zusammengefasst → **zeitraffend**
- Die Erzählzeit entspricht der erzählten Zeit → **zeitdeckend**
- Etwas wird ausführlich beschrieben oder Gedanken werden wiedergegeben → **zeitdehnend**

1 Lies den folgenden Textausschnitt. Beschreibe mithilfe der Informationen aus dem Schaubild auf Seite 234 die Zeitgestaltung der markierten Textstellen.

Martine Murray

Das feuerrote Kleid (Ausschnitt 2)

Mannie trifft im Zug nach Castlemaine auf Mrs. Porrit. Sie ist die Mutter eines Mädchens, das Manni gut kennt.

Bis der Zug endlich kam, hatten sich eine ganze Menge Leute auf dem Bahnsteig versammelt. Ich blieb am Ende in der Nähe der Büsche stehen, weil ich keinem begegnen wollte, den ich kannte.

Aber es kommt immer anders, als man denkt.

Im Zug hätte sich Alison Porrits Mutter fast neben mich gesetzt. Erst als sie sah, dass ich es war, entschied sie sich dagegen.

„Ach, Manon", sagte sie, als wäre ich gar kein richtiger Mensch, sondern eher ein Kuhfladen, auf den sie versehentlich getreten war. „Hallo."

„Hallo." Ich saß am Fenster. Sie stand vor mir, hielt ihre schlangenlederne Handtasche umklammert und lächelte.

„Und, was hast du vor? So früh am Morgen?"

Ich wollte Mrs. Mrs. Porrit nicht sehen. Ich nannte sie für mich immer zweimal Mrs., weil sie das in erster Linie war, eine Misses, und ich hatte keineswegs die Absicht, ihr zu erzählen, was ich vorhatte. Schon die Art, wie sie fragte, erweckte den

Eindruck, ich könnte in eine Verschwörung zum dritten Weltkrieg verwickelt sein. […]

Das Gesicht von Mrs. Mrs. Porrit wurde immer langnasiger und verzerrter, wie ein Goldfisch, der plötzlich die Glasscheibe berührt. Ich fand es ziemlich amüsant, mir Mrs. Mrs. Porrit als Goldfisch vorzustellen, und ich konnte den Blick nicht von ihren dicken rosa Fingern wenden, mit denen sie herumpaddelte, bis sie einen anderen Sitzplatz gefunden hatte.

1 EXTRA Lies den Textausschnitt „Das feuerrote Kleid" oben. Bestimme die Zeitgestaltung der markierten Textstellen. Ergänze anschließend eine zeitraffende und eine nicht-lineare Textstelle.

Raumgestaltung untersuchen

Räume und ihre Gestaltung

- **Handlungsraum**
  - z. B. *Zimmer, Straße, Stadt, Landschaft, …*
- **Stimmungsraum**
  - Der Raum vermittelt eine Stimmung, z. B. *fröhlich, entspannt, …*
    Die Figuren erleben den Raum und reagieren darauf.

1 Lies die folgenden Textausschnitte. Erkläre, welcher einen Handlungsraum und welcher einen Stimmungsraum beschreibt.

A Ich machte mich also Richtung Stadtmitte auf und hielt zufällig vor einem Laden mit dem Namen Shoe Biz. Blöder Name für einen Laden, aber das Schaufenster war vielversprechend: lauter Schuhe, startbereit in Regalen aufgestellt. Ich schaute mich nur mal um […], als sich eine Verkäuferin auf mich stürzte. […] Dann führte sie mich herum, wobei sie wie ein hungriger Vogel auf Schuhe zuschoss, von denen sie glaubte, dass sie mir gefallen könnten.

B Die Sonne strahlte vom Himmel, und da die erste morgendliche Geschäftigkeit schon wieder abgeebbt war, wirkten die Straßen im Augenblick leer und ruhig, als würde die Stadt in dieser morgendlichen Ruhepause einmal tief Luft holen. Die wenigen Übriggebliebenen saßen herum, mit Taschen auf dem Schoß, die Gesichter der Sonne zugewandt, oder sie standen überlegend vor Schaufenstern oder warteten mit aufgeschlagenen Zeitungen in der Hand an Straßenbahnhaltestellen. Ich hätte mich gerne auf die Stufen gesetzt und ein paar Trauben gegessen, ohne an etwas Bestimmtes zu denken.

1 EXTRA Erkläre, wie ein Stimmungsraum eine Hauptfigur beeinflussen kann.

Figuren charakterisieren

Figurencharakterisierung
- Äußeres Erscheinungsbild
- Lebensumstände
- Innere Merkmale/Verhaltensweisen
- Beziehung zu anderen

direkte Nennung der Eigenschaften durch
- Erzähler
- andere Figuren
- Figur selbst

indirekte Darstellung der Eigenschaften durch
- direkte Rede oder Verhaltensweisen der Figur
  → Leser muss selbst Rückschlüsse ziehen

1 Lies den Textausschnitt. Achte besonders auf die markierten Textstellen.

Genau dieses Ziehen war es, was Harry nicht hatte. Aber ich kann mich nicht daran erinnern, dass es Zeiten gegeben hätte, wo nicht irgendetwas an mir zog. Mein Körper machte ständig Pläne, wachte völlig albern und begierig auf, eine Verschwörung von Fleisch und Blut, die mich weiter und weiter zog. Und ich war nur ein unglücklicher Passagier, erschöpft, hohläugig, seitwärts sitzend, und wartete darauf, dass aus mir die richtige Mannie wurde, nicht die alte, sondern die neue, die bessere, die beste, wahrhaftigste Mannie. Es war, als läge die beste, wahrhaftigste Mannie meilenweit vor mir in der Zukunft, und diese Mannie Clarkeson war es, die mich vorwärts zog. Deswegen […] musste ich die Spur wechseln und konnte nicht immer wieder dieselben ausgetretenen Wege gehen. In der Blackjack Road konnte ich der besten, wahrhaftigsten Mannie nicht näher kommen. Ich brauchte einfach ein neues Himmelsrund, in das ich den seltsam zittrigen Faden meines Lebens abspulen konnte.

2 Notiere mithilfe der markierten Textstellen und den Informationen aus dem Schaubild zur Figurencharakterisierung Stichpunkte zu Mannies Charakter.

3 Verfasse mithilfe deiner Ergebnisse aus Aufgabe 2 und den Formulierungshilfen einen zusammenhängenden Text. Belege deine Aussagen mit Textzitaten.

Formulierungshilfen für Figurencharakterisierungen

Mannie ist ein Mensch, der sich immer getrieben fühlt. Es sei schon immer so gewesen. Ihr „Körper machte ständig Pläne" (Zeile 3) und sie war dabei nur ____ (Zeile ____) Ihr Ziel war ____. So sah sie sich gezwungen ____.
In ihrem Zuhause in der Blackjack Road konnte sie ____.

Orientiere dich am Schaubild auf Seite 237.

1 EXTRA Erkläre mithilfe des Textausschnittes auf Seite 237 und des folgenden Textausschnittes, wie Mannie Harrys Charakter deutet. Beschreibe auch, wie die beiden sich unterscheiden.

Genau in diesem Moment begriff ich, dass Harry sich nie Gedanken darum machen musste, was das Leben von ihm wollte. Nicht so wie ich. Harry schaute nicht nach draußen, er ließ einfach das, was er sah, in seine Augen fallen.

2 EXTRA Lies noch einmal den Textauschnitt auf Seite 235. Notiere, was du über Mrs. Porrits Charakter erfährst und was nicht.

Erzählsituationen bestimmen

Erzählsituationen

Erzählform
- Ich-Erzähler
  Ich wollte weg.
- Er/Sie-Erzähler
  Er/Sie wollte weg.

Erzählperspektive
- Außensicht (was man sieht)
  Er lehnte am Zaun.
- Innensicht (Gedanken und Gefühle der Figuren)
  Sie fühlte sich schlecht.

Erzählverhalten
- auktorial (Der Erzähler ist allwissend)
- personal (Es wird aus der Sicht einer Figur erzählt)
- neutral (Der Erzähler wird nicht wahrgenommen)

1 Lies die folgenden Texte. Bestimme die Erzählsituation. Belege deine Entscheidung mithilfe von Textzitaten.

A Die Apfelernte war für diesen Tag erledigt und Harry zog es zu Mannies Haus hin. Er hatte das Mädchen durch seinen Freund Eddie, Mannies Bruder, näher kennen gelernt. Er stand unter ihrem Fenster und pfiff, um ihr seine Anwesenheit mitzuteilen. Während er darin vertieft war, Mannie einen kleinen Vogel zu schnitzen, wusste er glücklicherweise nichts von den Schicksalsschlägen, die beide erwarteten und die ihre Wege auseinanderführen würden.

B Nach unserem gemeinsamen Kinobesuch hat er mich nicht angerufen. Er ist einfach gekommen und hat mich abgeholt. Er hat vor meinem Fenster gepfiffen. Ich habe ihn gehört und gewusst, dass er da war. Ich wusste es sofort. Ich fühlte mich ganz flattrig. Ich öffnete das Fenster und beugte mich nach draußen. Er stand neben dem alten, schäbigen Teebaum, und es wurde schon dunkel.
„Harry?“, flüsterte ich.
„Jap.“ Er bewegte sich nicht von dem Baum weg. Er schnitzte an etwas mit seinem Taschenmesser herum. […] Dann trat er vor und reichte mir das, was er geschnitzt hatte. Es war ein seltsamer Vogel, den er aus Holz geformt hatte.

C Er wollte sie nicht anrufen, das war nicht seine Art. Sobald es seine Arbeit zuließ, stand er unter ihrem Fenster. Die Dunkelheit verbarg ihn. Er pfiff. Ihre Silhouette erschien. Er hörte seinen Namen flüstern. Dieses Mädchen gefiel ihm über alle Maßen. Er würde sie in den Arm nehmen und hundert Mal ihren Namen zärtlich in ihr Ohr flüstern. Dann nahm er ein Stück Holz in die Hand und an den alten Teebaum gelehnt begann er ihr einen kleinen Vogel zu schnitzen.

2 Erkläre, in welchem Text die größte Nähe zum Leser entsteht und in welchem Distanz hergestellt wird.

---

1 EXTRA Bestimme die Erzählsituation in den Texten A bis C auf Seite 238/239.

2 EXTRA Setze einen der Texte fort. Berücksichtige dabei die Erzählsituation.

Sprache in literarischen Texten

sprachliche Gestaltung literarischer Texte

Satzbau
- kurz/lang
- unvollständig/ vollständig
- Hypotaxe/ Parataxe

Wortwahl
- gefühlsbetont oder sachlich
- bestimmte Wortarten bevorzugt
- Gegensätze
- Sprachbilder

Sprachebene
- Umgangs-sprache
- Jugendsprache
- Schriftsprache

Besonderheiten
- Wieder-holungen
- Übertrei-bungen
- Andeutungen
- Tempus-wechsel

Sieh noch einmal im Schaubild auf Seite 238 nach.

1 Lies den Textausschnitt. Bestimme die Erzählsituation.

Harry Jacob und sein Hund Blue gingen auf der Straße und kamen auf mich zu. Nur er und Blue. Ich hatte Harry noch nie allein getroffen. Sonst sah ich ihn nur immer mit Eddie zusammen. Ich war mir nicht mal sicher, dass ich Harry so ganz alleine treffen wollte, aber ich hatte es mir ganz bestimmt schon mal vorgestellt, was geschehen würde, wenn wir uns träfen. Sobald ich merkte, dass er es war, bekam ich eine üble Flatterattacke. […] So hatte ich es mir überhaupt nicht vorgestellt. Ich versuchte ordentlich zu gehen und nicht zu hinken.

„Hi“, sagte Harry.

„Hi“, gab ich zurück. „Wo gehst du hin?“

Er legte den Kopf auf die Seite und blinzelte gegen die Sonne, die über der Eisenbahnbrücke hinter mir unterging. Er hatte die Hände in den Hosentaschen und schwankte ein wenig.

„Zum Tunnel. Kommst du mit?“

„Warum gehst du zum Tunnel?“

„Wirst schon sehen“, sagte er, und es schien ihn nicht sonderlich zu interessieren, ob ich nun mitkam oder nicht. Also hängte ich mich an. Wir gingen zur Brücke, nur wir zwei, und es war ein komisches Gefühl, so alleine mit Harry zu gehen, als wären er und ich Freunde und nicht er und Eddie.

„Wo ist Eddie?“, fragte ich.

„Fußball“, sagte Harry.

Alles schien vor Wahrhaftigkeit zu leuchten. Der Himmel, der Boden, die Ferne. Auf den Wiesen lagen Pfützen von untergehender Sonne. Die Bäume warfen lange, stolze Schatten, die hohen Gräser glitzerten wohlgefällig, als ob sie sich im Glanz des Ganzen sonnten.

2 Sieh dir die Unterstreichungen an. Beschreibe mithilfe des Schaubildes auf Seite 239 und den folgenden Formulierungshilfen die sprachliche Gestaltung des Textausschnittes. Gehe auch auf die Wirkung ein.

Formulierungshilfen zur sprachlichen Gestaltung

- Auffällig sind …
- Es wirkt …
- Im Kontrast dazu …
- Das weist darauf hin …
- Dieser Satz hinterlässt den Eindruck …
- Mehrfach beginnen Sätze …
- Eine besondere Form hat …

1 EXTRA Untersuche die sprachliche Gestaltung des Textes oben. Nutze dazu die Informationen aus dem Schaubild zur sprachlichen Gestaltung literarischer Texte auf Seite 239.

Einen Romanausschnitt analysieren und deuten

Textanalyse

Vorarbeit: Für die Textanalyse wichtige Kriterien im Text markieren und Randnotizen anfertigen

Einleitung
- Nennung von Titel, Autor, Textsorte und Thema

Hauptteil
- kurze Inhaltszusammenfassung
- Untersuchung
  - der zeitlichen und räumlichen Gestaltung
  - der Charaktereigenschaften der Figuren und ihrer Beziehung zueinander
  - der Erzählsituation und ihrer Wirkung
  - der sprachlichen Besonderheiten und ihrer Wirkung
- Ergebnisse mit Zitaten belegen

Schluss
- Ergebnisse kurz zusammenfassen
- Text deuten

1 Analysiere den folgenden Textausschnitt. Sieh dir die Markierungen und Randnotizen an und ergänze sie. Lege dazu eine Folie über den Text oder nutze den Online-Code.
- Untersuche die zeitliche und räumliche Gestaltung sowie die Charaktereigenschaften der Figuren und ihre Beziehungen zueinander.
- Erkläre, welche Erzählsituation verwendet wurde und welche Wirkung diese auf den Leser hat.
- Erstelle eine Tabelle zur sprachlichen Gestaltung des Textes.

Material 4g6b73

Orientiere dich an der Tabelle auf Seite 89.

Martine Murray

Das feuerrote Kleid (Ausschnitt 3)

Bis wir die Blackjack Road hinuntergekurvt und bei der Biegung angelangt waren, wo sich all unsere Häuser ins Tal schmiegen, war es dunkel und der Mond ging auf. Ich konnte nicht übersehen, dass in Harrys Zimmer kein Licht brannte. Dad bemerkte meinen Blick.

„Harry ist in den Norden gegangen. Er ist heute abgereist."

„Heute", wiederholte ich dumpf. […]

„Und für wie lange?" Ich runzelte die Stirn.

Dad kämpfte damit, mein Fahrrad hinten aus dem Kofferraum des Autos zu heben.

„Ich weiß es nicht, Mannie. Er muss die Idee von dir übernommen haben, nur dass du nach Süden gegangen bist."

Er schob das Fahrrad in die Garage, und ich war froh, einen Augenblick allein zu sein. Ich wusste, dass Dad kein Salz in meine Wunde streuen →

Sprachbild: Häuser schmiegen sich ins Tal
…
Stimmungsraum:
Nacht: …
Gefühle: …
Beziehung zu Harry:
…
Gefühle: …

wollte. Er wusste ja noch nicht einmal, dass Harry und ich einmal, eine kleine Weile, verliebt gewesen waren, aber meine Wunde schmerzte gewaltig. Liebten wir uns, Harry und ich? Ich wusste es nicht. Ich wusste nur: Es gefiel mir nicht, dass er fort war. Ich seufzte einen langen traurigen Seufzer. Ich mochte es nicht, wenn man mich sitzen ließ. Ich mochte es einfach nicht. […]

Ich blickte auf sein dunkles Fenster und fasste mich irgendwie. Ich schaute es einfach an, und es gelang mir endlich einmal, meine Gedanken in Zaum zu halten. Ich ließ nur das Gefühl zu, dass Harry fort war. Mein Herz war schwer, ich nahm es einfach ruhig in mich auf, als trüge ich einen schweren Koffer. Ich ging in mein Zimmer und setzte mich auf mein Bett. Dad kam herein und setzte sich zu mir. […]

„Mannie?“

„Ja.“

„Ich weiß, dass es schwierig ist für dich hier, nur mit mir.“

„Schon in Ordnung, Dad. Ich möchte im Moment nirgendwo anders leben.“

2 Verfasse zu den Ergebnissen aus Aufgabe 1 einen zusammenhängenden Text. Belege deine Aussagen mit Zitaten. Stelle dar, wie du den Textausschnitt deutest.

3 Nimm zu der Aussage „Mannie und Harry passen nicht zueinander“ Stellung. Begründe deine Meinung mithilfe des Textes.

Achte auch auf den Titel des Romans.

1 **EXTRA** Verfasse mithilfe der Informationen aus dem Schaubild auf Seite 241 eine Textanalyse zu dem Roman von Friedrich Ani „Wie Licht schmeckt“ auf Seite 242/243. Nimm im Schlussteil Stellung zu der Aussage „Licht kann man nicht schmecken“.

1.4 Leselust

1 Lies den folgenden Romanausschnitt. Beantworte nach jedem Abschnitt die Frage in der Gedankenblase.

Friedrich Ani

Wie Licht schmeckt

Lukas wird 14 und macht sich zum Geburtstag ein besonderes Geschenk: Drei Tage will er allein durch München streifen und dabei über sich selbst bestimmen. Bei seinem Ausflug stößt Lukas mit der 17-jährigen Sonja zusammen.

Eigentlich war sie es, die mich anrempelte.

Aber sie stand richtig, rolltreppenmäßig.

Ich lief nach unten, sie kam heraufgefahren. Die meisten Leute waren mir ausgewichen, da stand sie auf einmal. Stützte lässig die Hand auf die fahrende Gummischiene und hatte etwas in der Hand, etwas Weißes. Viel Zeit zum Hinschauen hatte ich nicht. Was Weißes, so weiß wie meine Turnschuhe, und weil ich mitten im Absprung war, konnte ich den linken Fuß nicht mehr zurückziehen.

Also verhakte sich mein weißer Turnschuh in dem weißen Ding. […]

Was könnte das weiße Ding sein?

Ich griff ins Leere. Ich ruderte mit den Armen und kriegte mit, dass unter mir die Rolltreppe nach oben fuhr. Was ich ja wusste. Was ja gerade der Witz dabei war. Aber in diesem Moment wär es mir lieber gewesen, sie wäre nach unten gefahren. Viel lieber.

Während ich nach vorne kippte, mit dem linken Arm voraus, mein Körper verdreht wie der von einem total dämlichen Eiskunstläufer, der sich in der Luft verirrt hat, kamen mir Rolltreppenstufen entgegen. Unaufhörlich Rolltreppenstufen. Schossen aus der Erde und auf mich zu, mir voll ins Gesicht. Voll ins Gesicht. Ich dachte: Das wird jetzt wehtun. Ungefähr vier Sekunden später dachte ich: Scheiße, tut das weh. […]

„Oje“, sagte sie.

Ich stand knapp vor ihr. Sie roch nach Zitrone.

Gab es neuerdings Zitronenparfüm?

Sie hatte ein kastanienbraunes Kleid und eine Jeansjacke an und schmale schwarze Schuhe, die aussahen wie Sandalen mit dünnen Riemen, die ein paar Mal um ihre Knöchel gebunden waren. Sie hatte blonde kurze Haare und trug eine dunkle Sonnenbrille. Sie war siebzehn oder achtzehn.

Es war, als würde ich alles auf einmal sehen. […]

Wieso nimmt Lukas das Mädchen trotz seines Unfalls wahr?

Wie lange ich sie schon angaffte, wusste ich nicht. Auf einmal sagte sie:

„Willst du dich nicht entschuldigen?“

Die blutigen Papiertaschentücher, die ich inzwischen alle verbraucht hatte, warf ich in einen Blechkasten und dachte: Ich entschuldige mich für nix.

Ich sagte: „’tschuldigung.“

„Beinah wär ich hingefallen.“

„Bist du ja nicht“, sagte ich.

Was fällt dir an der Reaktion von Lukas auf?

„Weil ich schnell reagiert hab“, sagte sie. […]

„Ich muss los“, sagte sie. […]

Fast wäre ich in sie reingerannt. Sie wartete am Straßenrand. Autos fuhren vorbei und sie klopfte mit dem Stock auf den Boden.

„Ich bin’s“, sagte ich außer Atem. „’tschul… ’tschuldige, dass … Ich hab nicht gemerkt, dass du blind bist.“

„Bist du auch blind?“, sagte sie. […]

Wie könnte der Roman weitergehen?

2 Umgang mit Sachtexten

2.1 Die Absicht von Sachtexten untersuchen

Sachtexte

informierend und anleitend
- Wissen und Informationen vermitteln, z. B. in Berichten, Lexika, Anleitungen, …

argumentierend und appellierend
- Meinungen vermitteln und überzeugen, z. B. in Kommentaren, Leserbriefen, …

regulierend
- Handlungen und Verhalten regeln, z. B. in Gesetzestexten, Ratgebern, Hausordnungen, …

1 Lies die folgenden Texte. Benenne das gemeinsame Thema.

A Tabak. Blätter bestimmter Arten der Gattung Tabak, die wegen ihres Nikotingehalts in getrocknetem Zustand geraucht, gekaut oder geschnupft werden. […] Tabakpflanzen sind vorwiegend auf dem amerikanischen Doppelkontinent heimisch; vermutlich waren die Maya die Ersten, die sie nutzten.

B Mit diesen Tricks können Sie Ihren Zigarettenkonsum reduzieren:
- Zögern Sie jeden Morgen das Anzünden der „ersten Zigarette" länger hinaus.
- Kaufen Sie Ihre Zigaretten nicht (mehr) auf Vorrat. Kaufen Sie erst dann eine (!) neue Packung, wenn die alte ganz leer ist. […]

C Dein Körper reagiert sofort auf jede Zigarette. Der Pulsschlag beschleunigt sich, die Atmung wird flacher und der Kreislauf schwächer. Also purer Stress! Und was ist mit dem Gefühl der Entspannung, von dem Raucherinnen und Raucher oft reden? Das beruht nur auf den nachlassenden Entzugserscheinungen nach den ersten Zügen an der Zigarette.

D *Rauchen in der Öffentlichkeit, Tabakwaren*
1) In Gaststätten, Verkaufsstellen oder sonst in der Öffentlichkeit dürfen Tabakwaren und andere nikotinhaltige Erzeugnisse und deren Behältnisse an Kinder oder Jugendliche weder abgegeben, noch darf ihnen das Rauchen oder der Konsum nikotinhaltiger Produkte gestattet werden.
(2) In der Öffentlichkeit dürfen Tabakwaren und andere nikotinhaltige Erzeugnisse und deren Behältnisse nicht in Automaten angeboten werden.

2 Erkläre zu jedem Text, welche Absicht er hat. Nutze dazu die Informationen aus dem Schaubild auf der linken Seite. Begründe deine Zuordnung.

3 Prüfe mithilfe der Tabelle auf Seite 107, ob die Sprache der Texte B und D zur jeweiligen Textabsicht passt.

1 **EXTRA** Recherchiere nach einem informierenden, einem argumentierenden und einem regulierenden Sachtext zum Thema „Jugendliche und Alkohol". Du kannst das Internet dafür nutzen.

2 **EXTRA** Erstelle zu deinen Sachtexten aus Aufgabe 1 EXTRA ein Infoplakat zum Thema „Sachtexte und ihre Absicht".

→ **T5** Infoplakate gestalten Seite 282

2.2 Aufgabenformate erschließen

Aufgabenformate

Aufgaben mit geschlossenem Format	Aufgaben mit halb offenem Format	Aufgaben mit offenem Format
• Die Antwort muss aus verschiedenen vorgegebenen Antwortmöglichkeiten gewählt werden. • Die Lösung ist häufig wörtlich in einem Text zu finden. **Operatoren**: *Kreuze an, Wähle aus, Ordne zu, …*	• Die Lösung ist häufig aus dem Text zu entnehmen. • Es müssen aber auch eigenen Formulierungen z. B. bei Ergänzungen hinzugefügt werden. **Operatoren**: *Nenne, Vervollständige, Ergänze, …*	• Die Aufgaben müssen mit eigenen Worten gelöst werden. • Häufig sind Wertungen oder Stellungnahmen gefordert. **Operatoren**: *Prüfe, Nimm Stellung, Bewerte, Begründe, …*

Aufgaben mit geschlossenem Format

1 Lies den Text. Gib die wichtigsten Aussagen in eigenen Worten wieder.

Jugendliche Raucher

„Rauchen ist mehr und mehr out. Die aktuellen Daten der BZgA[1]-Studie zeigen jedoch auch, dass bunte, peppige E-Shishas und E-Zigaretten eine große Anziehungskraft auf Kinder und Jugendliche ausüben und diesen positiven Trend umkehren können", kommentiert die Drogenbeauftragte →

1 Abkürzung für Bundeszentrale für gesundheitliche Aufklärung

der Bundesregierung, Marlene Mortler, die Befragungsergebnisse. Sie bekräftigt ihre Forderung nach einem Verbot der Produkte: „Es war daher richtig, dass ich das Thema frühzeitig angesprochen habe. Meine Forderung, das Abgabe- und Rauchverbot im Jugendschutzgesetz, das aktuell nur für Tabakwaren gilt, auf alle elektronischen Produkte auszuweiten, hat die Bundesfamilienministerin aufgegriffen und bereits eine entsprechende Änderung des Jugendschutzgesetzes angekündigt. E-Zigaretten und E-Shishas sind alles andere als harmlos. Gerade die zum Teil kaum bekannten inhaltlichen Zusatzstoffe bergen große gesundheitliche Gefahren. Selbst krebserregende Inhaltsstoffe wurden in entsprechenden Produkten nachgewiesen."

Weniger rauchende Jugendliche in Deutschland

Die Zahl der Jugendlichen in Deutschland, die Tabakzigaretten rauchen, ist dagegen weiter gesunken. Im Jahr 2001 rauchten 27,5 Prozent der 12- bis 17-Jährigen, aktuell sind es 9,7 Prozent – ein historischer Tiefstand. Der Anteil der Kinder und Jugendlichen in dieser Altersgruppe, die noch nie in ihrem Leben geraucht haben, stieg im gleichen Zeitraum von 40,5 Prozent auf den bisherigen Höchstwert von 75,3 Prozent an.

„Diese Zahlen sind ein Beleg für nachhaltige Präventionserfolge bei Jugendlichen. Der Trend zum Nichtrauchen ist ungebrochen", sagt Dr. Heidrun Thaiss, Leiterin der BZgA. „Trotz dieser erfreulichen Entwicklung ist das zunehmende Ausprobieren von E-Shishas und E-Zigaretten bei den Jüngeren für uns Anlass zur Besorgnis. In Deutschland gibt es rund 500 000 Jugendliche, die noch nie eine Tabakzigarette geraucht, aber bereits E-Produkte konsumiert haben. Das Ausprobieren der elektrischen Produkte birgt die Gefahr des Einstiegs zum Rauchen von Tabak. Auch aus diesem Grund gehören diese Produkte nicht in die Hände von Kindern und Jugendlichen."

Notiere zur Kontrolle die Zeile, in der die Lösung steht.

2 Überprüfe mithilfe des Textes, ob die Lösungen in der Tabelle richtig sind.

	trifft zu	trifft nicht zu
E-Zigaretten üben eine große Anziehungskraft aus.	☐	☒
Frau Mortler sagt, dass E-Shishas nicht harmlos sind.	☒	☐
2001 rauchten mehr Jugendliche als heute.	☒	☐
Es gibt einen Trend zum Nichtrauchen.	☐	☒

3 Wähle die richtige Antwort aus und notierte sie in deinem Heft.

In dem Text steht, …
a) dass 50 000 Jugendliche bereits E-Produkte konsumiert haben.
b) dass 2001 9,7 Prozent der Jugendlichen Tabakzigaretten rauchen.
c) dass etwa drei Viertel der 12- bis 17-Jährigen noch nie eine Tabakzigarette geraucht haben.
d) dass früher weniger Tabakzigaretten geraucht wurden als heute.

4 Nenne die Produkte, die eine Gefahr des Einstiegs zum Rauchen beinhalten.

1 EXTRA Formuliere zu dem Text „Jugendliche Raucher“ auf Seite 245/246 mindestens drei geschlossene Aufgaben.

Orientiere dich an den Informationen aus dem Schaubild auf Seite 245.

Aufgaben mit halb offenem Format

1 Sieh dir das Bild an und lies die folgenden Texte genau durch. Kläre unbekannte Begriffe mithilfe eines Wörterbuches oder des Internets.

Giftige und krebserregende Inhaltsstoffe im Passivrauch

Tabakrauch ist mit Abstand der bedeutendste und gefährlichste vermeidbare Innenraumschadstoff und er ist die führende Ursache von Luftverschmutzung in Innenräumen, in denen geraucht wird. Wird Tabakrauch über die Atemluft vom Menschen aufgenommen, spricht man von Passivrauchbelastung oder Passivrauchen. Passivrauch besteht aus dem Nebenstromrauch, der beim Verglimmen der Zigarette zwischen den Zügen entsteht, sowie aus den vom Raucher wieder ausgeatmeten Bestandteilen des Hauptstromrauchs. Die ausgeatmeten Partikel des Hauptstromrauchs fügen dem gesamten Passivrauch – je nach gemessener Komponente – einen Anteil von 1 bis 43 Prozent der Bestandteile hinzu. Der größte Teil des Tabakrauchs in der Raumluft besteht jedoch aus den Substanzen des Nebenstromrauchs. Der Nebenstromrauch enthält fast alle gasförmigen und über die Hälfte der partikelförmigen Komponenten des Passivrauchs.

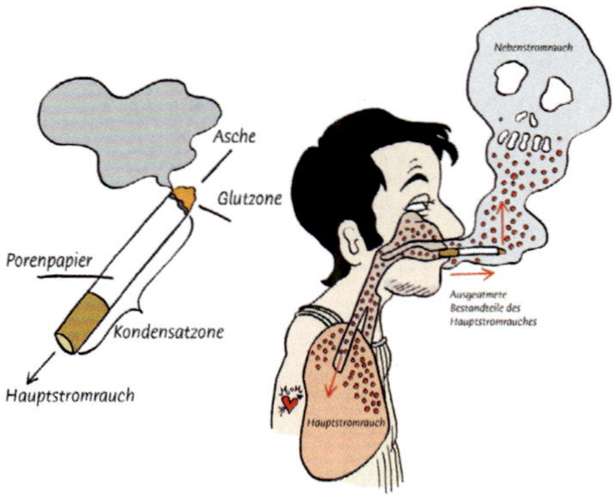

Nichtraucher/innen rauchen in Anwesenheit von rauchenden Personen grundsätzlich passiv mit.

Da eine rauchende Person nur etwa ein Viertel des Tabakrauchs aufnimmt und diesen zum Teil wieder ausatmet, gelangt der Rest des Rauchs in die umgebende Luft. Das ist der ungefilterte Nebenstromrauch der glimmenden Zigarette. Die Schadstoffkonzentration in diesem Rauch ist bis zu 130-mal stärker, so dass auch im Raum anwesende nichtrauchende Personen gefährdet sind. Damit sind sie den gleichen Gesundheitsrisiken wie aktiven Rauchenden ausgesetzt. →

Für Kinder ist das Passivrauchen besonders gefährlich, denn sie reagieren auf Nikotin und die weiteren Schadstoffe weitaus empfindlicher. 50 % aller Deutschen unter 15 Jahren sind Passivrauchende, davon atmen über 25 % täglich gefährliche Mengen Nikotin ein. Kinder von rauchenden Eltern erkranken häufiger an Atemwegsentzündungen und Infektionen als Kinder nichtrauchender Elternteile. In der Wissenschaft wird Passivrauchen zudem als eine Ursache für den „Plötzlichen Kindstod" bezeichnet. Wenn Kinder im Raum sind, sollten Erwachsene stets Rücksicht nehmen und nicht rauchen. Schwangere sollten generell nicht rauchen, da sie alle Schadstoffe über den gemeinsamen Blutkreislauf direkt an das ungeborene Kind weitergeben und so schwere Schäden angerichtet werden können.

Notiere zur Kontrolle die Zeile, in der die Lösung steht.

2 Suche in den Texten die folgenden Satzanfänge. Ergänze sie in deinem Heft. Du musst diese nicht wörtlich wiedergeben.

a) *Passivraucher sind gefährdet, weil …*
b) *Der Tabakrauch einer Zigarette verteilt sich …*
c) *Der Nebenstromrauch ist …*

3 Vervollständige die folgenden Sätze in deinem Heft.

a) *Von Passivrauchen spricht man, …*
b) *Der Passivrauch besteht dabei aus …*
c) *Es ist schädlich, weil …*

4 Nenne den Grund, warum Passivrauchen für Kinder besonders gefährlich ist.

Orientiere dich an den Informationen aus dem Schaubild auf Seite 245.

1 EXTRA Sieh dir das Bild auf Seite 247 an und lies die Texte auf Seite 247/248. Formuliere dazu mindestens drei halb offene Aufgaben.

2 EXTRA Lies die Texte auf Seite 245/246. Formuliere auch dazu mindestens drei halb offene Aufgaben.

Aufgaben mit offenem Format

1 Lies die folgenden Texte. Setze dich mit dem Thema „einheitliche Zigaretten-Verpackungen" auseinander.

- Was bedeutet „einheitliche Zigarettenverpackung"?
- Nenne mögliche Gründe für eine Einheitspackung.
- Nenne mögliche Gründe für die Kritik daran.
- Bewerte die Maßnahme aus deiner Sicht.

Frankreich verbietet das Rauchen im Auto

Als Maßnahme gegen das Passivrauchen stimmte die französische Nationalversammlung überraschend für ein Rauchverbot in Autos im Beisein Minderjähriger. Auch Zigarettenpackungen werden stark verändert.
Grundlage für die Abstimmung war ein Änderungsantrag der Zentrumspartei UDI für das Gesetzesvorhaben der Regierung. Der Regierungsentwurf sah ein Rauchverbot im Auto in Gegenwart von unter Zwölfjährigen vor, nun soll der Schutz vor Passivrauch für alle unter 18-jährigen Mitfahrer gelten. Die Nationalversammlung stimmte unter anderem auch dafür, den Tabakverkauf in der Nähe von Schulen zu verbieten.
Die französische Nationalversammlung beschloss zudem die Einführung neutraler Zigarettenschachteln ab Mai 2016. Bei der Abstimmung am Freitag in Paris gab es 19 Ja-Stimmen, elf Nein-Stimmen und eine Enthaltung.
Die Einführung von Zigarettenpackungen, die alle dieselbe Farbe, Form und Größe haben und auf denen der Markenname nur sehr klein zu sehen ist, hatte für heftige Kritik aus der Industrie und von der Lobby der Zigarettenverkaufsstellen gesorgt. […]

Singapur – keine Gnade für Raucher

Auf in der Öffentlichkeit angebrachte Verbotsschilder ist unbedingt zu achten. So ist z. B. der Verzehr von Speisen und Getränken wie auch das Rauchen in öffentlichen Verkehrsmitteln und öffentlichen Gebäuden untersagt und wird mit hohem Bußgeld (ab etwa 300 Euro) geahndet.
Seit Januar 2009 ist das Rauchen auch in einem Abstand von weniger als 5 Meter von Ein- und Ausgängen eines Gebäudes, in Parkhäusern, auf überdachten Gehsteigen und in nicht klimatisierten Bereichen eines klimatisierten Gebäudes verboten. […]
Tabakwaren dürfen nur gegen eine Einfuhrsteuer eingeführt werden.
Achtung: Ab 1. Januar 2009 muss jede einzelne Zigarette, die in Singapur verkauft wird, einen Zollstempel tragen. Raucher, die mit Zigaretten ohne Stempel angetroffen werden, müssen mit einer Strafe von umgerechnet 250 Euro pro Packung rechnen.

2 Nimm kritisch Stellung zur folgenden Aussage von Ezra. Überlege dir jeweils Pro- und Kontra-Argumente. Schreibe eine Antwort, indem du die Aussage bewertest und deine eigene Meinung dazu darlegst.

Ezra sagt: „Mehrere hundert Euro Strafe nur, weil man an Bahnsteigen oder in Zügen isst oder raucht, das ist doch maßlos übertrieben."

---

1 EXTRA Lies die Texte oben. Verfasse dazu einen Leserbrief, in dem du deine eigene Meinung darstellst. Stelle dabei Textbezüge her.

3 Umgang mit Medien

Kameraperspektive

Froschperspektive (Blick von unten nach oben)

Normalsicht (Blick aus gleicher Höhe)

Vogelperspektive (Blick von oben nach unten)

Schuss-Gegenschuss-Verfahren In einer Bildfolge werden die Gesichter der Darsteller während ihres Dialogs abwechselnd gezeigt.

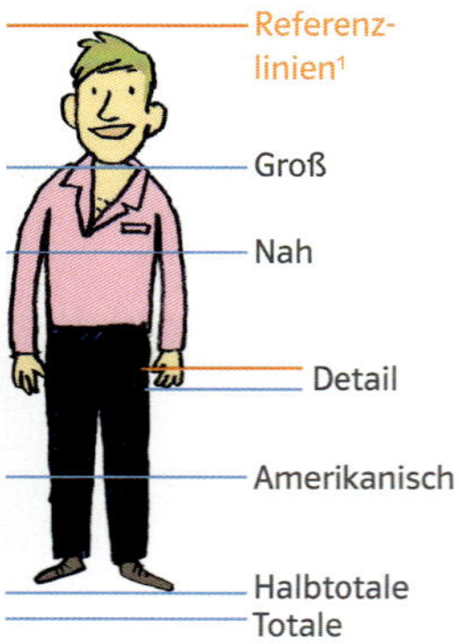

1 Linien, die den Ausschnitt bestimmen, z. B. wird die Einstellung Nah vom Kopf (Referenzlinie) bis zur Schulter abgelesen.

Einstellungsgrößen

Panorama: Der weite Blick geht über eine ausgedehnte Landschaft.

Totale: Die Darsteller sind zu sehen, aber die Umgebung herrscht vor. Es wird ein Überblick über den gesamten Handlungsort gegeben.

Halbtotale: Die Darsteller werden vollständig in ihrer direkten Umgebung gezeigt. Personen und Umgebung nehmen einen vergleichbaren Raum ein.

Amerikanisch: Der Darsteller wird vom Kopf bis zu den Knien gezeigt.

Halbnah: Der Darsteller wird von Kopf bis Hüfte gezeigt. Der Schwerpunkt liegt auf der Gestik.

Nah: Es werden der Kopf und Teile des Oberkörpers gezeigt.

Groß: Der Darsteller wird mit einer Aufnahme des Kopfes gezeigt. Der Schwerpunkt liegt auf der Mimik.

Detail: Nur Teile des Gesichts oder eines Gegenstandes werden gezeigt. Auf sie soll besonders aufmerksam gemacht werden.

Filmische Mittel verwenden

1 Ordne die folgenden Bilder den passenden Einstellungsgrößen zu.

A

B

C

D

2 Fertige zwei Skizzen an, die das Schuss-Gegenschuss-Verfahren zeigen.

3 Lies die folgende Textstelle. Beschreibe, wie du den Text mit filmischen Mitteln gestalten würdest. Begründe dein Vorgehen. Nutze dabei mindestens drei Einstellungsgrößen.

Vaughan Springs ist eigentlich ein Fluss, der aus Quellen gespeist wird. Es gibt alte Pumpen mit Hähnen, wo man früher das Quellwasser zapfen konnte, aber jetzt kann man das nicht mehr. Es ist also nicht einfach irgendein Fluss. Es ist ein besonderer Ort, wo die Leute früher, während des Goldrauschs, gepicknickt haben. Es gab auch mal einen kleinen Zug für Kinder, aber jetzt liegen da nur noch die Gleise. Es gibt aber noch eine Rutsche und einen Weg am Fluss entlang.
Wir gingen am Fluss spazieren. Ich wusste, dass es keinen besonderen Grund für den Spaziergang gab, wir gingen nirgendwohin. [...] Wir gingen also einfach nebeneinanderher, sodass der Abstand ganz still und heimlich zwischen uns immer kleiner werden konnte.

---

1 **EXTRA** Lies den Text oben. Entwickle dazu ein Storyboard. Nutze verschiedene Kameraperspektiven und Einstellungsgrößen.

→ **Kapitel 4** Seite 83

T4

Trainingsstation

Reflexion über Sprache

T4 Lösungen
z2b6t3

**In dieser Trainingsstation übst du noch einmal den Umgang mit verschiedenen Zeitformen. Auch Themen wie Aktiv- und Passivsätze sowie Wortbeziehungen kannst du noch einmal trainieren.
Im Rechtschreibteil lernst du die wichtigsten Regeln zu Fremdwörtern, zur Groß- und Kleinschreibung sowie Zusammen- und Getrenntschreibung.
Im Teil zur Sprachbetrachtung kannst du mit Übungen zu Dialekt, schwierigen Texten und den Phänomenen und Ursachen des Sprachwandels deine Fähigkeiten verbessern.**

1 Grammatik

1.1 Verwendung der Verben

Verwendung des Präsens

- Ein momentanes Geschehen wird dargestellt.
  Die Sonnenuhr zeigt einen kurzen Schatten.
- Gefühle/Stimmungen werden so dargestellt, als fänden sie gerade statt, obwohl sie vergangen sind.
  Die Wasseruhr aus Alabaster fällt ihm aus der Hand, sein Schrei hallt durch den Palast.
- Etwas allgemein Gültiges/immer wieder Vorkommendes wird dargestellt.
  Ohne Sonne gibt es bei der Sonnenuhr keine Uhrzeit.
- Als alternative Zeitform für das Futur (mit Zeitangabe).
  ***Morgen** bauen wir eine Sonnenuhr nach.*

1 Schreibe die folgenden Sätze in dein Heft. Notiere hinter jedem Satz, wie das Präsens verwendet wurde, z. B.: *Der Wasserspiegel steigt an. → momentanes Geschehen, …*

Der Wasserspiegel steigt an.

Die Wasseruhr ist eine Erfindung aus der Antike.

Nächste Woche sehen wir uns diese Erfindung in einem Museum an.

Menschen stehen mit Bewunderung vor dem Kunstwerk.

Wasseruhren sind eher ungenaue Geräte zur Zeitmessung.

In der Vitrine sehen wir verschiedene Wasseruhren.

1 EXTRA Formuliere Sätze, mit denen du die vier Verwendungsmöglichkeiten des Präsens zeigst.

Vergangenheitsformen

Präteritum
- Ablauf eines Geschehens wird dargestellt
- wird häufig in epischen Texten, z. B. Romanen, Novellen, Erzählungen oder Märchen verwendet

Perfekt
- wird bevorzugt bei mündlichen Erzählungen über Vergangenes verwendet
- das Geschehen liegt in der Vergangenheit, die Folge davon in der Gegenwart

Plusquamperfekt
- drückt aus, dass ein Ereignis noch weiter zurückliegt, als das Geschehen, das im Präteritum steht

1 Übertrage die Tabelle in dein Heft. Ergänze die fehlenden Verbformen.

Plusquamperfekt	Präteritum	Perfekt
er hatte geblickt	er blickte	...
er hatte montiert	...	...
...	...	er hat aufgehoben
...	er trug	...

2 Lies den folgenden Text. Schreibe die Sätze mit den Verbformen im Plusquamperfekt heraus, z. B.: *Die Maschine war wieder zurückgekehrt.*

Joe Haldeman

Herr der Zeit

Schneeregen trommelte gegen die dunklen Fenster. Matt legte seinen Schraubenzieher beiseite und drückte den RESET-Knopf des neuen Kalibrators[1], einer Maschine von der Größe eines Schuhkartons.
Die Maschine verschwand. Er blickte für eine Sekunde verdutzt vor sich hin. […] Die Maschine war wieder zurückgekehrt. […]
Er wünschte dem Professor eine gute Nacht und setzte sich wieder vor den Kalibrator. Dieser sah hübscher aus als notwendig, aber Matt machte seine Arbeit auf diese Weise mehr Spaß. Er hatte im Lagerbehälter für „Vermischtes“ ein Rechteck aus Eichenholz gefunden und die Metallteile zugeschnitten, damit diese bündig darauf passten. Die Kombination aus Holz mit mattem, schwarzen Metall und leuchtenden Digitalanzeigen gefiel ihm. […]
Er blickte auf seine Uhr und drückte den Knopf. Die Maschine schimmerte und verschwand, zumindest der Metallkasten; die Eichenholzunterlage blieb hier, ein konisches[2] Holzschraubenloch in jeder Ecke. Genau das hatte sie auch beim letzten Mal getan. […]

1 Gerät zur Feineinstellung weiterer Geräte
2 Form, die nach oben oder unten schmaler zuläuft

3 Ergänze die Verbformen im Perfekt. Schreibe die Sätze in dein Heft. Ordne dann die jeweils richtigen Sätze einander zu, z. B.: *Matt hat seinen Arbeitsplatz aufgeräumt. Die Ordnung erleichtert ihm seine Tätigkeit.*

Achte darauf, dass sich das Geschehen des ersten Satzes auf das Geschehen des zweiten Satzes auswirkt.

Matt … seinen Arbeitsplatz … (aufräumen)	In der U-Bahn schadet ihm so kein Stoß.
Der Mann … den Kalibrator gut (verpacken)	Jetzt steht es auf dem Küchentisch.
Er … das Gerät in seine Wohnung (tragen)	Die Ordnung erleichtert ihm seine Tätigkeit.

4 Bilde aus den folgenden Sätzen ein Satzgefüge mit einem Haupt- und einem Nebensatz. Die Sätze sollen Verbformen im Präteritum und Plusquamperfekt enthalten, z. B.: *Matt drückte den RESET-Knopf zur vollen Minute, nachdem er seine Uhr überprüft hatte.*

Achte auf die Reihenfolge des Geschehens.

Die Maschine erschien wieder. Matt berechnete die Dauer ihres Verschwindens.

Gegen 23 Uhr betrat Matt seine Wohnung. Er machte den nächsten Versuch in der Küche.

---

1 EXTRA Schreibe eine Fantasiegeschichte zu einer Zeitreise. Lies dazu den Text „Herr der Zeit" auf der linken Seite. Nutze die Zeitformen Präteritum und Plusquamperfekt, um die Reihenfolge der Ereignisse zu verdeutlichen.

2 EXTRA Bilde mithilfe der Bausteine Satzgefüge, die sich auf ein Geschehen in der Gegenwart beziehen. Formuliere den ersten Satz im Perfekt und den zweiten Satz im Präsens, z. B.: *Matt hat seinen Arbeitsplatz aufgeräumt, da die Ordnung ihm seine Tätigkeit erleichtert.*

Zeitmaschine fertigbauen	Maschine verschwindet beim Test
kleine Änderungen vornehmen	Maschine bleibt länger weg
eine Entscheidung treffen	er begibt sich auf Zeitreise

Infinite und finite Verbformen

Verbformen

- **finite Verbform**
  - Personalform: *ich spreche, du gingst*
    festgelegt durch:
    - **Person**: 1., 2., 3.
    - **Numerus**: Singular/Plural
    - **Tempus**: alle Zeiten
    - **Modus**: Indikativ/Konjunktiv/Imperativ
    - **Handlungsart**: Aktiv/Passiv
- **infinite** (nicht veränderbare) **Verbformen**
  - **Infinitiv**
    Grundform des Verbs: *sprechen, gehen*
    Verwendung: mit Modalverben: *ich kann sprechen*
    bei Bildung des Futur: *ich werde fahren*
  - **Partizip I**
    Bildung: Infinitiv + d
    ersetzt Teilsatz: *Ich saß essend auf dem Sofa.*
  - **Partizip II**
    zur Bildung von: Perfekt, Plusquamperfekt und Passiv: *gedacht*
  - (Partizip I und Partizip II:) Verwendung als Adjektiv (mit Personalendung)
    Partizip I: *das sprechende Kind*
    Partizip II: *das gesprochene Wort*

1 Schreibe die Tabelle in dein Heft. Ergänze die fehlenden Verbformen von *sprechen, zuhören* und *befehlen.*

Zeitform	Singular	Plural
Plusquamperfekt	ich hatte gesprochen du hattest zugehört er/sie/es hatte befohlen	wir hatten gesprochen ihr hattet zugehört sie hatten befohlen
Präteritum	…	…
Perfekt	…	…
Präsens	…	…
Futur	…	…

Stell dir einen vollständigen Satz dazu vor.

2 Bilde mit dem Verb *erfinden* die folgenden finiten Formen, z. B.: 2. Person Singular Präteritum Indikativ Aktiv → *du erfandest, …*

- 3. Person Singular Präsens Indikativ Aktiv
- 2. Person Plural Plusquamperfekt Indikativ Aktiv
- 1. Person Plural Perfekt Indikativ Aktiv
- 1. Person Singular Präteritum Indikativ Aktiv

3 Lies den Text. Erstelle zu den finiten Verbformen jeweils ein Schaubild.

Achte auf die mehrteiligen Verbformen.

kam

Person	Numerus	Tempus	Modus	Handlungsart
3. Person	Singular	Präteritum	Indikativ	Aktiv

Ende des 16. Jahrhunderts kam es bei den Geräten zur Zeitmessung zu einer großen Veränderung. Der Wissenschaftler Galileo Galilei hatte sich mit dem Pendel befasst und war auf Gesetzmäßigkeiten gestoßen. Ein niederländischer Mathematiker entwickelte um 1700 die erste Pendeluhr. Diese Uhren benutzt man auch noch in der heutigen Zeit. Schon die ersten Pendeluhren waren mit einer gut durchdachten Technik ausgestattet, sodass sie nur geringe Ungenauigkeiten zeigten. Der nächste Schritt in der Entwicklung war die Armbanduhr. Schauen wir uns heute um, dann trägt nur noch ein Teil der Menschen die einst weit verbreitete Uhr. Viele bevorzugen den Blick aufs Handy. Was wird wohl die Zukunft bringen?

---

1 EXTRA Bestimme für die finiten Verbformen Person, Numerus, Tempus, Modus und Handlungsart.

Du kannst deine Ergebnisse in einem Schaubild festhalten.

entwickeltest | wurde bewegt | ist aufgetaucht | werden vordringen

2 EXTRA Ergänze die folgenden Sätze mit den infiniten Formen der Verben *verzichten, verbreiten, geben, ablesen,* z. B.: Die neuen Uhren wurden schnell verbreitet.

Die neuen Uhren wurden schnell ___.
Die Menschen können jetzt die Zeit sehr genau ___.
Auf genaue Uhren möchte heute kaum jemand ___.
Vielleicht wird es irgendwann eine ähnliche Erfindung ___.

3 EXTRA Ergänze die folgenden Sätze mit den adjektivisch gebrauchten Formen der Verben *sprechen, halten, schauen, tragen,* z. B.: Die am Arm getragenen Uhren setzten sich durch.

Die am Arm ___ Uhren setzten sich durch.
Auf die Uhr ___ kennen die Menschen immer die genaue Zeit.
Heute können sie auf ihren oft in der Hand ___ Handys die genaue Zeit ablesen.
Es gibt auch ___ Uhren, die für blinde Menschen sehr nützlich sind.

Prädikate bestimmen

Prädikate

- **einteilig**
  - Finite Verbform:
    *Sie **verfügt** über besondere Fähigkeiten.*
- **mehrteilig**
  - Die finite Verbform kann in zwei Teile zerfallen:
    *Sie **starrte** das Mädchen **an**.*
  - Das Prädikat kann aus einer **finiten** + einer infiniten Form bestehen:
    - **Plusquamperfekt**: *Die Magie **hatte** sie beschützt.*
    - **Perfekt**: *Die Magie **hat** sie beschützt.*
    - **Futur**: *Die Magie **wird** sie beschützen.*
    - **Passiv**: *Sie **wird** von der Magie beschützt.*

Stellung des finiten Verbs im Satz

- **Aussagesatz**
  an 2. Satzgliedstelle:
  *Sie **greift** die Fäden.*
- **Fragesatz** und **Befehlssatz**
  an 1. Satzgliedstelle:
  ***Greift** sie die Fäden?*
  ***Greif** die Fäden!*
- **Nebensatz**
  an letzter Satzglied-stelle:
  *Sie fällt, als sie nach den Fäden **greift**.*

1 Lies den Text. Schreibe die mehrteiligen Prädikate heraus, z. B.: *gegeben hatten, verwandelt worden waren, ...*

Lori M. Lee

Die Fäden der Zeit

Labyrinth war der Name, den wir dem Ostquartier gegeben hatten, wegen des Irrgartens aus aufgestapelten Frachtcontainern, die in Wohnungen verwandelt worden waren. Sie standen so dicht neben- und aneinander, dass sie quasi eine Stadt innerhalb der Stadt bildeten. […]

Vor mir lehnte eine junge Frau mit einem schwarz-weiß gestreiften Irokesenschnitt an den Sprossen einer kaputten Feuerleiter. Die alten Scharniere knirschten unter ihrem Gewicht. Sie starrte auf ihre grauen Stiefel hinunter, die Hände in den Taschen ihres Sweatshirts vergraben. Ich bewegte mich mit eiligen Schritten voran. Als ich auf ihrer Höhe war, nickte ich dem Mädchen zu. […]

Das Mädchen sprang urplötzlich vor und rammte mich gegen die Wand auf der anderen Seite der engen Gasse. Ich keuchte, als wir gegen die Steine knallten, auch wenn meine Tasche den Aufprall abfing, und riss den Arm hoch, um sie abzuwehren, doch sie schlug ihn einfach zur Seite. […]

Sollte meine Tunika reißen, würde ich sie vermöbeln. Mein Hemd war dunkelgrau, mit fast durchgescheuerten Ellbogen und sich lösenden Fäden am Saum – nichts Besonderes, bis auf die Tatsache, dass Reev es für mich gemacht hatte. […]

Ich streckte meinen Geist und tastete nach den Fäden der Zeit, die um uns herumflossen. Sie waren überall – wenn man sie denn sehen konnte. Sie verbanden die Leute, die verwitterten Gebäude, die Steine unter meinen Füßen. Die Fäden drängten alles in gleichmäßiger Geschwindigkeit voran. Immer weiter. Ich sah vor meinem inneren Auge, wie meine Finger an den Fasern zogen, bis sich der Fluss der Zeit verlangsamte. […]

Die davoneilende Zeit machte einen hastigen Sprung nach vorn. Ich ließ mich von ihr tragen, wand mich aus den Fingern meiner Angreiferin und fiel auf den Boden. […]

Entsetzen erfasste mich. Sie hatte es gesehen? Oder?

2 Notiere die Infinitive der Verben, die im Text durch die Beugung in zwei Teile zerfallen sind, z. B.: *voranbewegen, …*

3 Notiere zwei Sätze aus dem Text, bei denen das finite Verb am Ende des Nebensatzes steht. Unterstreiche das finite Verb, z. B.: *Sie standen so dicht neben- und aneinander, dass sie quasi eine Stadt innerhalb der Stadt <u>bildeten</u>.*

4 Formuliere vier Sätze zum Text, bei denen das finite Verb am Anfang steht. Verwende Befehlssätze und Fragesätze, z. B.: *Lass mich in Ruhe!*

---

1 **EXTRA** Lies den Text „Die Fäden der Zeit" auf Seite 258/259. Setze die Geschichte fort oder schreibe eine Parallelgeschichte.

- Schreibe im Präteritum und Plusquamperfekt.
- Verwende Verben mit trennbaren Vorsilben, z. B. *aufwachen, ausbrechen, verlaufen, …*
- Setze finite Verbformen ein, die am Satzanfang und am Satzende stehen.

Modus des Verbs

Modus des Verbs

Indikativ
Wirklichkeitsform:
Sie hat Glück gehabt.

Konjunktiv

Imperativ
Befehlsform/Aufforderungsform:
Geh mir aus dem Weg.

Konjunktiv I
Aussagen können wiedergegeben werden (indirekte Rede):
Er sagte, er verstehe nichts.

Bei Gleichheit von Konjunktiv I und Indikativ wird die Ersatzform ***Konjunktiv II*** verwendet:
Ich sagte, ich schreibe ihm. → *Ich sagte, ich schriebe ihm.*

Konjunktiv II
Möglichkeitsform, Wunschform:
Ginge er nur diesen Weg.

Bei Gleichheit von Konjunktiv II und Indikativ wird die Ersatzform ***würde*** verwendet:
Sie kämpften. → *Sie würden kämpfen.*

1 Übertrage die Tabelle in dein Heft. Ordne die markierten Verben in die richtige Tabellenspalte ein.

Indikativ	Konjunktiv I	Konjunktiv II	Imperativ
…	…	würde sich freuen	…

Sie würde sich freuen, wenn sie nicht in diesem Elend lebte.
Sie hielt sich dicht an den Häusern.
Er befahl ihr, sie solle den Mund halten.
Sie hoffte, dass niemand die Fäden der Zeit sähe.
Flieh, bevor sie hinter deine Zeitmanipulationen kommen.
Sie würde auffallen, wenn sie liefe.
Er sagte, sie sei jetzt in Sicherheit.
Sie habe mehr Acht zu geben, empfahl er ihr.
Sei still und versteck dich.

1 EXTRA Forme die Sätze in den Konjunktiv I, Konjunktiv II und Imperativ um.

Sie nimmt wenig Gepäck mit.

Sie sind bald in Sicherheit.

Imperative bilden

Imperativ

- **Bildung**
  - **starke Verben**
    Imperativ = Verbstamm
    springen: spring
  - **schwache Verben**
    Imperativ = Verbstamm + e
    überlegen: überlege
  - **Stammvokal** von e nach i
    helfen: hilf
  - **Plural**
    Imperativ Plural = 2. Person Plural Präsens:
    springt; überlegt; helft
- **Bedeutung**
  - **Wunsch**: Mach das doch!
  - **Aufforderung**: Bleibt stehen!
  - **Verbot**: Tu das nicht!
  - **Befehl**: Seid sofort still!

1 Schreibe die Sätze in dein Heft. Setze die Imperative der folgenden Verben ein, z. B.: *Beobachte den Magier genau!*

beobachten | betreten | halten | lassen

______ den Magier genau!
______ deinen Blick auf die Energiesteine gerichtet!
______ dich von den Blitzen nicht ablenken!
______ nicht den magischen Kreis!

---

1 EXTRA Lies den folgenden Text. Fordere das Publikum auf, bestimmte Dinge zu tun. Formuliere dazu Sätze im Imperativ Singular und Plural, z. B.: *Zieht eure Köpfe ein!*

Der Magier lässt feurige Kreise über das Publikum hinwegfliegen. Es folgen Blitze, die er aus seinen Fingerspitzen schleudert. Sie schlagen rechts und links in den Gängen ein. Eine glühende Kugel entgleitet seinen Händen und bewegt sich zwischen den Reihen.

2 EXTRA Bilde Sätze im Imperativ, die einen Wunsch, eine Aufforderung, ein Verbot und einen Befehl an den Magier richten, z. B.: *Zeigen Sie mir das bitte!*

Modalverben

Modalverben
dürfen, können, sollen, mögen, müssen, wollen

Bildung
Modalverb + Infinitiv des Verbs:
Du kannst lernen.

Funktion
Veränderung der Satzaussage:
- Erlaubnis: *Ich darf lernen.*
- Möglichkeit: *Ich kann lernen.*
- Aufforderung: *Ich soll lernen.*
- Anordnung: *Ich muss lernen.*
- Wille: *Ich möchte lernen. Ich will lernen.*

1 Formuliere die folgenden Sätze als *Möglichkeit, Erlaubnis, Anordnung, Aufforderung* und *Wille.*

Sie verlässt die Stadt.

Sie fahren mit dem Fahrrad.

---

1 EXTRA Formuliere einen Satz. Verändere ihn mithilfe der unterschiedlichen Modalverben. Ordne anschließend die Begriffe *Möglichkeit, Erlaubnis, Anordnung, Aufforderung* und *Wille* zu.

1.2 Handlungsarten des Verbs

Handlungsarten des Verbs

Aktiv
Handelnder ist Subjekt des Satzes:
Ich schlage das Buch auf.

Passiv
Handlung steht im Mittelpunkt

Handlungspassiv
Bildung: finite Form von ***werden*** + Partizip II:
*Das Buch **wird** (von mir) aufgeschlagen.*

Zustandspassiv
Bildung: finite Form von ***sein*** + Partizip II:
*Das Buch **ist** aufgeschlagen.*

1 Lies den Text. Notiere die Sätze, die im Passiv stehen.

Bis ins 19. Jahrhundert gab es in den USA viele verschiedene Zeitzonen. Sie werden erst später vereinheitlicht. Dazu wird eine wichtige Entwicklung gebraucht. Die industrielle Revolution brachte diese Änderung. Beispielsweise werden jetzt Tätigkeiten bei der Fabrikarbeit aufeinander abgestimmt.

2 Schreibe den Text in dein Heft. Unterstreiche Handlungs- und Zustandspassiv in unterschiedlichen Farben.

Von den Eisenbahngesellschaften in den USA werden schließlich vier Zeitzonen eingerichtet. 1883 ist ihre Einführung abgeschlossen. Die Zeitzonenregelung ist jetzt endgültig geklärt. Sie gilt noch heute. 1918 wird die zeitliche Einteilung von den USA mit einem Gesetz bestätigt.

---

1 EXTRA Schreibe die folgenden Sätze in dein Heft. Notiere hinter den Sätzen, ob es sich um das Handlungspassiv oder Zustandspassiv handelt.

Ende des 19. Jahrhunderts wird die Stechuhr entwickelt. Die Stechuhren wurden von den Arbeitern am Anfang und am Ende der Schicht benutzt. So war die Arbeitszeit genau erfasst.

1.3 Wortbeziehungen untersuchen

Wortbeziehungen

Hyperonyme
(Oberbegriffe): *Fächer*

Hyponyme
(Unterbegriffe):
Deutsch, Mathematik,
…

Homonym
gleich geschrieben,
gleich gesprochen:
Bank/Bank

Synonyme
bedeutungsgleich:
Mahl/Essen
Wortfelder: *sprechen, flüstern, antworten, …*

Homophon
verschieden geschrieben, gleich gesprochen:
Lied/Lid

Antonyme
gegensätzliche
Bedeutung: *klein/groß*

Homograph
gleich geschrieben, verschieden gesprochen:
modern (verwesen)/
modern (neuzeitlich)

Orientiere dich am Schaubild auf Seite 263.

1 Lies den Text. Ordne den gelb markierten Wörtern die passenden Begriffe zu. Schreibe sie zusammen in dein Heft. Nenne die Art der Wortbeziehung.

passiv | Karate, Judo, Taekwondo | Zeitraum | Moment | Objektivität | Abwehr | Tage, Stunden, Minuten

Robert Levine

Die Zeit dehnen

Die Subjektivität des psychischen Zeitmessers ist nicht immer ein Fehler. Für einige Menschen ist die Verzerrung der Dauer eine hochgeschätzte Fähigkeit, eine aktive und bewusste Strategie, um das Tempo der Ereignisse zu kontrollieren. Man sagt zum Beispiel, dass für einen buddhistischen Meister ein Moment ewig sein kann. Eine der grundlegenden Übungen des Zen-Buddhismus ist es, das Hier und Jetzt so vollkommen wahrzunehmen, dass die Zeit stillzustehen scheint. [...] Einige Meister in den asiatischen Kampfsportarten sind bekannt für ihre Fähigkeit, den Augenblick psychisch zu strecken. [...] Solche Meister der Kampfkunst kontrollieren den Augenblick, indem sie die Schnelligkeit der gegnerischen Bewegung psychisch verlangsamen, so dass der Angriff scheinbar in Zeitlupe abläuft. Dadurch können sie genau auf jede wichtige Einzelheit des Vorgangs achten. Sie erkennen jede Bedrohung, eine nach der anderen, als ob sie der Reihe nach auf sie warteten.

Du kannst auch ein Wörterbuch benutzen.

2 Ordne die folgenden Wörter nach Homonymen, Homographen und Homophonen.
- Ergänze bei den Homophonen die Schreibweise des zweiten Begriffes.
- Unterstreiche bei den Homographen den betonten Vokal.
- Erkläre alle Begriffe.

Läufer | Verse | umfahren | Flügel | Strauß | Wende | modern | Rat | rasten

---

1 EXTRA Lies den Text „Die Zeit dehnen". Notiere jeweils Beispiele für Synonyme, Antonyme sowie Hyperonyme und Hyponyme. Verwende nicht die markierten Begriffe.

2 EXTRA Notiere jeweils zwei Homonyme, Homographe und Homophone. Erkläre ihre Bedeutungen.

2 Rechtschreibung

2.1 Die Schreibung von Fremdwörtern

Merke

Lehnwörter sind Wörter, die aus einer anderen Sprache übernommen wurden, sich aber in Aussprache, Schreibung und Grammatik der neuen Sprache angepasst haben: *Fenster* → aus dem Lateinischen *fenestra*
Fremdwörter hingegen haben diese Anpassung nicht vollzogen und können in der Aussprache, Schreibung oder Grammatik Besonderheiten aufweisen: *Rhythmus*

1 Bilde aus den folgenden Silben sechs Wörter griechischen Ursprungs und schreibe sie in dein Heft, z. B.: Rhetorik, …

~~Rhe-~~ -tik ~~-to-~~ Phy- -o- -gie -ma Rhyth- The- -a-

-lo- Gym- ~~-rik~~ The- -nas -mus -ter -sik Rheu-

2 Notiere die Bedeutung der Wörter aus Aufgabe 1. Wenn du unsicher bist, schlage in einem Wörterbuch nach, z. B.: Rhetorik: Redekunst, …

3 Übertrage die Tabelle in dein Heft. Ergänze jeweils drei weitere Beispiele.

-age	-erie	-ie	-tion	-ine	-iv	-ieren
Blamage	Gendar-merie	Parodie	Produk-tion	Maschine	produktiv	addieren
…	…	…	…	…	…	…

4 Übertrage die Tabelle in dein Heft. Ergänze die folgenden Wörter. Schlage in einem Wörterbuch nach, woher die Wörter stammen und was sie bedeuten.

Du kannst auch ein Online-Wörterbuch verwenden.

~~Karree~~ Bus Chance Computer Gag Jeans Macho

Telefon Thunfisch Trophäe

Stichwort	Herkunft	Bedeutung
Karree	französisch	1. Viereck, Rhombus, Quadrat 2. Wohnblock in der Form eines Vierecks 3. Rippenstück von Kalb, Schwein oder Hammel
…	…	…

Lies die Wörter laut vor.

1 EXTRA Die folgenden Wörter sind so geschrieben, wie man sie spricht. Finde die korrekte Schreibweise der Wörter heraus und erkläre ihre Bedeutung.

~~refrä~~ schaarm tschiesbörger tschämpien schampijong

dschokki dschoging stjuades steilen

Lautschrift	Schreibweise	Bedeutung
refrä	Refrain	Kehrreim: regelmäßig zum Ende einer Strophe wiederkehrende Worte oder Laute
...	...	...

2.2 Groß- und Kleinschreibung

Merke

Eigennamen

In mehrteiligen Eigennamen schreibt man das erste Wort und alle weiteren Wörter außer Artikel, Präpositionen und Konjunktionen groß: *Zweites Deutsches Fernsehen, Heinrich der Achte*

Geografische Ableitungen auf *-er* werden großgeschrieben: *Berliner Currywurst*

Geografische Ableitungen auf *-isch* werden kleingeschrieben: *spanische Paella*

Verwende ein Wörterbuch, wenn du nicht sicher bist.

1 Schreibe die folgenden Ausdrücke richtig in dein Heft.

KATHARINA DIE GROSSE STILLER OZEAN LÜBECKER MARZIPAN

NÜRNBERGER LEBKUCHEN WUPPERTALER SCHWEBEBAHN

Merke

Satzanfänge und Nomen/Substantive werden großgeschrieben. Wörter anderer Wortarten schreibt man groß, wenn sie als Nomen/Substantive verwendet werden: *das Reiten, alles Gute, am Letzten des Monats, ein gewisses Etwas.*

Oft gehen Signalwörter wie **Artikel**, **Verschmelzungen**, **Pronomen** oder **unbestimmte Zahlwörter** voran.

2 Schreibe sechs Sätze auf, in denen die folgenden Wörter mithilfe von Signalwörtern nominalisiert/substantiviert werden.

laufen durcheinander eins gut fahren etwas

Merke

Präposition und Adjektiv

- Verbindungen aus nur einer Präposition und nicht gebeugten Adjektiven werden kleingeschrieben, z. B. *über kurz oder lang.*
- Verbindungen aus nur einer Präposition und einem gebeugten Adjektiv können sowohl groß- als auch kleingeschrieben werden, z. B. *von weitem/von Weitem.*

3 In den folgenden Sätzen sind sieben Fehler bei der Groß- und Kleinschreibung enthalten. Schreibe die Sätze richtig in dein Heft. Begründe die Schreibweise.

Schon von Fern war das Laute dröhnen der sirene zu hören.
Sie fürchtete sich schon von klein auf vor der Dreizehn.
Dieses ständige hin und her brachte ihn fast zum verzweifeln.

---

1 EXTRA Schreibe die Sätze ab. Unterstreiche alle Nomen/Substantive. Schlage die Wörter, die du nicht kennst, in einem Wörterbuch nach.

der nordseeschärpel steigt zum laichen die flüsse hinauf.
hunde zur zucht auswählen, nennt man kören.
es ist nicht ungewöhnlich, schaluppen zum vermieten anzubieten.

2 EXTRA Schreibe auf, woran du die Nomen/Substantive in Aufgabe 1 EXTRA erkannt hast.

3 EXTRA Lies den Text. Fasse den Inhalt mit eigenen Worten zusammen.

Hans Ulrich Schmid

Die 101 wichtigsten Fragen. Deutsche Sprache

Seit wann (und warum) schreibt man Substantive im Deutschen groß?

Keine europäische Sprache kennt wie das Deutsche die Großschreibung von Substantiven. […] Auch auf älteren Stufen des Deutschen bis um 1500 war Kleinschreibung das allgemein Übliche. Die Tendenz zu einer (anfangs noch unsystematischen) Großschreibung lässt sich seit der Frühen Neuzeit feststellen. Sie diente zur Kennzeichnung von Absätzen, also zur optischen Textstrukturierung, aber auch um Namen und Titel graphisch hervorzuheben. […] Weitgehend durchgesetzt hat sich die Großschreibung der Substantive (und substantivierter Wörter anderer Klassen wie *das Rennen, die Schöne* oder *kein Wenn und Aber*) erst im 18. Jahrhundert. […] →

Grammatische Argumente für die Großschreibung von Substantiven gibt es nicht. Dass sie im Deutschen bis heute beibehalten worden ist, hat seinen Grund letztlich im konservativen Charakter der deutschen Orthografie.

2.3 Zusammen- und Getrenntschreibung

Getrenntschreibung

- **Verb + Verb**
  tanzen gehen, essen gehen
  - Ausnahme: *kennen lernen* und *kennenlernen*
- **Nomen + Verb**
  Zug fahren, Schuld haben
  - Vorsicht bei Nominalisierungen/Substantivierungen: *Das Zugfahren gefällt Malte sehr gut.*
- **Adjektiv + Verb**
  schnell sprechen, gut kochen
  - Adjektiv und Verb werden zusammengeschrieben, wenn man das Adjektiv nicht steigern kann: *kranklachen*
- alle **Verbindungen mit** ***sein***
  da sein, vorhanden sein

Merke

Sonderfälle, die in diesem Zusammenhang zusammengeschrieben werden:
Wenn eine **übertragene Bedeutung** vorliegt bei
- **Verb + Verb**, z. B.: das Bild *„hängen lassen"*, aber jemanden *„hängenlassen (= im Stich lassen)"*
- **Adjektiv und Verb**, z. B.: *sich kranklachen (= besonders stark lachen)*
- wenn das **Nomen/Substantiv verblasst** ist, z. B.: *eislaufen, kopfstehen, leidtun, teilnehmen*

Wenn die Betonung auf der ersten Silbe liegt, wird das Wort zusammengeschrieben, z. B.: *jemandem zusehen*, aber: *Es gibt nichts zu sehen.*

Zusammenschreibung

- **Verbzusammensetzungen**
  z. B. mit *über, zwischen, durch, an, ab, zu, …*
- **Adjektiv + Adjektiv**
  wenn das erste Adjektiv die Bedeutung verstärkt oder mindert
  hochmodern, lauwarm
- **Verkürzung eines längeren Ausdrucks**
  viele Jahre lang → *jahrelang*

1 Schreibe die folgenden Sätze ab. Schreibe dort, wo dies erlaubt ist, die Verben zusammen.

AM GEBURTSTAG WOLLTE MARENS MUTTER SPAZIEREN-GEHEN.

CHIARA WOLLTE IM URLAUB LÄNGER IM BETT LIEGEN-BLEIBEN.

CATHI WOLLTE MARVIN NICHT EINFACH SO STEHEN-LASSEN.

2 Formuliere mit den folgenden Wörtern jeweils einen Satz.

Achte auf die Betonung.

großschreiben | groß schreiben

3 Bilde Beispielsätze für die folgenden Zusammensetzungen.

kürzertreten (sich einschränken) | freisprechen (nicht verurteilen)

richtigstellen (berichtigen) | schwerfallen (Mühe verursachen)

4 Bilde zu den folgenden bedeutungsverstärkenden bzw. -mindernden Bestandteilen jeweils drei Wortzusammensetzungen, z. B.: bitterböse, …

bitter- | dunkel- | brand- | stock- | extra-

5 Schlage die Schreibweise der folgenden Wörter im Wörterbuch nach.

zusammen/sein | sich warm/halten | scharf/stellen | verloren/gehen

---

1 EXTRA Begründe die Zusammenschreibung der folgenden Wörter.

tiefgrün | abwaschen | zusehen | knielang | meterdick

2 EXTRA Formuliere jeweils einen Satz mit den folgenden Wörtern. Achte auf die Betonung. Begründe die jeweilige Schreibweise.

kleinschreiben | klein schreiben | hängenlassen | hängen lassen

3 Sprachbetrachtung

3.1 Dialekte untersuchen

1 Lies den folgenden Text. Beschreibe mit eigenen Worten, was ein Dialekt ist.

Was sind Dialekte?

In Deutschland sprechen noch viele Menschen in ihrer eigentlichen Muttersprache, dem Dialekt. So haben sie es in ihrer Kindheit gelernt. Das Hochdeutsche lernen die meisten Dialektsprecher erst in der Schule.

Das Wort Dialekt stammt ursprünglich aus dem Griechischen und bedeutet übersetzt so viel wie „miteinander reden".

Es kann durchaus passieren, dass jemand aus Norddeutschland einen Menschen aus Süddeutschland überhaupt nicht versteht, da er nur unverständliche Laute wahrnimmt. Deutschland gehört zu den Ländern der Welt mit auffallend vielen Dialekten. Dabei sind diese oft nach ihrer Herkunftsregion benannt, z. B. Sächsisch wird in Sachsen gesprochen, Bairisch in Bayern usw.

Dialekte haben als sprachliches System ihre eigenen Regeln und funktionieren parallel zur Standardsprache. Gemeinsam ist ihnen aber, dass sie meistens nur gesprochen und nicht geschrieben werden.

2 Beschreibe in einem kurzen Text, welche Informationen das folgende Diagramm liefert. Verwende dazu die Formulierungshilfen.

Formulierungshilfen: Ein Diagramm beschreiben

- In dem Diagramm „…" wurde ermittelt, wie viel Prozent der …
- Der mit Abstand größte Wert …
- Danach folgen die Dialekte … und …
- Im Mittelfeld liegen die Dialekte …
- Neben nicht erfassten Dialekten wird … am seltensten gesprochen …

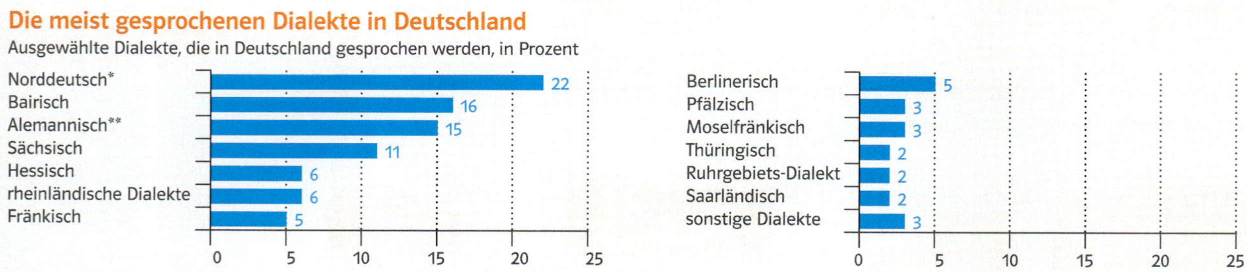

* darunter Niederdeutsch 9 %

** darunter Schwäbisch 9 %, Badisch 4 % (rundungsbedingte Differenzen)

Quelle: DIE WELT Institut für Deutsche Sprache, Universität Mannheim

3 Übertrage die folgende Tabelle in dein Heft. Ordne den Dialektausdrücken den jeweils richtigen Dialekt und die Übersetzung in die Standardsprache zu. Recherchiere gegebenenfalls im Internet.

Dialekte

Schwäbisch, Kölsch, Berlinerisch, Ruhrgebiet, Sächsisch, Bairisch, Fränkisch, Hessisch, Alemannisch, ~~Norddeutsch~~

Standardsprache

Frikadelle, Kartoffeln, Scheibe Brot, Butterbrot, Pfütze, ordentlich, Blutwurst, Arbeit, Brötchen, ~~sich unterhalten~~

Dialektausdruck	Dialekt	Standardsprache
schnacken	Norddeutsch	sich unterhalten
Fleischpflanzerl	...	...
Kniffte	...	...
Bemme	...	...
Flönz	...	...
Schrippe	...	...
oadele	...	...
Ärwet	...	...
Grummbiere	...	...
Pitsch	...	...

4 Ergänze die Tabelle aus Aufgabe 3 um jeweils einen weiteren Dialektausdruck. Recherchiere gegebenenfalls im Internet.

5 Übersetze die folgenden Sätze in einen Dialekt deiner Wahl.

Am Morgen gab es

Am Mittag

Zum Kaffee

Und abends aßen wir

1 EXTRA Beschreibe in einem kurzen Text, welche Informationen das folgende Diagramm liefert.

Alles außer Hochdeutsch

Bundesbürger, die einen Dialekt sprechen können, nach Bundesländern in Prozent

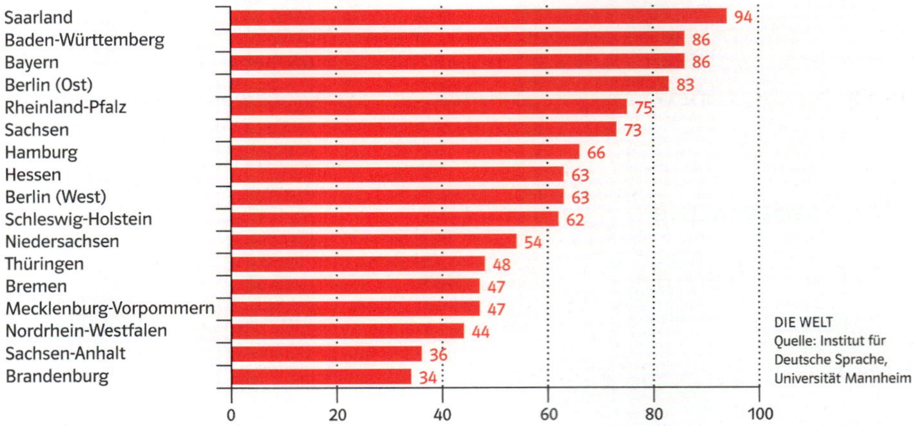

Lies den Text laut.

2 EXTRA Übersetze den folgenden Text ins Standarddeutsche. Schreibe ihn in dein Heft.

Un wat kennst du vun de Dialekte?

„Reise scheitert am Dialekt: Sächsin bucht Bordeaux statt Porto“ … stünn letzte Wuch in't Blatt. Un dat allens blots, wieldatt de Mitarbeiterin vun den Reiseloden Hochdüütsch snacken deit un de Kunnin Sächsisch. De een seggt Porto, de anner seggt „Bordo“. De een höört Bordeaux (in Frankriek), de anner meent aver Porto (in Portugal). […]

3.2 Texte in leicht verständlicher Sprache

Texte in leicht verständlicher Sprache
- einfache Wörter
- einfacher Wortschatz
- leicht verständliche Ausdrücke
- kurze Sätze
- eine Aussage pro Satz

1 Untersuche mithilfe der Informationen aus dem Schaubild auf der linken Seite, ob der folgende Text den Merkmalen eines Textes in leicht verständlicher Sprache entspricht.
- Suche jeweils ein Beispiel für jedes Merkmal heraus.
- Fasse deine Ergebnisse in einem kurzen Text zusammen. Nutze die Formulierungshilfen.

Formulierungshilfen für leicht verständliche Texte

- Der längste Satz in Zeile … besitzt … Wörter. Die Wörter sind alle …
- Wenn Fremdwörter verwendet werden, dann solche, …
- Das kann man an dem Beispiel … besonders gut sehen.
- Zusammengesetzte Nomen/Substantive werden … geschrieben, z. B. …

Buchmesse in Leipzig 2015

In der Stadt Leipzig war Buchmesse. Es sind sehr viele Besucher gekommen. Sie konnten sich neue Bücher anschauen und mit Schriftstellern sprechen.

Zur Buchmesse nach Leipzig sind in diesem Jahr über 180 000 Besucher gekommen. Das waren deutlich mehr als im letzten Jahr. Auf der Buchmesse zeigen Verlage ihre neuen Bücher. In diesem Jahr waren 2 000 verschiedene Verlage aus aller Welt dabei.
Viele Schriftsteller haben aus ihren Büchern vorgelesen. Danach konnten die Zuhörer mit den Schriftstellern sprechen. Es waren auch sehr bekannte Schriftsteller dabei, zum Beispiel Günter Grass.
Auf der Buchmesse haben die Menschen auch viel über Politik diskutiert. Heinrich Rietmüller leitet einen wichtigen Verband von Buchhändlern. Er hat gesagt: Diese Messe war so politisch wie nie zuvor. Dies lag vielleicht auch an dem Gast-Land: In diesem Jahr hatte die Messe Israel als Partner ausgewählt. Von dort sind viele Ehren-Gäste angereist. Einer von ihnen war der israelische Schriftsteller Amos Oz.

2 Formuliere den Text auf Seite 274 so um, dass er den Merkmalen eines Textes in leicht verständlicher Sprache entspricht. Du kannst den folgenden Anfang nutzen.

Litcologne in Köln

In Köln war ab dem 11.3.2015 wieder die jährliche Literatur-Veranstaltung mit dem Namen „Litcologne“. Es gibt sie seit vielen Jahren. Auch im Jahr 2015 wurden fast eine Millionen Besucher erwartet …

Nina Magoley

Die Litcologne 2015: Stars und Sternchen der Literaturszene

Es ist ein kleines Jubiläum: Zum 15. Mal startet am Mittwoch (11. März 2015) in Köln wieder das jährliche Literaturfestival Litcologne. Fast eine Million Besucher kamen in 15 Jahren nach Köln, und auch diesmal lockt das Bücherfest mit Prominenz und glänzendem Programm – für das es nur noch wenige Karten gibt.

Es glänzt nicht nur durch sein Aufgebot an Literatur-Promis, das Programm der diesjährigen Litcologne. Spannende Themen bestimmen ganze Abende: So geht es einmal um Bienenvölker, dann um Alzheimer, ein dritter Abend dreht sich um den großen Franz Kafka.
Schriftsteller wie Nick Hornby und Jussi Adler-Olsen, Musiker wie Herbert Grönemeyer, Schauspieler wie Iris Berben und Dietmar Bär, ja sogar Politiker werden dabei sein. Die Mischung macht's, wenn sich Köln vom 11. bis 21. März 2015 an unzähligen Orten in eine große, aufregende Lesebühne verwandelt. Nicht weniger als 203 Veranstaltungen sind angekündigt – und natürlich gibt es auch wieder, wie gewohnt, 24 Stunden Literatur am Stück beim WDR 5 Literaturmarathon. Im Live-Blog können Literaturfans täglich verfolgen, was sich auf dem Kölner Festival so tut.

---

1 EXTRA Vergleiche die Sprache und den Inhalt des Textes „Buchmesse in Leipzig" auf Seite 273 mit dem folgenden Text.

Besuchermagnet verzeichnet neuen Rekord

Mit 260 000 Besuchern verzeichnete die Leipziger Buchmesse 2016 zusammen mit ihren zahlreichen Veranstaltungen im Rahmen des Festivals „Leipzig liest" einen neuen Rekord. Neben den 2250 Ausstellern aus 42 Ländern auf dem Messegelände waren vor allem die Veranstaltungen im Rahmen des Festivals „Leipzig liest" wahre Besuchermagneten, die Autoren und Leser an den ungewöhnlichsten Orten zusammenführten. Im Autohaus, im Studio 3 und an allen anderen Veranstaltungsorten war die Stimmung sehr gut, wie die Autorin des Krimis „Galgen-Höhle", Eva Brehl bestätigte, die von Leipzig sehr begeistert ist.
Neben ihr standen auch zahlreiche weitere Krimiautoren, wie Alexandra Kui, die Verfasserin des Thrillers „Rabenseele", Andreas M. Sturm Autor des neuen Krimis „Trauma" und Eva Almstedt, die Verfasserin des Roman-Krimis „Ostseetod" auf dem Programm. Traditionell bot die Buchmesse Raum für die kulturelle und politische Debatte, die durch den Messeschwerpunkt „Zuwanderung und Zukunft Europas" geprägt war.
Auch in diesem Jahr konnten große und kleine Fans sich wieder mit den gezeichneten Geschichten beschäftigen. Die Manga-Comic-Con, die zum

dritten Mal stattfand, zog alleine 96 000 Besucher, die sich zum Teil in aufwendigen, der jeweiligen Comicfigur angelehnten Kostümen auf der Messe zeigten.
Die steigenden Besucherzahlen spiegeln das ungebrochene Interesse an Büchern und an digitalen Angeboten wider, die sich gegenüber der Digitalisierung selbstbewusst zeigen. So ist man nach der Buchmesse 2016 bereits auf die Neuerungen im Jahr 2017 gespannt.

3.3 Sprachwandel

Phänomene des Sprachwandels

- Bedeutungsveränderung: *Dirne:* früher *Mädchen*, heute *Prostituierte*
- Wörter/Ausdrücke werden kaum noch verwendet: *Flegel:* früher *frecher Junge*
- neue Wörter oder Ausdrücke entstehen: *chillen* für *sich entspannen*
- Lautveränderung: früher *jetzo*, heute *jetzt*
- veränderte Rechtschreibung: früher *Schluß*, heute *Schluss*

Ursachen für den Sprachwandel

- Einflüsse anderer Sprachen
- neue technologische Entwicklungen
- neue Kommunikationsgewohnheiten
- gesellschaftlicher Wandel

1 Lege eine Folie über den Text oder nutze den Online-Code. Unterstreiche Wörter oder Ausdrücke, die heute nicht mehr verwendet werden oder anders geschrieben werden. Ergänze anschließend die Randnotizen.

Material w7rp3a

Johann Gottlob Schulz (1784)

Beschreibung der Stadt Leipzig

[…] Zehn Jahr nach Zerstörung dieser Burg bekam Leipzig drei Schlösser. Markgraf Dietrich erbaute sie 1217, um seine aufrührischen Bürger desto besser im Zaun zu halten, und zwar das erste am grimmischen Thore, welches aber 1225 schon wieder abgetragen wurde, und den Dominikaner

Heute
aufrührerisch
Tor

Mönchen überlassen wurde, welche 1229 das Paulinum drauf erbaueten. Das zweite Schloß stand zwischen dem ranstädter Thore und Barfußpförtgen, und wurde gleichfalls nach seiner Erbauung abgetragen. Auf den Grund desselben erbaueten in der Folge die Franciskaner ihr Kloster. Das dritte stand zwischen Petersthore und Thomaspförtchen, und diente über dreihundert Jahre der Stadt zur Festung.

Material
2gn5xa

2 Lege eine Folie über den Text aus einem aktuellen Reiseführer oder nutze den Online-Code.
- Unterstreiche die Ausdrücke oder Schreibweisen, die deiner Meinung nach Johann Gottlob Schulz nicht verstanden oder ungewöhnlich gefunden hätte.
- Ergänze anschließend die Randnotizen.

Endlich Leipzig – Der Stadtführer

Wieso duzt er mich?
Was ist das?

Deine Basistour beginnt daher am Augustusplatz. Mit seinen annähernd 40 000 m^2 übertrifft er die meisten Plätze, die andere deutsche Städte zu bieten haben. Und auch das Panorama kann sich sehen lassen. Die Ehemalige Hauptpost im Rücken und das Zentrum vor der Nase, befindet sich zur Linken das Gewandhaus. […]
Sobald ihr auf eurem Rückweg den Markt erreicht, rechts abbiegen, dann an der Stirnseite des Marktes entlang weiter zur Hainstraße. Dort befindet sich der Eingang zum Barthels Hof, dem letzten seiner Art, in dem man heute noch das Flair des Leipziger Messetreibens im 18. Jh. Nachempfinden kann. Er ist als Durchgangshof entworfen und durchgehen solltet ihr auch, denn auf der anderen Seite erwartet euch das Barfußgäßchen, DIE Kneipenmeile innerhalb des Stadtrings. Falls euch nach einer Pause ist, seid ihr hier genau richtig. Ob Sushi oder sächsisch, hipp oder urig, für kleines oder größeres Geld: Hier findet sich entlang weniger Meter eine Antwort auf fast jeden kulinarischen Wunsch.

1 **EXTRA** Lies die beiden Texte über die Stadt Leipzig auf Seite 275/276. Lege eine Folie über die Texte oder nutze die Online-Codes.
- Unterstreiche im ersten Text Wörter oder Ausdrücke, die heute nicht mehr verwendet werden oder anders geschrieben werden.
- Unterstreiche im zweiten Text Ausdrücke oder Schreibweisen, die deiner Meinung nach Johann Gottlob Schulz nicht verstanden oder ungewöhnlich gefunden hätte.
- Ergänze zu beiden Texten die Randnotizen.

2 **EXTRA** Überprüfe deine Ergebnisse mithilfe von passenden Wörterbüchern.

Trainingsstation

Lern- und Arbeitstechniken

In dieser Trainingsstation findest du noch einmal alle Arbeitstechniken in alphabetischer Reihenfolge.
Die Arbeitstechniken unterstützen dich, Informationen aus Texten zu sammeln und darzustellen. Ebenfalls helfen sie dir, Informationen besser zu verstehen, Texte zu schreiben, zu überarbeiten oder vorzutragen. Auch kannst du einige Arbeitstechniken beim selbstständigen Lernen oder bei der Zusammenarbeit mit anderen nutzen.
Du kannst diese Techniken auch in anderen Fächern anwenden.

Lern- und Arbeitstechniken

Aktives Zuhören

Eine Dreiergruppe legt fest, wer Befürworter einer Forderung ist und wer die Gegenposition vertreten soll. Der Dritte übernimmt die Rolle des Beobachters.

Der Befürworter beginnt, z. B.: *Es sollte eine Schulpflicht für Tiere geben, weil …*

Der Vertreter der Gegenposition wiederholt das zuvor Gesagte, z. B.: *Du meinst, es sollte eine Schulpflicht für Tiere geben, weil …*
Anschließend formuliert er seine Meinung, z. B.: *Das erscheint mir aus folgenden Gründen nicht sinnvoll zu sein …*

Haltet die Redebeiträge kurz und bringt immer nur ein neues Argument ein. Der Beobachter passt auf, dass die Regeln für „Aktives Zuhören" eingehalten werden, und unterbricht die beiden durch ein „Stopp!", wenn diese nicht beachtet werden.

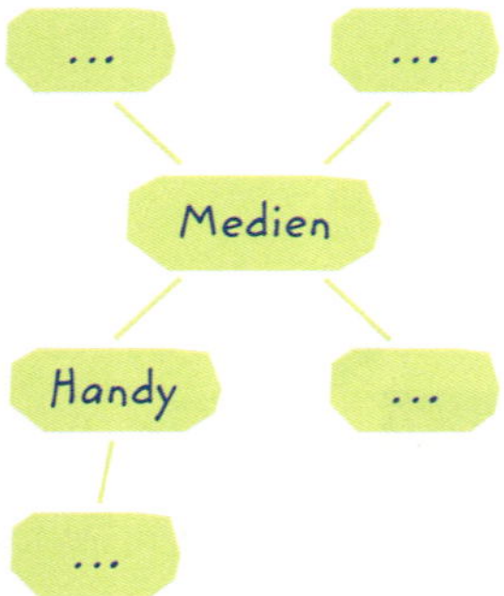

Cluster erstellen

- Das Thema wird in die Mitte eines Blattes geschrieben und eingekreist.
- Alle Begriffe, die einem spontan einfallen, schreibt man um das Thema herum, kreist sie ein und verbindet sie mit dem Hauptbegriff.
- Die Begriffe können weitere Ideen hervorrufen, die auch notiert werden und dann mit dem Thema oder aber auch mit den anderen Ideen verbunden werden.

Diagramme verstehen und auswerten

1. Man liest die Überschrift und benennt das Thema.

2. Man bestimmt, welche Art von Diagramm gewählt wurde.

3. Man prüft, aus welcher Quelle das Diagramm stammt und wann es erstellt wurde.

4. Man untersucht, welche Angaben durch die einzelnen Elemente (z. B. Balken, x-Achse, y-Achse usw.) gemacht werden.

5. Unbekannte Begriffe werden nachgeschlagen.

6. Im Anschluss werden die Einzelinformationen in Stichwörtern zusammengefasst.
- Was genau erfährt man durch das Diagramm?
- Was ist wichtig, was ist eher unwichtig?
- Welche Ergänzungen würde man machen?

Exzerpte anfertigen

Ein **Exzerpt** ist eine **schriftliche Kurzfassung** eines gelesenen Textes. Es enthält die **wichtigsten Informationen und Aussagen eines Textes**.

Schritt 1
Zunächst liest man den Text mehrmals, um sich einen Überblick zu verschaffen.

Schritt 2
Man notiert, z. B. in einer Tabelle die wichtigsten Informationen zu dem Text:
- Autor, Titel und Quelle
- wann man den Text gelesen hat
- Thema und Unterthemen

Schritt 3
Man fasst die wichtigsten Aussagen in Stichpunkten zusammen. Wichtige Textstellen und Begriffe können auch wörtlich aufgeschrieben werden. Wichtig ist dabei, dass die Zitate in Anführungszeichen gesetzt und die passenden Zeilen dazu notiert werden.

Schritt 4
Man kann zum Abschluss die eigene Meinung und Anmerkungen hinzufügen.

Feedback geben

Ablauf
- Gebt zunächst nur positive Rückmeldungen: *Was war gut, was hat euch gefallen?*
- Geht dann auf den Inhalt ein: *Was habt ihr gelernt, was möchtet ihr euch merken?*
- Macht Verbesserungsvorschläge: *Was kann beim nächsten Mal besser gemacht werden?*

Feedback-Regeln
- Formuliert aus der Ich-Perspektive, z. B. *„Ich finde, dass …“*, *„Ich hatte den Eindruck, dass …“*
- Gebt genaue Rückmeldungen, z. B. *„Besonders gut fand ich, dass …“*

Mögliche Feedback-Methoden
- Sammelt in einer Redekette fünf positive Rückmeldungen und fünf Verbesserungsvorschläge.
- Wählt vor der Präsentation zwei Schüler aus: Einer notiert während des Vortrages Lob, einer Verbesserungsvorschläge.

Fishbowl-Diskussionen

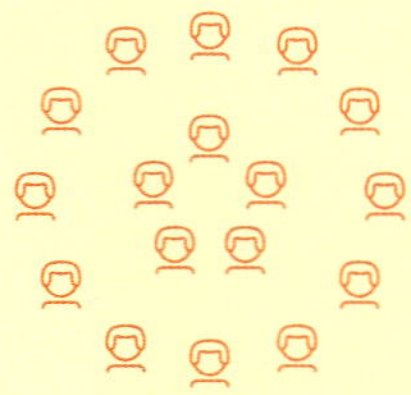

Schritt 1
Das Diskussionsthema wird festgelegt.

Schritt 2
Die Teilnehmer bereiten sich auf die Diskussion vor. Dazu bekommen sie Material, mit dem sie sich auseinandersetzen müssen, z. B. einen Text mit Pro- und Kontra-Argumenten.

Schritt 3
Je nach Gruppengröße bilden fünf bis acht Personen einen Stuhlkreis (Fishbowl). Eine Person wird als Moderator bestimmt und achtet darauf, dass die Redebeiträge nicht zu lang sind und die Teilnehmer ausreden können. Die restlichen Teilnehmenden sitzen außen herum und verfolgen die Diskussion. Sie notieren Fragen, Beobachtungen oder Ergebnisse.

Schritt 4
Die Zuhörer im Außenkreis können durch „Abschlagen" mit einer Person im Innenkreis tauschen und mitdiskutieren.

Schritt 5
Alle Teilnehmenden geben ein Feedback zu der Diskussion. Danach werden die Ergebnisse zusammengefasst.

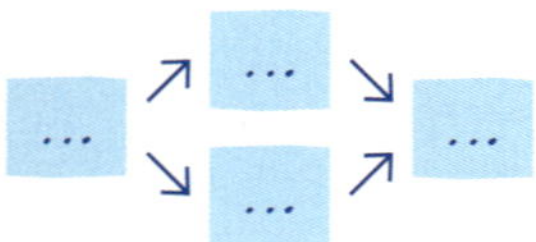

Flussdiagramme erstellen

Mithilfe eines **Flussdiagramms** kann man eine **Kette von Vorgängen**, **zeitlichen Abläufen** oder **Ereignissen veranschaulichen**. Dazu schreibt man die Informationen in der richtigen Reihenfolge nebeneinander und verbindet sie mit Pfeilen. Flussdiagramme können sich auch verzweigen, wenn z. B. mehrere Ereignisse gleichzeitig stattfinden.

Freewriting

Auf ein Startzeichen hin schreibt jeder ohne zu sprechen **alle seine Gedanken** zu einem ausgewählten Bild oder Thema auf.
Dabei wird keine Pause gemacht. Es wird **alles** aufgeschrieben, was einem einfällt, egal, ob Wörter oder ganze Sätze.
Wenn einem nichts mehr einfällt, wiederholt man so lange das letzte Wort, bis einem etwas Neues einfällt:
Menschenmassen strömen durch die Innenstadt Läden Einkaufen Bummeln Samstag voll voll voll voll Werbung blinkt in den Schaufenstern

Gruppenmix

Phase 1

Bearbeitet den euch zugeteilten Text mithilfe der Aufgaben. Bildet dazu gleich große Gruppen. An jedem Thema sollten mindestens zwei Gruppen arbeiten.

Phase 2

Bildet nun neue Arbeitsgruppen, in denen je ein Gruppenmitglied aus der ersten Arbeitsphase vertreten ist.
Stellt euch gegenseitig eure Ergebnisse aus den Aufgaben vor.

Ich – Du – Wir (think – pair – share)

1. Phase: Ich

Löst die gegebenen Aufgaben selbstständig. Macht euch Notizen, damit ihr mit euren Mitschülern in den folgenden Arbeitsphasen darüber sprechen könnt.

2. Phase: Du

Tauscht euch mit einem Partner über eure Aufgaben aus. Vergleicht, welche Ergebnisse übereinstimmen und wo ihr noch Informationen ergänzen müsst.

3. Phase: Wir

Besprecht eure Ergebnisse anschließend in der Gruppe. Ergänzt eure Informationen und bereitet eine kleine Präsentation für die Klasse vor.

Inhaltsangaben schreiben

1. Einleitung

Es werden die Textsorte, der Titel, die Quelle, der Autor und das Thema genannt.

2. Hauptteil

- Die wichtigsten Aussagen sind vollständig, Details sind weggelassen.
- Die Reihenfolge der Aussagen stimmt.
- Zusammenhänge werden durch den Einsatz von Konjunktionen und Adverbien verdeutlicht.
- Die Inhaltsangabe steht im Präsens.
- Die Sprache ist sachlich und knapp.
- Es finden keine Bewertungen statt.
- Es werden eigene Worte verwendet.

Infoplakate gestalten

Ein **Infoplakat** sollte:
- aus einem großen Bogen Papier oder Karton bestehen.
- eine interessante Überschrift haben.
- übersichtlich und von allen Plätzen aus gut lesbar sein.
- nur Stichworte und Bilder mit den wichtigsten Informationen enthalten.
- Wichtiges durch Schriftgröße, Farben oder Unterstreichungen betonen.

Internetrecherche

1. Vorarbeit
- Legt **geeignete Suchbegriffe** zu eurem Thema fest.

2. Recherche
- Wählt eine **Suchmaschine** aus und gebt eure Suchbegriffe ein.
- **Überfliegt** die angebotenen Seiten. Überlegt, ob sie zu eurem **Thema passen**. Sind sie verständlich geschrieben? Ist das Thema getroffen? …
- Trefft eine **Vorauswahl**. Seht euch dazu die Internetadressen und die Überschriften der angezeigten Seiten an.

3. Texte auswählen
- Überfliegt die Texte aus eurer Vorauswahl.
- Wählt zwei bis drei Texte aus. Achtet auf **Verständlichkeit** und **Aktualität** der Informationen.
- Notiert die **Internetadresse** und schreibt in Stichpunkten auf, welche **Informationen** die jeweilige Seite enthält.

5-Schritt-Lesetechnik

Texte sind oft lang und schwer zu verstehen. Daher ist es wichtig zu wissen, wie man mit ihnen umgehen kann.

Schritt 1
Zunächst liest man den Text einmal **„überfliegend“**.

Schritt 2
Dann überlegt man, was man zum Thema bereits weiß und was man noch wissen möchte. Man stellt **Fragen an den Text**.

Schritt 3
Jetzt folgt das **genaue Lesen**. Man unterstreicht wichtige Begriffe, unterteilt den Text in Sinnabschnitte und gibt jedem Sinnabschnitt eine eigene Überschrift.

Schritt 4
Man **schreibt** die **wichtigsten Informationen**, die der Text enthält, **heraus**.

Schritt 5
Der **Inhalt** des Textes **wird** anhand der Aufzeichnungen noch einmal **wiederholt**.

Lesepartitur

Eine Lesepartitur hilft, den Vortrag eines Textes zu gestalten. Dazu schreibt man über den Text, wie man etwas lesen möchte:

°	= betonen	~	= langsam lesen
–	= leise lesen	III	= schnell lesen
+	= laut lesen	↘	= tiefe Stimme
/	= Pause machen	↗	= hohe Stimme

Mindmaps erstellen

- In der Mitte des Blattes notiert man das Thema und kreist es ein.
- Davon ausgehend zeichnet man in Ästen Oberbegriffe (Hauptstränge) zum Thema und setzt sie farblich voneinander ab.
- Die Äste verzweigen sich weiter zu untergeordneten Begriffen (Nebenstränge).

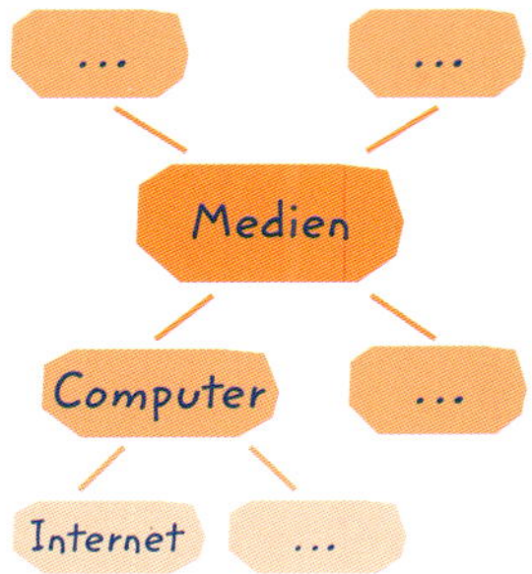

Museumsrundgang

Schritt 1
Man hängt die Ergebnisse einer Projektarbeit wie in einem Museum auf. Alle Schülerinnen und Schüler sehen sich nach und nach die Ergebnisse in Ruhe an.

Schritt 2
Aus jeder Gruppe stellt sich jeweils eine Person vor jedes Ergebnis. Die Gruppenmitglieder, die vor ihrem eigenen Produkt stehen, erklären dieses kurz und stehen für Erklärungen und Fragen zur Verfügung.

Schritt 3
Nach einer Weile rücken die Gruppen zu dem nächsten Ergebnis weiter. Das nächste Gruppenmitglied, das nun vor dem eigenen Produkt steht, erklärt dieses kurz und steht ebenfalls für Erklärungen und Fragen zur Verfügung.

Die Gruppen rücken so lange weiter, bis alles besprochen wurde.

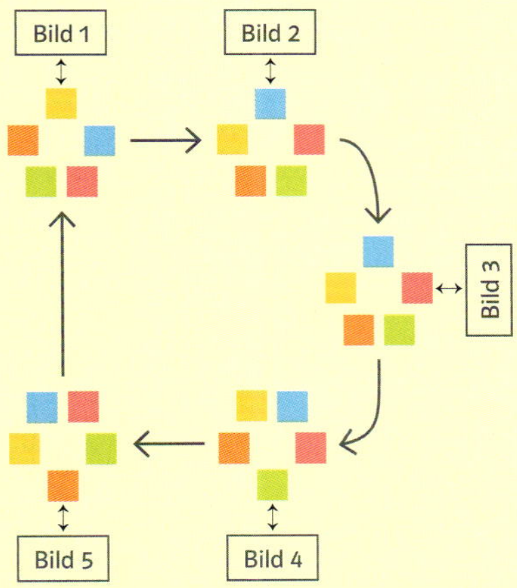

Achtung: Wenn ihr lange inaktiv seid, werden eure Daten gelöscht.

Online-Bewerbungen verfassen

1. Vorbereitung
Für beide Formen werden folgende Unterlagen benötigt: aktueller Lebenslauf, Bewerbungsanschreiben, aktuelles Foto, aktuelles Zeugnis, ggf. Praktikumsbescheinigungen, …
Alle Unterlagen sollten digital, also eingescannt, vorliegen.

2. Durchführung
Online-Formular
1. das Online-Formular auf der Unternehmensseite aufrufen
2. ein Benutzerkonto mit Passwort einrichten
3. Angaben zur eigenen Person in die Felder eintragen
4. alle Bewerbungsunterlagen als PDF hochladen
5. vor dem Absenden die Eingaben prüfen

E-Mail
1. Absender, Empfänger und Betreff in die E-Mail eintragen
2. den Text des Anschreibens in die E-Mail kopieren
3. unter dem Namen die Adresse mit Telefonnummer und E-Mail-Adresse angeben
4. die Bewerbungsunterlagen als PDF in der Anlage hochladen

Partnerpuzzle

Vorbereitung
Für diese Arbeitstechnik sitzt man zu viert an einem Gruppentisch.

Ablauf
1. Einzelarbeit: Jeder Schüler bearbeitet die Aufgabe leise für sich.

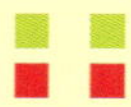

2. Partnerarbeit 1: Besprecht euer Ergebnis mit eurem Sitznachbarn. Helft euch bei Verständnisfragen und ergänzt jeweils eure Lösungen.

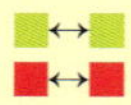

3. Partnerarbeit 2: Stellt nun jeweils eurem Gegenüber eure Ergebnisse vor. Notiert die wichtigsten Punkte und stellt Fragen, wenn ihr etwas nicht versteht.

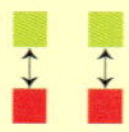

4. Partnerarbeit 3: Tauscht euch nun noch einmal mit eurem Sitznachbarn aus und vergleicht, ob ihr die Erklärungen eures Gegenübers richtig verstanden habt.

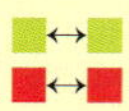

Schlussphase
5. Klärt offene Fragen in der Klasse und fasst die Ergebnisse zusammen.

Placemat

1. Vorbereiten
Ein Bogen Papier wird in vier Felder aufgeteilt. In der Mitte wird ein fünftes Feld, das sogenannte Gemeinschaftsfeld, ergänzt. In den vier Feldern werden Fragen oder auch Aufgaben notiert.

2. Durchführen
Jedes Gruppenmitglied schreibt Kommentare oder Antworten in das jeweilige Feld, das vor ihm liegt. Danach wird das Placemat im Uhrzeigersinn gedreht, bis jedes Gruppenmitglied jede Fragestellung einmal bearbeitet hat.

3. Auswerten
Anschließend werden die Ergebnisse gemeinsam besprochen. Die Gruppenmitglieder einigen sich auf die Ergebnisse zu der jeweiligen Frage und notieren diese im Gemeinschaftsfeld.

4. Präsentieren
Die Ergebnisse der Gruppen werden in der Klasse vorgestellt.

Positionslinie

Vorbereitung
Man stellt sich im Klassenzimmer eine Linie vor oder klebt eine mit Klebeband auf den Boden. Die Mitte der Linie steht für „unentschieden". Das eine Ende der Linie steht für „ja", das andere für „nein".

Durchführung
Eine Behauptung wird vorgelesen. Jeder stellt sich an der Stelle der Linie auf, die seiner Meinung am besten entspricht. Die Entscheidung wird kurz begründet.

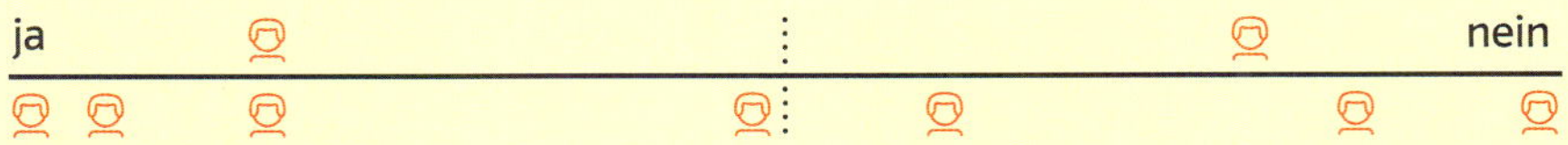

Précis anfertigen

Das Ziel eines **Précis** ist es, einen Text bis auf die wichtigsten Informationen zu kürzen, also zusammenzustreichen. Der eigentliche Text wird dabei etwa auf **ein Drittel gekürzt**, so dass man am Ende die wichtigsten Informationen in knapper Form vorliegen hat.

Vorgehen
- Zunächst werden alle unwichtigen Informationen weggestrichen. Dabei kann es vorkommen, dass Sätze nicht mehr vollständig sind.
- Aus den übriggebliebenen Zeilen wird ein zusammenhängender Text verfasst. Dabei sollte so wenig wie möglich verändert werden.
- Der Sinn bzw. Bedeutungen dürfen dabei nicht verändert werden.
- Der Text wird nicht ergänzt oder kommentiert.

Pro- und Kontra-Debatte

Vorbereitung

Stimmt ab, wie ihr zu der kritischen Fragestellung steht. Schreibt das Ergebnis auf. Bildet Gruppen und legt fest, welche Position oder Rolle ihr in der Debatte einnehmen möchtet. Bereitet euch auf die Debatte vor:

1. Formuliert Argumente und Beispiele für euren Standpunkt. Ergänzt ebenfalls Kontra-Argumente und überlegt euch Formulierungen, um diese zu widerlegen.
2. Verfasst eine kurze Einleitung, in der ihr euren Standpunkt vorstellt.
3. Wählt einen Gruppensprecher, der an der Debatte teilnimmt.

Durchführung

Ein **Moderator** begrüßt die Teilnehmer, nennt das Thema und erklärt kurz den Ablauf und die Regeln der Debatte. Während der Diskussion achtet er auf die Einhaltung der Gesprächsregeln.
Die **Gruppensprecher** halten einen kurzen Eingangsvortrag, in dem sie ihre Position darlegen. Anschließend erfolgt in Rede und Gegenrede der Austausch der Argumente und Gegenargumente. Die Debatte wird durch ein kurzes Schlussplädoyer jeder Seite abgeschlossen.

Auswertung

In einem Auswertungsgespräch werden die Überzeugungskraft der Argumente und der Verlauf der Debatte reflektiert. Abschließend findet eine zweite Abstimmung zu der kritischen Fragestellung statt. Das Ergebnis wird mit dem ersten Abstimmungsergebnis verglichen. Mögliche Gemeinsamkeiten und Unterschiede werden diskutiert.

Referate vorbereiten

Zunächst werden alle Informationen recherchiert und geordnet. Im Anschluss wird eine **Gliederung** erstellt und auf Karteikarten notiert. Zu jedem Punkt kann man sich Stichwörter aufschreiben.

- Die **Einleitung** soll die Aufmerksamkeit der Zuhörer wecken. Sie kann bereits ausformuliert werden, das erleichtert den Einstieg in das Referat.
- Der **Hauptteil** enthält die wichtigsten Informationen zum Thema. Dabei sollte man auf eine sinnvolle Reihenfolge achten.
- Der **Schluss** fasst noch einmal das Wichtigste zusammen, weist auf Probleme hin oder legt die eigene Meinung dar.

Um ein Referat interessanter zu gestalten, können z. B. Präsentationen, Diagramme oder eine Seite mit der Gliederung und den wichtigsten Stichwörtern erstellt werden.

Übt euren Vortrag zu Hause. Tragt ihn dazu mehrmals laut vor. Ihr könnt das Referat auch euren Eltern oder Freunden zur Probe vortragen.

Reziprokes Lesen

Beim reziproken Lesen erarbeiten vier Schülerinnen und Schüler einen Text gemeinsam. Dabei übernehmen sie abwechselnd für jeden Abschnitt unterschiedliche Aufgaben. Nach jedem Abschnitt werden die Aufgaben getauscht.

Schritt 1
Zuerst liest der **Vorleser** der Gruppe einen Abschnitt laut und betont vor.

Schritt 2
Danach stellt der **Prüfer** Verständnisfragen zu Textstellen und Begriffen, die nicht verstanden wurden. Die Unklarheiten werden in der Gruppe geklärt. Als Hilfe können auch Wörterbücher und das Internet genutzt werden.

Schritt 3
Der **Fragesteller** formuliert Fragen zum Inhalt des Abschnittes, die die Gruppe mithilfe des Textes beantwortet.

Schritt 4
Zum Schluss gibt der **Zusammenfasser** den Inhalt des Abschnittes mit eigenen Worten wieder.

Rollenspiele gestalten

In einem **Rollenspiel** handeln die Spieler in einer konkreten Situation und Rolle.

1. Vorbereitung
- Zuerst werden die Rollen verteilt. Jeder Spieler macht sich mit seiner Rolle vertraut, indem er sich die Situationen, Handlungen, Figuren und ihre Beziehung zueinander klar macht.
- Vorab werden Handlungsort, Gegenstände (Requisiten) und Kleidungsstücke, die für die Umsetzung benötigt werden, besprochen.
- Die Spieler erarbeiten ihre Rolle und die Szene mithilfe der vorbereiteten Fragen und Antworten.

2. Durchführen
- Die Szene wird mehrmals mit Text geübt. Die Beobachter unterbrechen, wenn Handlungen oberflächlich oder nur undeutlich ausgeführt werden.
- Die Szene wird in der Klasse möglichst frei vorgetragen.
- Anschließend wird gemeinsam über die vorgetragene Szene gesprochen.

Schreibkonferenz

1. Die Schülerinnen und Schüler bilden Gruppen.
2. Jedes Gruppenmitglied wird Experte für ein bestimmtes Thema oder Merkmal.
3. Die Gruppenmitglieder tauschen nun ihre Texte untereinander aus.
4. Jedes Mitglied liest den ihm zugeteilten Text und achtet vor allem auf den Bereich, in dem man Experte ist.
5. Jeder schreibt an den Rand, was seiner Meinung nach gut gelungen ist, wo er noch Fragen hat oder etwas verbessert werden kann.
6. Dann werden die Texte reihum weitergegeben, bis jeder Experte jeden Text bewertet hat.
7. Alle Gruppenmitglieder lesen die Rückmeldungen und fragen im Anschluss nach, wenn ihnen etwas unklar ist.
8. Zum Schluss überarbeiten alle ihren Text.

Szenisch spielen

1. Vorbereitung

- Die **Rollen** werden verteilt, ein Spielleiter wird festgelegt. Jeder macht sich die dargestellte **Situation** (Handlungen, Figuren, Beziehungen) klar.
- Der **Handlungsort** (Bühne) und die benötigten **Gegenstände** (Requisiten) werden besprochen.
- Die Szene wird mithilfe der im Text genannten Handlungen erarbeitet.

2. Durchführung

- Die Szene wird mehrfach geprobt. Ein Spielleiter achtet besonders auf **Gestik**, **Mimik** und **Körperhaltung** und unterbricht das Spiel gegebenenfalls, um diese zu verbessern.

Szenen „einfrieren" lassen (Freeze)

Die Zuschauer geben während eines szenischen Spiels das Kommando „Freeze".
Daraufhin verharren alle Darsteller sofort in ihrer aktuellen Position, als wären sie plötzlich eingefroren.
Die Zuschauer untersuchen und deuten Mimik, Gestik und Körperhaltung der Darsteller.

Tandemlesen

- Zunächst teilt man den Text in etwa gleich große Abschnitte ein.
- Schüler A liest Schüler B den ersten Abschnitt leise vor.
- Schüler B erzählt das Gehörte mit eigenen Worten nach.
- Für den nächsten Abschnitt werden die Rollen getauscht.

Anhang

Lösungen

Kapitel 1

S. 10/11
***Aufg. 1:** Beispiellösung:* **Koch/Köchin** muss pünktlich, kreativ, teamfähig, zuverlässig, ausdauernd, und verantwortungsbewusst sein. Aufgaben sind Erstellung von Speiseplänen, Einkauf, Verarbeitung von Waren und Lebensmitteln, Sicherung der Hygienestandards, Management in der Küche, Kommunikation mit Personal und Gästen. **Bankkauffrau/Bankkaufmann** sollte kommunikativ, sorgfältig, lernbereit, problemlösefähig und selbstständig sein. Aufgaben sind Betreuung von Kunden, Ausbau des Kundenbestandes, Beratung und Verkauf von Produkten.
***Aufg. 2:** Beispiellösung:* **Koch/Köchin:** Organisation und Durchführung von Bankettveranstaltungen in Zusammenarbeit mit dem Küchenchef und der Serviceleitung, Ständige Qualitätskontrolle, Kontrolle und Schulung der Auszubildenden in der Küche **Bankkauffrau/Bankkaufmann:** Unterstützung von Kollegen im Tagesgeschäft, Entwicklung und Umsetzung von Produktangeboten, Mitarbeit an Projekten
***Aufg. 3:** Beispiellösung:* **Koch/Köchin:** gepflegtes Äußeres, Wille zur Weiterbildung, Kollegialität, gute und sichere Umgangsformen **Bankkauffrau/Bankkaufmann:** gepflegtes Äußeres, teamfähig
***Aufg. 4** und **Aufg. 5:** Individuelle Lösungsmöglichkeiten*

S. 28/29
Aufg. 1: **Sorgfalt:** die Überprüfung und Reparatur von Fahrzeugen muss besonders genau durchgeführt werden; **Selbstständigkeit:** Mechaniker müssen oft alleine arbeiten; **Teamfähigkeit:** in einer Autowerkstatt sind meist mehrere Mechaniker angestellt, die je nach Auftrag auch zusammen arbeiten müssen; **Handwerkliches Geschick:** ist für die Überprüfung und Reparatur von Fahrzeugen wichtig; **Konzentrationsfähigkeit:** besonders bei komplizierteren Umbauten ist diese gefordert; **Durchhaltevermögen:** ist bei schwierigen Aufträgen wichtig; **Schriftliches Ausdrucksvermögen:** ist beispielsweise bei Kostenvoranschlägen für Reparaturen wichtig.
***Aufg. 2:** Beispiellösung:* Erster Tag des Praktikums
Um 8.00 Uhr bin ich in der Werkstatt angekommen und wurde durch meinen Praktikumsbetreuer Herrn Bauer begrüßt. Zwischen 8.00 und 10.00 Uhr hat Herr Bauer mir die Werkstatt gezeigt und meine Aufgaben beschrieben. Von 10.00–12.00 Uhr und von 13.00–15.00 Uhr habe ich den Arbeitern zugesehen und bei kleineren Reparaturen geholfen. Zwischen 12.00 und 13.00 Uhr war meine Mittagspause. Von 15.00 bis 16.00 Uhr habe ich die Werkstatt aufgeräumt und geputzt. Danach bin ich nach Hause gefahren.
***Aufg. 3:** Beispiellösung:* Der Wagen wird angehalten und die Handbremse gezogen. Mithilfe eines Radkreuzes löst man die Schrauben. Danach wird das Auto mit dem Wagenheber angehoben. Anschließend wird der kaputte Reifen gewechselt. Zum Schluss wird der neue Reifen wieder festgeschraubt.
***Aufg. 4:** Beispiellösung:* Zu Beginn meines Praktikums hatte ich Hemmungen, Fragen zu stellen. Allerdings waren die Mitarbeiter sehr lustig und hilfsbereit, so dass ich schnell mit ihnen in Kontakt kam. Anfangs musste ich noch viel zuhören und zuschauen, was mir erst nicht so gut gefallen hat. Als ich länger dabei war, durfte ich sowohl an den Kundengesprächen als auch an Testfahrten teilnehmen, was mir großen Spaß gemacht hat. Ich habe viel über die Arbeit des Kfz-Mechanikers erfahren. Das Praktikum hat mir so gut gefallen, dass ich jetzt gerne eine Ausbildung zum Kfz-Mechaniker machen möchte.
***Aufg. 5:** Beispiellösung:* Nachname, Passfoto, Staatsangehörigkeit, Tätigkeiten während des Praktikums, Sprachen, Ort und Datum, Unterschrift

***Aufg. 6:** Beispiellösung:*

Paul Richter
Hauptstraße 5
76143 Karlsruhe
Telefon: 0721-5555555
E-Mail: paul.richter@mail.me

Autohaus Winter
Lessingweg 15
76275 Ettlingen

Karlsruhe, den 20.06.2016

Bewerbung als Auszubildender zum Kfz-Mechaniker
Ihre Anzeige aus der Badischen Zeitung vom 15. Juni 2016

Sehr geehrte Damen und Herren,

da Ihr Betrieb vielfältige Ausbildungsmöglichkeiten bietet, bewerbe ich mich um die ausgeschriebene Stelle als Auszubildender zum Kfz-Mechaniker.

Zurzeit besuche ich die Goethe-Realschule in Karlsruhe, die ich voraussichtlich im Juli 2016 mit dem Mittleren Abschluss verlassen werde.

Durch ein Praktikum habe ich gemerkt, dass der Beruf des Kfz-Mechanikers meinen Neigungen und Fähigkeiten entspricht. Das Praktikum hat mir Einblicke in das Tätigkeitsfeld des Kfz-Mechanikers gegeben und ich habe den Arbeitsbereich kennengelernt. Ich durfte bei Reparaturen mithelfen und durch mein handwerkliches Geschick schon bald kleinere Aufträge selbstständig übernehmen. Neben dem handwerklichen Aspekt haben mir besonders die Gespräche mit den Kunden und die Arbeit im Team gefallen.

Meine Kenntnisse und Fertigkeiten würde ich in Ihrem Betrieb gerne ausbauen und festigen. Daher freue ich mich über die Einladung zu einem persönlichen Vorstellungsgespräch.

Mit freundlichen Grüßen
Paul Richter
Anlagen

***Aufg. 7:** Beispiellösung: 1.* Im Vorfeld Informationen über die Firma einholen. *2.* Beim Vorstellungsgespräch pünktlich sein. *3.* Auf das Äußere achten.

Kapitel 2

S. 30/31
Aufg. 1: Tätowierungen, Punk, Gothik, Hip-Hop, Abschlussball
***Aufg. 2:** Beispiellösung:* Gothik, Punk, Tätowierungen: abgerissen, ungewöhnlich, eventuell auch erschreckend, wild, nicht angepasst; Hip-Hop: cool, lässig; Abschlussball: ordentlich, bieder, brav
***Aufg. 3:** Beispiellösung:* Mode ist mir wichtig, da sie meine Individualität ausdrückt. Mode interessiert mich nicht, weil ich anziehe, was mir gefällt.
***Aufg. 4:** Individuelle Lösungsmöglichkeiten*
***Aufg. 5:** Beispiellösung: 1.* Was schön ist, empfindet jeder anders. *2.* Schönheit stimmt milde. *3.* Alles was man gern hat, empfindet man als schön. *4.* Man ist nicht von der Außensicht anderer abhängig.
***Aufg. 6:** Individuelle Lösungsmöglichkeiten*

S. 50/51
Aufg. 1: Eine These ist eine Aussage, die die Position einer Person zu einer strittigen Frage verdeutlicht. Thesen können als Behauptung, Forderungen oder Bewertungen formuliert werden.

Argumente werden eingesetzt, um eine These zu unterstützen. Sie sind die Begründungen für die aufgestellte These. Argumente kann man an den Begründungswörtern, z. B. *denn, weil, deshalb, also, folglich* ... erkennen.
Aufg. 2: *Beispiellösung:* **Behauptung:** Markenkleidung ist für Jugendliche zu teuer. **Forderung:** Jugendliche sollten Kleidung kaufen, die ihnen gefällt und nicht die, die von einer bestimmten Marke sind. **Bewertung:** Jugendliche, die Markenkleidung kaufen, haben Angst, nicht dazuzugehören.
Aufg. 3: *Beispiellösung:* Meiner Meinung nach wird Markenkleidung überbewertet. 1. Markenkleidung ist oft überteuert und wird, obwohl eine Marke drinsteht, im Ausland zu unwürdigen Bedingungen produziert. 2. Jugendliche sollen Kleidung kaufen, die ihre Persönlichkeit unterstreicht und in denen sie sich wohl fühlen. Sie sollten sich nicht dem Druck beugen, eine bestimmte Marke in ihren Pullovern stehen zu haben. 3. Man sollte sich nur Kleidung kaufen, die man sich leisten kann und nicht an anderer Stelle sparen, z. B. am Kino, damit man sich Markenkleidung kaufen kann.
Aufg. 4: **These:** Ich lehne Ökomode ab! **Argumente:** In meiner Heimatstadt bieten unterschiedliche Modeketten ein umfangreiches Warenangebot entsprechend der angesagten Trends an. Für viele Käufer ist fair produzierte Mode einfach zu teuer. Im Vergleich zu Modeartikeln gängiger Marken wirkt Ökomode oft wenig modern und stylisch. **Beispiel:** Auch meine Freundinnen und Freunde kaufen gerne günstige Mode in Kleidungsdiscountern.
Aufg. 5: *Beispiellösung:* 1. Das Angebot und die Nachfrage an fair produzierter Mode wächst, wie man an zahlreichen Online-Shops mit entsprechendem Angebot sehen kann. 2. Fair produzierte Mode besteht aus schadstoffarmen Stoffen, wie Bio-Baumwolle, was gut für den Konsumenten sowie für die Umwelt ist. 3. Bei fair produzierter Mode mit einem Siegel besteht die Gewissheit, dass weder Kinder noch Zwangsarbeiter an der Herstellung des Produkts beteiligt waren, was unseren ethischen Grundsätzen entspricht. 4. Mit dem Kauf von fair produzierter Kleidung leistet man einen nachhaltigen Beitrag zur Verbesserung von Lebens- und Arbeitsbedingungen, wie neuste Untersuchungen zeigen.
Aufg. 6: *Beispiellösung:* 1. Faktenargument; 2. Faktenargument; 3. Normatives Argument; 4. Autoritätsargument.
Aufg. 7: *Beispiellösung:* a) *weil,* b) *da,* c) *wenn,* d) *sofern*
Aufg. 8: *Beispiellösung:* **Gewichtung:** Zuerst ist darauf hinzuweisen ...; An erster Stelle wäre zu nennen ... **Reihung:** Außerdem ...; Ein weiterer Gesichtspunkt ...
Aufg. 9:

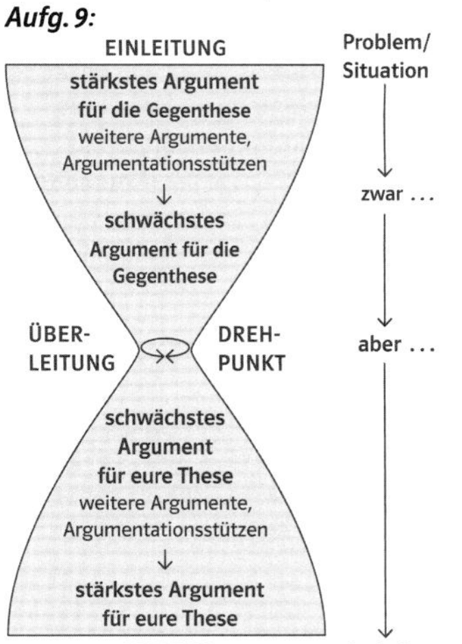

Aufg. 10: *Individuelle Lösungsmöglichkeiten*

Kapitel 3

S. 52/53
Aufg. 1: Grüner Waldweg, Bergwiese mit Bank
Aufg. 2: *Beispiellösung:* **Dickes B:** Berlin wird als Mutter „Mama Berlin" personifiziert und gleichzeitig als Großstadt mit vielen Häusern „Backsteine" und Autos „Benzin" dargestellt. Der Sommer ist schön in Berlin, der Berliner Winter hingegen „tut weh", was wörtlich in Anspielung auf den kalten Ostwind in den Wintermonaten gemeint sein kann. **Hey Kölle:** Köln wird als Gefühl „e Jeföhl" beschrieben. Köln ist für das lyrische Ich der Sitz des Herzens und der Seele, es ist der Ort der Jugend, eine Heimat und ein Sehnsuchtsort. **Bochum:** Bochum wird grau, zugebaut und als Arbeiterstadt beschrieben. Gerade das „Ungeschminkte", aber dafür ehrliche, macht für das lyrische Ich den Charakter und die Schönheit der Stadt aus. In dem Lied findet man Anspielungen auf die Industriegeschichte der Stadt wie beispielsweise „Pulsschlag aus Stahl" und „Grubengold", die die Stadt auch optisch prägten.
Aufg. 3 und 4: *Individuelle Lösungsmöglichkeiten*

S. 70/71
Aufg. 1: *Individuelle Lösungsmöglichkeiten*
Aufg. 2: *Beispiellösung:* ... ich mit dem Müll nach draußen/tanzend und singend/und grüße die Spatzen/und die Nachbarskatze, die mir schnurrend um die Beine streicht.
Aufg. 3: *Beispiellösung:* dunkelrot, quietschen, heult
1. Beispiel: Der Originaltext hebt eine technische Seite der Großstadt hervor, bei dem selbst ausgewählten Beispiel wird eher das Bild der in der Nacht glühenden Anzeigetafeln und Bremslichter der Autos heraufbeschworen. **2. Beispiel:** Im Originaltext werden die Autos durch das Wort „schreien" personifiziert. Das selbst gewählte Beispiel gibt die Geräusche bremsender und schnell um die Kurve fahrender Autos wieder. **3. Beispiel:** Sowohl beim Originaltext als auch beim Beispiel wird die Stadt personifiziert. Die Großstadt „stöhnt" bei Kästner und drückt damit alle Nebengeräusche aus, die in einer Stadt vorhanden sind. Beim selbst gewählten Beispiel „heult" die Stadt, wie auch Krankenwagen oder Polizeisirenen in der Großstadt heulen.
Aufg. 4 und 5: *Individuelle Lösungsmöglichkeiten*
Aufg. 6: Das Gedicht handelt von einem lyrischen Ich, das sich nach der Ferne sehnt. In der ersten Strophe steht das lyrische Ich am Fenster und beschreibt melancholisch, wie das Geräusch des Posthorns in ihm den Wunsch auf die Ferne und das Reisen weckt. Dem lyrischen Ich bleibt dieser Wunsch allerdings verwehrt. Dies macht die Zeile „Ach wer da mitreisen könnte", deutlich. In der zweiten und dritten Strophe beschreibt das lyrische Ich, wie zwei junge Menschen singend wandern und die das lyrische Ich vermutlich gerne begleiten würde. Die Wanderer symbolisieren Freiheit und verstärken beim lyrischen Ich den Wunsch nach Aufbruch. Die Lieder der Wanderer handeln in der zweiten und dritten Strophe von der Natur. Während in der zweiten Strophe von einer stillen Waldlandschaft gesprochen wird, hat die dritte Strophe die von Menschen gemachten aber wieder verwilderten Gärten zum Thema.
Aufg. 7: Die Motive, die im Gedicht „Sehnsucht" eine wichtige Rolle spielen sind die Natur und die Nacht, die im lyrischen Ich eine große Sehnsucht nach der Ferne sowie einem Idyll hervorruft. Des Weiteren ist der Gesang ein wichtiges Motiv. Er lockt das lyrische Ich in eine Gedanken- und Traumwelt und verstärkt die Sehnsucht nach anderen Orten und vielleicht auch anderen Zeiten.
Aufg. 8: *Beispiellösung:* Liebes Tagebuch, neulich stand ich abends am Fenster, sah zu den Sternen und verspürte eine große Sehnsucht nach der Ferne und dem Reisen. Ich fühlte mich sehr alleine und einsam, wie ich dort an meinem Fenster stand und in

die Nacht schaute. Und dann hörte ich auch noch die Lieder von Menschen, die gemeinsam die Welt bereisten und an fremden Orten waren und wundervolle Naturerfahrungen machten. Ich wünschte, ich könnte ebenfalls in die Ferne reisen und wunderbare Landschaften kennenlernen.
***Aufg. 9:** Individuelle Lösungsmöglichkeiten*

Kapitel 4

S. 72/73
***Aufg. 1:** Beispiellösung:* Traurigkeit, Entfremdung, Verliebtheit, Liebe, Schmerz, Einsamkeit
***Aufg. 2 bis 4:** Individuelle Lösungsmöglichkeiten*

S. 92/93
Aufg. 1: 4, 1, 3, 2
Aufg. 2: **A** = Zeitdeckend. Bei Dialogen ist die Erzählzeit gleich der erzählten Zeit. **B** = Zeitraffend. Ein längeres Geschehen wird zusammengefasst. Die Erzählzeit ist kürzer als die erzählte Zeit.
Aufg. 3: Bei dem Textausschnitt handelt es sich zum einen um einen Handlungsraum. Dies zeigt z. B. die schlingernde Bahn. Zum anderen handelt es sich auch um einen Stimmungsraum. Die Figur ist aufgeregt, dies spiegelt sich in der bedrohlich schwankenden Straßenbahn wider.
***Aufg. 4:** Beispiellösung:* Jan Olav wirkt **ausdauernd** und **neugierig**, da er zahlreiche Suchaktionen in der Stadt nach dem Orangenmädchen durchgeführt hat.
Aufg. 5: Bei der Erzählform handelt es sich um einen Ich-Erzähler, der in der 1. Person Singular erzählt. Es handelt sich um ein personales Erzählverhalten, da aus der Sicht einer Figur erzählt wird. Die Erzählperspektive ist die Innensicht, da Gedanken und Gefühle einer Person vermittelt werden.
Aufg. 6: **Umgangssprache:** „Nicht die Bohne." (Z. 8) Wirkung: lockerer, lässiger Tonfall zwischen den Hauptpersonen; **Satzlänge, Wiederholung und Satzbau:** „Er war bei ihr zu Hause. Er war mit ihr allein. Bei ihr zu Hause. Wie war es dazu gekommen? Wie war er hier gelandet? Er konnte es einfach nicht verstehen." (Z. 1–3) Wirkung: verstärkt den Eindruck der Fassungslosigkeit der Hauptperson; Wörter, die Gefühle ausdrücken: „spötteln" (Z. 7), „lachte" (Z. 12) Wirkung: lockere, entspannte, neckische Unterhaltung; **Übertreibungen/Andeutungen:** „Als ob ich nicht schon Tausende von Mädchenmüttern getroffen hatte." (Z. 8/9) Wirkung: Hauptperson möchte durch Übertreibung seine Nervosität überspielen, möchte locker und souverän wirken.
Aufg. 7: **Einleitung:** Titel, Autor, Textsorte und Thema nennen; **Hauptteil:** Inhalt kurz zusammenfassen, Aufbau des Textes beschreiben, zeitliche und räumliche Gestaltung sowie Figurencharakterisierung und Beziehung der Figuren zueinander beschreiben, Erzählsituation benennen und Wirkung beschreiben, sprachliche Besonderheiten nennen und deuten; **Schluss:** Ergebnisse zusammenfassen, Inhalt der Geschichte Stellung beziehen; **Allgemein:** wichtige Aussagen der Textanalyse mit Zitaten belegen und den Text im Präsens verfassen.
Aufg. 8: durch das Schuss-Gegenschuss-Verfahren, am besten mit der Kameraeinstellung Nah oder Groß

Kapitel 5

S. 94/95
***Aufg. 1:** Individuelle Lösungsmöglichkeiten*
***Aufg. 2:** Beispiellösung:* Arbeitslosigkeit der Eltern, Alleinerziehendes Elternteil, Krankheit, Schulden, große Familie
***Aufg. 3:** Individuelle Lösungsmöglichkeiten*
***Aufg. 4:** Beispiellösung:* In Deutschland arbeiten nicht alle Menschen regelmäßig. Einige Menschen können beispielsweise aufgrund einer Krankheit, fehlender Ausbildung oder ihrer familiären Situation nicht arbeiten und sind auf das Sozialsystem angewiesen. Manche haben Schulden und haben nur Geld für das Allernötigste.

S. 112/113
Aufg. 1: **A:** Informierender, darstellender, anleitender Sachtext, vermittelt Wissen; **B:** Argumentierender und appellierender Sachtext, transportiert Meinungen und will überzeugen; **C:** Regulativer Sachtext, soll Handlungen und Verhalten regeln.
***Aufg. 2:** Beispiellösung:*
Geschlossene Aufgaben:
1. Wähle aus, wie vielen Kindern und deren Familien die Kindernothilfe bereits helfen konnte.
☐ 780 000 ☐ 560 000 ☐ 880
2. Kreuze die richtigen Antworten an.
Die Kindernothilfe kümmert sich in erster Linie um Mädchen.
☐ ja ☐ nein
Kinder gehen arbeiten, damit ihre Familien nicht verhungern.
☐ ja ☐ nein
3. Kreuze an, seit wie vielen Jahren es die Kindernothilfe schon gibt:
☐ 75 ☐ 50 ☐ 30
Halboffene Aufgaben:
1. Vervollständige, wie vielen Kindern die Kindernothilfe bereits helfen konnte.
Die Kindernothilfe konnte bereits ______________ Kindern helfen.
2. Nenne zwei Dinge, die die Kindernothilfe macht.
3. Ergänze den folgenden Satz.
Kinder haben das Recht ______________________________.
Offene Aufgaben:
1. Begründe, warum viele Kinder arbeiten gehen müssen.
2. Bewerte, ob die Arbeit der Kindernothilfe wichtig ist.
3. Begründe, ob ein Verbot von Kinderarbeit sinnvoll ist.
***Aufg. 3:** Individuelle Lösungsmöglichkeiten*
***Aufg. 4:** Beispiellösung:*

	Besonderheiten	Textbeispiele
Sprache	positiv oder negativ besetzte Reizwörter; wertende Substantive, Adjektive und Verben	„trauriger Alltag" (Überschrift) „das Tollste auf der Welt" (Z. 4), „Leckeres Essen" (Z. 7), „ackern" (Z. 13)
	Modalverben	„sollen" (Z. 2), „können" (Z. 9), „müssten" (Z. 17)
	sprachliche Mittel: Rhetorische Fragen	„Leckeres Essen steht auch immer pünktlich zum Frühstück, Mittag und Abend auf dem Tisch, oder?" (Z. 7/8)
Satzbau	Frage- und Ausrufesätze	„Leckeres Essen steht auch immer pünktlich zum Frühstück, Mittag und Abend auf dem Tisch, oder?" (Z. 7/8) „Darunter leiden sie, obwohl sie selbst gar nichts dafür können!" (Z.10/11)
	Satzgefüge	„Sie sollen die Möglichkeit haben, neben der Arbeit zur Schule zu gehen und nicht mehr so lange arbeiten müssen." (Z. 24/25)

Aufg. 5: Appellierender Sachtext
***Aufg. 6:** Beispiellösung:* **Kinder als Familienernährer?**
Trotz Verbote in zahlreichen Ländern ist Kinderarbeit nach wie vor ein Thema. Weltweit müssen 215,3 Millionen Kinder arbeiten

gehen, um ihre Familien mitzuversorgen. 115,3 Millionen Kinder müssen einer gefährlichen Arbeit nachgehen. Kinder werden insbesondere bei der Landwirtschaft eingesetzt. In anderen Bereichen wie beispielsweise Handel und Dienstleistungen sind zusammen 33 % der Kinder tätig. Kinderarbeit ist besonders in Asien und im Pazifik mit 113,6 Millionen beschäftigten Kindern unter 17 Jahren und in Afrika, südlich der Sahara mit 65,1 Millionen beschäftigten Kindern unter 17 Jahren ein Problem.
Kinderhilfsorganisationen wie das Kinderhilfswerk versuchen diesen Kindern zu helfen und durch den Bau von Schulen, ärztliche Versorgung sowie Gesprächen mit den Regierungen bessere Lebensbedingungen für Kinder zu erwirken.
Insgesamt lässt sich schlussfolgern, dass aufgrund von wirtschaftlicher Not viele Kinder insbesondere im asiatischen Raum gezwungen sind, das Familieneinkommen durch Arbeit aufzubessern.

Kapitel 6

S. 114/115

Aufg. 1: ***1.*** Junge mit Kopfhörern, ***2.*** Mädchen beim Selfie machen, ***3.*** Mädchen mit Tablet, ***4.*** Junge mit Smartphone, ***5.*** Junge mit Spielekonsole, ***6.*** Mädchen mit Notebook

Aufg. 2 und 3: Individuelle Lösungsmöglichkeiten

Aufg. 4: Beispiellösung:

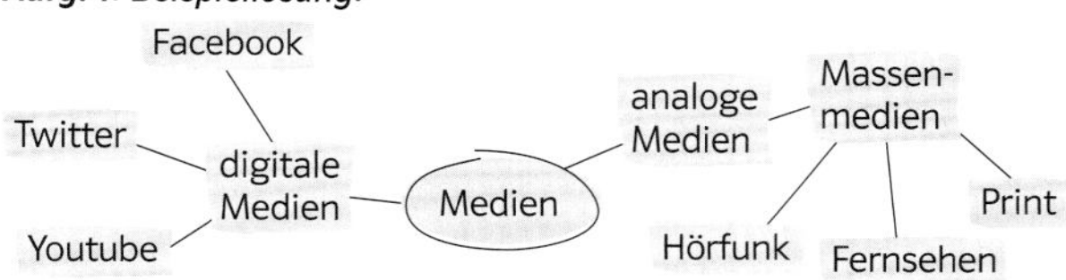

S. 132/133

Aufg. 1: **A:** Falsch. Die Studie ordnet 71 % der 14- bis 24-Jährigen in Gruppen ein, die das Internet viel nutzen. (Z. 18/19) **B:** Richtig. Für viele Nutzer ist das Internet auch „Bühne". (Z. 8/9) **C:** Richtig. Viele Jugendliche haben Smartphones immer dabei. (Z. 17/18) **D:** Falsch. Nur jeder zehnte Jugendliche ist kritisch gegenüber Internetfirmen. (Z. 20/21)

Aufg. 2:

Autor und Titel	Autor: keine Angabe, Titel: Sie sind eigentlich immer online
Textsorte	Bericht
Quelle	deutsch.punkt Seite 132
Thema	Internet-Nutzungsverhalten von Jugendlichen in Deutschland
Abschnitt 1 Z. 1–7	- 28 % der Jugendlichen bewegen sich als „zielstrebige Profis" (Z. 4) durchs Netz - sie nutzen neue Anwendungen, aber auch Sicherheitsvorkehrungen
Abschnitt 2 Z. 8–12	- 26 % der Jugendlichen zählt man zu den „Souveränen" (Z. 8) - sie nutzen das Internet auch für einen Auftritt, nutzen Facebook und laden Musik aus dem Internet
Abschnitt 3 Z. 13–21	- durch die Nutzung von Smartphones gibts es bei vielen Jugendlichen keine Trennung zwischen online und offline - 72 % der Jugendlichen wird laut der Studie zu denen gezählt, die das Internet sehr viel und sehr aufgeschlossen nutzen - nur jeder zehnte setzt sich kritisch mit den großen Internetkonzernen auseinander
Fazit	- 72 % der Jugendlichen nutzen das Internet regelmäßig und sind offen für neue Anwendungen - die meisten Jugendlichen sind durch die Nutzung ihrer Smartphones ständig online - es sollten sich mehr Jugendliche über die Risiken und Sicherheitsvorkehrungen Gedanken machen und mit großen Internetkonzernen kritisch auseinandersetzten

Aufg. 3: Die Autorin oder der Autor des Artikels möchte in dem Text über das Internet-Verhalten von Jugendlichen in Deutschland informieren und darauf aufmerksam machen, dass bei Jugendlichen durch die ständige Nutzung von Smartphones die Grenze zwischen „online" und „offline" immer mehr verschwindet.

Aufg. 4: Bei dem Sachtext mit dem Titel „Sie sind eigentlich immer online" handelt es sich um einen Bericht aus der Quelle deutsch.punkt Seite 132. In dem Text wird von einer Studie über das Internet-Nutzungsverhalten deutscher Jugendlicher berichtet.
Die Hauptaussage ist, dass 72 %, der deutschen Jugendlichen das Internet regelmäßig nutzen und sich durch die Verwendung von Smartphones die Grenze zwischen online und offline verwischt.

Aufg. 5:

Stilmittel	Beispiel	Wirkung
Hyperbel	„Da verschmilzt online und analoges Leben total" (Z. 14/15)	Überspitzte Formulierung der Kernaussage des Textes, wirkt provokant
Anglizismus	„online", „offline" (Z. 14)	modern und mulitmedial
Konjunktiv	„bewege sich" (Z. 4)	angebliche Fakten werden weitergegeben

Aufg. 6: Beispiellösung:

Thema: Internet-Nutzerverhalten von Jugendlichen **Absicht des Textes:** Aufklären und Informieren	**→ Analyse der Internetnutzung von Jugendlichen:** 1. zielstrebige Profis (28 %) 2. die Souveränen (26 %)	**→ Ergebnis:** Insgesamt 72 % der Jugendlichen nutzen regelmäßig das Internet	**→ Folgen:** Durch die Nutzung von Smartphones verschmilzt „offline" und „online"

Aufg. 7: Individuelle Lösungsmöglichkeiten

Aufg. 8: Beispiellösung: Bei dem Sachtext mit dem Titel „Sie sind eigentlich immer online" handelt es sich um einen Bericht aus der Quelle deutsch.punkt, Seite 132. In dem Text wird von einer Studie über das Internet-Nutzungsverhalten deutscher Jugendlicher berichtet. Die Hauptaussage ist, dass die meisten der deutschen Jugendlichen das Internet regelmäßig nutzen und durch die Verwendung von Smartphones sich die Grenze zwischen online und offline verwischt.
Den Text lässt sich in drei Sinnabschnitte teilen. Der erste Sinnabschnitt beschreibt, dass nahezu alle Jugendlichen das Internet nutzen. Der größte Anteil der Jugendlichen, nämlich 28 % werden in dem Artikel als „zielstrebige Profis" (Z. 4) beschrieben. Das heißt, dass diese Gruppe offen für Neues ist, jedoch auch viele Sicherheitsmaßnahmen nutzt und sich über die Gefahren des Netzes bewusst ist. Im zweiten Abschnitt werden die „Souveränen" (Z. 8) vorgestellt. Diese Gruppe umfasst 26 % der Jugendlichen, die das Internet auch zur Selbstdarstellung über Facebook und ähnliche Seiten nutzt. Im dritten Textabschnitt wird erläutert, dass insgesamt 72 % der Jugendlichen das Internet häufig, teilweise „sorglos" (Z. 20) nutzen. Insgesamt wird in dem Artikel festgestellt, dass

durch die Nutzung von Smartphones, die fast immer mit dabei sind, „[...] online und analoges Leben total" (Z. 14/15) verschmilzt. Der Artikel ist durch seine gedankliche Struktur leicht verständlich. Die Autorin/der Autor erläutert die Studie Schritt für Schritt. Die Anglizismen beispielsweise „online" und „offline" (Z. 14) deuten auf einen sachlichen Text und keine Erzählung hin. Auch durch die Zitate von Experten, wie beispielsweise Silke Borgstedt vom Sinus-Institut, wird dieser Eindruck unterstützt. Die Hyperbel „Da verschmilzt online und analoges Leben total" (Z. 14/15) verdeutlicht das Fazit der Textes und bringt es überspitzt auf den Punkt. Der Text ist gut lesbar, die Verwendung einiger Fachbegriffe wie „Online-Netzwerk" (Z. 10) oder „online" und „offline" (Z. 14) verweisen auf den sachlichen Charakter des Textes.
Abschließend lässt sich sagen, dass der Text gut aufgebaut und strukturiert ist und sich leicht erfassen lässt. Die Ergebnisse der Studie über das Internet-Nutzungsverhalten regen zum Nachdenken über den eigenen Umgang mit dem Internet an. Insbesondere das überspitzt formuliert und dadurch provokant klingende Fazit des Textes regt zur Reflexion an. Trotz vieler Vorteile und Annehmlichkeiten, die das Internet bietet, sollte man sich über die möglichen Sicherheitsmaßnahmen im Internet informieren und eventuell hinterfragen, ob man nicht hin und wieder auf sein Smartphone verzichten kann um etwas mehr „analog" zu leben. Ich denke dieser Artikel und die darin vorgestellte Studie wird auch in naher Zukunft noch aktuell sein, da die Tendenz zum Gebrauch des Smartphones eher steigend ist.
***Aufg. 9:** Individuelle Lösungsmöglichkeiten*

Kapitel 7

S. 134/135
Aufg. 1:
- Einer alleine ist nicht schön, / aber einer mit einer / und dann alleine – / das ist schön!
- Ich habe dein Bild im Traum gesehen, mir blieb vor Schreck der Wecker stehen!
- Gibt dir dein Leben mal einen Stoß, dann weine keine Träne. Lach die einen Ast, setz dich drauf und baumel mit den Beinen.
- Die Liebe ist ein Feuerzeug, / das Herz ist der Zunder / und fällt ein kleines Fünkchen rein, so brennt der ganze Plunder.
- Nun pluster dich mal nicht so auf.
- Da guckst du, oder?
- Das ist ja gut!

***Aufg. 2:** Beispiellösung:* schlagfertig, trocken, frech
Aufg. 3: Damit ist gemeint, dass jemand seine Meinung direkt sagt.
Aufg. 4: b, a, c
***Aufg. 5:** Bilder:* Brandenburger Tor, Berliner Mauer, Innenansicht Reichstagsgebäude, Weltzeituhr; *Individuelle Lösungsmöglichkeiten*
Aufg. 6: Das Brandenburger Tor, Die Spree, Die Quadriga

S. 150/151
Aufg. 1: **Standardsprache** nennt man die sprachliche Norm, die vor allem im öffentlich-offiziellen Rahmen, z. B. in Schule, Medien oder Behörden gesprochen wird. **Dialekte** sind regional auftretende Abweichungen von der Standardsprache. Dialekte werden in der Regel nur mündlich verwendet.
***Aufg. 2:** Beispiellösung:* Ich liebe dir, ich liebe dich, / Wie es richtig ist, das weiß ich nicht. / Und es ist mir auch egal. / Ich liebe dich nicht im dritten Fall, / Ich liebe dich nicht im vierten Fall, / Ich liebe dich auf jeden Fall.
In diesem Gedicht wird deutlich, dass im Berliner Dialekt häufig nicht zwischen Dativ und Akkusativ unterschieden wird.

***Aufg. 3:** Individuelle Lösungsmöglichkeiten*
***Aufg. 4:** Beispiellösung:*

Wortebene	Textbeispiele
Auffällige Wortarten	Viele Adjektive, beispielsweise: lebendige, junge, neue ...
sprachliche Mittel	Alliteration: „ [...] große Namen und große Kunst [...]"
sprachliche Bilder	Metaphern: „Orchester-Landschaft"; Personifikation: „[...] Berlins Tanztheater, die mal klassisch, mal avantgardistisch auftreten [...]"; „[...] heute werden Berliner Bühnen regelmäßig mit Einladungen zum Theatertreffen ausgezeichnet [...]"

Aufg. 5: Einchecken: sich anmelden; Pension: Unterkunft; Ressourcen: Möglichkeiten; Komfort: Annehmlichkeit; Etage: Stockwerk; Panorama: Rundblick/Ausblick; Eigenregie: Eigenverantwortung; intensiv: stark
Aufg. 6: **Lehnwörter** sind Wörter, die aus anderen Sprachen übernommen wurden und sich dabei in der Grammatik und Schreibung der deutschen Sprache anpassen, z. B. wird aus dem lateinischen Wort *fenestra* im Deutschen das Wort *Fenster*. Durch die Anpassung werden Lehnwörter nicht mehr als fremd wahrgenommen. **Fremdwörter** sind Wörter, die ebenfalls aus anderen Sprachen übernommen wurden. Im Gengensatz zu Lehnwörtern passen sie sich jedoch in der Grammatik, Schreibung und Aussprache nicht dem Deutschen an, z. B. das Wort *Atheist*. Dadurch werden diese Wörter als fremd empfunden.
***Aufg. 7:** Beispiellösung:* Der Sprachwandel wird z. B. im Bereich der Rechtschreibung deutlich. So schreibt man mittlerweile nicht mehr *daß* sondern *dass*. Auch an der Übernahme neuer Wörter kann man Sprachwandel erkennen, z. B. an der Übernahme des Fremdwortes *Computer* aus dem Englischen.
Aufg. 8: *Zaster* stammt laut Wörterbuch aus der Gaunersprache und bedeutet b) *Geld*.
Aufg. 9: Der Berliner Richter gab dem Einspruch statt. Sie war es leid, immer auf alles warten zu müssen. Paula hatte recht/Recht, vor der Kinokasse am Potsdamer Platz musste man lange Schlange stehen.
Aufg. 10: Am Sonntag wollte die Familie im Volkspark spazieren gehen. Klaus wollte am Sonntag etwas länger im Bett liegen bleiben/liegenbleiben.
***Aufg. 11:** Beispiellösung:* Sie hat Schulden, daher muss sie kürzertreten. Diese Aussage ist falsch, ich muss sie richtigstellen. Das frühe Aufstehen am Sonntag wird mir schwerfallen.
Aufg. 12:

Erster Bestandteil bedeutungsverstärkend oder -vermindernd	Erster Bestandteil mit dem nachfolgenden Adjektiv gleichrangig	Zusammensetzung, die einen längeren Ausdruck verkürzt
supergut, todlangweilig, brandneu	taubstumm, blaugrau, feuerrot, dunkelrot	fingerbreit, angsterfüllt, meterhoch, minderwertig

Kapitel 8

S. 152/153
Aufg. 1: *1.* Zeit mithilfe der Sonne ermitteln; *2.* Zeit mithilfe einer Atomuhr ermitteln; *3.* Vergehen von Zeit: Jahreszeiten, Tageszeiten, Lebenszeiten eines Menschen
***Aufg. 2:** Individuelle Lösungsmöglichkeiten*
Aufg. 3: **Plusquamperfekt:** Die Zeit war vergangen. **Perfekt:** Die Zeit ist vergangen. **Präteritum:** Die Zeit verging. **Präsens:** Die Zeit vergeht. **Futur:** Die Zeit wird vergehen.

Aufg. 4: Die Zukunft ist immer der nächste Augenblick, daher kommt sie nur langsam. Das Jetzt vergeht in jedem Moment, daher ist es blitzschnell vorbei. In die Vergangenheit kann man nicht zurück, daher bewegt sie sich nicht.
Aufg. 5: Das Prädikat sagt aus, was das Subjekt des Satzes tut. Es antwortet auf die Frage „Was tut jemand?" oder „Was passiert?". Es gibt einteilige und mehrteilige Prädikate.
Aufg. 6: ist, kommt hergezogen, ist entflogen, steht

S. 170/171
Aufg. 1: Die Zeitform **Präsens** kann unterschiedlich verwendet werden:
- für ein Geschehen, das **im Moment** abläuft, z. B.: *Ich telefoniere gerade.*
- für ein Geschehen, das zwar schon vorbei ist, das aus Gründen der **Verdeutlichung von Gefühlen** aber so dargestellt wird, als fände es gerade statt, z. B.: *Wir gingen zur Schule. Wir haben Angst vor der Prüfung.*
- für etwas, das immer gilt oder vorkommt, z. B.: *Der Tag hat 24 Stunden. Tag und Nacht wechseln sich auf der Erde ab.*
- als Alternative für **das Futur**.

Aufg. 2: Beispiellösung: Das **Präteritum** wird verwendet, um den Ablauf eines Geschehens deutlich zu machen, z. B.: *Er **ging** ins Haus.* Das **Perfekt** zeigt an, dass eine Handlung in der Vergangenheit abgeschlossen wurde, z. B.: *Er **hat sich vorgenommen**, pünktlich zu sein.* Das **Plusquamperfekt** wird verwendet, um das Geschehen vor dem Präteritum zu beschreiben, z. B.: *Er **hatte** Blumen **gekauft**, da er zu spät gekommen war.*
Aufg. 3: 1. ihr seid gegangen; ihr habt gegeben; ***2.*** es wird gegangen; es wird gegeben
Aufg. 4: Fragesatz: an erster Satzgliedstelle; Nebensatz: an letzter Satzgliedstelle; Aussagesatz: an zweiter Satzgliedstelle
Aufg. 5: Es hieß, sie würden morgen um 8 Uhr starten.
Aufg. 6: Er wünschte, sie hätten rechtzeitig gestartet.
Aufg. 7: Beispiellösung: Geh in die Küche. Nimm eine Tasse. Mach mir Tee.
Aufg. 8 und 9: 1. Ich **mag** gerne noch eine Tasse Tee haben. → Wille; ***2.*** **Könnten** Sie mir bitte das Salz geben? → Aufforderung; ***3.*** Es ist spät, wir **müssen** jetzt leider gehen. → Wille; ***4.*** Was meinst du, **kann** ich Turnschuhe anziehen? → Erlaubnis; ***5.*** Ich **möchte/wollte** dir zuerst meine Freunde vorstellen. → Wille; ***6.*** Du **solltest** unbedingt dein Fahrrad anschließen. → Aufforderung
Aufg. 10: a) Zustandspassiv; b) Vorgangspassiv
Aufg. 11: **Synonym:** Prüfung – Test; Antonym: Liebe – Hass; **Homonym:** Bank – Bank; **Homophon:** Wal – Wahl; **Unterbegriffe/Oberbegriff:** Spargel, Blumenkohl, Bohnen, … → Gemüse; **Homograph:** Hochzeit – Hochzeit

Liste der unregelmäßigen Verben

Grundform	Präsens	Präteritum	Perfekt
befehlen	du befiehlst	ich befahl	ich habe befohlen
beißen	du beißt	ich biss	ich habe gebissen
biegen	du biegst	ich bog	ich habe gebogen
binden	du bindest	ich band	ich habe gebunden
bitten	du bittest	ich bat	ich habe gebeten
blasen	du bläst	ich blies	ich habe geblasen
bleiben	du bleibst	ich blieb	ich bin geblieben
brechen	du brichst	ich brach	ich habe gebrochen
bringen	du bringst	ich brachte	ich habe gebracht
denken	du denkst	ich dachte	ich habe gedacht
dürfen	du darfst	ich durfte	ich habe gedurft
empfehlen	du empfiehlst	ich empfahl	ich habe empfohlen
essen	du isst	ich aß	ich habe gegessen
fahren	du fährst	ich fuhr	ich bin gefahren
fallen	du fällst	ich fiel	ich bin gefallen
fangen	du fängst	ich fing	ich habe gefangen
finden	du findest	ich fand	ich habe gefunden
fliegen	du fliegst	ich flog	ich bin geflogen
fliehen	du fliehst	ich floh	ich bin geflohen
fließen	es fließt	es floss	es ist geflossen
fressen	es frisst	es fraß	es hat gefressen
frieren	du frierst	ich fror	ich habe gefroren
geben	du gibst	ich gab	ich habe gegeben
gehen	du gehst	ich ging	ich bin gegangen
geschehen	es geschieht	es geschah	es ist geschehen
gewinnen	du gewinnst	ich gewann	ich habe gewonnen
gießen	du gießt	ich goss	ich habe gegossen
graben	du gräbst	ich grub	ich habe gegraben
greifen	du greifst	ich griff	ich habe gegriffen
haben	du hast	ich hatte	ich habe gehabt
halten	du hältst	ich hielt	ich habe gehalten
hauen	du haust	ich haute	ich habe gehauen
heißen	du heißt	ich hieß	ich habe geheißen
helfen	du hilfst	ich half	ich habe geholfen
kennen	du kennst	ich kannte	ich habe gekannt
klingen	es klingt	es klang	es hat geklungen
kommen	du kommst	ich kam	ich bin gekommen
können	du kannst	ich konnte	ich habe gekonnt
kriechen	du kriechst	ich kroch	ich bin gekrochen
lassen	du lässt	ich ließ	ich habe gelassen
laufen	du läufst	ich lief	ich bin gelaufen
lesen	du liest	ich las	ich habe gelesen
liegen	du liegst	ich lag	ich habe gelegen
lügen	du lügst	ich log	ich habe gelogen
messen	du misst	ich maß	ich habe gemessen
mögen	du magst	ich mochte	ich habe gemocht
müssen	du musst	ich musste	ich habe gemusst
nehmen	du nimmst	ich nahm	ich habe genommen

Grundform	Präsens	Präteritum	Perfekt
pfeifen	du pfeifst	ich pfiff	ich habe gepfiffen
raten	du rätst	ich riet	ich habe geraten
reißen	du reißt	ich riss	ich habe gerissen
reiten	du reitest	ich ritt	ich bin geritten
rennen	du rennst	ich rannte	ich bin gerannt
riechen	du riechst	ich roch	ich habe gerochen
rufen	du rufst	ich rief	ich habe gerufen
schieben	du schiebst	ich schob	ich habe geschoben
schießen	du schießt	ich schoss	ich habe geschossen
schlafen	du schläfst	ich schlief	ich habe geschlafen
schlagen	du schlägst	ich schlug	ich habe geschlagen
schleichen	du schleichst	ich schlich	ich bin geschlichen
schließen	du schließt	ich schloss	ich habe geschlossen
schneiden	du schneidest	ich schnitt	ich habe geschnitten
schreiben	du schreibst	ich schrieb	ich habe geschrieben
schreien	du schreist	ich schrie	ich habe geschrien
schweigen	du schweigst	ich schwieg	ich habe geschwiegen
schwimmen	du schwimmst	ich schwamm	ich bin geschwommen
sehen	du siehst	ich sah	ich habe gesehen
sein	du bist	ich war	ich bin gewesen
singen	du singst	ich sang	ich habe gesungen
sinken	du sinkst	ich sank	ich bin gesunken
sitzen	du sitzt	ich saß	ich habe gesessen
sprechen	du sprichst	ich sprach	ich habe gesprochen
springen	du springst	ich sprang	ich bin gesprungen
stechen	du stichst	ich stach	ich habe gestochen
stehen	du stehst	ich stand	ich habe gestanden
stehlen	du stiehlst	ich stahl	ich habe gestohlen
steigen	du steigst	ich stieg	ich bin gestiegen
sterben	er stirbt	er starb	er ist gestorben
stinken	es stinkt	es stank	es hat gestunken
stoßen	du stößt	ich stieß	ich habe gestoßen
streichen	du streichst	ich strich	ich habe gestrichen
streiten	du streitest	ich stritt	ich habe gestritten
tragen	du trägst	ich trug	ich habe getragen
treffen	du triffst	ich traf	ich habe getroffen
trinken	du trinkst	ich trank	ich habe getrunken
tun	du tust	ich tat	ich habe getan
vergessen	du vergisst	ich vergaß	ich habe vergessen
verlieren	du verlierst	ich verlor	ich habe verloren
verzeihen	du verzeihst	ich verzieh	ich habe verziehen
wachsen	du wächst	ich wuchs	ich bin gewachsen
waschen	du wäschst	ich wusch	ich habe gewaschen
werden	du wirst	ich wurde	ich bin geworden
werfen	du wirfst	ich warf	ich habe geworfen
wissen	du weißt	ich wusste	ich habe gewusst
ziehen	du ziehst	ich zog	ich habe gezogen
zwingen	du zwingst	ich zwang	ich habe gezwungen

Liste der Konjunktivformen

Grundform/ Infinitiv	3. Person Präsens Indikativ	3. Person Konjunktiv I	3. Person Präteritum Indikativ	3. Person Konjunktiv II	Umschreibung mit *würde*
befehlen	er befiehlt	er befehle	er befahl	er befähle	er würde befehlen
beißen	er beißt	er beiße	er biss	er bisse	er würde beißen
biegen	er biegt	er biege	er bog	er böge	er würde biegen
binden	er bindet	er binde	er band	er bände	er würde binden
bitten	er bittet	er bitte	er bat	er bäte	er würde bitten
blasen	er bläst	er blase	er blies	er bliese	er würde blasen
bleiben	er bleibt	er bleibe	er blieb	er bliebe	er würde bleiben
brechen	er bricht	er breche	er brach	er bräche	er würde brechen
bringen	er bringt	er bringe	er brachte	er brächte	er würde bringen
denken	er denkt	er denke	er dachte	er dächte	er würde denken
dürfen	er darf	er dürfe	er durfte	er dürfte	er würde dürfen
empfehlen	er empfiehlt	er empfehle	er empfahl	er empfähle	er würde empfehlen
essen	er isst	er esse	er aß	er äße	er würde essen
fahren	er fährt	er fahre	er fuhr	er führe	er würde fahren
fallen	er fällt	er falle	er fiel	er fiele	er würde fallen
fangen	er fängt	er fange	er fing	er finge	er würde fangen
finden	er findet	er finde	er fand	er fände	er würde finden
fliegen	er fliegt	er fliege	er flog	er flöge	er würde fliegen
fliehen	er flieht	er fliehe	er floh	er flöhe	er würde fliehen
fließen	er fließt	er fließe	er floss	er flösse	er würde fließen
fressen	er frisst	er fresse	er fraß	er fräße	er würde fressen
frieren	er friert	er friere	er fror	er fröre	er würde frieren
geben	er gibt	er gebe	er gab	er gäbe	er würde geben
gehen	er geht	er gehe	er ging	er ginge	er würde gehen
geschehen	es geschieht	es geschehe	es geschah	es geschähe	es würde geschehen
gewinnen	er gewinnt	er gewinne	er gewann	er gewänne	er würde gewinnen
gießen	er gießt	er gieße	er goss	er gösse	er würde gießen
graben	er gräbt	er grabe	er grub	er grübe	er würde graben
greifen	er greift	er greife	er griff	er griffe	er würde greifen
haben	er hat	er habe	er hatte	er hätte	er würde haben
halten	er hält	er halte	er hielt	er hielte	er würde halten
hauen	er haut	er haue	er haute	er haute	es würde hauen
heißen	er heißt	er heiße	er hieß	er hieße	er würde heißen
helfen	er hilft	er helfe	er half	er hälfe/hülfe	er würde helfen
kennen	er kennt	er kenne	er kannte	er kennte	er würde kennen
klingen	es klingt	es klinge	es klang	es klänge	es würde klingen
kommen	er kommt	er komme	er kam	er käme	er würde kommen
können	er kann	er könne	er konnte	er könnte	er würde können
kriechen	er kriecht	er krieche	er kroch	er kröche	er würde kriechen
lassen	er lässt	er lasse	er ließ	er ließe	er würde lassen
laufen	er läuft	er laufe	er lief	er liefe	er würde laufen
lesen	er liest	er lese	er las	er läse	er würde lesen
liegen	er liegt	er liege	er lag	er läge	er würde liegen
lügen	er lügt	er lüge	er log	er löge	er würde lügen
messen	er misst	er messe	er maß	er mäße	er würde messen
mögen	er mag	er möge	er mochte	er möchte	er würde mögen
müssen	er muss	er müsse	er musste	er müsste	er würde müssen
nehmen	er nimmt	er nehme	er nahm	er nähme	er würde nehmen

Grundform/ Infinitiv	3. Person Präsens Indikativ	3. Person Konjunktiv I	3. Person Präteritum Indikativ	3. Person Konjunktiv II	Umschreibung mit *würde*
pfeifen	er pfeift	er pfeife	er pfiff	er pfiffe	er würde pfeifen
raten	er rät	er rate	er riet	er riete	er würde raten
reißen	er reißt	er reiße	er riss	er risse	er würde reißen
reiten	er reitet	er reite	er ritt	er ritte	er würde reiten
rennen	er rennt	er renne	er rannte	er rennte	er würde rennen
riechen	er riecht	er rieche	er roch	er röche	er würde riechen
rufen	er ruft	er rufe	er rief	er riefe	er würde rufen
schieben	er schiebt	er schiebe	er schob	er schöbe	er würde schieben
schießen	er schießt	er schieße	er schoss	er schösse	er würde schießen
schlafen	er schläft	er schlafe	er schlief	er schliefe	er würde schlafen
schlagen	er schlägt	er schlage	er schlug	er schlüge	er würde schlagen
schleichen	er schleicht	er schleiche	er schlich	er schliche	er würde schleichen
schneiden	er schneidet	er schneide	er schnitt	er schnitte	er würde schneiden
schließen	er schließt	er schließe	er schloss	er schlösse	er würde schließen
schreiben	er schreibt	er schreibe	er schrieb	er schriebe	er würde schreiben
schreien	er schreit	er schreie	er schrie	er schriee	er würde schreien
schweigen	er schweigt	er schweige	er schwieg	er schwiege	er würde schweigen
schwimmen	er schwimmt	er schwimme	er schwamm	er schwämme/schwömme	er würde schwimmen
sehen	er sieht	er sehe	er sah	er sähe	er würde sehen
sein	er ist	er sei	er war	er wäre	er würde sein
singen	er singt	er singe	er sang	er sänge	er würde singen
sinken	er sinkt	er sinke	er sank	er sänke	er würde sinken
sitzen	er sitzt	er sitze	er saß	er säße	er würde sitzen
sprechen	er spricht	er spreche	er sprach	er spräche	er würde sprechen
springen	er springt	er springe	er sprang	er spränge	er würde springen
stechen	er sticht	er steche	er stach	er stäche	er würde stechen
stehen	er steht	er stehe	er stand	er stünde	er würde stehen
stehlen	er stiehlt	er stehle	er stahl	er stähle	er würde stehlen
steigen	er steigt	er steige	er stieg	er stiege	er würde steigen
sterben	er stirbt	er sterbe	er starb	er stürbe	er würde sterben
stinken	es stinkt	es stinke	es stank	es stänke	es würde stinken
stoßen	er stößt	er stoße	er stieß	er stöße	er würde stoßen
streichen	er streicht	er streiche	er strich	er striche	er würde streichen
streiten	er streitet	er streite	er stritt	er stritte	er würde streichen
tragen	er trägt	er trage	er trug	er trüge	er würde tragen
treffen	er trifft	er treffe	er traf	er träfe	er würde treffen
trinken	er trinkt	er trinke	er trank	er tränke	er würde trinken
tun	er tut	er tue	er tat	er täte	er würde tun
vergessen	er vergisst	er vergesse	er vergaß	er vergäße	er würde vergessen
verlieren	er verliert	er verliere	er verlor	er verlöre	er würde verlieren
verzeihen	er verzeiht	er verzeihe	er verzieh	er verzeihe	er würde verzeihen
wachsen	er wächst	er wachse	er wuchs	er wüchse	er würde wachsen
waschen	er wäscht	er wasche	er wusch	er wüsche	er würde waschen
werden	er wird	er werde	er ward	er würde	er würde werden
werfen	er wirft	er werfe	er warf	er würfe	er würde werfen
wissen	er weiß	er wisse	er wusste	er wüsste	er würde wissen
ziehen	er zieht	er ziehe	er zog	er zöge	er würde ziehen
zwingen	er zwingt	er zwinge	er zwang	er zwänge	er würde zwingen

Grammatische Grundbegriffe

Begriff	Erklärung	Beispiel
Adjektiv, das	Eigenschaftswort, Wiewort	klein, groß, dick
Adverbialbestimmung, die auch: Adverbial, das	Satzglied, z. B. des Ortes, der Zeit, der Art und Weise oder des Grundes, antwortet auf die Fragen „Wo?, Wohin?, Wie lange?, Wie?, Auf welche Art und Weise?, Warum?"	Er kam ***dahin***. (Ort) Sie treffen sich ***um 9 Uhr***. (Zeit) Es regnete ***ununterbrochen***. (Art und Weise)
Adverb, das	unveränderliche Wortart, kann an den Anfang eines Satzes gestellt und durch W-Fragen erfragt werden	heute, immer, dort, oben, einmal
Akkusativ, der	Kasus (Fall); Wen-Fall, 4. Fall	den Nachbarn; die Nachbarn
Akkusativobjekt, das	Satzglied, antwortet auf die Frage „Wen oder was?"	Sie traf ***Paul***. (Wen oder Was traf sie?)
Aktiv, das	Gibt an, dass jemand etwas tut. Die handelnde Person steht im Vordergrund.	Tom trinkt Milch.
Artikel, bestimmter	Begleiter des Nomens, Geschlechtswort	***die*** Frau, ***der*** Tisch, ***das*** Haus
Artikel, unbestimmter	Begleiter des Nomens, Geschlechtswort	***ein*** Haus, ***ein*** Stuhl, ***eine*** Frau
Attribut, das	Beifügung, nähere Bestimmung eines Bezugswortes; kein selbstständiges Satzglied; Attribute antworten auf die Fragen: Was für ein? Wessen? Attribute können die Form eines Nebensatzes haben.	Das war ein ***interessanter*** Film. Der Frosch, ***der auf dem Baum sitzt***, gehört zu den giftigen Baumsteigerfröschen.
Aufforderungssatz, der	Satz, der verwendet wird, wenn man um etwas bittet oder wenn man jemanden zu etwas auffordert; steht mit Ausrufezeichen oder Punkt am Ende	Gib den Ball ab! Lies den Text.
Aussagesatz, der	Satz, der verwendet wird, um etwas mitzuteilen	Sarah geht ins Kino.
Dativ, der	Kasus (Fall); Wem-Fall, 3. Fall	dem Nachbarn; den Nachbarn
Dativobjekt, das	Satzglied, antwortet auf die Frage „Wem?"	Sie gibt es ***ihm***. (Wem gibt sie es?)
Deklination, die	Beugung eines Nomens	der Hund (Nominativ), des Hund*es* (Genitiv), den Hund*en* (Dativ Plural)
direkte Rede, die	wörtliche Rede	Ferhat sagt: ***„Ich fahre mit dem Rad zur Schule."***
feminin	weiblich	***die*** Vase, ***die*** Frau
Fragesatz, der	Satz, der verwendet wird, wenn man etwas wissen will, vgl. W-Frage	Kommst du aus Frankreich? Wie komme ich zum Bahnhof?
Futur, das	Zeitform des Verbs zum Ausdrücken der Zukunft	ich ***werde gehen***
Genitiv, der	Kasus (Fall); Wessen-Fall, 2. Fall	des Buches; der Bücher
Genus, das	grammatisches Geschlecht	der Baum, die Mütze, das Haus
Hauptsatz, der	selbstständiger Satz, kann für sich allein stehen	Das Haus dort drüben ist rot.
Hilfsverb, das	Verb, das auch zur Bildung von Zeitformen verwendet wird	haben, sein, werden
Indikativ, der	Wirklichkeitsform	Sie ***geht*** gern ins Kino.
indirekte Rede, die	nicht wörtliche Rede	***Ferhat sagte, er käme mit dem Rad zur Schule.***
Infinitiv, der	Grundform des Verbs, ungebeugte Form des Verbs	gehen, schwimmen, spielen
Kasus, der	Fall	das Haus, des Hauses, dem Haus, das Haus
Kompositum, das (Plural: Komposita)	zusammengesetzes Wort, das aus einem Bestimmungswort und einem Grundwort besteht	Hochhaus, Backstube, Schirmmütze
Konjugation, die	Beugung des Verbs, vgl. konjugieren	
konjugieren	beugen	ich ***gehe***, du ***gehst***, …, ich ***ging***, du ***gingst***, …
Konjunktion, die	Verbindungswort, verbindet Satzteile oder Teilsätze miteinander	und, oder, aber, sondern, denn, als, bis, weil, wenn, obwohl, dass
Konjunktiv, der	Möglichkeitsform	Häuser ***könnten*** aus Bäumen ***entstehen***.
Komparativ, der	Höherstufe des Adjektivs	schöner, besser
maskulin	männlich	***der*** Hund, ***der*** Kuchen
Modalverb, das	Verben, die sagen, auf welche Art und Weise etwas geschieht	dürfen, können, müssen, mögen, sollen, wollen
Modus, der	Aussageweise des Verbs	Indikativ, Konjunktiv, Imperativ
Nebensatz, der	unselbstständiger Satz, kann nicht für sich allein stehen	Ich esse die Suppe, ***die ich gekocht habe***.
neutral	sächlich	***das*** Kind, ***das*** Haus

Begriff	Erklärung	Beispiel
Nomen, das	Substantiv, Dingwort, Hauptwort	Ankunft, Tisch
Nominalisierung, die	Bildung eines Nomens aus einer anderen Wortart, z. B. aus Verben oder Adjektiven	Die Schüler ***beobachteten*** (Verb) im Chemieunterricht ein Experiment. Das ***Beobachten*** (Nomen) des Experiments bereitete ihnen viel Spaß.
Nominativ, der	Kasus (Fall); Wer-Fall, 1. Fall	***der Mann; die Männer***
Numerus, der	Anzahl (Singular oder Plural)	das Kind, die Kinder
Objekt, das	Satzergänzung, Satzglied, vgl. Akkusativobjekt, Dativobjekt	Sie zeigen ***uns den Weg***.
Partizip II, das	Partizip Perfekt; Mittelwort der Vergangenheit, gebildet aus der Vorsilbe ge- + Verbstamm + -(e)t oder -en	genannt, geredet, geschrieben
Passiv, das	Im Passiv wird die Handlung betont. Eine Person muss nicht genannt werden.	Der Kuchen wurde besorgt.
Perfekt, das	Zeitform des Verbs zum Ausdrücken der Vergangenheit (mündlich)	Gestern ***bin*** ich ins Schwimmbad ***gegangen***.
Personalform des Verbs, die	gebeugtes Verb	Ich ***ging***. Du ***schwimmst***.
Personalpronomen, das	persönliches Fürwort	ich, du, er, sie, es, wir, ihr, sie
Plural, der	Mehrzahl	die schönen Häuser
Plusquamperfekt, das	Zeitform des Verbs zum Ausdrücken der Vergangenheit; vollendete Vergangenheit, Vorvergangenheit	Nachdem ich meine Hausaufgaben ***gemacht hatte*** (Plusquamperfekt), schaltete (Präteritum) ich den Fernseher an.
Positiv, der	Grundform des Adjektivs	schön
Possessivpronomen, das	besitzanzeigendes Fürwort	mein, deine, sein, euer, unser, ihr
Prädikat, das	zentraler Teil des Satzes; Satzaussage; kann ein- oder mehrteilig sein; antwortet auf die Frage „Was wird ausgesagt?"	Es ***regnete*** ununterbrochen.
Präfix, das	Vorsilbe, steht vor dem Wortstamm	**er**raten, **ver**hexen, **unter**schreiben
Präposition, die	Verhältniswort	für, mit, hinter, neben, bei
Präsens, das	Zeitform des Verbs zum Ausdrücken der Gegenwart	Ich ***sehe*** dich. Du liest ein Buch.
Präteritum, das	Zeitform des Verbs zum Ausdrücken der Vergangenheit	Ich ***sang***. Du ***kamst***.
Pronomen, das	Fürwort, vgl. Personalpronomen, Possessivpronomen	ich , du , er, sie, …; mein, dein, sein …
Redebegleitsatz, der	weist auf die wörtliche Rede hin, kann vor-, nach- oder innerhalb der wörtlichen Rede stehen	**Paul sagt:** „Die Suppe ist lecker." „Die Suppe ist lecker", **sagt Paul.** „Die Suppe", **sagt Paul**, „ist lecker."
Relativpronomen, das	bezügliches Fürwort	der, die, das; welcher, welche, welches
Satzgefüge, das	Verbindung aus *Haupt*- und Nebensatz (Nebensätzen)	*Ich esse die Suppe*, die ich gekocht habe. *Ich wünsche mir*, dass Paul mich heute abholt.
Satzglied, das	Teil des Satzes, der innerhalb des Satzes verschiebbar ist (Umstellprobe) und beim Umstellen zusammenbleibt; vgl. Subjekt, Prädikat, Objekt, *Adverbialbestimmung*	Ich gebe dir ***morgen früh*** Bescheid. ***Morgen früh*** gebe ich dir Bescheid.
Satzreihe, die	Verbindung aus Hauptsätzen	Paul liegt auf der Wiese und Lisa schwimmt im See.
Singular, der	Einzahl	das Haus, ein Haus
Subjekt, das	Satzglied, antwortet auf die Frage „Wer oder was?", Satzgegenstand, vgl. Nominativ	***Sie*** traf Paul. (Wer oder was traf Paul? – ***Sie***.)
Suffix, das	Nachsilbe, steht nach dem Wortstamm	Zufrieden**heit**, heil**bar**, häus**lich**
Superlativ, der	Höchststufe des Adjektivs	am schönsten
Verb, das	Tätigkeitswort, Zeitwort, Tunwort	gehen, singen, spielen, …
W-Frage, die	Fragesatz mit einem Fragefürwort (Wer? Was? Wessen? Wem? Wen? Welcher?)	***Woher*** kommst du? An ***wen*** denkst du?
Wortfamilie, die	alle Wörter mit demselben Wortstamm/Grundbaustein	Wortfamilie „fahr": ***fahr***en, ***Fahr***bahn, Ge***fähr***t
Wortfeld, das	Bedeutungsfeld: alle Wörter mit ähnlicher Bedeutung	sagen, sprechen, rufen, nuscheln, …
Wortstamm, der	Grundbaustein des Wortes	**Lieb**e, **lieb**los, Ge**lieb**te, …
Zeitform, die	siehe Tempus, das	

Textsortenverzeichnis

Sachverzeichnis

Autorenverzeichnis

Textquellen

S. 30/31 Thukydides: Unter: www.aphorismen.de/zitat/2404 [27.07.2015], Goethe: Unter: www.aphorismen.de/zitat/596 [27.07.2015], Morgenstern: Unter: www.aphorismen.de/zitat/6601 [27.07.2015], Hinrich: Unter: www.aphorismen.de/zitat/29660 [27.07.2015]; **S. 33** Annegret und Enya: Kleider machen Leute. Unter: www.schekker.de/content/markenklamotten [14.12.2014]; **S. 36** Susanne Amann, Frank Dohmen u.a.: Fair ist schwer. Unter: www.spiegel.de/spiegel/print/d-91203407.html [19.12.2014]; **S. 40/41** Marcel Kleifeld: Körperkunst – Generation Tattoo. Unter: www.rp-online.de/leben/gesundheit/news/koerperkunst-generation-tattoo-aid-1.4390633 [28.07.2015]; **S. 42/43** Kirsten Milhahn: Tätowierungen – Farnspritze kann Allergien auslösen. Unter: www.stern.de/gesundheit/haut/aesthetik/4-taetowierung-farbspritze-kann-allergien-ausloesen-639838.html [28.07.2015]; **S. 44/45** Friedhelm Güthoff/Ursel Bucher: Wann darf ein Kind unters Messer? Unter: www.stern.de/politik/deutschland/3-schoenheitsoperationen-wann-darf-ein-kind-unters-messer-619149.html [04.04.2015]; **S. 51** Christina Buchmann: Im Fitnesswahn für den perfekten Körper? Unter: www.schweizamsonntag.ch/ressort/gesundheit/im_fitnesswahn_fuer_den_perfekten_koerper [03.08.2015]; **S. 53** Dickes B. T.: Baigorry, Pierre/Bugnon, Jerome/Cordes, Tobias/Delle, Frank Alessa/Schlippenbach, Vincent Graf/Krajewski, Vincent/Kusserow, Rüdiger/Reibold, Torsten/Schumacher, Moritz/Trowers, Alfred/Wendt Nabe, Demba/Gutzmore, Tevon, © Echobeach Edition./Universal Music Publ. GmbH, Berlin Monkeymoods Publ. GmbH, Wien Top Shotta Edition/Musik Edition Discoton GmbH, Berlin, Hey Kölle, Do Bes E Jeföhl. T.: Fröhlich, Jan-Peter/Kissmer, Wilfried/Krautmacher, Henning/Lischka, Gerhard/Schöner, Hannes/Werner Jates, Peter/Willizil, Franz-Martin, © Vogelsang Musikverlag GmbH, Köln, Bochum. T.: Herbert Grönemeyer, © 1984 Grönland Musikverlag, Berlin; **S. 54** Kurt Tucholsky: Augen in der Großstadt. In: Waltraud Wende (Hrsg.): Großstadtlyrik. Reclam, Stuttgart 1999, S. 144; **S. 55** Zsuzsanna Gahse: Essig und Öl. In: Peter Müller/Jasmin Cicek: Migrantenliteratur. Reclam, Stuttgart 2007, S. 110–112; **S. 56** Revolverheld: Lass uns gehen. T.: Kristoffer Hünecke/Johannes Strate, © Revolverheld GbR, Hamburg, www.revolverheld.de; **S. 58** Peter Schneider: Auf der Straße. n: Waltraud Wende (Hrsg.): Großstadtlyrik. Reclam, Stuttgart 1999, S. 241; **S. 60** Alfred Wolfenstein: Städter. In: Waltraud Wende (Hrsg.): Großstadtlyrik. Reclam, Stuttgart 1999, S. 104; **S. 62** Erich Kästner: Sozusagen in der Fremde. In: Waltraud Wende (Hrsg.): Großstadtlyrik. Reclam, Stuttgart 1999, S. 152; **S. 64** Joseph von Eichendorff: Der frohe Wandersmann. In: Dietrich Bode (Hrsg.): Deutsche Naturlyrik. Reclam, Stuttgart 2012, S. 63/64; **S. 66** Sarah Kirsch: Bäume. Unter: www.br.de/radio/bayern2/gesellschaft/notizbuch/lyrik-baeume-kirsch-100.html [13.07.2015]; **S. 67** Jürgen Becker: Natur-Gedicht. In: Dietrich Bode (Hrsg.): Deutsche Naturlyrik. Reclam, Stuttgart 2012, S. 158; **S. 70** Josef Reding: Meine Stadt. In: Rainer Werner: Unterrichtsideen Lyrik in den Klassen 8–10. Handlungs- und produktionsorientierte Vorschläge. Klett, Stuttgart 1995, S. 60, Erich Kästner: Besuch vom Lande. In: Waltraud Wende (Hrsg.): Großstadtlyrik. Reclam, Stuttgart 1999, S. 149; **S. 71** Joseph von Eichendorff: Sehnsucht. In: Dietrich Bode (Hrsg.): Deutsche Naturlyrik. Reclam, Stuttgart 2012, S. 64/65; **S. 75** Jostein Gaarder: Das Orangenmädchen. Übers. v. Gabriele Haefs. © Carl Hanser, München 2005. dtv, München 2011, S. 9, 11, 16/17, 28/29, 34/35, 145, 148, 151; **S. 76** ebd. S. 7, 13, 63, 90, 94; **S. 77** ebd. S. 98, 108, 112; **S. 78** ebd. S. 42, 64, 102/103; **S. 79** ebd. S. 150/151, 157, 168–170; **S. 80/81** ebd. S. 28, 29, 44, 45, 113/114, 119, 133; **S. 82** ebd. S. 168-169; **S. 84/85** Per Nilsson: So lonely. Übers. v. Birgitta Kicherer. Friedrich Oetinger, Hamburg 1996, S. 5, 9, 12, 15, 48, 49/50; **S. 86** (Text A) ebd. S. 16, 17, 24; **S. 87** (Text D) ebd. S. 39; **S. 88/89** ebd. S. 144–146; **S. 90** ebd. S. 147–149; **S. 92/93** Jostein Gaarder: Das Orangenmädchen. Übers. v. Gabriele Haefs. © Carl Hanser, München 2005. dtv, München 2011, S. 110, 111, 127; **S. 93** Per Nilsson: So lonely. Übers. v. Birgitta Kicherer. Friedrich Oetinger, Hamburg 1996, S. 39–40, 157; **S. 96/97** Andreas Krüger: Was ist Armut? Unter: www.tagesschau.de/inland/meldung196376.html [12.10.2015]; **S. 98** (Text A) Miriam Hollstein: Wie Kinder in Deutschland mit Hartz IV leben. Unter: www.welt.de/politik/article1196405/Wie-Kinder-in-Deutschland-mit-Hartz-IV-leben.html [12.10.2015]. (Text B) Sozialgesetzbuch § 27. Unter: www.gesetze-im-internet.de/sgb_12/__27.html [12.10.2015]; **S. 99** (Text D) An wen kann man sich wenden? Unter: www.familienbund-nrw.de/downloads/PDF/kinderlaerm-landesfassung.pdf [12.10.2015]; **S. 100** (Text) Daniel Schneider: Was verursacht Kinderarmut? Unter: www.planet-wissen.de/politik_geschichte/wirtschaft_und_finanzen/armut/kinderarmut.jsp [02.10.2015]. (Diagramm) Kinderarmut nicht überall gleich. Unter: images.zeit.de/wirtschaft/2009-10/21-grafik-kinderarmut-540-2.jpg [13.10.2015]; **S. 102/103** Daniel Schneider: Was sind die Auswirkungen? Unter: www.planet-wissen.de/politik_geschichte/wirtschaft_und_finanzen/armut/kinderarmut.jsp [02.10.2015]. Leben unter schwierigen Bedingungen (Protokolle: Lisa Sonnabend). Unter: www.sueddeutsche.de/muenchen/armut-in-deutschland-kinderarmut-ich-will-eine-achterbahn-die-bis-zum-himmel-geht-1.574505 [13.10.2015]; **S. 104/105** Ulrike Mascher: Ziemlich arm dran. Unter: www.vdk.de/deutschland/pages/presse/vdk-zeitung/66901/kommentar_ziemlich_arm_dran [13.10.2015]. Henryk M. Broder: Der große Schwindel mit der Kinderarmut. Unter: www.welt.de/debatte/kommentare/article123986988/Der-grosse-Schwindel-mit-der-Kinderarmut.html [13.10.2015]; **S. 106** Daniela Vates: Armut in Deutschland. Unter: www.fr-online.de/meinung/kommentar-armut-in-deutschland,1472602,20642594.html [13.10.2015]. Mehr als eine Million Kinder in Deutschland in Armut. Unter: www.faz.net/aktuell/gesellschaft/unicef-bericht-mehr-als-eine-million-kinder-in-deutschland-in-armut-12632682.html [13.10.2015]; **S. 108** Gründer der Arche. Unter: kinderprojekt-arche.eu/ueber-uns/vorstand/bernd-siggelkow [13.10.2015]. Die „Arche". Nach: kinderprojekt-arche.eu/ueber-uns [13.10.2015]; **S.110** Index der Entbehrungen. Unter: www.unicef.de/blob/19544/87933a8959836063e72ae7ae92f4daf1/grafik-index-der-entbehrungen-von-kindern-in-29-industrielaendern-data.pdf [13.10.2015]; **S. 111** Arme Familien, arme Kinder. Nach: Hock, Beate/Holz, Gerda/Wüstendörfer, Werner: Folgen familiärer Armut im frühen Kindesalter. Eine Annäherung anhand von Fallbeispielen. Dritter Zwischenbericht zu einer Studie im Auftrag des Bundesverbandes der Arbeiterwohlfahrt. Frankfurt/Main: ISS, 2000. Häufigkeit von Kinderarmut nach Armutsfallen in Deutschland. Unter: de.statista.com/statistik/daten/studie/158726/umfrage/kinderarmut-nach-armutsfallen-in-deutschland-2009/ [18.03.2016]; **S. 112/113** (Text A) Große-Oetringhaus, Hans-Martin: Nicht zur Seite gestoßen. Unter: www.tdh.de/fileadmin/user_upload/inhalte/11_Globales_Lernen/Dokumente_zu_Globales_Lernen/Nicht_zur_Seite_gestossen.pdf [13.10.2015], (Text B) Kommentar von Jan Oppel zur Bertelsmann-Studie über Kinderarmut. Weser-Kurier v. 13.03.2015. Unter: www.finanznachrichten.de/nachrichten-2015-03/33102387-weser-kurier-kommentar-von-jan-oppel-zur-bertelsmann-studie-ueber-kinderarmut-007.htm [13.10.2015], (Text C) Unter: www.gesetze-im-internet.de/jarbschg/__5.html [13.10.2015], Wiebke Plasse: Kinderarmut ist trauriger Alltag. Unter: www.geo.de/GEOlino/mensch/kinderarbeit-ist-trauriger-alltag-72877.html [13.10.2015]; **S. 116/117** Gaby Reucher: Deutsche Schulen nutzen nicht gerne Computer. Unter: dw.de/p/1DqZW [21.03.2016]; **S. 120/121** Florentine Fritzen: Rammdösig. Unter: www.faz.net/aktuell/politik/jugend-und-medien-rammdoesig-12154968.html [22.03.2016]; **S. 126/127** Moritz Deutschländer: Selbstversuch eines Teenagers: Moritz, 16, kauft eine Zeitschrift. Unter: www.spiegel.de/schulspiegel/medienkrise-16-jaehriger-kauft-sich-erstmals-eine-zeitschrift-a-1002550.html [22.03.2016]; **S. 130/131** Ole Reißmann: Mr. YouTube. Unter: www.spiegel.de/netzwelt/web/philipp-betz-der-youtuber-hinter-wuzzup-a-1020163.html [22.03.2016]; **S. 132** Sie sind eigentlich immer online. Unter: www.faz.net/aktuell/feuilleton/medien/jugendliche-und-internet-sie-sind-eigentlich-immer-online-12834439.html [22.03.2016]; **S. 136** Ewald Harndt „Berliner Klopsgeschichte. In: Ewald Harndt: Französisch im Berliner Jargon. Jaron: Berlin 2005, S. 37; **S. 137** Eigenschaften des Berliner Dialekt, S. Peter Schlobinski, Andrea Ewels (Hrsg.): Eigenschaften des Berliner Dialekt, S. Unter: gfds.de/epub/berliner_dialekt.pdf, S. 10 [09.11.2015]; **S. 138** Berlin heute. In: Presse- und Informationsamt des Landes Berlin (Hrsg.): Berlin heute. Berlin 2013, S. 3. Berlin heute. Informationen über die Stadt Berlin in leicht verständlicher Sprache. In: Presse- und Informationsamt des Landes Berlin (Hrsg.): Berlin heute. Informationen über die Stadt Berlin in leicht verständlicher Sprache. Berlin 2014, S. 2; **S. 139** Das kulturelle Berlin. In: Presse- und Informationsamt des Landes Berlin (Hrsg.): Berlin heute. Berlin 2013, S. 22; **S. 140** In: Schülerduden. Rechtschreibung und Wortkunde. Dudenreaktion (Hrsg.), Bibliografisches Institut & F.A. Brockhaus AG, Mannheim 2005, S. 106; **S. 143** Peter von Polenz: Englischer Spracheinfluss um 1900. Peter von Polenz: Geschichte der deutschen Sprache. Bearbeitet v. Norbert Richard Wolf, De Gruyter, Berlin 2009, S. 134/135; **S. 144/145** Theuerster Freund! Unter: gutenberg.spiegel.de/buch/deutsche-freundesbriefe-aus-sechs-jahrhunderten-7917/54 [31.03.2016]. Lieber Mario. In: Hellmut Karasek: Briefe bewegen die Welt. TeNeues Verlag GmbH + Co. KG. Kempen 2010; **S. 144** Lieber Freund. Unter: gutenberg.spiegel.de/buch/briefe-3378/5 [31.03.2016]; **S. 150** Jan Eik: Der Berliner Jargon. Jaron: Berlin, 2008. Kreativ in Berlin. Kreativ in Berlin. In: Presse- und Informationsamt des Landes Berlin (Hrsg.): Berlin heute. Berlin 2013, S. 23/24; **S. 153** Friedrich Schiller: Sprüche des Confucius. Unter: gutenberg.spiegel.de/buch/friedrich-schiller-gedichte-3352/214 [13.10.2015]; **S. 154** Eduard Mörike: Um Mitternacht. Unter: www.gedichte-lyrik-poesie.de/Moerike_Um_Mitternacht/index.html [13.10.2015]. Michael Martin: Nordgrönland im Winter: Warten aufs erste Sonnenlicht. Unter: www.spiegel.de/reise/fernweh/nordgroenland-im-winter-warten-aufs-erste-sonnenlicht-a-818060-druck.html [13.10.2015]; **S. 156** Alfred Döblin: Berlin Alexanderplatz. dtv, München 2 007, S. 15; **S. 157** Anthony McCarten: Hand aufs Herz. Anthony McCarten: Hand aufs Herz. Übers. v. Manfred Allié.© 2009,2011 Diogenes Verlag AG Zürich, S. 215–216; **S. 159** Die Wasseruhr des Ktesibios. Unter: www.spiegel.de/fotostrecke/antike-automaten-aeolsball-orgel-und-wasseruhr-fotostrecke-41428-6.html [09.11.2015]; **S. 160/161** Michael Ende: Momo. Thienemann Verlag, Stuttgart 1993, S. 57/58; **S. 162/163** ebd. S. 65/66; **S. 164** ebd. S. 66–68; **S. 166** Zeitverwendungserhebung. © Statistisches Bundesamt, Wiesbaden 2015 Unter: www.destatis.de DE/Publikationen/Thematisch/EinkommenKonsumLebensbedingungen/Zeitbudgeterhebung/Zeitverwendung5639102139004.pdf?__blob=publicationFile [09.11.2015]; **S. 167** Sabine Feierabend/Theresa Plankenhorn/Thomas Rathgeb: JIM 2015 – Jugend, Information, (Multi-) Media. Basisstudie zum Medienumgang 12- bis 19-Jähriger in Deutschland. Hrsg. v. Medienpädagogischer Forschungsverbund Südwest, November 2015, S. 57/58; **S. 168/169** Herbert George Wells: Die

Zeitmaschine. Wells, H. G.: Die Zeitmaschine. Übers. v. Annie Reney u. Alexandra Auer, Deutscher Taschenbuch Verlag, München 1996, S. 14-16; **S. 175/176** Vera Kämper: In der Kita sollte Arm auf Reich treffen. Unter: www.spiegel.de/politik/deutschland/kita-besuch-allein-reicht-laut-bertelsmann-studie-nicht-a-1023196.html [03.12.2015]; **S. 177** Thomas Gross, Nora Jehles. Der Einfluss von Armut auf die Entwicklung von Kindern. Zefir und Bertelsmann-Stiftung. Aus der Schriftenreihe: Arbeitspapiere wissenschaftliche Begleitforschung „Kein Kind zurücklassen!" Band 3 2015, S. 31. Unter: www.bertelsmann-stiftung.de/fileadmin/files/BSt/Publikationen/GrauePublikationen/03_Werkstattbericht_Einfluss_von_Armut.pdf [03.12.2015]; **S. 178/180** Lena Müssigmann: Jogginghosen Verbot. Dürfen Lehrer die Kleidung ihrer Schüler bestimmen? Unter: www.stern.de/familie/kinder/kleidung-in-der-schule--jogginghose--hotpants---was-duerfen-schueler-tragen--6550948.html [29.03.2016]; **S. 181/182** (Text A) Leben und Werk. Unter: www.dw.com/de/interview-mit-michael-ende/a-2432478 [11.04.2016]. (Text C) Fantasiewelten. Unter: www.planet-schule.de/fileadmin/dam_media/swr/autoren_erzaehlen/pdfdoc/ende_filmskript.pdf [11.04.2016]. (Text D) Für Kinder und Erwachsene. Unter: www.berliner-zeitung.de/panorama/-momo--wird-40-vorsicht--zeitdiebe-,10808334,24164964.html [11.04.2016]. (Text E) Michael Ende über die Bedeutung der Fantasie. Unter: www.planet-schule.de/fileadmin/dam_media/swr/autoren_erzaehlen/pdfdoc/ende_filmskript.pdf [11.04.2016]; **S. 183** G Ein Gespräch mit Michael Ende. Unter: www.thienemann-esslinger.de/thienemann/extras-events/geschichten-detail/ein-satz-ist-wie-eine-melodie/ [11.04.2016]; **S. 184/185** Kevin Brooks: Lucas. Übers. v.Uwe-Michael Gutzschhahn. dtv, München 2010, S. 7-9, 15-17, 19; **S. 186** Alfred Wolfenstein: Städter. In: Waltraud Wende (Hrsg.): Großstadtlyrik. Reclam, Stuttgart 1999, S. 104; **S. 196/197** Kurt Tucholsky: Augen in der Großstadt. In: Waltraud Wende (Hrsg.): Großstadtlyrik. Reclam, Stuttgart 1999, S. 144; **S. 205** (Text A) Unter: www.inf.tu-dresden.de/content/institutes/smt/cg/teaching/seminars/ProseminarSS09/09%20Arbeiten/Christian%20Hensel/Ausarbeitung.pdf [14.04.2016]. Unter: www.hdm-stuttgart.de/am/studiotechniken/ca [14.04.2016]. (Text B) Unter: www.insidekino.com/DJahr/Dcgi.htm [14.04.2016]. (Text C) Unter: iasl.uni-muenchen.de/links/GCA-IV.2.html [14.04.2016]; **S. 206** (Text D) Unter: www.welt.de/kultur/article11059162/Wie-Pixar-mit-Toy-Story-das-Kino-revolutionierte.html [14.04.2016]. (Text E) Unter: www.sueddeutsche.de/digital/computeranimation-im-film-wie-zu-viel-botox-1.1085067 [14.04.2016]; **S. 208–210** Unter: www.zeit.de/digital/games/2015-07/pewdiepie-youtube-geld-verdient [02.05.2016]; **S. 219** Gerrit Engelke: Ich will heraus aus dieser Stadt. Unter: gedichte.xbib.de/Engelke_gedicht_Ich+will+heraus+aus+dieser+Stadt.htm [14.04.2016]; **S. 222–224** David Grossmann: Wohin du mich führst. Übers. v. Vera Loos und Naomi Nir-Bleimling. Deutscher Taschenbuch Verlag © Carl Hanser, München 2000, S. 9–10, 11, 13–14; **S. 226** ebd. S. 14–15; **S. 229** Peter Härtling: Amsterdam, April 1993. In: Waltraud Wende (Hrsg.): Großstadtlyrik. Reclam, Stuttgart 1999, S. 338; **S. 231** Erich Kästner: Besuch vom Lande. In: Waltraud Wende (Hrsg.): Großstadtlyrik. Reclam, Stuttgart 1999, S. 149; **S. 233** Martine Murray: Das feuerrote Kleid. Übers. v. Kattrin Stier. Rowohlt, Reinbek bei Hamburg 2005, S. 13–15; **S. 235** ebd. S. 33/34; **S. 236** ebd. S. 77/78; **S. 237** ebd. S. 36; **S. 238/239** ebd. S. 168, 173; **S. 240** ebd. S. 149/150; **S. 241/242** ebd. S. 305–308; **S. 242/243** Friedrich Ani: Wie Licht schmeckt. Carl Hanser, München, Wien 2002. S. 21–25; **S. 244** (Text A) In: Microsoft® Encarta® Online-Enzyklopädie 2007 © 1997–2007 Microsoft Corporation. Alle Rechte vorbehalten. (Text B) Unter: www.rauchfrei.de/weniger-rauchen.htm [19.04.2016]. (Text C) In: Let's talk about smoking /Broschüre BZgA, S. 8, Unter: www.bzga.de/pdf.php?id=3b57dd0d4cabdd8b1eba0a1282236928 [19.04.2016]. (Text D) Unter: www.gesetze-im-internet.de/juschg/BJNR273000002.html [19.04.2016]; **S. 245/246** Jugendliche Raucher. Unter: www.bzga.de/presse/pressemitteilungen/? nummer=983 [19.04.2016]; **S. 247/248** Deutsches Krebsforschungszentrum (Hrsg.): Passivrauchen – ein unterschätztes Gesundheitsrisiko Heidelberg 2005, S. 7–8. Ministerium für Arbeit, Gesundheit und Soziales (MAGS) NRW (Hrsg.):Lexikon der Süchte. Unter: ginko-stiftung.de/landeskoordination/lexikon-tabak.aspx [21.06.2016]; **S. 249** Frankreich: Unter: www.focus.de/gesundheit/gesundleben/bei-mitfahrern-unter-18-frankreich-verbietet-das-rauchen-im-auto_id_4590374.html. [19.04.2016]. Singapur Unter: www.auswaertiges-amt.de/DE/Laenderinformationen/ 00-SiHi/SingapurSicherheit.html?nn=332636 [19.04.2016]; **S. 251** Martine Murray: Das feuerrote Kleid. Übers. v. Kattrin Stier. Rowohlt, Reinbek bei Hamburg 2005, S. 169/170; **S. 254** Joe Haldeman: Herr der Zeit. Übers. v. Alexander Kühnert. Mantikore, Frankfurt am Main 2012, S. 7–10; **S. 258/259** Lori M. Lee: Die Fäden der Zeit. Übers. v. Vanessa Lamatsch. Blanvalet, München 2015, S. 9–13; **S. 264** Robert Levine: Eine Landkarte der Zeit – Wie Kulturen mit der Zeit umgehen. Übers. v. Christa Broermann u. Karin Schuler. Piper, München 1999, S. 66; **S. 267/268** Hans Ulrich Schmid. Die 101 wichtigsten Fragen. Deutsche Sprache. C.H.Beck. München 2010, S. 71–72; **S. 270** Diagramm: Die meist gesprochenen Dialekte in Deutschland. Unter: www.welt.de/reise/deutschland/article129200543/Eine-kleine-Ueberlebenshilfe-fuer-Besucher-in-Baden.html [19.07.2015]; **S. 272** Diagramm: Alles außer Hochdeutsch. Unter: www.welt.de/reise/deutschland/article129200543/Eine-kleine-Ueberlebenshilfe-fuer-Besucher-in-Baden.html [19.07.2015]. Unter: www.kn-online.de/News/Nachrichten-auf-Plattdeutsch/News-Nachrichten-auf-Platt/Un-wat-kennst-du-vun-de-Dialekte [19.07.2015]; **S. 273** Buchmesse in Leipzig 2015. Unter: www.nachrichtenleicht.de/buch-messe-in-leipzig.2045.de.html?dram:article_id=314696 [19.07.2015]; **S. 274** Nina Magoley: Die Litcologne 2015. Unter: www.wdr3.de/literatur/litcologne464.html 18.07.15 [19.07.2015]; **S. 275/276** Johann Gottlob Schulz. Beschreibung der Stadt Leipzig. Unter: play.google.com/books/reader?printsec=frontcover&output=reader&id=sFoAAAAAcAAJ&pg=GBS.PA104 [17.07.2015]. Jann von der Brelie u.a. Endlich Leipzig! Dein Stadtführer. rap Verlag. Freiburg im Breisgau, 2011. S. 149/155

Bildquellen

Cover/J Getty Images RF (Photodisc), München; **O** Getty Images RF (Warren Photography), München; **B** iStockphoto (Brendan Hunter), Calgary, Alberta; **Mädchen** Blickwinkel, Witten; **S** Alamy Images (LeighSmithImages), Abingdon, Oxon; **T** GettyImagesRF(JurgenMagg), München; **S. 16** Imago, Berlin; **S. 21.li/mi./re.** 123rf (imagesbavaria), Nidderau; **S. 26 li.** Imago (RelaXimages), Berlin; **S. 26 mi.** 123rf (Sebastian Gauert), Nidderau; **S. 26 re.** Imago, Berlin; **S. 28 (alle)** Klett-Archiv (Veronika Malgut), Stuttgart; **S. 30 li.** Thinkstock (bymuratdeniz), München; **S. 30 re.** Ullstein Bild GmbH (AP), Berlin; **S. 31 li.** akg-images (PictureContact), Berlin; **S. 31 re.o.** Mauritius Images (Horizons WWP/TRVL/Alamy), Mittenwald; **S. 31 re.u.** Mauritius Images (Kumar Sriskandan/Alamy), Mittenwald; **S. 38 li.** Imago (blickwinkel), Berlin; **S. 38 mi.** shutterstock.com (Anna Maltseva), New York, NY; **S. 38 re.** Thinkstock (Hongqi Zhang), München; **S. 48** Picture-Alliance (dpa/Kay Nietfeld), Frankfurt; **S. 52 li.** 123rf (Peter Klagyivik), Nidderau; **S. 52 re.** 123rf (montypeter), Nidderau; **S. 60** akg-images (Electa), Berlin; **S. 68/A** Getty Images (De Agostini), München; **S. 68/B** akg-images (Erich Lessing), Berlin. © Estate of George Grosz, Princeton, N. J./VG Bild-Kunst, Bonn 2016 [George Grosz: Metropolis]; **S. 68/C** AKG, Berlin. © Estate of George Grosz, Princeton, N. J./VG Bild-Kunst, Bonn 2016 [George Grosz: Friedrichstraße]; **S. 68/D** akg-images, Berlin; **S. 82** Filmbild: Das Orangenmädchen, R: Eva Dahr, N/D/E: 2008 © ddp images GmbH, Hamburg; **S. 94** Picture-Alliance (dpa/Wolfram Steinberg), Frankfurt; **S. 95 li.** Picture-Alliance (dpa-Report/Patrick Pleul), Frankfurt; **S. 95 re.** Picture-Alliance (AP Images/Ben Curtis), Frankfurt; **S. 96** Picture-Alliance (dpa/Tobias Hase), Frankfurt; **S. 108/109 li.+re.** Porth, Christian, Frechen; **S. 111 o.** WSI Verteilungsmonitor, Sonderauswertung Mikrozensus 2014 IT.NRW © WSI 2015; **S. 113** Picture-Alliance (dpa-infografik), Frankfurt; **S. 114 li.** Thinkstock (g-stockstudio), München; **S. 114 re.** Thinkstock (wernerimages), München; **S. 115 o.li.** Fotolia.com (BestForYou), New York; **S. 115 o.re.** iStockphoto (Eva Katalin Kondoros), Calgary, Alberta; **S. 115 u.li.** Thinkstock (Jack Hollingsworth), München; **S. 115 u.re.** Fotolia.com (vadymvdrobot), New York; **S. 135 o.li.** Fotolia.com (kameraauge), New York; **S. 135 o.re.** laif (Lucas Vallecillos/VWPics/Redux/laif), Köln; **S. 135 u.li.** laif (Alessio Mamo/Redux), Köln; **135 u.re.** Fotolia.com (eska2012), New York; **S. 137** mr-Kartographie, Gotha; **S. 144/A** akg-images, Berlin; **S. 144/B** Fotolia.com (Sergii Figurnyi), New York; **S. 144/C** Bridgeman Images, Berlin; **S. 146** Fotolia.com (Sliver), New York; **S. 152 li.** Fotolia.com (Cyril Comtat), New York; **S. 152 re.** laif (Dirk Eisermann), Köln; **S. 154** BPK (Staatliche Kunstsammlungen Dresden/Jürgen Karpinski), Berlin; **S. 156** Picture-Alliance (dpa - Bildarchiv), Frankfurt; **S. 157** Getty Images (WireImage/Amanda Edwards), München; **S. 158 li.** Fotolia.com (FEG), New York; **S. 158 re.** Thinkstock (veger), München; **S. 181** Ullstein Bild GmbH (amw), Berlin; **S. 205** Edward Zajac/Bell Telephone Laboratory (BTL); **S. 206 o.** Toy Story, Regie: John Lasseter, USA 1995 © Interfoto (Marka/Mrk Movie), München; **S. 206 u.** Alamy Images (Moviestore collection Ltd), Abingdon, Oxon; **S. 243** DTV GmbH & Co. KG, München; **S. 271 o.li.** Fotolia.com, New York; **S. 271 o.re.** shutterstock.com (Thomas Francois), New York, NY; **S. 271 u.li.** Fotolia.com (M. Schuppich), New York; **S. 271 u.re.** Fotolia.com (Barbara Pheby), New York;

Sollte es in einem Einzelfall nicht gelungen sein, den korrekten Rechteinhaber ausfindig zu machen, so werden berechtigte Ansprüche selbstverständlich im Rahmen der üblichen Regelungen abgegolten.